2017
中国宏观经济
MACROECONOMIC PERFORMANCE IN CHINA

宁吉喆 主编

中国统计出版社
China Statistics Press

图书在版编目(CIP)数据

中国宏观经济 = 2017 Macroeconomic Performance in China / 宁吉喆主编. —— 北京 ：中国统计出版社，2018.6

ISBN 978－7－5037－8475－0

Ⅰ. ①中… Ⅱ. ①宁… Ⅲ. ①中国经济－宏观经济－研究－2017 Ⅳ. ①F123.16

中国版本图书馆 CIP 数据核字(2018)第 113643 号

2017 中国宏观经济

作　　者/宁吉喆
责任编辑/郭　栋
封面设计/黄　晨
出版发行/中国统计出版社
通信地址/北京市西城区月坛南街 57 号　邮政编码/100826
办公地址/北京市丰台区西三环南路甲 6 号
网　　址/http://www.zgtjcbs.com
电　　话/邮购(010)63376907　书店(010)68783172
印　　刷/河北鑫兆源印刷有限公司
经　　销/新华书店
开　　本/787×1092 毫米 1/16
字　　数/570 千字
印　　张/29
版　　别/2018 年 6 月第 1 版
版　　次/2018 年 6 月第 1 次印刷
定　　价/98.00 元

《2017中国宏观经济》编委会

编者说明

一、本书是自2007年起编辑出版《中国宏观经济》系列丛书的第十一本，其中既有对宏观经济走势的科学研判，又有对经济运行中热点难点问题的权威解读，还有国家统计局新闻发言人对社会关注问题的妙语应答，是全面了解和掌握中国宏观经济发展脉络、深入研究中国经济运行规律和存在问题的不可或缺的参考材料。我们期待此书能为广大经济工作者和有兴趣的读者提供有益的参考和借鉴。

二、为真实反映历史的印迹，本书所收文字材料均未做修改，完整保留了原有的风貌，所涉及到的一些数据也是当时的初步数据，统计图和表也保留了原有的序号。

三、本书所涉及的全国性统计指标均未包括香港特别行政区、澳门特别行政区和台湾省数据。

四、有关符号说明：

“—”和空白表示该项统计指标数据不详或无该项数据。

五、本书资料在收集整理过程中，得到有关领导和财政部、商务部、人民银行和海关总署等有关部门的大力支持，在此谨致谢意。

目录
Contents

权威解读

季度报告

月度报告

新闻发布

权威解读

Voice of Authority

Macroeconomic Performance in China

党的十八大以来我国经济社会发展新成就新经验初步认识①

国家统计局党组书记、局长　宁吉喆

过去5年，在以习近平同志为核心的党中央坚强领导下，全党全国各族人民全面贯彻落实党的十八大精神，统筹推进“五位一体”总体布局和协调推进“四个全面”战略布局，适应把握引领经济发展新常态，戮力同心，迎难而上，开拓创新，砥砺前行，把改革开放和现代化建设不断推向前进。我国经济社会发展取得新的辉煌成就，决胜全面建成小康社会夺取新的重大胜利，中国特色社会主义伟大事业展现新的壮丽前景，为实现“两个一百年”奋斗目标和中华民族伟大复兴的中国梦打下了扎实基础。

一、经济运行保持在合理区间，综合国力和国际影响力显著提升

5年来，全国上下深入贯彻落实习近平总书记系列重要讲话精神和治国理政新理念新思想新战略，始终坚持稳中求进的工作总基调，紧紧抓住和用好重要战略机遇期，创新和改善宏观调控，统筹稳增长、促改革、调结构、惠民生、防风险，战胜了诸多风险和挑战，我国经济持续健康

① 本文系国家统计局党组书记、局长宁吉喆发表于2017年第4期《党建研究》的署名文章。

发展，综合国力和国际影响力再上新台阶。一是经济保持中高速增长。2013—2016年，国内生产总值年均增长7.2%，高于同期世界2.5%和发展中经济体4%的平均水平。经济增量逐年递增。按2015年不变价格计算，2013、2014、2015、2016年增量分别是43253亿元、43824亿元、44477亿元、46097亿元。综合实力显著增强。2016年，国内生产总值达到74.41万亿元，按不变价计算是2012年的1.32倍；一般公共预算收入15.96万亿元，是2012年的1.36倍。二是就业物价形势保持稳定。在党中央、国务院的领导下，各地区各部门实施更加积极的就业政策，以创业带动就业，2013—2016年，城镇新增就业连续4年保持在1300万人以上，31个大城市城镇调查失业率稳定在5%左右。价格涨势温和，2013—2016年居民消费价格年均上涨2.0%。三是综合国力不断增强。2012—2016年，我国人均国民总收入（GNI）由5940美元提高到8126美元，接近中等偏上收入国家平均水平。在世界银行公布的219个国家（地区）人均GNI排名中，由2012年的第112位上升到2015年的第96位，前进了16位。四是国际影响力显著提升。2016年，我国国内生产总值折合11.2万亿美元，占世界份额为15.1%，比2012年提高3.5个百分点，稳居世界第二位。2013—2016年，我国对世界经济增长的年均贡献率达到31.6%，超过美国、欧元区和日本贡献率的总和，居世界第一位。

二、创新驱动发展战略深入实施，新动能新产业茁壮成长

5年来，各地区各部门坚持走中国特色自主创新道路，深入实施创新驱动发展战略，持续推进大众创业、万众创新，全社会的创新活力和创造潜能得到激发，新旧动能有序转换。一是科技创新取得重大突破。一批具有标志性意义的重大科技成果涌现，载人航天、量子通信、射电望远镜、载人深潜、超级计算机等实现重大突破，带动了劳动生产率稳步提高。2016年，全员劳动生产率（以2015年价格计算）为94825元/人，比2012年提高30.2%，年均提高6.8%。创新型国家建设取得重要进展。

2016年，我国创新指数名列全球第25位，比2012年提高9位，在中等收入国家中排名首位。二是大众创业、万众创新蓬勃兴起。2014—2016年，全国新登记市场主体超过4400万户，其中新登记企业1362万户，年均增长30%。专利申请量和授权量大幅增长。2016年，受理境内外专利申请346.5万件，授予专利权175.4万件，分别比2012年增长68.9%和39.8%。三是新产业新业态新模式方兴未艾。“中国制造2025”、“互联网+”行动计划、“宽带中国”战略深入推进。2016年，互联网上网人数7.31亿人，比2012年增长29.7%。2015—2016年，实物网上零售额年均增长28.6%，比社会消费品零售总额快18.1个百分点。2013—2016年，快递业务量年均增长53.2%。平台经济、分享经济、协同经济等新模式广泛渗透，线上线下融合、跨境电商、智慧家庭、智能交流等新业态层出不穷。

三、经济结构调整稳中有进，转型升级成效明显

5年来，各地区各部门按照引领经济发展新常态的要求，大力优化产业结构，不断改善需求结构，积极推进城镇化，着力促进区域协调发展，我国经济结构加快调整，转型升级势头良好，经济发展向中高端水平迈进。一是服务业比重持续提升。2013—2016年，服务业增加值年均增长8.0%，比国内生产总值高0.8个百分点。2013年，服务业现价增加值占国内生产总值的比重首次超过第二产业，成为国民经济第一大产业；2016年提升至51.6%，比2012年提高6.3个百分点，撑起“半壁江山”。二是消费成为经济增长的主要推动力。2013—2016年，最终消费支出对经济增长的年均贡献率为55%，高于资本形成总额8.5个百分点，是经济稳定运行的“压舱石”。分年度看，4年的贡献率分别为47%、48.8%、59.7%和64.6%，呈现稳中有升的发展态势。三是中国制造向中高端迈进。装备制造业和高技术制造业增长明显快于传统产业。2013—2016年，装备制造业和高技术制造业增加值年均分别实际增长9.4%和11.3%，快于规模以上工业1.9和3.8个百分点。四是新型城镇

化扎实推进。2016年末，常住人口城镇化率为57.35%，比2012年末提高4.78个百分点，年均提高1.2个百分点。五是“三大战略”稳步实施。“一带一路”战略深入实施，京津冀协同发展有序推进，长江经济带辐射力增强，重庆、广州、成都、武汉、郑州等一批国家和区域中心城市快速发展，新的增长极、增长带正在逐步形成。

四、基础产业不断加强，基础设施水平持续提高

5年来，各地区各部门着力夯实基础产业，加强基础设施建设力度，优化基础设施建设布局，一批关系国计民生的重大工程建成投产，基础产业和基础设施保障能力显著提高。一是农业水利基础持续巩固。2015年，粮食总产量达到62144万吨，实现了新中国成立以来首次“十二连增”，2016年为61624万吨，连续10年稳定在1万亿斤以上。近年来，我国谷物、肉类、花生、茶叶、粗钢、煤、发电量、水泥和化肥产量稳居世界第一位，油菜籽稳居世界第二位。一批重大水利工程开工建设，耕地灌溉面积占耕地面积比重回升到50%左右。二是交通运输能力不断增强。横贯东西、纵贯南北、内畅外通的交通运输大通道逐步形成。高速铁路迎来阔步大发展，高速铁路运营里程由2012年的不到1万公里增加到2016年的2.2万公里，稳居世界第一，超过第2—10位国家的总和；高速公路里程由9.6万公里增加到13万公里，位居世界第一。三是信息通信水平快速提升。2016年，邮电业务总量43344亿元（按2010年不变价格计算），比2012年增长1.9倍，年均增长30.3%。“宽带中国”战略加快实施，全球最大规模的宽带通信网络基本建成。2016年，固定宽带用户达3.23亿户，居全球前列；4G网络覆盖99.7%的人口，高于美国的90%和英国的46%。四是能源供应水平持续提高。电力总装机规模超过16亿千瓦，水电、风电、光伏发电装机规模和核电在建规模均居世界第一。煤炭清洁化利用和石油天然气深度开发水平不断提升。

五、全面深化改革蹄疾步稳，高水平对外开放呈现新格局

5年来，各地区各部门以踏石留印、抓铁有痕的劲头推动重点领域和

关键环节改革，实行更加积极主动的开放战略，主要领域四梁八柱性改革全面铺开，对外开放的深度广度得到进一步拓展。一是供给侧结构性改革迈出实质性步伐。以“三去一降一补”为重点任务的供给侧结构性改革初见成效。2016年退出钢铁产能超过6500万吨，煤炭产能超过2.9亿吨；2016年末商品房待售面积比上年末下降3.2%；规模以上工业企业资产负债率为55.8%，比上年下降0.4个百分点；全面推开营改增，2016年降低企业税费成本1万亿元左右；生态环保、农业、水利、战略性新兴产业等短板领域投资快速增长。二是关键领域改革向纵深推进。放管服改革持续推进，提前完成了本届政府减少行政审批事项三分之一的目标，彻底终结了非行政许可审批。商事制度改革深化，“五证合一、一照一码”推进实施，全面推行“双随机、一公开”。全面放开贷款利率管制，取消存款利率浮动上限，汇率双向浮动弹性增强。投融资体制改革全面展开，政府和社会资本合作（PPP）项目落地率加快。三是高水平对外开放取得新成果。2016年，货物进出口总额达到24.34万亿元，占世界贸易总额的比重保持在12%以上。服务进出口快速发展。2016年，服务进出口总额8044亿美元，比2012年增长70.9%，年均增长14.3%，稳居世界第二位。利用外资和对外投资规模均创历史新高。2013—2016年，累计实际使用外资4894亿美元，年均增长3.1%；累计非金融类对外直接投资4915亿美元，年均增长21.6%。“一带一路”战略和国际产能合作加快推进。截至2016年底我国企业在沿线国家建立初具规模的合作区56家，累计投资超过185.5亿美元。一批重大工程和国际产能合作项目落地，高铁、核电“走出去”迈出坚实步伐。自由贸易区建设不断加快，设立上海、广东、天津等11个自贸试验区和12个跨境电子商务综合试验区。

六、民生保障和改善深入推进，社会建设呈现新面貌

5年来，各地区各部门坚持民生优先，加大收入分配调节力度，努力实现居民收入增长和经济增长同步，打好扶贫攻坚战，全面提高教育、

医疗、体育和社会保障水平，人民群众获得感显著增强。一是居民收入和生活质量不断提升。2016年，全国居民人均可支配收入23821元，比2012年增加7311元，年均实际增长7.4%。消费结构升级步伐加快。2016年，全国居民恩格尔系数为30.1%，比2012年下降2.9个百分点，接近联合国划分的20%至30%的富足标准；交通通信、教育文化娱乐、医疗保健支出占消费支出的比重分别比2012年提高2.0、0.7和1.3个百分点。居民物质和精神生活极大丰富。2016年，全国居民每百户家用汽车拥有量27.7辆，比2013年增长63.9%；国内旅游人数44.4亿人次，比2012年增长50.2%；出境旅游人数1.22亿人次，比2012年增长46.7%。二是精准扶贫成效显著。按照每人每年2300元（2010年不变价）的农村贫困标准计算，2016年农村贫困人口4335万人，比2012年减少5564万人；贫困发生率下降到4.5%，比2012年下降5.7个百分点。贫困地区农民收入增长幅度高于全国。2016年，贫困地区农村居民人均可支配收入8452元，比2012年年均实际增长10.7%，比全国农村居民收入快2.7个百分点。三是教育事业明显加强。居民受教育程度不断提高。15岁及以上人口平均受教育年限由2010年的9.05年提高到2015年的9.42年。教育公平迈出新步伐。九年义务教育全面普及，大学粗入学率显著提高，2015年达到43.4%，高出世界平均水平近10个百分点。2013年以来，着力改善贫困地区义务教育薄弱学校办学条件，2016年开始免除农村贫困家庭学生普通高中学杂费。四是健康中国建设加快推进。公共卫生服务设施大幅增加。每千人口医疗卫生机构床位数由2012年4.24张增加到2016年5.42张。城乡居民健康状况显著改善。居民平均预期寿命由2010年的74.83岁提高到2015年的76.34岁，婴儿死亡率由2012年的10.3‰下降到2015年的8.1‰，孕产妇死亡率由24.5/10万下降到20.1/10万。体育产业蓬勃发展。2015年，体育产业增加值5494亿元，占国内生产总值的比重为0.8%。五是社会保障覆盖面持续扩大。覆盖城乡居民的社会保障体系基本建成。2016年底，参加基本养老、城镇基本医疗、失业、工伤和生育保险人数分别比2012年底增加 9913、21198、2864、2877 和 3014 万人。城乡居民基本医疗保险制度整合取得实质性进展，2015 年个人卫生支出占卫生总费用的比重下降到 29.3%，基本医保总体实现全覆盖。

七、绿色发展步伐加快，生态文明建设取得新成效

5 年来，全国上下坚持绿色发展，加大环境治理力度，着力改善生态环境，全面节约和高效利用资源，构建生态安全屏障，主要污染物排放总量得到控制，生态环境质量得到改善，资源节约型、环境友好型社会建设取得积极进展。一是节能减排成效显著。能源资源利用效率得到提升。2016 年，单位国内生产总值能耗、用水量分别比 2012 年下降 17.9% 和 23.9%。主要污染物减排效果显著。2015 年，全国化学需氧量排放量比 2012 年下降 8.3%，氨氮排放量下降 9.3%，二氧化硫排放量下降 12.2%，氮氧化物排放量下降 20.8%。二是环境质量逐步改善。2016 年，细颗粒物（PM2.5）未达标地级及以上城市年平均浓度 52 微克/立方米，比上年下降 8.8%。城市环境治理能力进一步增强。2016 年底，城市污水处理厂日处理能力 14823 万立方米，比 2012 年底增长 26.3%；城市生活垃圾无害化处理率为 95.0%，提高 10.2 个百分点；城市建成区绿地率为 36.4%，提高 0.7 个百分点。三是生态保护力度明显加大。2016 年，全国完成造林面积 679 万公顷，比 2012 年增长 21.3%。2015 年森林覆盖率比 2010 年提高 1.3 个百分点，森林蓄积量增长 10.3%。2016 年，全国新增水土流失治理面积达 5.4 万平方公里，比 2012 年增长 24.5%。

八、文化建设呈现新气象，软实力日益增强

5 年来，各方面始终坚持社会主义先进文化前进方向，全面深化文化体制改革，创新公共文化服务运行机制，社会主义核心价值体系深入人心，公共文化服务能力进一步提高，文化生活更加丰富多彩，为中国梦凝聚起强大的精神力量。一是公共文化服务发展壮大。一个包括国家、

省、地市、县、乡、村和城市社区在内的六级公共文化服务网络已初步建成。2016年，全国共有文化馆3320个，公共图书馆3151个，博物馆4112个，均比2012年增多。公共图书馆的总流通人次64781万人次，比2012年增长49.1%。电视节目综合人口覆盖率98.9%，比2012年提高0.7个百分点。二是文化产业成为新的增长点。2016年，文化及相关产业实现增加值30254亿元，比2012年名义增长67.4%，年均增长13.7%；占国内生产总值的比重为4%，比2012年提高0.59个百分点。文化产业相关投资和消费快速增长。2016年，文化产业固定资产投资达33713亿元，比2012年增长115.5%，年均增长21.2%；居民用于文化娱乐的人均消费支出为800元，比2013年增长38.7%，年均增长11.5%。三是文化创作成果丰硕。一批优秀的电影电视作品和出版物涌现出来，充分发挥了文化凝聚人心、弘扬主旋律、传播正能量的重要作用。2016年，共生产电视剧330部、14768集，电视动画片119895分钟，生产故事影片772部，科教、纪录、动画和特种影片172部。人均图书拥有量6.27册（张），比2012年提高0.4册（张）。全国电影票房收入493亿元，比2012年增长1.4倍，年均增长24.0%。四是中华文化影响力扩大。以价值认同和文化影响为核心的文化软实力凸显，并逐渐成为国家发展的“硬支撑”。中文、中国功夫、中国书画、中华美食魅力四射。2016年底，全球已有140个国家和地区建立了512所孔子学院和1073个中小学孔子课堂。“欢乐春节”、“中国文化年（节）”等各种文化品牌活动遍及全球，主流媒体国际传播能力不断提升。

纵观党的十八大以来的发展历程，在以习近平同志为核心的党中央坚强领导下，全党全国各族人民团结奋斗，创新前行，取得了举世瞩目的重大成就，这必将载入我国社会主义现代化和中华民族伟大复兴的光辉史册。5年的成就来之不易，积累的经验弥足珍贵，关键是做到了“七个坚持”：一是坚持党的领导。党的领导是中国特色社会主义制度的最大优势，是实现经济社会持续健康发展的根本政治保证。党的十八大以来，我们党在中国特色社会主义伟大事业、党的建设伟大工程和具有许多新的历史特点伟大斗争的实践中，确立了习近平同志在党中央和全党的核心地位，形成了治国理政新理念新思想新战略，加强了党对经济工作的领导，为改革开放和现代化建设指明了方向，这是做好经济工作的根本保障。各地区各部门按照党中央国务院的决策部署，狠抓政策落实，加强督查督办，促进政策落地见效。二是坚持以新理念引领新常态。理念是行动的先导，发展理念是否正确从根本上决定着发展的成败。以习近平同志为核心的党中央科学分析国内外经济发展环境和条件的变化，准确驾驭把握国内外发展大势，作出经济发展进入新常态的重大判断，党的十八届五中全会提出创新、协调、绿色、开放、共享新发展理念，集中反映了我们党对经济发展新常态认识的深化。我国发展的环境和条件在新常态下发生了深刻变化，呈现速度变化、结构优化、动力转换的特征，这是新形势下经济发展方式深入转变的重要标志。以新理念引领新常态，促进了创新驱动发展战略深入实施，推动了产业、城乡和区域协调发展，加快了绿色清洁循环发展进程，扩大了对外对内开放，增进了人民生活福祉。三是坚持稳中求进工作总基调。稳中求进不仅是我国经济工作长期坚持的总基调，而且已经成为治国理政的重要原则。稳中求进，稳字当头，贵在有进。稳是基础和前提，只有稳才能更好地进。进是动力和目的，只有进才能持久牢固地稳。过去几年，我们坚持稳中求进工作总基调，实施积极的财政政策和稳健的货币政策，适度扩大总需求，引导并形成良好发展预期，科学统筹稳增长、促改革、调结构、惠民生和防风险，较好地处理了改革发展稳定的关系，经济始终运行在合理区间，整体发展水平明显提升。四是坚持以提高发展质量和效益为中心。把推动发展的立足点转到提高质量和效益上来，是党对新阶段发展规律的新认识，也是过去 5 年我国经济发展的重要遵循。发展是第一要务，但发展不等于增长，发展的内涵是结构优化升级，中心任务是提质增效。我国以往的经济发展取得了历史性成就，但经济发展方式比较粗放，经济效益不高，产业价值链处在中低端，转型升级刻不容缓。党的十八大以来，各地区各部门切实转变发展理念发展导向，着力促进经济发展方式从要素驱动向创新驱动转变，注重用标准来立业，用品牌来兴企，弘扬工匠精神，打造百年老店，我国发展正向“质量时代”迈进。五是坚持以改革开放推动发展。过去30多年快速发展的实践证明，改革开放是创造中国经济奇迹的制胜法宝；党的十八大以来我国经济发展再上新台阶，再次证明改革开放的根本性作用。过去5年，党中央凝聚改革共识，敢于啃硬骨头，敢于涉险滩，敢于突破利益固化的藩篱，全面深化改革蹄疾步稳，四梁八柱性改革全面铺开，为经济社会发展提供了强大动力和体制保证。与此同时，面对国际风云变幻，全面推动“一带一路”等重大发展战略实施，加大国际产能合作，推动构建活力开放包容共赢的全球经济治理新秩序，以新一轮高水平的对外开放赢得了发展的主动、国际竞争的主动，进一步拓展了发展空间。六是坚持以推进供给侧结构性改革为主线。推进供给侧结构性改革，是以习近平同志为核心的党中央综合研判世界经济形势和我国经济发展新常态作出的重大决策部署。解决当前制约发展的结构性、体制性问题，就是要积极推进供给侧结构性改革，增强供给结构对需求变化的适应性和灵活性，提高供给体系质量和效率。近年来，以“三去一降一补”为重要抓手的供给侧结构性改革取得了初步成效。实践证明，以供给侧结构性改革为主线，着力优化生产要素配置组合，加快推进相关制度改革，抓住了矛盾的主要方面，是实现经济良性循环、持续健康发展的治本之策。七是坚持以人民为中心。中国特色社会主义事业是亿万人民自己的事业，发展为了人民、发展依靠人民、发展成果由人民共享是我们党矢志不渝的追求。过去5年，全国上下坚持以人为本，尊重人民主体地位，树立共享发展理念，全力推动全面小康社会建设，深入实施精准扶贫精准脱贫，落实保基本、广覆盖、兜底线的措施，通过建机制实现可持续，人民群众有了更多的获得感。

大江流日夜，慷慨歌未央。回顾既往，以习近平同志为核心的党中央秉持改革创新的智慧勇气，肩负亿万人民的期待重托，在中华民族伟大复兴的征程中再创新功，增强了中国人民和中华民族的自豪感和凝聚力。展望未来，我国正站在新的历史起点上开始新征程，既拥有前所未有的机遇，也面临空前艰巨的挑战。我们坚信，只要紧密团结在以习近平同志为核心的党中央周围，不忘初心、继续前进，立下愚公移山志，一张蓝图干到底，就一定能够将中国特色社会主义事业推向新的伟大胜利，就一定能够实现“两个一百年”的奋斗目标和中华民族伟大复兴的中国梦！

中国经济持续向好的底气何来[①]

国家统计局党组书记、局长　宁吉喆

今年一季度，在以习近平同志为核心的党中央坚强领导下，国民经济实现了稳中向好、好于预期的良好开局。中国经济延续了去年下半年以来的较好发展态势，出现了更多积极变化，呈现出经济运行稳、结构调整进、发展动能新、质量效益好的特征，向好态势进一步加强。

经济运行保持在合理区间，主要指标好于预期

判断经济运行是否平稳、健康，不仅要看经济增速，还要看就业形势、物价水平和国际收支。一季度，这四大指标均好于预期，充分表明我国经济继续在合理区间运行，实现了良好开局。

一是生产需求双双改善，经济增长稳中有升。初步核算，一季度国内生产总值 180683 亿元，同比增长 6.9%，增速比上年同期加快 0.2 个百分点，比上年四季度加快 0.1 个百分点。从生产看，农业生产平稳，工业增速加快，服务业较快增长。一季度，第一产业增加值 8654 亿元，同比增长 3.0%，增速比上年同期加快 0.1 个百分点；第二产业增加值

① 本文系国家统计局党组书记、局长宁吉喆发表于 2017 年 5 月《人民论坛》的署名文章。

70005 亿元，增长 6.4%，加快 0.5 个百分点；第三产业增加值 102024 亿元，增长 7.7%，加快 0.1 个百分点。从内需看，投资增速稳中有升，市场销售基本稳定。一季度，固定资产投资（不含农户）93777 亿元，同比增长 9.2%，增速比上年全年加快 1.1 个百分点；社会消费品零售总额 85823 亿元，增长 10%，增速比上年全年回落 0.4 个百分点，其中 3 月份增长 10.9%，比 1—2 月份加快 1.4 个百分点。

二是失业率有所下降，就业形势稳中向好。一季度，全国城镇新增就业 334 万人，比上年同期多增 16 万人，完成全年计划的 30.4%。农村外出务工劳动力 17253 万人，同比增加 454 万人，增长 2.7%。失业率下降。3 月份，31 个大城市城镇调查失业率略低于 5%，比上月和上年同月均有下降。一季度，全国城镇登记失业率为 3.97%，比上年同期下降 0.07 个百分点。就业人员工作时间增加。3 月份，全国企业就业人员周平均工作时间比上月增加 0.8 小时，比上年同月增加 0.2 小时。市场求人倍率上升。一季度，人力资源市场招聘人数同比增长 7.8%，求职人数增长 2.1%，求人倍率（岗位空缺与求职人数的比率）为 1.13，同比上升 0.06。

三是居民消费价格温和上涨，工业品价格涨势放缓。从消费价格看，一季度，居民消费价格同比上涨 1.4%，涨幅比上年同期回落 0.7 个百分点，比上年四季度回落 0.8 个百分点。分类别看，食品类价格同比下降 2.1%，非食品价格上涨 2.3%。扣除食品和能源价格的核心 CPI 上涨 2.0%。从工业品价格看，一季度，工业生产者出厂价格同比上涨 7.4%，涨幅比上年四季度扩大 4.1 个百分点，上年同期为下降 4.8%。3 月份，工业生产者出厂价格同比上涨 7.6%，涨幅在连续 5 个月扩大后回落，比上月回落 0.2 个百分点，环比涨幅连续 3 个月收窄。

四是进出口回稳向好，国际收支继续改善。一季度，全国进出口总额 61986 亿元，同比增长 21.8%，上年同期为下降 5.9%。其中，出口 33268 亿元，增长 14.8%；进口 28718 亿元，增长 31.1%；顺差 4549 亿元，收窄 35.7%。虽然服务贸易为逆差，但经常项目继续保持顺差。一季度，我国实际使用外资金额 2265 亿元，同比增长 1%；境内投资者对外非金融类直接投资下降，利用外资规模略大于对外投资规模。人民币汇率和外汇储备保持基本稳定。3 月末，人民币汇率中间价为 1 美元兑人民币 6.8993 元，比上月末贬值 0.35%，但比上年末升值 0.55%；外汇储备余额 30091 亿美元，比 2 月末增加 40 亿美元，连续 2 个月回升。

供给侧结构性改革深入推进，经济发展更趋协调

经济运行保持在合理区间的同时，经济结构调整和转型升级继续取得积极进展。特别是供给侧结构性改革深入推进，有力促进了产业结构优化，带动了需求结构调整，加强了地区良性互动，经济发展的平衡性、协调性和可持续性不断增强。

一是“三去一降一补”取得新进展。产能利用率提高。一季度，规模以上工业产能利用率为 75.8%，比上年四季度提高 2 个百分点，延续了上年二季度以来持续回升势头。其中，煤炭开采和洗选业产能利用率为 65.4%，提高 4.7 个百分点；黑色金属冶炼与压延加工业产能利用率为 73.7%，提高 0.7 个百分点。去库存去杠杆效果显现。3 月末，全国商品房待售面积为 68810 万平方米，同比下降 6.4%，降幅比上年末扩大 3.2 个百分点。其中，住宅待售面积下降 15.0%，扩大 4 个百分点。3 月末，规模以上工业企业资产负债率为 56.2%，同比下降 0.7 个百分点。规模以上工业企业应收账款平均回收期为 38.6 天，同比减少 1.1 天。降成本补短板持续推进。1—3 月份，规模以上工业企业每百元主营业务收入中的成本为 85.25 元，同比减少 0.15 元。一季度，生态保护和环境治理业、公共设施管理业、农业、水利管理业固定资产投资（不含农户）同比增速分别比全部投资快 38.9、18.2、15.4 和 9.1 个百分点。

二是产业结构优化升级。服务业发展继续快于工业。一季度，第三产业增加值同比增长 7.7%，增速比第二产业快 1.3 个百分点，占国内生产总值的比重为 56.5%，比第二产业高 17.8 个百分点。其中，信息传输软件和信息技术服务业、租赁和商务服务业增加值同比分别增长19.1%和10.2%，分别比第三产业快11.4和2.5个百分点。工业向中高端迈进。知识密集、附加值高的高技术制造业和装备制造业快速增长。一季度，高技术制造业和装备制造业增加值同比分别增长13.4%和12.0%，增速比规模以上工业快6.6和5.2个百分点。农业生产结构优化调整。国家统计局针对全国11万农户的种植意向调查显示，今年玉米意向种植面积同比减少4.0%，稻谷、小麦意向种植面积保持基本稳定；大豆、花生、马铃薯、蔬菜意向种植面积分别增长8.1%、8.5%、3.1%和2.3%，粮稳经优态势明显。农业生产区域布局更趋合理，生产要素向优势产区聚集。

三是需求结构加快调整，内需潜力持续释放。消费基础性作用持续增强。消费对经济增长的贡献率稳步提升，发挥了“稳定器”和“压舱石”作用。一季度，最终消费支出对经济增长的贡献率为77.2%，比上年同期提高2.2个百分点，比资本形成总额的贡献率高58.6个百分点。居民消费结构加快转型。一季度，恩格尔系数为32%，比上年同期下降1个百分点。发展享受型消费增长较快。一季度，全国居民人均消费支出中，医疗保健支出、教育文化娱乐支出同比分别增长15.8%、13.5%，分别比全部支出增速快8.1和5.8个百分点。投资结构不断优化。服务业投资增长持续较快。一季度，服务业投资同比增长12.2%，增速比全部投资高3个百分点；占全部投资的比重为60.1%，比上年同期提高1.6个百分点。高耗能行业投资下降1.6%，降幅比上年全年扩大0.7个百分点。

四是区域结构继续改善。“三大战略”协调推进。“一带一路”建设取得积极进展，与沿线国家贸易稳步发展，双向投资快速增长。一季度，我国对“一带一路”沿线国家出口额同比增长15.8%，增速比全部出口快1个百分点；自沿线国家进口额增长42.9%，比全部进口快11.8个百分点；对沿线43个国家非金融类直接投资29.5亿美元，占对外投资总额的14.4%，比上年同期提高5.4个百分点。京津冀协同发展取得新成效，北京城市副中心建设进展顺利，交通一体化建设提速，对周边的辐射带动作用增强。长江经济带支撑力度加大，下游产业向中上游有序转移，合理有效的产业分工协作格局逐步形成。“四大板块”良性互动。东部地区转型升级、开放创新走在前列，对全国发展的支撑引领作用日益突出。中西部地区后发优势继续发挥，主要发展指标增速明显快于全国。一季度，中、西部地区规模以上工业增加值同比增速分别快于全国平均水平1和0.9个百分点，固定资产投资增速分别快2.4和0.2个百分点。东北地区经济运行企稳回暖。一季度，东北地区规模以上工业增加值同比增长0.5%，上年全年为下降3.1%；固定资产投资（不含农户）下降15.5%，降幅比上年全年收窄8个百分点。

大众创业万众创新势头良好，新产业新动能加快成长

各地区深入实施创新驱动发展战略，强化创新引领，不断提升科技创新能力，大力推进大众创业万众创新，加快培育壮大新产业新模式，有效激发了社会创新活力和创造潜能，促进了新旧动能加快转换。

一是新主体不断增加，新成果大量涌现。各地区深入推进放管服改革，深入落实和完善“双创”政策措施，大力优化营商环境，激发市场活力，新主体不断增加。一季度，全国新登记企业125.5万户，增长18%，日均新登记企业1.4万户。截至目前，我国众创空间已超4200家，国家高新区“瞪羚”企业超2000家。深入推进“互联网+”行动和国家大数据战略，部署启动面向2030年的科技创新重大项目，出台国家实验室建设顶层设计，新成果大量涌现，一季度，国内专利申请授权量39.6万件，同比增长6.5%，其中发明专利授权量8.7万件。

二是新产业快速发展，新模式茁壮成长。一季度，战略性新兴产业增加值同比增长10.3%，增速比规模以上工业快3.5个百分点。1—2月份，战略性新兴服务业营业收入5025亿元，同比增长14.8%；实现营业利润682亿元，增长33.4%。4G网络不断发展，智能手机与移动支付日益普及，“互联网+”与各行各业加快融合，新模式新业态茁壮成长。一季度，网上商品和服务零售额同比增长32.1%，其中网上商品零售额增

长25.8%，增速比社会消费品零售总额快15.8个百分点。受此带动，一季度，完成快递业务量75.9亿件，同比增长31.5%。

三是新产品层出不穷，新服务方兴未艾。技术含量高、资源消耗少、绿色环保的新产品快速增长。一季度，工业机器人、光电子器件、运动型多用途乘用车（SUV）和太阳能电池产量同比分别增长55.1%、51.2%、25.5%和18.8%。现代服务业发展势头良好，上门理发、私人厨师、网上订餐等符合居民个性化、多样化需求的服务层出不穷。分享经济广泛渗透，跨境电商、共享单车、智能家庭、在线医疗等新服务方兴未艾。

实体经济发展趋好，质量效益明显改善

宏观经济政策保持连续性和稳定性，有效稳定了市场预期；供给侧结构性改革深入推进，有效缓解了市场供求矛盾；简政放权和减税清费，有效减轻了企业负担，增强了市场活力；企业效益、财政收入和居民收入都呈现出积极变化。

一是企业利润快速增长。工业企业效益大幅改善。受价格上涨、生产回升、成本费用有所降低等因素影响，一季度，规模以上工业企业实现利润总额17043亿元，同比增长28.3%，增速比上年全年加快19.8个百分点。3月份，工业企业主营业务收入利润率为6.47%，同比提高0.49个百分点。一季度，41个工业大类行业中，38个行业利润总额同比增加，盈利面不断扩大。服务业企业利润快速增长。1—2月份，规模以上服务业企业营业利润同比增长37.1%，上年全年为下降1.1%。其中，租赁和商务服务业，交通运输、仓储和邮政业，信息传输、软件和信息技术服务业营业利润分别增长58.3%、46.8%和22.3%，对规模以上服务业企业营业利润增长的贡献达85.8%。

二是财政收入增速回升。一季度，全国一般公共预算收入44366亿元，同比增长14.1%，增速比上年全年加快9.6个百分点，比上年同期加快 7.6 个百分点，为 2013 年以来同期最高增速。其中，税收收入增长 14.7%，非税收入增长 10.6%；中央财政收入增长 17.1%，地方财政收入增长 11.7%。在税收收入中，受工业品价格上涨较快、企业效益改善较多带动，国内增值税（剔除营改增因素）增长 22.5%，企业所得税增长 18.8%；受外贸明显回暖影响，进口环节税收增长 39.8%。

三是居民收入与经济同步增长。一季度，全国居民人均可支配收入 7184 元，同比增长 8.5%，扣除价格因素，实际增长 7.0%，分别比上年同期和上年全年加快 0.5 和 0.7 个百分点。全国居民人均可支配收入实际增速高于 GDP 增速 0.1 个百分点，若扣除人口总量自然增长因素，人均可支配收入实际增速高于人均 GDP 增速 0.6 个百分点左右。城乡居民收入差距继续缩小。一季度，农村居民人均可支配收入名义增速和实际增速分别高于城镇居民 0.5 和 0.9 个百分点。城乡居民收入倍差由上年同期的 2.59 下降为 2.57，缩小了 0.02。

四是市场信心明显增强。制造业采购经理指数继续回升。3 月份，制造业采购经理指数（PMI）为 51.8%，比上月上升 0.2 个百分点，连续 8 个月处于扩张区间。非制造业商务活动指数保持较高景气水平。3 月份，非制造业商务活动指数为 55.1%，比上月回升 0.9 个百分点，连续 6 个月保持在 54.0%及以上的较高景气区间。企业景气指数大幅提升。一季度，企业景气指数为 123.4，比上年四季度提升 9.9 个百分点，连续 4 个季度保持上升。其中，即期景气指数和预期景气指数分别为 120.2 和 125.5%，分别提升 4.8 和 13.3 个点。消费者信心指数处于近年来最高水平。3 月份，消费者信心指数为 111.0，处于近年来较高水平。从整个一季度来看，消费者信心指数为 2011 年以来的最高水平。

当然，在经济发展稳中向好态势加强的同时，也要看到国际上不稳定、不确定因素依然较多，国内经济长期积累的结构性矛盾依然存在，一些领域、地区、行业困难仍比较突出，分化状况不容忽视，结构调整任重道远，供给侧结构性改革任务艰巨。为此，下阶段要更加紧密地团结在以习近平同志为核心的党中央周围，深入贯彻落实中央经济工作会议和政府工作报告部署，坚持稳中求进工作总基调，保持宏观政策的连续性和稳定性，坚定不移以推进供给侧结构性改革为主线，深化重要领域和关键环节改革，坚持以提高质量和效益为中心，抓住经济企稳回暖的窗口期，加大传统产业改造提升力度，着力培育壮大新动能新产业，持续扩大内需，加快转型升级，夯实经济持续稳中向好基础，努力实现全年发展预期目标并争取更好结果。

继续深化供给侧结构性改革①

国家统计局党组书记、局长　宁吉喆

推进供给侧结构性改革是以习近平同志为核心的党中央科学认识发展大势、深刻把握发展规律、主动引领经济发展新常态的重大战略部署，对于解决长期积累的结构性矛盾、提高供给结构对需求变化的适应性和灵活性、促进经济持续健康发展具有重大意义。2016 年以来，在党中央坚强领导下，各地区各部门以推进供给侧结构性改革为主线，全力落实去产能、去库存、去杠杆、降成本、补短板五大任务，供求关系明显改善，转型升级持续推进，经济运行质量效益不断提高，呈现稳中有进、稳中向好的发展态势，为实现全面建成小康社会战略目标打下坚实基础。

供给侧结构性改革深入推进，“三去一降一补”成效突出

“三去一降一补”是供给侧结构性改革的重要抓手，是破解重大结构性失衡、实现经济良性运行的关键举措。去年以来，在全国上下的共同努力下，去产能、去库存、去杠杆、降成本、补短板五大任务取得了实质性进展。

---

① 本文系国家统计局党组书记、局长宁吉喆发表于 2017 年 6 月 9 日《学习时报》的署名文章。

去产能进展顺利。化解和淘汰过剩产能是优化供给结构、矫正资源错配和促进产业升级的当务之急。各地区各部门坚持运用市场化、法治化手段化解过剩产能，严控新增产能，加快出清低端、落后产能。以钢铁、煤炭等行业为重点，中央设立1000亿元专项资金，对地方和企业化解过剩产能进行奖补。2016年，钢铁、煤炭产能分别退出6500万吨以上和2.9亿吨以上，超额完成目标任务。在产能有序退出的同时，72.6万企业分流职工得到妥善安置。今年以来，钢铁、煤炭行业淘汰落后产能又取得新进展，全国共退出钢铁产能3170万吨、煤炭产能6897万吨。

去库存效果明显。降低房地产高库存是清除供给冗余、抑制房地产泡沫，促进房地产发展回归理性的重要一环。各地区各部门坚持分类调控，因城因地施策，积极推进新型城镇化，加快农民工市民化进程，提高棚户区改造货币化安置比例，大力发展住房租赁市场，房地产销售明显加快，库存持续减少。2016年，全国商品房销售面积增长22.5%，其中住宅销售面积增长22.4%。2016年12月末，全国商品房待售面积同比下降3.2%，其中住宅待售面积同比下降11.0%。今年以来，房地产库存继续减少。4月末商品房待售面积同比下降7.2%，其中住宅待售面积下降16.2%。

去杠杆稳步推进。降低负债水平是改善企业生产经营，有效防范和化解金融风险，确保供给安全的关键举措。各地区各部门积极推动市场化兼并重组，依法依规实施企业破产，进一步完善多层次资本市场，发展股权融资，实施市场化债转股试点，强化企业负债自我约束，企业杠杆率持续降低。2016年，非金融企业境内股票融资规模比上年增加4826亿元；国有大型银行与企业签订债转股框架协议金额超过2500亿元。2016年末，规模以上工业企业资产负债率为55.8%，比上年下降0.4个百分点。今年以来，企业资产负债率进一步下降。3月末，规模以上工业企业资产负债率为56.2%，同比下降0.7个百分点。

降成本成效初显。降低企业成本是缓解企业生产经营困难，振兴实体经济，提升供给能力的必要手段。各地区各部门多措并举，综合施策，积极降低企业成本。在税费负担方面，2016 年营改增试点全面推开，降低企业税负 5700 多亿元；开展涉企收费政策落实情况大督查，降低收费标准，减轻企业和个人负担 460 亿元。在资金、能源、交通等方面，2016 年，普遍降低金融机构人民币存款准备金率，减少融资中间环节费用，下调全国燃煤发电上网电价降低企业用能成本，取消政府还贷二级路收费、提高物流效率等措施降低全社会物流成本 350 亿元左右。在制度性交易成本方面，深入推进简政放权、放管结合、优化服务改革，中央政府层面核准企业投资项目削减比例累计接近 90%，外商投资企业设立及变更审批减少 95%以上；工商登记前置审批累计精简 85%以上，在“三证合一”基础上全面实施“五证合一、一照一码”改革。政策“组合拳”取得了明显的效果。2016 年，规模以上工业企业每百元主营业务收入中的成本为 85.52 元，比上年下降 0.16 元；今年一季度，进一步下降到 85.25 元。

补短板亮点突出。加强薄弱环节和短板领域建设是扩大有效供给、增加有效投资和提高发展协调性的重要途径。各地区各部门从严重制约经济发展的重要领域和关键环节、人民群众迫切需要解决的突出问题着手，围绕中小水利治理加固、重大软硬基础设施和脱贫攻坚等领域，加大投入力度，加快建设进度。2016 年，城市地下综合管廊建设累计开工 447 个项目，总长度 2005 公里；城镇棚户区改造和公租房基本建成 658 万套，新建高速铁路投产里程 1903 公里，新增高速公路 6745 公里。精准扶贫精准脱贫持续推进。2016 年，财政投入超过 1000 亿元，全年实现农村贫困人口脱贫 1240 万人，超额完成 1000 万人的目标任务。今年以来，重点领域投资继续保持较快增长，1—4 月份，生态保护和环境治理业、公共设施管理业、水利管理业投资同比分别增长 50.4%、28.4%、16.1%，明显快于全部投资增速。

供给侧结构性改革积极效应不断扩大，经济运行稳中有进、稳中向好

供给侧结构性改革深入推进，一方面，减少了低端供给和无效供给，改善了市场供求关系，促使微观主体经营明显好转，发展预期稳中向好；另一方面，扩大了中高端供给和有效供给，推动新技术新产业新产品不断涌现，有力支撑市场需求升级和宏观经济企稳。尤其是，随着市场化制度不断完善，创新引领作用明显增强，转型升级步伐持续加快，新动能茁壮成长壮大，为经济持续健康发展注入了新的动力。

市场环境逐步改善，经济运行稳中向好。近年来，部分传统行业产能过剩，加剧了市场供求失衡，加大了经济下行的压力。随着“三去一降一补”扎实推进，市场供求关系出现明显改善，企业经营状况好转、效益回升，有力支撑了经济稳定运行。2016 年 9 月份，工业生产者出厂价格首次由降转升，结束了连续 54 个月的同比下降，之后价格涨幅稳步扩大，今年 4 月份同比上涨 6.4%。在价格回升、成本下降等因素共同作用下，企业利润大幅改善。2016 年，规模以上工业企业实现利润增长 8.5%，扭转了上年利润下降的局面，今年一季度实现利润同比增长 28.3%，增速比上年同期加快 20.9 个百分点。市场环境和微观主体的改善促进经济稳中向好。今年一季度，国内生产总值同比增长 6.9%，连续两个季度加快。1—4 月份，规模以上工业增加值增速比上年全年回升 0.7 个百分点，城镇新增就业比上年同期多增加 22 万人，居民消费价格稳定在 0.8%—2.5%的温和上涨区间。

产业结构不断优化，供给质量有效提升。供给侧结构性改革持续推进，在减少无效供给的同时扩大了中高端供给，带动产业结构优化调整，促进了产业发展向中高端迈进。服务业发展势头良好。今年一季度，第三产业增加值同比增长 7.7%，增速比第二产业快 1.3 个百分点，占国内生产总值的比重为 56.5%，比第二产业高 17.8 个百分点。现代服务业蓬勃发展。生产性服务业、战略性新兴服务业营业收入的增速均快于规模以上服务业增速。工业升级步伐加快。1—4月份，高技术产业和装备制造业增加值同比分别增长13.1%和11.5%，快于规模以上工业增速6.4和4.8个百分点。农业生产结构优化。2017年，全国玉米意向种植面积同比减少4.0%，稻谷、小麦意向种植面积保持基本稳定，大豆、花生、马铃薯、蔬菜意向种植面积都有不同程度增长。

需求升级步伐加快，经济发展动力增强。在供给侧结构性改革作用下，适合市场需求和未来发展方向的有效供给不断增加，契合了消费结构升级要求，带动了投资结构优化，扩大了市场需求。消费贡献率稳步提升。今年一季度，最终消费支出对经济增长的贡献率为77.2%，比上年同期提高2.2个百分点，比资本形成总额的贡献率高58.6个百分点。升级类商品销售保持较快增长。1—4月份，中西药品类、体育娱乐用品类、文化办公用品类商品零售额分别增长11.2%、15.1%和12%，均快于限额以上单位商品零售额增速。投资结构不断优化。1—4月份，高技术制造业和服务业投资同比分别增长22.6%和12.1%，快于全部投资13.7和3.2个百分点。制造业中技改投资同比增长7.9%，比全部制造业投资增速高3个百分点。市场需求继续扩大。1—4月份，社会消费品零售总额同比增长10.2%，固定资产投资（不含农户）增长8.9%，继续保持较快增长。

创新活力持续激发，新动能不断发展壮大。随着供给侧结构性改革深入推进，市场配置资源的决定性作用进一步增强，市场化制度不断完善，全面激发市场主体创新活力，促进新动能孕育成长。创业创新势头良好。1—4月份，全国新登记企业181万户，同比增长15.2%；专利申请量95万件，同比增长6.5%。新业态新模式茁壮成长。1—4月份，全国网上商品和服务零售额19180亿元，同比增长32%；完成快递业务量105.7亿件，增长29.8%。新产业新产品快速增长。1—4月份，医药制造业、电子及通信设备制造业、医疗仪器设备及仪器仪表制造业增加值保持两位数增长；工业机器人、运动型多用途乘用车、太阳能电池、智能手机等保持快速增长。

坚定不移深化供给侧结构性改革，力促经济持续健康发展

综合来看，供给侧结构性改革取得明显成效、发展质量效益不断提高、经济运行稳中向好，是在党中央、国务院坚强领导下，各地区各部门坚定不移地推进改革创新和结构调整，加快新旧动能转换，全国各族人民迎难而上、奋力拼搏取得的重要成果。但也要看到，供给侧结构性改革是一场关系全局、关系长远的攻坚战，增强供给结构适应性和灵活性，更好适应需求结构变化，扩大优质供给和有效供给，不断提高全要素生产率依然任重而道远。下阶段，要更加紧密团结在以习近平同志为核心的党中央周围，坚持创新、协调、绿色、开放、共享的发展理念，坚持稳中求进工作总基调，以供给侧结构性改革为主线，按照中央经济工作会议的决策部署，加快推进经济结构战略性调整，加快经济转型升级，促进经济持续健康发展。

突出重点着力攻坚，继续深入推进“三去一降一补”。坚持用市场化法治化手段，依法依规推动钢铁、煤炭等过剩产能退出，坚决取缔“地条钢”，适当压减煤炭进口。积极稳妥去杠杆，促进企业盘活存量资产，推进资产证券化，逐步将企业负债降到合理水平。积极推动新型城镇化，完善三四线城市基础设施，加强互联互通，提高公共服务均等化水平，增强对农业转移人口的吸引力。落实减税降费措施，全面清理涉企收费，降低物流、用能等成本。要着眼补短板、惠民生、增后劲，加快推进基础设施尤其是中西部公共设施建设，大力推动精准扶贫精准脱贫。

着力推动农业供给侧改革，巩固农业基础地位。进一步创新体制机制，优化农业产业体系、生产体系、经营体系，大力降低生产成本，提高全要素生产率，提升农业发展的质量和效益。进一步优化农业区域布局，科学合理划定粮食生产功能区和重要农产品生产保护区，促进资源要素向优势地区集中。进一步推动农业可持续发展，以稳粮优经扩饲为重点，发展精细农业，扩大绿色优质农产品生产，集中治理农业环境突

出问题，加强重大生态工程建设。

大力振兴实体经济，不断提高供给质量。疏通传导机制，引导资金“脱虚向实”，合理引导市场利率水平，降低企业融资成本，大力发展民营银行及普惠金融和多业态中小微金融组织，通过增加供给、提升竞争水平加强金融对实体经济的支持。进一步完善价格市场化形成机制，加快电力、医疗、交通运输等重点领域改革，引导资源合理有效配置。推动企业树立质量第一的品牌意识，开展质量提升行动，加强全面质量管理，发扬“工匠精神”，加强品牌建设，培育更多百年老店，扩大高质量产品和服务供给。

加快建立长效机制，促进房地产市场健康发展。要坚持“房子是用来住的，不是用来炒的”的定位，加快建立符合我国国情的市场化房地产制度和有利于房地产市场稳定的长效机制。要坚持分类指导，因城施策，进一步落实地方主体责任，在支持合理自住购房需求的同时，坚决抑制不合理投资投机性购房需求。要前瞻性地研究住房需求空间布局变化趋势，调整、优化、引导房地产供给，推动房地产市场实现动态均衡。进一步规范住房租赁市场，加快机构化、规模化租赁企业发展。大力完善市场监管，维护好房地产市场秩序。

深化重点领域和关键环节改革，为供给侧结构性改革创造良好体制机制保障。加快财税体制改革，按照财权与事权相统一的原则，合理划分中央和地方财政的事权与支出责任，完善资源税、消费税、环境保护税，推动地方税收体系合理构建。积极推动金融监管体制改革，完善多层次资本市场，支持民营银行发展。扎实推进国企国资改革，进一步健全公司法人治理结构，形成灵活高效的市场化经营机制，不断完善现代企业制度。积极健全完善社会保障制度，加快养老保险制度改革，不断增强社会保障托底功能。

全力以赴打赢供给侧结构性改革攻坚战[①]

国家统计局党组书记、局长　宁吉喆

随着供给侧结构性改革的持续推进，我国经济运行稳中向好的态势更趋明显，发展的稳定性、协调性和包容性增强。但也应看到，当前我国经济仍处在结构调整的过关期，国际上不稳定不确定因素依然较多。唯有以只争朝夕的拼劲、久久为功的韧劲，全力以赴打赢供给侧结构性改革攻坚战，才能确保经济发展持续向好。

推进供给侧结构性改革是适应和引领经济发展新常态的战略选择

习近平总书记指出，推进供给侧结构性改革，是在全面分析国内经济阶段性特征的基础上调整经济结构、转变经济发展方式的治本良方。这一重大战略决策是适应和引领经济发展新常态的重大理论创新和实践创新。

推进供给侧结构性改革，是践行中国特色社会主义经济理论的创新成果。供给侧结构性改革的提出，是以习近平同志为核心的党中央全面

① 本文系国家统计局党组书记、局长宁吉喆发表于 2017 年 9 月《人民论坛》的署名文章。

分析世界经济长周期和我国发展阶段性特征及其相互作用，集中全党和全国人民智慧进行理论探索的结果。供给侧结构性改革理论在本质上不同于西方的“凯恩斯主义”、“新供给学派”，它既强调供给又关注需求，既强调市场在资源配置中的决定性作用又更好发挥政府作用，既突出发展社会生产力又注重完善生产关系。供给侧结构性改革理论吸收现代经济学理论成果，是立足中国实际的重大理论突破，是中国特色社会主义政治经济学的最新发展成果。

推进供给侧结构性改革，是贯彻新发展理念的行动指南。供给侧结构性改革着眼于解决我国改革发展面临的突出矛盾和问题，深化了“怎么看”的认识，又明确了“怎么干”的方向，从指导理念、总体思路直至重点任务都做出了全方位部署，是实践创新的重要成果。推进供给侧结构性改革强调以创新、协调、绿色、开放、共享“五大发展理念”为指导，坚持宏观政策要稳、产业政策要准、微观政策要活、改革政策要实、社会政策要托底的总体思路，围绕去产能、去库存、去杠杆、降成本、补短板“五大重点任务”深入实施。这种战略部署具有很强的可操作性，为推动我国经济持续健康发展提供了科学的行动指南。

推进供给侧结构性改革，是实现经济转型升级的必由之路。我国经济发展进入新常态，经济运行中正在发生一系列重大而深刻的变化，这些变化将重构我国经济发展的动力结构、产业结构、需求结构、要素结构乃至增长模式。这种经济发展的大趋势是不以人的意志为转移的，然而国际经验表明，这个过程并不是自然过渡和实现的，只有那些顺势而为加快制度创新、推进经济转型的经济体，才能成功跨越“中等收入陷阱”进而迈入高收入国家和地区行列。因此，推进供给侧改革，加快经济转型升级，是重大的现实任务，是认清大势后的必然选择。

推进供给侧结构性改革，是化解结构性矛盾的治本之策。供给侧结构性改革是调整经济结构、转变经济发展方式的治本良方。新常态下我国经济发展面临的问题，供给和需求两侧都有，但矛盾的主要方面在供给侧；制约我国经济发展的因素，虽然有周期性、总量性因素，但根源是重大结构性失衡。供给侧结构性改革紧紧抓住制约发展的“牛鼻子”和“卡脖子”问题，从供给侧发力、用改革的办法破解结构性矛盾，矫正要素配置扭曲，扩大有效供给，提高供给结构对需求变化的适应性和灵活性，推动经济发展方式和经济结构的实质性调整，为经济持续健康发展打造新引擎、构建新支撑。

推进供给侧结构性改革促进了经济运行总体平稳、稳中向好

近几年，我国供给侧结构性改革的工作力度不断加大。2015 年底中央经济工作会议提出，稳定经济增长要更加注重供给侧结构性改革；2016 年是推进供给侧结构性改革的攻坚之年，“三去一降一补”五大重点任务全面铺开；2017 年供给侧结构性改革进入深化之年，改革的范围拓展到实体经济、农业等多个重点领域。随着认识逐渐深化、工作推进提速，供给侧结构性改革取得显著成效，经济结构持续优化，新旧动能有序转换，质量效益不断提升，支撑经济保持中高速增长和迈向中高端水平的积极因素进一步增多，稳中向好的态势更趋明显。

一是重点任务扎实推进，“三去一降一补”取得新进展。过剩产能有序化解，截至 6 月末，钢铁去产能已完成全年目标任务，煤炭去产能 1.11 亿吨，完成年度目标任务 74%，依法取缔“地条钢”工作基本完成。工业产能利用率回升，上半年全国工业产能利用率同比提高 3.4 个百分点。房地产去库存效果继续显现，6 月末商品房待售面积同比下降 9.6%，降幅比 3 月末扩大 3.2 个百分点。去杠杆稳妥推进，6 月末规模以上工业企业资产负债率为 55.9%，同比下降 0.8 个百分点。降成本成效明显，陆续出台实施减税降费新措施，预计全年为企业减负超过 1 万亿元。上半年，规模以上工业企业每百元主营业务收入中的成本为 85.69 元，同比减少 0.02 元。补短板力度加大，上半年生态环保、水利、交通、教育投资同比分别增长 46.0%、17.5%、14.7%和 17.8%，均明显快于同期固定资产投资增速。

二是产业结构持续优化，供给质量不断提升。供给侧结构性改革的主攻方向是提高供给质量。在减少低端无效供给的同时，着力促进服务业和先进制造业发展，中高端和有效供给发展壮大，产业结构向中高端迈进。上半年，第三产业增加值占国内生产总值的比重为54.1%，比第二产业高14个百分点，服务业主导特征更加明显。现代服务业发展势头良好，上半年信息传输软件和信息技术服务业、租赁和商务服务业增加值同比分别增长21%和9.8%。落后产能和“僵尸企业”逐步退出，为先进产能腾出了发展空间，工业转型升级步伐加快。上半年，高技术产业、装备制造业和战略性新兴产业增加值同比分别增长13.1%、11.5%和10.8%，分别比规模以上工业快6.2、4.6和3.9个百分点。农业供给侧结构性改革加快推进，玉米收储制度改革成效明显，国内外价格基本接轨，进口量大幅下降；棉花目标价格改革深化，稳定了农民种植预期；农村一二三产业融合发展加快。

三是需求结构加快升级，内在动力稳步增强。供给侧结构性改革发力供给侧，着眼需求端，其最终目的是为了满足需求。符合市场需求、满足未来发展的新供给不断增加，契合了消费结构升级的大趋势，进一步带动了投资结构优化，经济自主增长动力持续增强。上半年，消费继续成为经济增长主要动力，最终消费支出对经济增长的贡献率为63.4%，比资本形成总额高30.7个百分点。消费结构持续升级。上半年，全国居民人均消费支出中，教育文化娱乐、医疗保健支出占比分别达到9.8%、8.1%，分别比上年同期提高0.2和0.3个百分点。高技术产业投资快速增长。上半年，高技术制造业和高技术服务业投资同比增长21.5%和22.3%，分别快于全部投资12.9和13.7个百分点。

四是体制机制创新加快，新兴动能蓬勃成长。供给侧结构性改革核心是体制机制创新，目标是形成经济增长新机制。通过“放管服”等一系列转变政府职能的体制机制改革，市场环境持续优化，市场主体竞相成长，创新活力全面激发。上半年，全国新登记注册企业同比增长11.1%，日均新登记企业1.6万户。众创空间已超过4200家，央企双创平台超过400个。重大科技成果层出不穷，国产大飞机C919首飞告捷，世界首台光量子计算机亮相，率先实现稳定开采可燃冰，“天舟一号”货运飞船和“天宫二号”空间实验室成功对接，首艘国产航母下水。新兴消费不断激发。上半年，网上商品零售额同比增长28.6%，增速比社会消费品零售总额快18.2个百分点；完成快递业务量173.2亿件，增长30.7%。服务消费持续升温，上半年电影票房收入273亿元，同比增长11.2%。新供给持续扩大，上半年工业机器人、城市轨道车辆、集成电路产量同比分别增长52.3%、31.6%和23.8%。

五是市场主体活力增强，效益效率明显提升。随着供给侧结构性改革的深入推进，供求关系逐步改善，产品价格稳步回升，工业企业效益明显好转。上半年，规模以上工业企业实现利润总额同比增长22%，比上年同期加快15.8个百分点；主营业务收入利润率为6.11%，同比提高0.42个百分点。在企业效益改善带动下，税基明显扩大，财政收入增长好于上年。上半年，一般公共预算收入同比增长9.8%，增速比上年同期加快2.7个百分点。企业效益改善也带动了居民增收，居民收入增速继续跑赢GDP。上半年，全国居民人均可支配收入同比实际增长7.3%，增速比一季度加快0.3个百分点，比上年同期加快0.8个百分点。产业结构优化和技术进步加快，促进了能源资源利用效率的整体提升。上半年，万元国内生产总值能耗同比下降3.9%，降幅比一季度扩大0.1个百分点；清洁能源消费量占比同比提升0.7个百分点。

坚定不移推进供给侧结构性改革是经济持续健康发展的重要保障

实践充分证明，供给侧结构性改革是认清我国经济发展阶段性特征后选择的经济治理良方，对于促进经济稳中向好具有关键性作用。同时也要看到，尽管供给侧结构性改革取得了重要进展，但我国供需不匹配、不平衡、不协调的问题依然存在，一些长期积累的结构性矛盾还比较突出，传统行业产能过剩尚未根本缓解，中高端供给仍显不足，房地产市场分化问题突出，深入推进供给侧结构性改革任重道远。上半年工业产能利用率仍低于80%左右的正常水平。产业转型发展所需的一些关键、核心部件对外依赖程度较大，国内集成电路市场自给率不足20%，国产机器人市场占有率仅30%左右。一二线城市房价居高不下，三四线城市库存依然高企，6月末全国非重点城市商品房待售面积占全国比重为62.6%。

中流击水，不进则退。供给侧结构性改革关系全局、关系长远，我们要坚定不移地将思想和行动统一到党中央国务院的决策部署上来，坚持新发展理念，主动适应把握和引领经济发展新常态，知难而进，奋发有为，全力以赴打赢供给侧结构性改革攻坚战，不断夯实经济稳中向好的基础，力促国民经济行稳致远。

一是深入推进“三去一降一补”，力争取得更大成效。要抓住处置“僵尸企业”这个“牛鼻子”，严格执行环保、能耗、质量、安全等法律法规和标准，坚决淘汰落后产能，鼓励企业进行跨行业、跨地域和跨所有制的兼并重组。坚持分类调控、因城因地施策，把去库存和促进人口城镇化结合起来，完善三四线城市基础设施，提升公共服务水平，增强对农业转移人口的吸引力。支持企业市场化法治化债转股，大力发展股权融资，加强企业自身债务杠杆约束。切实减轻企业税费负担，降低生产要素成本和制度性交易成本。重点围绕基础设施、社会民生、产业发展、生态环保等短板领域，持续加大投入力度。

二是大力推进农业供给侧结构性改革，提高农业综合竞争力。不断创新农业领域体制机制，提高农业供给体系质量，促进农业由过度依赖资源消耗、主要满足量的需求向绿色生态可持续、更加满足质的要求转变。进一步优化产品结构，着力增加绿色优质农产品供给，发展多种形式农业适度规模经营，完善农产品价格形成机制和收储政策，促进农村一二三产业融合发展。进一步推动农业可持续发展，以稳粮优经扩饲为重点，发展精细农业，集中治理农业环境突出问题，加强重大生态工程建设。

三是做大做强实体经济，不断提升供给体系质量。大力实施创新驱动发展战略，提升科技创新能力，加快培育壮大新兴产业，提高产品和服务供给质量。深入实施《中国制造2025》，加大技术改造投入，用新技术新业态全面改造提升传统产业。疏通传导机制，引导资金“脱虚向实”，大力发展民营银行及普惠金融和多业态中小微金融组织，提升金融对实体经济的支持。坚持以提高质量和效益为中心，引导企业增强质量意识，用标准来立业，用品牌来兴企，弘扬工匠精神，打造百年老店，推动中国产品向中国品牌转变。

四是加快构建长效机制，促进房地产市场持续健康发展。坚持“房子是用来住的，不是用来炒的”定位，进一步深化住房制度、土地供应制度、住房金融制度、房地产税收制度等一系列改革，完善多层次住房体系，进一步规范住房租赁市场，加快机构化、规模化租赁企业发展，建立购租并举的住房制度，健全土地征用、储备、交易和收益分配制度等，让房地产更多回归消费属性。前瞻性地研究住房需求空间布局变化趋势，调整、优化、引导房地产供给，推动房地产市场实现动态均衡。扎实推进以人为核心的新型城镇化，促进农民工市民化。

五是深化重点领域和关键环节改革，破除经济增长的体制机制障碍。发挥供给侧结构性改革对全面深化改革的牵引作用，统筹推进国企国资、财税、金融、社会保障等体制机制改革，提高资源配置效率。加快财税体制改革，按照财权与事权相统一的原则，合理划分中央和地方财政的事权与支出责任，完善资源税、消费税、环境保护税，推动地方税收体系合理构建。深化金融改革，优化金融机构体系，完善国有金融资本管理；完善风险管理框架，强化风险内控机制建设，推动金融机构真实披露和及时处置风险资产；着力防范化解重点领域风险，着力完善金融安全防线和风险应急处置机制。扎实推进国企国资改革，完善现代企业制度，健全公司法人治理结构，形成灵活高效的市场化经营机制。积极健全完善社会保障制度，加快养老保险制度改革，不断增强社会保障托底功能。

建设现代化经济体系 实现新时代高质量发展①

国家统计局党组书记、局长　宁吉喆

习近平总书记明确指出，要贯彻新发展理念，建设现代化经济体系。这是党的十九大着眼决胜全面建成小康社会、全面建设社会主义现代化国家伟大目标作出的重大战略部署，对于解决新时代社会主要矛盾、跨越发展关口具有重大意义。刚刚出版的《习近平谈治国理政》第二卷生动记录了以习近平同志为核心的党中央团结带领全党全国各族人民在新时代坚持与发展中国特色社会主义的伟大实践，为我们在新时代新征程上推进现代化经济体系建设提供了重要的思想引领。

我们要准确把握建设现代化经济体系的科学内涵，坚持质量第一效益优先，以供给侧结构性改革为主线，加快建设现代化的产业体系和经济体制，不断增强我国经济创新力和竞争力，为确保实现“两个一百年”奋斗目标和中华民族伟大复兴的中国梦奠定坚实基础。

一、迎接新时代，必须加快建设现代化经济体系

新中国成立以来，我国经济体系经历了从无到有、从残缺到比较完

① 本文系国家统计局党组书记、局长宁吉喆发表于2017年11月30日《经济日报》的署名文章。

整、从计划到市场、从封闭到开放的历史性变化，为我国综合国力和人民生活水平的提高提供了有力支撑。当前，中国特色社会主义进入了新时代，我国社会主要矛盾的变化，没有改变我们对我国社会主义所处历史阶段的判断，发展仍然是我们党执政兴国的第一要务，必须统筹推进“五位一体”总体布局和“四个全面”战略布局，加快建设现代化经济体系，不断提升我国社会生产力、综合国力和人民生活水平，为中国特色社会主义事业夯实基础。

一是建设现代化经济体系是紧扣新时代我国社会主要矛盾转化，落实中国特色社会主义经济建设布局的内在要求。长期以来，我国社会主要矛盾是人民日益增长的物质文化需要同落后的社会生产之间的矛盾。随着我国经济快速发展，生产力水平大幅提高，人均 GDP 超过 8000 美元。社会主要矛盾已经转化为人民日益增长的美好生活需要和不平衡不充分的发展之间的矛盾。从领域范围上看，各区域各领域各方面发展还不够平衡；从层级和质量上看，一些地区、一些领域、一些方面还存在发展不足的问题。主要表现在：部分行业产能过剩与优质供给不足并存，煤炭、钢铁等产能严重过剩，而机器人、临床创新药物等产品大量依靠进口，国内集成电路市场自给率不足 20%；城乡、区域、不同群体之间的居民收入差距依然较大，2016 年基尼系数为 0.465；扶贫脱贫、农业农村、生态环保、公共服务等方面的短板亟待加强。这些不平衡不充分的问题相互掣肘、相互交织，已经成为满足人民日益增长的美好生活需要的主要制约。对此，必须根据社会主要矛盾的转化，大力建设现代化经济体系，促进城乡、区域、经济社会协调发展，处理好经济发展和环境保护的关系，促进国内发展和对外开放良性互动，更好满足人民在经济、政治、文化、社会、生态等方面日益增长的需要。

二是建设现代化经济体系，是适应我国经济已由高速增长阶段转向高质量发展阶段、跨越发展关口的迫切需要。从国内看，我国经济增速已由高速增长转为中高速增长，但一些长期积累的深层次问题仍然突出，经济发展正处在转变发展方式、优化经济结构、转换增长动力的攻关期，面临“黑天鹅”现象、“灰犀牛”现象、“木桶”效应等风险，面临能否顺利跨越“中等收入陷阱”的考验。只有在建设现代化经济体系上着力攻坚克难，实现高质量发展，才能推动经济建设再上新台阶。从国际看，虽然世界经济复苏有了一些起色，但国际金融危机的深层次影响还在继续显现，结构性矛盾还没有得到很好解决，贸易保护主义、民粹主义以及逆全球化思潮抬头，国际大宗商品市场、主要经济体宏观政策、地缘政治冲突都存在巨大变数，对我国发展的影响不可低估。只有加快建设现代化经济体系，不断提升我国经济创新力和竞争力，才能在复杂多变的国际环境和激烈的国际竞争中赢得主动。

三是建设现代化经济体系，是决胜全面建成小康社会、开启全面建设社会主义现代化国家新征程的基本途径。实现宏伟蓝图，必须坚持以经济建设为中心，加快形成先进的生产力，构建雄厚的经济基础。但目前我国经济“大而不强”的特征仍然明显，科学技术、人力资源、生产资本等要素的水平与发达经济体相比还有较大差距。2016 年，最能衡量核心技术能力和创新能力的国内发明专利申请受理量和授权量占全部专利的比重不到 40%和 20%；目前每百万人中研究人员数在 1000 人左右，远低于高收入国家 4000 人左右的水平。我国许多产业仍处于全球价值链的中低端，关键领域核心技术受制于人的格局还没有实质性改善，企业的国际竞争力总体上还不够强，特别是在品牌、质量、标准上差距还比较大；高层次人才仍然稀缺，世界级大师更是匮乏。要战胜前进中的困难和挑战，必须坚持战略思维和长远眼光，推动新型工业化、信息化、城镇化、农业现代化同步发展，加快建设现代化经济体系，不断壮大我国经济实力和综合国力，为实现“两个一百年”奋斗目标、实现中华民族伟大复兴的中国梦构建雄厚的经济基础。

二、适应新要求，必须准确把握现代化经济体系的科学内涵

当前，我国经济已由高速增长阶段转向高质量发展阶段，客观上要求加快提质增效升级步伐，推动经济发展质量变革、效率变革、动力变

革。要完成这样的变革，关键是以习近平新时代中国特色社会主义思想为指导，坚定不移贯彻创新、协调、绿色、开放、共享的新发展理念，牢牢抓住供给侧结构性改革主线，坚持“两个优先”，推动“三个变革”，加快“四个协同”，健全“三有体制”，建设适应发展新要求的现代化经济体系，解决好发展不平衡不充分的问题。

一是坚持质量第一、效益优先推动现代化经济体系建设。高质量发展是强国之基、立业之本和转型之要，提高效率效益是发展的永恒主题。要看到，制约经济持续健康发展的结构性问题依然突出，矛盾的主要方面在供给侧，主要表现为实体经济结构性供需失衡、金融和实体经济失衡、房地产和实体经济失衡、供给质量和供给数量失衡等，导致经济循环不畅，影响质量效益提高。要解决这些矛盾和问题，必须加快建设现代化经济体系，推进供给侧结构性改革，把提高供给体系质量作为主攻方向，将以质量和效益为中心的要求贯穿到经济社会发展的各方面各环节全过程，着力改变过去主要靠要素投入、外需拉动、规模扩张的思维定式、行为惯性、路径依赖，以及由此产生的产能过剩、杠杆增加、风险加大、效益低下、竞争力不足等问题，推动经济加快由要素驱动向创新驱动转变，由规模速度型向质量效益型转变，由成本、价格优势为主向以技术、标准、品牌、质量、服务为核心的综合优势转变。

二是加快建设实体经济、科技创新、现代金融、人力资源协同发展的产业体系。建设现代化经济体系关键是要把各种要素调动好、配置好、协同好，积极构建结构合理、协同有力、运转高效的产业体系。实体经济是国民经济的根基，创新是引领发展的第一动力，现代金融是现代经济的血脉，人力资源是我国经济社会发展的第一资源。科技创新、现代金融、人力资源共同构成了实体经济发展的要素支撑，必须以高水平的科技创新作为支撑，使科技创新成为产业升级的持续驱动力；必须以现代金融为保障，为实体经济提供高效便捷、功能多样、成本合理的融资服务，强化金融对实体经济的输血功能；必须以人力资源培育为支撑，为各行各业转型升级提供高素质人力资源和各类实用型人才。要进一步推动科技创新成果转化，引导资金合理有效流动，发挥各类劳动者和人才聪明才智，促进企业技术进步、行业供求有效衔接和产业优化发展。

三是着力构建市场机制有效、微观主体有活力、宏观调控有度的经济体制。加快完善社会主义市场经济体制是建设现代化经济体系的根本性制度保障和制度安排。要坚持社会主义市场经济改革方向，围绕处理好政府和市场关系，构建充分调动各类市场主体自主决策、自主经营的积极性、主动性、创造性，推动各级政府履行好经济调节、市场监管、公共服务、社会管理应尽职责的经济体制。具体来说，市场机制有效，就是要以完善产权制度和要素市场化配置为重点，实现产权有效激励、要素自由流动、价格反应灵活、竞争公平有序、企业优胜劣汰。微观主体有活力，就是要尊重企业的主体地位，深化国有企业改革，支持和引导民营经济发展，激发企业家的创造性和能动性。宏观调控有度，就是要创新和完善宏观调控，发挥国家发展规划的战略导向作用，健全财政、货币、产业、区域等经济政策协调机制，不断增强我国经济创新力和竞争力。

三、实现新发展，必须全力推进现代化经济体系建设新部署

新时代面临新形势，新征程昭示新使命。中国特色社会主义已经进入新时代，建设现代化经济体系任务艰巨、责任重大、使命光荣。我们要以党的十九大精神为统领，以习近平新时代中国特色社会主义思想为指导，牢固树立“四个意识”，努力增强“四个自信”，贯彻落实新发展理念，加快建设现代化经济体系，推动质量变革、效率变革、动力变革，努力实现更高质量、更有效率、更加公平、更可持续的发展。

一是坚定不移深化供给侧结构性改革，着力实现供需动态平衡。深化供给侧结构性改革是建设现代化经济体系的首要任务，也是推进其他任务必须坚持的逻辑主线。近年来，供给侧结构性改革改善了市场供求关系，促进了企业效益好转，对促进我国经济稳中向好发挥了关键作用，必须乘势而上、巩固成果，持之以恒地加以推进。要以“三去一降一补”

为重点，以市场化、法治化手段优化存量资源配置，减少无效和低端供给，坚决淘汰僵尸企业，促进资源合理有效配置，同时积极扩大优质增量供给，加快建设制造强国，发展先进制造业、现代服务业，推动我国产业发展迈向全球价值链中高端，更好地满足人民日益增长的美好生活需要。

二是加快建设创新型国家，着力推动新旧动能接续转换。创新是引领发展的第一动力，是建设现代化经济体系的战略支撑。经过长期努力，我国在核心科技方面与发达国家的差距在不断缩小，从过去以“跟跑”为主，逐步转变为“跟跑、并跑、领跑”并行，“并跑”特征日趋明显，“领跑”态势在部分领域初步显现。要抓住世界新一轮科技革命和产业变革的机遇，瞄准经济建设主战场和人民美好生活需求，补上基础研究、关键技术、体制机制、创新氛围方面的短板，加快形成以创新为主要引领和支撑的经济体系和发展模式。要进一步提高创新基础能力，强化基础研究，实现重大突破和颠覆性创新；深化科技体制改革，建立以企业为主体、市场为导向、产学研深度融合的技术创新体系；倡导创新文化，推进大众创业万众创新，激发全社会创新潜力和创造潜能；培育创新人才，实行更加积极、更加开放、更加有效的人才政策，培育和造就高水平创新团队。

三是实施乡村振兴战略和区域协调发展战略，推动城乡区域协调发展。要深入实施乡村振兴战略，始终把解决“三农”问题作为全党工作的重中之重。农业稳，则天下安。要加快推进农业农村现代化，构建现代农业体系，促进农村一二三产业融合发展，深化农村土地制度改革，保障农民财产权益。要统筹推进区域协调发展战略，强化举措推进西部大开发形成新格局，深化改革加快东北等老工业基地振兴，发挥优势推动中部地区崛起，创新引领率先实现东部地区优化发展。以疏解北京非首都功能为“牛鼻子”推动京津冀协同发展，高起点规划、高标准建设雄安新区，以共抓大保护、不搞大开发为导向推动长江经济带发展。

四是深化重点领域和关键环节改革，加快完善社会主义市场经济体制。必须继续在社会主义基本制度与市场经济的结合上下功夫，既要“有效的市场”，也要“有为的政府”，进一步激发市场主体活力、增强发展内生动力。持续转变政府职能，深化“放管服”改革，创新监管方式，完善监管体制，提高政府公共服务能力和水平。深化国有企业改革，发展混合所有制经济，进一步健全公司法人治理结构和灵活高效的市场化经营机制，培育具有全球竞争力的世界一流企业。加快要素价格市场化改革，增强金融服务实体经济能力，破除妨碍劳动力、人才社会性流动的体制机制弊端。推进财税金融体制改革，理顺中央地方财政关系，发展多层次资本市场，健全金融监管体系，守住不发生系统性金融风险底线。

五是把握机遇扩大开放，推动形成全面开放新格局。要抓住世界经济回升、分工格局调整的新机遇，加大力度培育外贸新业态，优化进出口结构。打造国际化、法治化营商环境，全面实行准入前国民待遇加负面清单管理制度，大幅度放宽市场准入，扩大服务业对外开放，保护外商投资合法权益。以“一带一路”建设为重点，坚持“引进来”和“走出去”并重，创新对外投资方式，促进国际产能合作，拓展国际发展新领域。加快自贸区建设，赋予自贸区更大改革自主权。

六是抓重点补短板强弱项，着力保障改善民生和建设美丽中国。要永葆中国共产党人的初心和使命，坚持以人民为中心的发展思想，使改革发展成果更多更公平惠及全体人民，朝着实现全体人民共同富裕不断迈进。要打好精准脱贫攻坚战，注重扶贫同扶志、扶智相结合，深入实施东西部扶贫协作，重点攻克深度贫困地区脱贫任务。同时，要在幼有所育、学有所教、劳有所得、病有所医、老有所养、住有所居、弱有所扶方面作出更大努力。要顺应人民对美好生活的期待，正确处理好经济发展同生态环境保护的关系，加快建设美丽中国。切实践行绿水青山就是金山银山的理念，加大水、气、土壤污染综合治理，加强生态保护和修复，改革生态环境监管机制，强化督查巡查。

建设现代化经济体系①

国家统计局党组书记、局长　宁吉喆

习近平同志所作的党的十九大报告站在新的历史起点上，高瞻远瞩，审时度势，对建设现代化经济体系作出全面部署。我们要深刻认识建设现代化经济体系的重要意义、科学内涵和主要任务，扎实推进经济建设，为确保实现“两个一百年”奋斗目标和中华民族伟大复兴中国梦奠定坚实基础。

充分认识建设现代化经济体系的重要意义

建设现代化经济体系是开启全面建设社会主义现代化国家新征程的重大任务。上个世纪 80 年代，党中央提出我国社会主义现代化建设分三步走的战略目标。党的十八大强调实现“两个一百年”奋斗目标。党的十九大把握中国特色社会主义新时代发展大势，提出决胜全面建成小康社会、开启全面建设社会主义现代化国家新征程的战略目标：到 2020 年，全面建成小康社会；到 2035 年，基本实现社会主义现代化；到本世纪中叶，把我国建成富强民主文明和谐美丽的社会主义现代化强国。实

① 本文系国家统计局党组书记、局长宁吉喆发表于 2017 年 12 月 5 日《人民日报》的署名文章。

现宏伟愿景，必须牢牢扭住经济建设这个中心，坚定不移把发展作为党执政兴国的第一要务，加快形成先进的生产力，构建雄厚的经济基础；加快建设现代化经济体系，推动新型工业化、信息化、城镇化、农业现代化同步发展，显著提高发展质量，不断壮大我国经济实力和综合国力。

建设现代化经济体系是紧扣我国社会主要矛盾转化推进经济建设的客观要求。长期以来，我国社会主要矛盾是人民日益增长的物质文化需要同落后的社会生产之间的矛盾。改革开放极大地解放和发展了我国社会生产力。2017 年国内生产总值预计将超过 80 万亿元，稳居世界第二；工农业生产、基础设施、科技创新、市场建设也都取得长足进步，社会生产总体上已不再落后。同时，人民对美好生活的需要日益增长。但是，发展中不平衡不协调不可持续问题十分突出，我国人均国内生产总值和人均国民总收入仍低于世界平均水平。当前，我国社会主要矛盾已经转化为人民日益增长的美好生活需要和不平衡不充分的发展之间的矛盾。必须坚持创新、协调、绿色、开放、共享的发展理念，统筹推进“五位一体”总体布局，协调推进“四个全面”战略布局，推动城乡、区域、经济社会协调发展，处理好经济发展和环境保护的关系，实现国内发展和对外开放良性互动。这正是持续推进现代化经济体系建设的题中应有之义。

建设现代化经济体系是适应我国经济已由高速增长阶段转向高质量发展阶段的必然要求。从国内看，我国经济发展进入新常态，呈现增速转轨、结构转型、动能转换的特点。同时，长期积累的结构性矛盾仍然突出。我国改革已进入深水区、攻坚期，全面建成小康社会进入决胜期，国民经济正处在转变发展方式、优化经济结构、转换增长动力的攻关期。只有实现高质量发展，才能推动经济建设再上新台阶。从国际看，国际金融危机深层次影响还在持续，世界经济复苏进程仍然曲折，保护主义、单边主义、民粹主义以及逆全球化思潮抬头。只有实现我国经济高质量发展，才能在激烈的国际竞争中赢得主动。建设现代化经济体系，是我国发展的战略目标，更是我们跨越关口的迫切要求。必须坚定不移推进供给侧结构性改革，实现供需动态平衡，大力推动科技创新和体制创新，爬坡过坎，攻坚克难，努力实现更高质量、更有效率、更加公平、更可持续的发展。

深刻领会建设现代化经济体系的科学内涵

坚持质量第一、效益优先，以供给侧结构性改革为主线。高质量发展是强国之基、立业之本和转型之要，提高效率效益是发展的永恒主题。党的十八大以来，我国企业生产经营和整体经济增长的质量效益不断提高。目前，产品质量国家监督抽查合格率超过 90%，重点工程质量优良率达到 100%，规模以上工业企业主营业务收入利润率在 6%以上。但发展质量和效益不高的问题仍相当突出。要进一步把提质增效放到经济工作的首要位置，融入经济发展各领域和全过程，推动经济发展质量变革、效率变革、动力变革，提高劳动生产率、资本产出率、全要素生产率。

着力加快建设协同发展的产业体系。实体经济是我国经济的主体，科技是第一生产力，创新是引领发展的第一动力，现代金融是现代经济的血脉，人力资源是世界上最宝贵的资源。把科技、劳动力与人才、资本等生产要素组合起来，协同投入实体经济，必将有力促进企业技术进步、行业供求衔接和产业优化发展。关键是把各种要素调动好、配置好、协同好，充分发挥科技创新成果转化为现实生产力的作用，发挥资本、资产、资金支持产业发展的作用，发挥各类劳动者和人才投身丁创业创新的作用，协同促进实体经济和产业体系优质高效发展。

着力构建市场机制有效、微观主体有活力、宏观调控有度的经济体制。经过 30 多年努力，我国社会主义市场经济体制不断完善。近年来，"放管服" 改革向纵深推进，有力激发和释放了市场活力。目前，我国市场主体已达 9000 多万户，其中企业约 3000 万户，再加上约 2 亿家庭经营的农户和城市非工商户创业者，形成了经济发展的重要微观基础。同时，宏观调控方式不断创新，实施正确的宏观经济政策，采取区间调控、定向调控、相机调控、精准调控等措施，经济运行保持在合理区间。建设现代化经济体系，要坚持社会主义市场经济改革方向，使市场在资源配置中起决定性作用，更好发挥政府作用，坚持简政放权、放管结合、优化服务，完善基本经济制度、现代市场体系和宏观调控体系，充分调动各类市场主体自主决策、自主经营的积极性主动性创造性；促进各级政府履行好经济调节、市场监管、公共服务、社会管理的应尽职责，从体制机制上保障我国经济创新力和竞争力不断增强。

进一步明确建设现代化经济体系的主要任务

深化供给侧结构性改革。这是建设现代化经济体系的战略措施。随着我国社会主要矛盾转化和经济由高速增长阶段转向高质量发展阶段，制约经济持续健康发展的因素既有供给问题也有需求问题，既有结构问题也有总量问题，但供给侧和结构性问题是矛盾的主要方面。供给结构失衡，不能适应需求结构的变化；供给质量不高，不能满足人民美好生活和经济转型升级的需求；金融、人才等资源配置存在“脱实向虚”现象，影响了发展基础的巩固。必须把发展经济的着力点放在实体经济上，把提高供给体系质量作为主攻方向，显著增强我国经济质量优势。一是推动产业优化升级，加快发展先进制造业、现代服务业，加强基础设施网络建设，促进我国产业迈向全球价值链中高端。二是加快形成新动能，鼓励更多社会主体投身创新创业，在中高端消费、创新引领、绿色低碳、共享经济、现代供应链、人力资本服务等领域培育更多新增长点。三是改造提升传统动能，推动互联网、大数据、人工智能和实体经济深度融合，支持传统产业优化升级。四是坚持去产能、去库存、去杠杆、降成本、补短板，优化存量资源配置，扩大优质增量供给，实现供需动态平衡。

加快建设创新型国家。这是建设现代化经济体系的战略支撑。经过长期努力，我国科技发展成就显著，一些重大科技成果进入世界先进行列。但是，我国科技创新能力与经济实力还不相称，与经济建设主战场和人民美好生活的需求还不适应。必须坚定不移贯彻创新发展理念，深入实施科教兴国战略、人才强国战略、创新驱动发展战略，努力实现到2035年跻身创新型国家前列的目标。一是加强国家创新体系建设，强化基础研究、应用基础研究和战略科技力量，实现重大突破和颠覆性创新。二是建立以企业为主体、市场为导向、产学研深度融合的技术创新体系，促进科技成果转化。三是倡导创新文化，支持大众创业、万众创新，强化知识产权保护。四是实行更加积极、更加开放、更加有效的人才政策，培养和造就一大批具有国际水平的人才和高水平创新团队。

实施乡村振兴战略。这是建设现代化经济体系的重要基础。进入新世纪以来，我国农业已连续十几年获得丰收，粮食产量连续4年超过1.2万亿斤，农民收入增速连续7年快于城镇居民收入增速，农业的主要矛盾已由总量不足转变为结构性失衡，矛盾的主要方面在供给侧。必须始终把解决“三农”问题作为全党工作重中之重，建立健全城乡融合发展体制机制和政策体系，加快推进农业农村现代化，深化农业供给侧结构性改革。一是确保国家粮食安全，把中国人的饭碗牢牢端在自己手中。二是构建现代农业产业体系，发展多种形式规模经营，实现小农户和现代农业发展有机衔接。三是促进农村一二三产业融合发展，拓宽农民就业创业和增收渠道。四是巩固和完善农村基本经营制度，深化农村土地制度改革，深化农村集体产权制度改革。五是加强农村基层基础工作，健全乡村治理体系，建设社会主义新农村。

实施区域协调发展战略。这是建设现代化经济体系的内在要求。我国幅员辽阔，各地发展很不平衡。必须坚持协调发展理念，优化区域发展格局，推进新型城镇化，逐步缩小差距。一是协调推动西部大开发、东北振兴、中部崛起、东部率先发展。二是协调推动“一带一路”相关地区开放开发、京津冀协同发展、长江经济带保护发展、粤港澳大湾区建设。三是支持老少边穷地区加快发展，支持资源型地区经济转型发展，加快边疆发展，加快建设海洋强国。四是以城市群为主体构建大中小城市和小城镇协调发展的城镇格局，提高城市承载能力，加快农业转移人口市民化。

加快完善社会主义市场经济体制。这是建设现代化经济体系的制度保障。推动经济转型升级，要害在创新，关键靠改革。必须以完善产权制度和要素市场化配置为重点深化经济体制改革，坚决破除制约发展活力和动力的体制机制障碍。一是坚持和完善我国社会主义基本经济制度和分配制度，毫不动摇巩固和发展公有制经济，毫不动摇鼓励支持引导非公有制经济发展，完善国有资产管理体制，深化国有企业改革，支持民营企业发展。二是深化商事制度改革，全面实施市场准入负面清单制度，加快要素价格市场化改革，完善市场监管体制。三是创新和完善宏观调控，发挥国家发展规划战略性导向作用，健全财政、货币、产业、区域、消费、投资等经济政策协调机制，加快建立现代财政制度，深化金融体制改革。

推动形成全面开放新格局。这是建设现代化经济体系的必要条件。必须统筹国内国际两个大局，贯彻开放发展理念，坚持对外开放的基本国策，发展更高层次的开放型经济。一是以“一带一路”建设为重点，坚持引进来和走出去并重，形成陆海内外联动、东西双向互济的开放格局。二是拓展对外贸易，培育外贸新业态新模式，优化进出口结构。三是全面实行准入前国民待遇加负面清单管理制度，大幅度放宽市场准入，扩大服务业对外开放，优化区域开放布局。四是创新对外投资方式，促进国际产能合作，形成面向全球的贸易、投资、生产、服务网络。

坚持稳中求进 巩固向好势头①

国家统计局党组成员、总经济师 盛来运

经济形势总体呈现缓中趋稳、稳中向好，这是中央经济工作会议对当前我国经济形势总特点作出的重大判断。会议强调，稳中求进工作总基调是治国理政的重要原则，也是做好经济工作的方法论。对此应如何理解？缓中趋稳能否稳得住、稳中向好基础是否牢固、稳中求进怎么进？我们可以作出以下分析。

经济运行总体平稳，“稳”“进”“新”“好”四大特征显现。一是“稳”的态势在持续，经济运行保持在合理区间。2016年，我国GDP增速前三个季度保持在6.7%的水平，城镇新增就业提前一个季度完成全年目标任务，大城市城镇调查失业率连续3个月低于5%，居民消费价格1—11月份同比上涨2.0%。6.7%的增长、5%的失业率和2%的物价涨幅这样一个组合，不仅反映出国民经济运行在合理区间，而且是符合经济运行规律的一个理想搭配。二是“进”的力度在加大，结构调整步伐明显加快。服务业主导特征更趋明显，前三季度服务业占国内生产总值比重达到52.8%，对经济增长的贡献率为58.5%；消费“稳定器”作用进一步增强，前三季度最终消费支出对经济增长的贡献率超过70%；区

① 本文系国家统计局党组成员、总经济师盛来运发表于2017年第1期《求是》的署名文章。

域重塑优化呈现新格局，“四大板块”和“三大战略”叠加效应显现，以沿海沿江沿线经济带为主的轴带布局渐趋完善，新增长点、增长极加快形成。三是“新”的动能在成长，动力转换迈出新步伐。新主体不断涌现，1—11月份全国日均新登记企业1.49万户；新技术、新模式蓬勃发展，云计算、物联网、3D打印、大数据等新技术产业化步伐加快，节能环保、新能源、生物医药等新兴产业快速壮大，线上线下融合、移动支付、个性定制等新模式方兴未艾；新产品新服务层出不穷，1—11月份网上商品零售额同比增长25.7%，工业机器人、光电子器件产量同比分别增长31.7%和29.7%。四是“好”的因素在累积，经济发展稳中提质。“三去一降一补”取得实效，钢铁、煤炭年度去产能任务提前完成；11月末商品房待售面积自2008年5月以来首次同比减少541万平方米；工业企业资产负债率连续7个月稳步降低；企业成本负担减轻，1—10月份规模以上工业企业每百元主营业务收入中的成本同比下降0.24元；短板领域得到增强，1—11月份生态保护和环境治理业、水利管理业投资同比增速分别快于全部投资33.9和11.9个百分点。供给侧结构性改革外溢正效应明显，工业领域供求关系持续改善，工业品价格11月份上涨至3.3%；企业效益好转，1—10月份规模以上工业企业实现利润同比增长8.6%；企业预期好转，制造业采购经理指数连续4个月上升或持平；能源利用效率提升，前三季度单位GDP能耗同比下降5.2%。

经济发展稳中有忧、好中有难，发展基础尚需夯实。尽管我国经济发展延续了总体平稳、稳中向好的态势，但存在的风险仍不容忽视。一是外部环境依然复杂严峻。世界经济仍然没有走出国际金融危机的阴霾，各国弱复苏、不平衡、高风险的态势仍在延续，贸易保护主义强化、经济全球化风向逆转、国际金融市场波动加剧、地缘冲突增多等一系列经济、政治和社会问题凸显，制约了我国外贸增长。1—11月份我国货物出口总额按人民币计价同比下降1.8%。二是产能过剩问题依然较为突出。尽管“三去一降一补”五大任务积极推进、成效明显，但解决产能过剩这一长期积累的问题，很难一蹴而就。三季度末，全国规模以上工业企业产能利用率仍然不足75%，低于79%—82%的正常区间，部分行业、领域产能利用率甚至不到70%，工业领域产能过剩问题仍然比较突出。三是投资需求依然内生乏力。传统领域投资渐趋饱和，新兴领域还在培育壮大中，加上部分体制机制还难以完全适应经济发展新常态的要求，一些民营企业面临“不愿投、不敢投、没钱投”的问题，投资增长的内生动力依然不足。四是实体经济依然难言乐观。尽管工业企业整体利润呈恢复性改善，但一些行业企业仍比较困难，杠杆率仍然较高，融资难、融资贵的问题仍然突出，生产经营情况不容乐观。这些情况和问题表明，当前我国经济稳中向好的基础还不够牢固，下行压力依然存在。

坚持稳中求进总基调，持续巩固向好发展势头。稳中求进是贯穿2017年全年的工作总基调，必须在夯实“稳”的基础上下力气，在积蓄“进”的力量上出实招，在巩固“好”的势头上花功夫。一是保持宏观政策的连续性和稳定性。稳是主基调，稳是大局，为此政策必须稳，要继续实施积极的财政政策和稳健的货币政策，适度扩大总需求，为改革发展营造良好的宏观环境。二是以供给侧结构性改革为主线，加快推进一批基础性关键性改革。要综合运用市场化、法治化等手段，推进内容更为广泛的供给侧结构性改革，狠抓政策落实、改革落地，实现激励和监督并举，加快推动国企、财税、金融、养老等基础性关键性改革，为进一步深化供给侧结构性改革提供体制机制保障。三是大力推动大众创业万众创新，充分发挥人民群众的主动性和创造力。要深化放管服改革，培育壮大新动能，用新动能的壮大突破经济结构的技术瓶颈，提升经济潜在增长率。四是织牢社会安全网，科学引导预期，增强发展信心。面对国内外的各种不确定因素，要高度关注和防范化解就业、房地产、财政金融及汇率等领域的潜在风险，确保社会大局稳定。

一季度经济实现2017年良好开局[①]

国家统计局党组成员、总经济师　盛来运

今年一季度，在以习近平同志为核心的党中央坚强领导下，各地区各部门认真贯彻党中央、国务院决策部署，狠抓改革发展方针政策落实，国民经济延续了去年下半年以来稳中有进、稳中向好的发展态势，出现了更多积极变化，实现了良好开局，为完成全年发展预期目标打下了扎实基础。但国际环境依然错综复杂，国内结构性矛盾仍比较突出，巩固持续向好态势尚需进一步努力。

供给侧结构性改革深入推进，经济延续稳中有进稳中向好态势

一季度，在一系列稳增长、调结构、促改革、惠民生、防风险政策措施作用下，特别是在供给侧结构性改革深入推进的积极影响下，国民经济运行呈现生产需求回升、就业物价稳定、国际收支改善、居民收入增加、供需结构优化、动能转换加快、质量效益提高、预期信心增强的发展态势，实现良好开局。

一是经济增长稳中有升。初步核算，一季度国内生产总值同比增长

① 本文系国家统计局党组成员、总经济师盛来运发表于2017年第5期《紫光阁》的署名文章。

6.9%，增速比上年同期和上年四季度分别加快 0.2 和 0.1 个百分点。从生产看，第一、二、三产业增加值同比分别增长 3.0%、6.4%和 7.7%，分别比上年同期加快 0.1、0.5 和 0.1 个百分点。从需求看，固定资产投资（不含农户）同比增长 9.2%，比上年全年加快 1.1 个百分点；社会消费品零售总额增长 10%，与上年同期基本持平；进出口总额增长 21.8%，上年同期为下降 5.9%，其中出口增长 14.8%。

二是就业物价形势稳定。3 月份，31 个大城市城镇调查失业率在 5%左右，比上月和上年同月均有下降。一季度，全国城镇新增就业 334 万人，比上年同期多增 16 万人。价格涨势较为温和。一季度，居民消费价格同比上涨 1.4%，涨幅比上年同期回落 0.7 个百分点，比上年四季度回落 0.8 个百分点；工业生产者出厂价格上涨 7.4%，比上年四季度扩大 4.1 个百分点，上年同期为下降 4.8%。

三是国际收支继续改善。一季度，货物贸易顺差 4549 亿元，服务贸易为逆差，预计经常项目继续保持顺差，规模有所下降。1—2 月份，我国实际使用外资金额 1387 亿元，境内投资者对外非金融类直接投资 924 亿元，两者规模基本相当。3 月末，人民币汇率中间价比上月末贬值 0.35%，但比上年末升值 0.55%；外汇储备余额 30091 亿美元，连续 2 个月回升。

四是居民收入与经济增长同步。一季度，全国居民人均可支配收入实际增长 7.0%，增速比上年同期加快 0.5 个百分点，比上年全年加快 0.7 个百分点，比 GDP 增速快 0.1 个百分点。城乡收入差距继续缩小。一季度，农村居民人均可支配收入实际增速比城镇居民快 0.9 个百分点；城乡居民收入倍差为 2.57，比上年同期缩小 0.02。

五是“三去一降一补”扎实推进。产能利用率提高。一季度，规模以上工业产能利用率比上年四季度提高 2 个百分点。去库存去杠杆效果显现。3 月末，全国商品房待售面积同比下降 6.4%，降幅比上年末扩大 3.2 个百分点。2 月末，规模以上工业企业资产负债率同比下降 0.6 个百分点。降成本补短板取得新进展。1—2 月份，规模以上工业企业每百元主营业务收入中的成本同比减少 0.28 元。生态环保、公共设施管理、农林等领域投资增长明显快于全部投资。

六是新兴动能茁壮成长。“双创”势头良好。一季度，国内专利申请授权量同比增长 6.5%，全国新登记企业增长 18%。新产业新模式茁壮成长。战略性新兴产业增加值同比增速比规模以上工业快 3.5 个百分点，网上商品零售额增速比社会消费品零售总额快 15.8 个百分点。新产品新服务快速增长。工业机器人、光电子器件和太阳能电池产量保持较快增长，信息传输、租赁和商务服务业增长明显快于第三产业。

七是经济结构继续优化。从产业结构看，一季度，第三产业增加值占国内生产总值的比重为 56.5%，比第二产业高 17.8 个百分点。高技术产业和装备制造业增加值增速明显快于全部规模以上工业，工业向中高端迈进态势明显。从需求结构看，最终消费支出对经济增长的贡献率为 77.2%，比上年同期提高 2.2 个百分点，比资本形成总额的贡献率高 58.6 个百分点。投资内部结构也在不断优化。

八是企业效益改善信心增强。1—2 月份，规模以上工业企业利润总额同比增长 3 1 . 5 %，增速比上年全年加快 23 个百分点；规模以上服务业企业营业利润增长 37.1%，上年全年为下降 1.1%。企业信心明显增强。3 月份，制造业采购经理指数（PMI）为 51.8%，比上月上升 0.2 个百分点，连续 8 个月处于扩张区间；非制造业商务活动指数为 55.1%，上升 0.9 个百分点，连续 6 个月保持在 54.0%及以上。

这样的运行格局，说明党中央、国务院采取的一系列改革发展政策是科学的有效的。在国内外环境依然复杂严峻的情况下，这样的成绩来之不易、难能可贵，应当倍加呵护和珍惜。

困难矛盾依然较多，后期走势仍待观察

尽管经济运行稳中有进、稳中向好，积极变化增多，但也要看到，当前国际环境依然复杂，变数不少，国内仍处在转型升级、动能转换的

关键阶段，结构性矛盾依然存在，内外因素相互影响，新老问题相互交织，经济持续向好的基础仍需巩固。

一是外部不稳定不确定因素较多，冲击和挑战不容小觑。全球贸易保护行为显著增多，并有向贸易制裁、政策封闭和政治对抗演变之势；美联储加息外溢效应较大，下半年还将收缩资产负债表规模，可能对全球汇市、股市、债市以及国际资本流向产生重要影响；全球债务水平持续攀升，近期欧洲银行业又起波澜；朝鲜半岛局势升温，欧洲政治分裂风险加大等，均加剧了全球经济复苏的不确定性。受此影响，后期我国出口、人民币汇率、资本流动可能面临新的压力。

二是投资增长后劲不足，内生动力仍需增强。制造业投资和民间投资增速仍处于较低水平，一季度分别比全部投资低 3.4 和 1.5 个百分点。而受财政收支压力不减等因素影响，基础设施投资持续高增长难度较大。一季度，基础设施投资同比增速比 1—2 月份回落 3.8 个百分点。随着各地房地产调控力度加大，房地产投资后期走势也存在不确定性。从先行指标看，固定资产投资到位资金同比下降 2.9%，上年全年为增长 5.8%；新开工项目计划总投资下降 6.5%，上年全年为增长 20.9%。

三是结构性矛盾仍然突出，节能降耗压力加大。一季度，十种有色金属、电解铝、氧化铝、粗钢产量同比增速分别比上年全年加快 6.5、9.6、16.5 和 3.4 个百分点。相应地，能源消费总量同比增长 2.8%，增速比上年同期加快 1.8 个百分点；其中规模以上工业能源消费增长 3.8%，上年同期为下降 2.1%。单位国内生产总值能耗同比下降 3.8%，降幅比上年同期缩小 1.5 个百分点，完成全年单位 GDP 能耗下降目标压力加大。

四是原材料、人工、物流成本上升，企业负担仍然较重。据我局制造业采购经理调查，3 月份主要原材料购进价格指数为 59.3%，连续 6 个月处于 60%左右的高位；据我局规模以上工业企业问卷调查，用工成本上升和资金紧张位列困扰规模以上企业发展的主要问题前两位，比例达到 46.8%和 30.2%。据工信部调查，受去年年底运输超载新规影响，企业反映物流运输成本上涨25%以上。特别是小企业经营仍较困难。一季度，认为用工成本上升快和原材料成本高是突出问题的小微工业企业分别占49.1%和45.3%。3月份小型企业PMI为48.6%，继续处于收缩区间。

此外，财政收支压力较大，金融领域潜在风险有所上升，必须予以密切关注。

保持宏观政策稳定，巩固经济向好势头

综上，对于一季度的经济运行状况，既要看到经济稳定向好，宏观环境和实体经济明显改善，积极因素不断增多的有利一面，也要看到经济结构性矛盾依然存在，潜在风险有所上升，后期走势有一定不确定性，对此要保持清醒认识。下阶段，要深入贯彻落实中央经济工作会议和政府工作报告部署，坚持稳中求进工作总基调，保持宏观政策的连续性和稳定性，坚定不移以推进供给侧结构性改革为主线，深化重要领域和关键环节改革，坚持以提高质量和效益为中心，抓住经济企稳回暖的窗口期，加大传统产业改造提升力度，着力培育壮大新动能新产业，持续扩大内需，加快转型升级，夯实经济持续稳中向好基础，努力实现全年发展预期目标并争取更好结果。

具体而言，**一是保持宏观政策的连续性和稳定性，筑牢向好根基。**财政政策要更加积极有效，进一步减税降费，切实做到放水养鱼，同时支持补短板；货币政策要保持稳健中性，在稳妥去杠杆和保持人民币汇率基本稳定的同时，加强对实体经济的支持。**二是以供给侧结构性改革为主线，全面振兴实体经济。**持续抓好“三去一降一补”重点任务，完善政策措施；着力振兴实体经济，进一步降低实体经济制度性成本；坚持因地制宜因城施策，加快建立房地产市场长效发展机制；深入推进农业供给侧结构性改革，提高农业供给质量。**三是抓住有利时机深化改革，进一步完善体制机制。**抓住国内经济稳中向好、下行压力有所缓解的有

利时机，加快推进重点领域和关键环节改革，要进一步完善价格市场化形成机制，进一步加快财税体制改革，扎实推进国企国资改革。**四是着力强化创新引领，加快培育壮大新动能。**加强知识产权保护，促进科技成果转化；加大对企业转型升级的支持力度，促进制造业迈向中高端；推动生产、管理、营销等模式创新，促进知识、产能、交通、医疗等领域资源分享。**五是着力防范化解风险，确保经济社会大局稳定。**加强对产能过剩行业、债券市场、地方政府债务等领域风险排查，下决心处置一批风险点；严控热点城市的房地产市场，防范房地产价格的过快上涨；坚持以创业带动就业，妥善安置化解过剩产能过程中的下岗、转岗职工。**六是着力加强预期引导，营造良好发展环境。**坚持以新发展理念引领新常态，着力促进结构优化和动能转换；以推进供给侧结构性改革为主线，持续扩大国内需求特别是消费需求；以提高经济发展的质量和效益为中心，注重用标准来立业，用品牌来兴企，弘扬工匠精神，打造百年老店，增强企业、行业和整个经济的核心竞争力。

上半年国民经济保持稳中向好发展态势[①]

国家统计局党组成员、总经济师　盛来运

不久前，国家统计局发布了上半年国民经济运行情况和主要经济数据。从各项指标来看，上半年经济延续了去年下半年以来稳中有进、稳中向好的发展态势，主要指标继续在合理区间运行，并且好于预期，发展的稳定性、协调性和包容性增强，稳中向好态势更趋明显，为实现全年预期目标并在实际工作中争取更好结果打下了坚实基础。但稳中向好不等于稳中趋升，要辩证地看待在经济发展新常态下稳中向好的科学内涵，力争转型升级的良好势头持续扩大。

主要指标好于预期，稳的基础不断加强

判断经济运行状况，不仅要看GDP增速，而且要看就业、物价和国际收支。从这四大指标看，上半年我国宏观经济继续运行在合理区间，稳的基础不断加强。

一是经济增长平稳。上半年，国内生产总值同比增长6.9%，增速比上年同期加快0.2个百分点。其中二季度增长6.9%，与一季度持平，连

① 本文系国家统计局党组成员、总经济师盛来运发表于2017年第8期《紫光阁》的署名文章。

续 8 个季度运行在 6.7—6.9%的区间，经济增长的稳定性不断增强。**从生产看，**农业生产形势较好，夏粮再获丰收。全国夏粮产量 2810 亿斤，比上年增产 26 亿斤，增长 0.9%。工业平稳增长。上半年，规模以上工业增加值同比增长 6.9%，增速比一季度加快 0.1 个百分点，比上年同期加快 0.9 个百分点。实物量指标增长较快。上半年工业用电量同比增长 6.1%，比上年同期加快 5.6 个百分点；铁路货运量增长 15.3%，上年同期为下降 7.5%。服务业持续较快发展。上半年，服务业增加值同比增长 7.7%，增速与一季度持平。**从需求看，**消费增长加快，出口回稳向好，投资增速稳中略缓。上半年，社会消费品零售总额增长 10.4%，同比加快 0.1 个百分点；固定资产投资（不含农户）增长 8.6%，小幅回落 0.4 个百分点；进出口总额增长 19.6%，上年同期为下降 3.3%，其中出口增长 15.0%，上年同期为下降 2.3%。

二是就业形势持续向好。就业规模稳步扩大。根据人社部统计，上半年，全国城镇新增就业 735 万人，同比增加 18 万人，已经完成全年目标任务的 66.8%。根据我局统计，二季度，规模以上企业就业人数同比增加 324 万人，增长 1.9%。**城镇调查失业率保持低位。**全国城镇调查失业率自 5 月份以来连续 2 个月位于 5%以下，31 个大城市城镇调查失业率除 2 月份受春节因素影响略高于 5%外，其余 5 个月均低于 5%，为多年来较低水平。**农村外出务工劳动力继续增加。**二季度末，农村外出务工劳动力 17873 万人，同比增加 364 万人，增长 2.1%。

三是物价形势总体稳定。上半年，居民消费价格（CPI）同比上涨 1.4%，涨幅比上年同期回落 0.7 个百分点。**分类别看，**消费品价格上涨 0.6%，服务价格上涨 2.9%。剔除食品和能源价格的核心 CPI 上涨 2.1%，处于较为理想的水平。工业品价格走出了过去几年通缩的“阴霾”。上半年，工业生产者出厂价格（PPI）同比上涨 6.6%，上年同期为下降 3.9%。分类别看，生产资料价格上涨 8.8%，生活资料价格上涨 0.7%。**从月度走势看，**PPI 同比涨幅自 3 月份以来连续收窄，6 月份上涨 5.5%，比 2 月份 7.8%的高点收窄 2.3 个百分点。

四是国际收支继续改善。经常项目保持顺差。上半年，货物贸易顺差1.3万亿元；1—5月份，服务贸易逆差6888亿元。货物贸易顺差与服务贸易逆差相抵，预计上半年经常项目继续保持顺差。**吸收外资规模大于对外投资。**上半年，我国实际使用外资4415亿元，同比下降0.1%；非金融类对外直接投资482亿美元，同比下降45.8%。**人民币汇率小幅升值。**6月末，人民币兑美元汇率中间价为6.7744￥/＄，比3月末升值1.84%。**外汇储备连续回升。**6月末，外汇储备余额30568亿美元，比上月末增加32亿美元，连续5个月回升。

转型升级步伐加快，向好态势更趋明显

分析经济发展态势，不仅要看总量，而且要看结构、质量和效益；不仅要看现状，而且要看发展的动能、潜力和趋势。从这些方面看，上半年我国经济不仅稳的基础有所加强，同时好的态势也更趋明显。

一是活力在改革中激发。以“三去一降一补”为重点任务的供给侧结构性改革扎实推进，成效持续显现。截至6月末，钢铁去产能完成全年目标任务，煤炭去产能1.11亿吨，完成全年目标任务的74%，依法取缔“地条钢”工作基本完成。房地产去库存效果明显，6月末商品房待售面积同比下降9.6%，降幅比3月末扩大3.2个百分点。企业杠杆率和成本下降。6月末，规模以上工业企业资产负债率为55.9%，同比下降0.8个百分点；1—6月份，每百元主营业务收入中的成本为85.69元，下降0.02元。生态环保、水利、交通、教育等短板领域和薄弱环节得到加强，上半年投资增速明显快于全部固定资产投资。**供给侧结构性改革有效推动了供需平衡，促进工业品价格上涨，带来市场预期和信心改善，发展活力持续激发。**上半年，工业产能利用率同比提高3.4个百分点；工业生产者出厂价格上涨6.6%。6月份，制造业采购经理指数（PMI）为51.7%，非制造业商务活动指数为54.9%，均连续处于较高景气区间。

二是动能在转换中增强。创新驱动发展战略深入实施，有利于创业创新的环境和机制加快形成，新兴动能茁壮成长，发展后劲进一步增强。

新主体快速涌现。上半年，全国新登记注册企业同比增长 11.1%，日均新登记企业 1.6 万户；新一批 92 个双创示范基地批复成立，众创空间已超过 4200 家，央企双创平台超过 400 个。**新成果层出不穷。**上半年，国内专利申请量 151.6 万件，同比增长 10%；国产大飞机 C919 首飞告捷，世界首台光量子计算机亮相，首艘国产航母下水。**新消费新业态发展壮大。**上半年，网上商品零售额同比增长 28.6%；完成快递业务量 173.2 亿件，增长 30.7%；电影票房收入 272 亿元，同比增长 10.5%；移动互联网接入流量同比增长 1.4 倍。**新产业新产品蓬勃发展。**上半年，战略性新兴产业增加值同比增长 10.8%，增速比规模以上工业高 3.9 个百分点；工业机器人、集成电路、太阳能电池等产量快速增长。

三是结构在调整中优化。大力推动经济结构战略性调整，坚定不移促进发展方式转变，经济结构优化升级步伐加快，发展协调性明显改善。**从产业结构看，服务业主导的特征更加明显。**上半年，第三产业增加值占国内生产总值的比重为 54.1%，比第二产业高 14 个百分点。产业内部结构不断优化升级，现代服务业发展势头良好，制造业向中高端迈进。上半年，高技术产业和装备制造业增加值同比分别增长 13.1% 和 11.5%，分别比规模以上工业快 6.2 和 4.6 个百分点，占规模以上工业比重分别达到 12.2%和 32.2%。**从需求结构看，消费成为经济增长的主要拉动力量。**上半年，最终消费支出对经济增长的贡献率为 63.4%，比资本形成总额高出 30.7 个百分点。需求内部结构加快调整，居民消费结构升级步伐加快。上半年，全国居民人均消费支出中，教育文化娱乐、医疗保健支出占比分别达到 9.8%、8.1%，分别比上年同期提高 0.2 和 0.3 个百分点。投资结构更趋优化。上半年，高技术制造业和高技术服务业投资同比分别增长 21.5%和 22.3%，高耗能行业投资下降 0.7%。

四是质量在转型中提升。积极推进包容性增长，持续为企业减税降负，推动形成绿色发展方式和生活方式，发展质量效益不断提升。**居民收入增长快于经济增长。**上半年，全国居民人均可支配收入同比实际增长 7.3%，增速比上年同期加快 0.8 个百分点，继续快于 GDP 增速。其中，农村居民人均可支配收入实际增长7.4%，快于城镇居民0.9个百分点。**企业效益显著改善。**上半年，规模以上工业企业实现利润总额同比增长22%，比上年同期加快15.8个百分点；1—5月份，规模以上服务业企业营业利润增长10.5%，继续保持两位数增长。**财政收入增速加快。**尽管减税降费力度进一步加大，但随着经济运行稳中向好，企业效益显著改善，财政收入增长好于上年。上半年，一般公共预算收入同比增长9.8%，增速比上年同期加快2.7个百分点。其中，税收收入增长10.9%，加快2.3个百分点。**单位GDP能耗持续下降。**产业结构优化调整和技术进步加快，促进了能源资源利用效率的整体提升。上半年，万元国内生产总值能耗同比下降3.9%，降幅比一季度扩大0.1个百分点。

客观看待稳中向好，力促经济持续健康发展

稳的基础有所加强、好的态势更趋明显，这样的运行格局，充分证明党中央、国务院采取的一系列改革发展政策是科学有效的。在国际环境依然复杂、国内结构性矛盾仍比较突出的情况下，这样的成绩来之不易、难能可贵，应当加倍呵护和珍惜。同时，对于当前的形势，仍需要保持清醒头脑，对于经济稳中向好，也需要全面理解和把握。**一是稳中向好不等于回归高增长。**我国经济发展已进入新常态，受劳动力、能源资源要素等的制约，以及传统需求市场渐趋饱和的影响，潜在增长率趋于下降，经济增长由过去两位数左右的高速换挡至中高速。在这一背景下，经济稳中向好并不意味着经济增长会回到过去的高速度，而是通过深化改革开放、新旧动能转换建立起适应经济发展新常态的中高速增长平台，是经济在转型升级中形成的质量效益提高的良好势头。**二是稳中向好不等于增速无波动。**稳不是指稳定在一个点不变，而是指保持在一个区间，这个区间的上限是不出现明显的通货膨胀，下限是确保就业不出现问题。只要守住了上限和下限，只要发展的质量和效益不断提高，经济增速高一点低一点都是可以接受的。不应计较增速一时的快慢，不能随增速波动而起舞，更不能在增速有所放缓时就“唱空”或“做空”，

要保持战略定力，紧紧盯住转型升级不放松。**三是稳中向好不等于稳中无忧。**任何事物的发展都是波浪式前进，螺旋式上升，经济稳中向好也不例外。当前国际不稳定、不确定因素依然较多，国内投资内生增长动力不足，实体经济仍面临不少困难，地区行业分化明显，一些领域潜在风险不容忽视，在结构调整、爬坡过坎的关键阶段，实现经济持续稳中向好不会一帆风顺、一马平川，对此要保持清醒的认识。

下一阶段，我们要更加紧密地团结在以习近平同志为核心的党中央周围，既要坚持稳中求进工作总基调，保持政策的连续性和稳定性，适度扩大总需求，合理引导市场预期，营造良好宏观环境；又要增强政策针对性和有效性，适时适度预调微调，把握好政策实施的力度和节奏，巩固经济稳定运行的基础；更要抓住当前有利的窗口期，凝心聚力，真抓实干，以推进供给侧结构性改革为主线，大力实施创新驱动，深化重点领域、关键环节改革，加快转型升级步伐，力促经济持续健康发展，以优异成绩迎接党的十九大胜利召开。**一是保持宏观经济政策的连续性稳定性，着力增强针对性有效性。**财政政策要更加积极有效，优先保障供给侧结构性改革、一带一路、三农、精准扶贫、创业创新等领域发展。货币政策要真正保持稳健中性，保持货币信贷合理适度增长，满足实体经济交易和投融资需求。**二是坚持以供给侧结构性改革为主线，用改革的办法深入推进“三去一降一补”。**要在巩固成果基础上，针对新情况新问题，完善政策措施，努力取得更大成效。**三是大力推进大众创业、万众创新**，加快第二批双创示范基地建设，持续优化创业创新环境；加快培育壮大新动能、改造提升传统动能，形成新旧动能转换“加速度”。**四是充分挖掘内需潜力，更好发挥消费基础性作用和投资关键性作用。**围绕改善民生扩大消费，加快发展教育、养老、医疗等服务消费。着眼补短板、增后劲扩大有效投资，积极推进 PPP 模式，调动社会资本投资积极性。**五是深化重点领域和关键环节改革，增强内生发展动力。**始终抓住“放管服”改革这一牛鼻子，加快推进“互联网＋政务服务”。持续推进投融资体制改革，优化事中事后监管和全过程服务。深化国企国资改革，总结推广混合所有制改革试点经验，进一步健全公司法人治理结构和灵活高效的市场化经营机制。**六是强化风险防控，确保不发生系统性金融风险。**认真落实全国金融工作会议精神，把主动防范化解系统性金融风险放在更加重要的位置，完善金融安全防线和风险应急处置机制。

实体经济运行平稳夯实发展根基[①]

国家统计局党组成员、总经济师　盛来运

今年以来，随着供给侧结构性改革深入推进，我国经济新动能快速成长，供给体系的质量和效率不断提升，供需关系稳步改善，实体经济运行平稳，效益明显提高，为国民经济稳中向好打下了坚实基础。

多项指标显示实体经济运行平稳

今年以来，我国实体经济主要指标明显好于预期。9 月份，我国制造业 PMI 为 52.4%，连续两个月上升，达到 2012 年 5 月份以来的最高点；1 月份至 8 月份，规模以上工业增加值同比实际增长 6.7%，增速同比加快 0.7 个百分点；工业出口交货值同比增长 10.3%，增速同比加快 10.2 个百分点；工业用电量同比增长 6.1%，增速同比加快 4.1 个百分点；全国铁路货运量同比增长 15.3%，上年同期下降 6.2%。新华社近日发布的“挖掘机指数”显示，6 月份，大挖掘机的平均开工时间达到 113.4 小时，同比增长 28%。大挖掘机主要用于采矿业，开工率上升反映出基础原材料的市场需求呈现明显增长。

---

① 本文系国家统计局党组成员、总经济师盛来运发表于 2017 年 10 月 13 日《经济日报》的署名文章。

企业经营状况明显好转，效益持续改善。1月份至8月份，全国规模以上工业企业利润同比增长21.6%，增速同比加快13.2个百分点。从行业看，在41个工业大类行业中，39个行业利润同比增加，比上年同期多6个行业；从利润率看，规模以上工业企业主营业务收入利润率为6.13%，同比提高0.45个百分点，重返“6”时代；从减亏看，亏损企业数量同比下降3.3%，扭转了上年同期亏损企业增加的局面。从近3年看，2015年，工业利润同比下降2.3%；2016年，工业利润同比增长8.5%；今年1月份至8月份，工业利润增速再比2016年全年加快13.1个百分点。3年里，工业利润实现了由降转升、增长提速的跨越式转折。

实体经济平稳运行得益于供给侧结构性改革的大力推进

去产能缓解了产能过剩矛盾，改善了供求关系。在党中央、国务院高度重视和坚强领导下，各地区运用市场化、法治化手段化解过剩产能，严控新增产能，加快低端落后产能出清，以钢铁、煤炭为重点的去产能取得明显成效，产品价格有所回升。1月份至8月份，全国居民消费价格总水平同比上涨1.5%，工业生产者出厂价格同比上涨6.4%。企业面临的困境明显缓解，效益得到较大提升。1月份至8月份，煤炭开采和洗选业利润同比增长9.6倍，黑色金属冶炼和压延加工业利润增长1.1倍。降成本减少了企业支出，扩展了盈利空间。随着降低实体企业成本各项措施逐步落实，工业企业成本费用有所减少。1月份至8月份，工业企业每百元主营业务收入中的成本为85.68元，同比减少0.12元；每百元主营业务收入中的费用为7.28元，同比减少0.29元。去杠杆取得成效，降低了企业经营风险。8月末，规模以上工业企业资产负债率为55.7%，同比下降0.7个百分点。其中，国有控股企业资产负债率为61%，同比下降0.6个百分点。

实体经济平稳运行得益于新动能快速成长

随着大众创业、万众创新持续推进，经济发展新动能日益壮大，新增长点不断涌现。新市场主体大量增加。1 月份至 8 月份，全国新登记企业 399 万户，同比增长 12%，日均新登记企业 1.64 万户。1 月份至 8 月份，全国近万家新建规模以上工业企业投产，占全部规模以上工业企业的 2.4%，对工业增长的贡献率为 9.5%；小微企业活力增强。二季度，规模以下小微工业企业景气指数回升至近两年最高点，产品订货量增加，生产经营有所改善；新经济快速增长。上半年，工业领域战略性新兴产业增加值同比增长 10.8%，增速高于规模以上工业 3.9 个百分点。1 月份至 8 月份，工业机器人产量同比增长 63%，民用无人机增长 107.8%，城市轨道车辆增长 34.9%，新能源汽车增长 25.4%，SUV、集成电路、锂离子电池、太阳能电池、光电子器件等新兴工业产品均保持快速增长。

实体经济平稳运行得益于政府不断创新和改善宏观调控

今年以来，党中央坚持稳中求进工作总基调，继续实施积极的财政政策和稳健的货币政策，通过“放管服”改革，为供给侧结构性改革和创新驱动战略实施创造体制机制保障；通过减税降费，支持实体经济发展；通过“三去一降一补”，提高供给结构对需求结构的适应性；通过实施“中国制造 2025”，推动产业结构迈向中高端；通过实施创新驱动发展战略，打造发展的新引擎。随着各项措施逐步落实，实体经济增长结构不断优化。1 月份至 8 月份，全国高技术制造业工业增加值同比增长 13%，增速高于全部规模以上工业 6.3 个百分点；装备制造业增长 11.4%，增速高于全部规模以上工业 4.7 个百分点。

实体经济平稳运行，不仅增强了经济发展的韧劲和持续性，也为整体经济稳中向好奠定了坚实的基础。近期，国内外多家机构纷纷上调中国经济增长预期。世行在最新《东亚太平洋经济展望》报告中，将今年中国经济增速预期从6.5%上调到6.7%，花旗银行将今年中国国内生产总值增速预计值从6.6%上调到6.8%，渣打银行预计中国经济实现2010年以来首次加速增长，表明国内外对中国经济稳中向好发展的信心不断增强。

我们相信，在以习近平同志为核心的党中央坚强领导下，全国各族人民牢固树立和贯彻落实新发展理念，以新理念把握引领新常态，坚持统筹推进“五位一体”总体布局、协调推进“四个全面”战略布局，坚持以供给侧结构性改革为主线，深化创新驱动发展战略和重要领域关键环节改革，国民经济必将沿着结构优化、质量提升、效益改善的轨道行稳致远。

前三季度国民经济：稳中向好态势持续发展[①]

国家统计局党组成员、总经济师　盛来运

今年以来，在以习近平同志为核心的党中央坚强领导下，各地区各部门深入贯彻落实新发展理念，坚持稳中求进工作总基调，以供给侧结构性改革为主线，深化改革创新，振兴实体经济，防范化解风险，强化预期引导，前三季度国民经济运行总体平稳，结构不断优化，新兴动能加快成长，质量效益明显提高，稳中有进、稳中向好态势持续发展，为更好实现全年预期目标奠定了坚实基础。但国际环境依然复杂多变，国内结构性矛盾依然突出，调整转型的阵痛依然不小，需要进中明忧，好中知难，保持清醒认识，遵循新时代发展规律，坚定不移地深化供给侧结构性改革，加大改革创新力度，夯实巩固经济稳中向好基础。

经济运行在合理区间，稳的格局更趋巩固

年初以来，面对错综复杂的国内外形势，各地区各部门紧紧围绕供给侧结构性改革主线，聚焦重点领域改革创新攻坚，有效激发经济增长活力潜力动力，经济运行呈现生产需求增势稳定，就业形势持续向好，

① 本文系国家统计局党组成员、总经济师盛来运发表于 2017 年第 11 期《紫光阁》的署名文章。

物价温和上涨，国际收支改善的良好格局。

一是经济增长总体平稳，发展韧性增强。初步核算，前三季度国内生产总值59.3万亿元，同比增长6.9%，增速与上半年持平，比上年同期加快0.2个百分点。三季度，国内生产总值同比增长6.8%，经济连续9个季度运行在6.7—6.9%的区间。**从生产看，**农业生产形势较好。全国夏粮和早稻产量共3445亿斤，比上年增产5亿斤。秋粮播种面积基本稳定，全年粮食生产有望丰收。前三季度，猪牛羊禽肉产量5877万吨，同比增长0.8%。工业生产平稳增长。前三季度，规模以上工业增加值同比增长6.7%，增速比上半年回落0.2个百分点，比上年同期加快0.7个百分点。服务业保持较快发展。前三季度，服务业增加值同比增长7.8%，增速比上半年加快0.1个百分点，比上年同期加快0.2个百分点。**从需求看，**市场销售较快增长。前三季度，社会消费品零售总额26.3万亿元，同比增长10.4%，增速与上半年和上年同期均持平。固定资产投资稳中趋缓。前三季度，固定资产投资（不含农户）45.8万亿元，同比增长7.5%，增速比上半年回落1.1个百分点。进出口快速增长。前三季度，货物进出口总额20.3万亿元，同比增长16.6%，增速比上半年回落2.8个百分点，上年同期为下降2.6%。

二是就业形势持续向好，失业率继续下降。前三季度，全国城镇新增就业人员1097万人，同比增加30万人，完成全年目标的99.7%；城镇失业再就业人数427万人，同比增加1万人，完成全年目标的85.4%；就业困难人员实现就业人数133万人，同比增加8万人，完成全年目标的110.8%。城镇调查失业率下降。9月份，全国城镇调查失业率继续稳定在5%左右。其中，31个大城市城镇调查失业率连续7个月保持在5%以下，为2012年以来新低。三季度末，全国城镇登记失业率为3.95%，与二季度末持平，比上年同期下降0.09个百分点，今年以来始终保持在4%以下。

三是居民消费价格温和上涨，工业品价格波动上升。前三季度，居民消费价格同比上涨1.5%，涨幅比上半年扩大0.1个百分点，比上年同期回落0.5个百分点。其中，一、二、三季度分别上涨1.4%、1.4%和1.6%。9月份，居民消费价格同比上涨1.6%，涨幅比上月回落0.2个百分点；环比上涨0.5%。前三季度，工业生产者出厂价格同比上涨6.5%，涨幅比上半年回落0.1个百分点，上年同期为下降2.9%。其中，一、二、三季度分别上涨7.4%、5.8%和6.2%。9月份，工业生产者出厂价格同比上涨6.9%，涨幅比上月扩大0.6个百分点；环比上涨1.0%。

四是国际收支得到改善，外汇储备连续回升。货物贸易保持顺差。前三季度，货物进出口相抵，贸易顺差为20331亿元，连续7个月保持顺差。吸引外资大于对外投资。前三季度，全国实际使用外资金额6186亿元，同比增长1.6%；非金融类对外直接投资780亿美元，下降41.9%，非理性投资得到明显遏制。人民币小幅升值。9月末，人民币汇率中间价为1美元兑人民币6.6369元，比6月末升值2.07%；外汇储备余额31085亿美元，比上月末增加170亿美元，连续8个月回升。

结构调整深入推进，稳中向好持续发展

今年以来，以供给侧结构性改革为主线，改革创新不断深化，结构调整力度加大，新旧动能转换加快，质量效益明显提升，市场预期持续改善，发展的协调性、包容性和可持续性增强。

一是供给侧结构性改革扎实推进，实体经济明显好转。“三去一降一补”进展顺利。截至8月末，钢铁、煤炭去产能已超额完成年度目标，1.4亿吨“地条钢”产能出清；9月末，商品房待售面积6.1亿平方米，同比下降12.2%；8月末，规模以上工业企业资产负债率为55.7%，比上年同期下降0.7个百分点；1—8月份，规模以上工业企业每百元主营业务收入中的成本为85.68元，比上年同期减少0.12元。**短板领域投资快速增长。**前三季度，生态保护和环境治理业、公共设施管理业、农业投资同比分别增长25%、23.7%和16.2%，分别快于全部投资17.5、16.2和8.7个百分点。供给侧结构性改革改善了市场供求关系，企业经营状况明显改观，盈利能力显著增强。1—8月份，规模以上工业企业主

营业务收入利润率为6.13%，比上年同期提高0.45个百分点。**产能利用率继续回升。**前三季度，全国工业产能利用率为76.6%，比上年同期回升3.5个百分点，为近五年最高水平。

二是创新驱动发展作用增强，新旧动能加快转换。“放管服”改革不断深化，市场主体快速增长。前三季度，全国新登记企业451万户，同比增长12.5%，日均新登记企业1.65万户；其中制造业新登记企业39万户，增长21.7%。在孵科技型小微企业达13万家，带动就业超过210万人。**新科技成果不断涌现。**前三季度，全国专利申请数达到248万件，其中发明专利83万件。**新产业新产品加快成长。**前三季度，工业战略性新兴产业增加值同比增长11.3%，增速比规模以上工业快4.6个百分点；信息传输软件和信息技术服务业、租赁和商务服务业增加值同比分别增长23.5%和10.5%；工业机器人产量同比增长69.4%，新能源汽车增长30.8%。**新业态新模式蓬勃发展。**前三季度，全国实物商品网上零售额同比增长29.1%，增速比社会消费品零售总额快18.7个百分点；网上购物带动快递业务量大幅增长，预计完成快递业务量274.4亿件，同比增长30.1%。分享经济、平台经济、数字经济广泛渗透，新服务不断涌现。

三是经济结构优化升级，发展协调性增强。产业结构不断优化。工业向中高端加快迈进。技术含量高、符合未来发展方向的行业、产品快速增长。前三季度，高技术制造业和装备制造业增加值同比分别增长13.4%和11.6%，分别快于规模以上工业6.7和4.9个百分点。服务业主导作用增强。现代服务业发展势头良好，对经济增长贡献提升。前三季度，第三产业增加值增速比第二产业快1.5个百分点，占国内生产总值的比重为52.9%，比第二产业高12.8个百分点；对经济增长贡献率为58.8%，比第二产业高21.6个百分点。**需求结构加快升级。**居民发展型享受型消费快速增长。前三季度，全国居民人均消费支出中，教育文化娱乐、医疗保健支出同比分别增长8.9%和13.2%，快于全部消费支出1.4和5.7个百分点；占比分别达到11.2%和8.3%，分别比上年同期提高0.2和0.5个百分点。**投资结构继续优化。**高端制造业及企业技术改造投资较快增长，高耗能行业投资增长放缓。前三季度，高技术制造业、装备制造业和制造业技改投资同比分别增长 18.4%、8.3%和 12.1%，分别比制造业投资快 14.2、4.1 和 7.9 个百分点；高耗能制造业投资下降 1.9%，降幅比上半年扩大 0.9 个百分点。

四是经济效益明显提升，发展质量继续改善。企业利润较快增长。1—8 月份，规模以上工业企业利润总额同比增长 21.6%，其中 8 月份增长 24%，增速比上月加快 7.5 个百分点；规模以上服务业企业营业利润增长 22.8%，增速比上半年加快 6.8 个百分点。**财政收入增长好于预期。**前三季度，全国一般公共预算收入同比增长 9.7%，增速比上年同期加快 3.8 个百分点。其中税收收入增长 12.1%，比上年同期加快 5.5 个百分点，比上半年加快 1.2 个百分点。**居民收入增长加快。**前三季度，全国居民人均可支配收入 19342 元，同比实际增长 7.5%，增速比上半年加快 0.2 个百分点，比上年同期加快 1.2 个百分点，继续快于 GDP 和人均 GDP 增速。**能源利用效率提升。**前三季度，万元国内生产总值能耗同比下降 3.8%。

五是市场预期持续向好，发展信心不断增强。制造业采购经理指数创近年新高。9 月份，制造业采购经理指数为 52.4%，比上月上升 0.7 个百分点，连续 14 个月位于临界点以上，为 2012 年 5 月以来的最高点。**非制造业商务活动指数升至较高景气区间。**9 月份，非制造业商务活动指数为 55.4%，比上月上升 2 个百分点，为 2014 年 6 月以来的最高点。**消费信心指数持续上升。**9 月份，消费者信心指数为 118.6，比上月上升 3.9 点，达到 2011 年实施新调查方案以来的历史最高。**主要国际组织连续上调我国经济增长预期。**国际货币基金组织今年以来四次上调我国经济增长预期，10 月份最新发布的《世界经济展望》将我国今年经济增长预期上调 0.1 个百分点，世界银行近日也将我国今年经济增长预期上调 0.2 个百分点。

加大改革创新力度，巩固稳中向好基础

尽管前三季度经济运行稳中向好态势持续发展，但国外环境依然复

杂，国内经济仍处在爬坡过坎的关键时期，结构性矛盾、体制机制性问题依然突出，发展中面临的困难和隐忧不少。**一是国际上挑战变数依然较多。**主要发达经济体大力推进“再工业化”，尤其特朗普政府实施“美国优先”战略，酝酿出台“减税计划”，积极推动制造业回流，加大我引进外资的难度；发达国家反倾销、反救济调查有增无减，环保壁垒、技术壁垒等不断翻新，近期美国宣布对我国发起“301调查”，将对我国外贸造成不利影响；美国“缩表”正式启动以及地缘政治风波不断，国际恐怖主义、极端主义和民粹主义等不稳定因素依然较多，将持续影响全球经济稳定复苏。**二是有效投资仍显不足。**前三季度，制造业投资同比增长4.2%，增速比上半年回落1.3个百分点；民间投资增长6%，比上半年回落1.2个百分点，比全部投资低1.5个百分点。新开工项目、到位资金等先行指标仍然处于低位。前三季度，新开工项目计划总投资同比增长2.4%，固定资产投资到位资金增长3.3%，明显低于投资增速，投资后期走势不容乐观。**三是结构调整阵痛持续。**去产能机会成本增加。当前煤炭、钢铁价格处于较高水平，部分企业去产能意愿下降。一些“僵尸企业”债务比例高、成因复杂，债务处置和职工分流安置难度大。**四是实体经济发展还存在不少困难。**上游原材料价格居高不下，向中下游行业传导压力加大，进一步制约中下游企业盈利空间。融资难融资贵问题依然突出。尽管小微企业生产经营中面临的一些问题有所缓解，但银行风险偏好日趋审慎，民营企业和小微企业受资产规模、竞争实力、经营风险、有效抵押等约束，获得银行信贷支持难度仍然较大。**五是行业企业地区分化调整态势持续。**行业企业利润增长不平衡，部分热点城市房价上涨预期尚未根本扭转，一些区域经济发展指标放缓，有的市县财政收支矛盾突出，财政金融风险需要继续关注。

不过，这些困难和问题都是前进中的问题、发展中的问题，是在结构调整和转型升级中必须付出的代价，对此要客观分析、认真对待。既要保持定力，保持政策连续性稳定性，又要主动作为，着眼于新时代可持续发展，加强顶层设计，在改革中解决问题。下阶段，要以党的十九大精神为统领，不折不扣贯彻落实党中央、国务院各项决策部署，坚持稳中求进工作总基调，坚持质量第一效益优先，处理好稳增长、促改革、调结构、惠民生、防风险的关系，进一步巩固经济行稳基础；同时要站在经济长周期和结构优化升级的角度，按照新时代发展规律的要求，以更大的勇气和力度深入推进改革创新，以改革深化增活力，以创新驱动增动能，加快建立现代经济体系，力促国民经济持续向好，为决胜全面建成小康社会、开启全面建设社会主义现代化国家新征程奠定坚实基础。**一要**保持宏观经济政策的连续性稳定性，为稳中求进创造良好环境。**二要**坚持以供给侧结构性改革为主线，巩固扩大工作成果。**三要**积极扩大有效投资和居民消费，增强发展内生动力。**四要**加快新旧动能接续转换，更好发挥创新引领作用。**五要**狠抓改革开放举措落地，更好激发市场活力潜力。**六要**防控重点领域风险隐患，坚决守住不发生系统性金融风险底线。

新作为带来新气象 新时代开启新征程[①]
——《2017年统计公报》评读

国家统计局党组成员、总经济师　盛来运

刚刚过去的2017年，是我国经济社会发展进程中具有里程碑意义的一年。这一年，我们党胜利召开了十九大，确立了习近平新时代中国特色社会主义思想的历史地位，指明了我国发展新的历史方位，制定了坚持和发展中国特色社会主义的行动纲领。这一年，在以习近平同志为核心的党中央坚强领导下，各地区各部门认真贯彻落实新理念新思想新战略，坚持稳中求进工作总基调，坚持以提高发展质量效益为中心，坚持以供给侧结构性改革为主线，砥砺奋进，攻坚克难，经济运行稳中向好，好于预期，经济社会发展主要预期目标全面实现，开启了高质量发展时代新征程。《2017年国民经济和社会发展统计公报》如期发表，笔笔数据记录了全国各族人民拼搏奋进的累累硕果，张张图表展示了党的十八大以来我国发展取得的历史性成就、发生的历史性变革。为帮助读者更好地理解公报的丰富内涵，我就过去一年我国经济社会发展情况谈一些认

① 本文系国家统计局党组成员、总经济师盛来运发表于2018年2月28日国家统计局官方网站署名文章。

识和体会，与大家分享。

一、经济保持中高速增长，综合国力和国际影响力迈上新台阶

2017年，世界经济在深度调整中曲折复苏，不稳定不确定因素增多，国内经济结构性矛盾突出，防范化解风险挑战、实现经济稳定发展任务艰巨。面对错综复杂的国际国内形势，党中央保持战略定力，不搞“大水漫灌”式强刺激，着力推进供给侧结构性改革，适度扩大总需求，科学统筹稳增长、促改革、调结构、惠民生、防风险，我国经济实现平稳健康发展。

经济实力实现新跃升。2017年，我国国内生产总值比上年增长6.9％，总量超过80万亿元，达到82.7万亿元。按年平均汇率折算超过12万亿美元，占世界经济的比重15％左右，比5年前提高3个百分点以上，稳居世界第二位。经济增量折合1.2万亿美元，相当于2016年澳大利亚的经济总量。全年全国一般公共预算收入超过17万亿元，比上年增长7.4％。外汇储备稳居世界第一。年末国家外汇储备余额达到31399亿美元，比上年末增加1294亿美元。全年粮食产量61791万吨，连续5年稳定在6亿吨以上；完成电信业务总量27557亿元，比上年增长76.4％；新改建高速公路里程6796公里，新建高速铁路投产里程2182公里，新增光缆线路长度705万公里，建成了世界上最大的高速公路网、高铁运营网和移动宽带网。国际影响力显著增强。2017年我国对世界经济增长贡献率在30％左右，继续成为世界经济稳定复苏的重要引擎。

二、经济持续运行在合理区间，发展态势呈现新变化

党中央坚持稳中求进的工作总基调，积极创新和完善宏观调控，确立区间调控的思路，加强定向调控、相机调控、精准调控，实施积极的财政政策和稳健的货币政策。始终把握保就业这个方向不动摇，只要就业增加、收入增长、环境改善，经济运行在合理区间，就集中精力转方式、调结构、添动力。经过努力，我们实现了增长平稳、就业扩大、

结构优化等多重目标，经济运行的稳定性、韧性和包容性明显增强。

经济发展步伐稳健有力。2017 年，我国国内生产总值增速比上年加快 0.2 个百分点，是 2011 年以来经济增速首次回升。分季度看，一、二、三、四季度同比分别增长 6.9%、6.9%、6.8%、6.8%，连续 10 个季度保持在 6.7%—6.9%的区间。就业形势持续向好。全年城镇新增就业 1351 万人，比上年增加 37 万人，超额完成全年目标任务，连续 5 年保持在 1300 万人以上。年末全国城镇调查失业率和 31 个大城市城镇调查失业率都在 5%以下，处于近年来的低位；城镇登记失业率为 3.9%，比上年末下降 0.12 个百分点，为 2002 年以来最低水平。居民消费价格温和上涨。全年居民消费价格比上年上涨 1.6%，涨幅比上年回落 0.4 个百分点，符合年度预期目标。6.9%的经济增长、不到 5%的失业、1.6%的通胀，这样的经济运行格局难能可贵，在世界范围内也是一枝独秀的。

三、供给侧结构性改革扎实推进，质量效益实现新提高

针对供需结构性矛盾突出，各地区各部门按照党中央决策部署，坚持以供给侧结构性改革为主线，以“三去一降一补”五大重点任务为抓手，出台一系列政策措施，千方百计振兴实体经济，坚持用改革的办法推进经济结构战略性调整，提高供给体系质量和效率，实现供需在更高水平上的动态平衡。

“三去一降一补”取得显著成效。煤炭、钢铁行业圆满完成全年化解过剩产能目标任务。2017 年全国工业产能利用率为 77.0%，比上年提高 3.7 个百分点，创 5 年新高。年末商品房待售面积比上年末减少 10616 万平方米，规模以上工业企业资产负债率下降 0.6 个百分点。全年规模以上工业企业每百元主营业务收入中的成本比上年下降 0.25 元。全年生态保护和环境治理业、公共设施管理业、农业固定资产投资（不含农户）分别比上年增长 23.9%、21.8%和 16.4%。农业供给侧结构性改革稳步推进。库存较多的玉米播种面积调减，杂粮和豆类播种面积增加。全年

玉米播种面积比上年下降3.6%，豆类播种面积增长6.7%。质量效益明显提升。全员劳动生产率（以2015年价格计算）比上年提高6.7%。供给侧结构性改革明显改善了市场供求关系，促进市场价格回升和企业利润增加。工业生产者出厂价格比上年上涨6.3%，结束了自2012年以来连续5年下降的态势。全年规模以上工业企业实现利润比上年增长21.0%，增速比上年加快12.5个百分点。全年规模以上服务业企业实现营业利润比上年增长24.5%。

四、经济结构不断优化，迈向中高端水平取得新进展

各地区各部门按照党中央决策部署，积极适应经济发展新常态，主动引导和推动经济结构战略性调整，充分发挥市场配置资源的决定性作用和更好发挥政府作用，全力推动产业结构调整和优化升级，推进新型城镇化，优化城乡区域布局，不断拓展经济发展新空间，释放新活力，促进产业、需求、区域协同发展。我国经济结构出现重大变革。经济增长实现了从主要依靠工业带动转为工业和服务业共同带动，从主要依靠投资拉动转为消费和投资一起拉动。

产业结构优化升级。工业向价值链中高端延伸。2017年，高技术制造业和装备制造业增加值分别比上年增长13.4%和11.3%；占规模以上工业的比重分别为12.7%和32.7%。服务业加快发展。服务业增加值比上年增长8%，增速比上年加快0.3个百分点；占国内生产总值的比重为51.6%，比第二产业高11.1个百分点。需求结构持续改善。消费基础性作用有效发挥。最终消费支出对经济增长的贡献率为58.8%，比资本形成总额高26.7个百分点。全国居民人均消费支出中，医疗保健和教育文化娱乐占比分别比上年提高0.3和0.2个百分点。投资结构继续优化。高技术产业投资比上年增长15.9%，工业技术改造投资增长16.3%，增速分别比固定资产投资（不含农户）快8.7和9.1个百分点。新型城镇化扎实推进。年末常住人口城镇化率为58.52%，比上年末提高1.17个百分点；户籍人口城镇化率为42.35%，提高1.15个百分点。

五、创业创新蓬勃发展，新动能成长实现新突破

党中央将创新摆在国家发展全局的核心位置，深入实施创新驱动发展战略，各地区各部门认真贯彻落实新发展理念，大力推进大众创业万众创新，积极推动“中国制造2025”、“互联网＋”行动计划，不断优化创新生态，形成多主体协同、全方位推进的创新创造格局，为经济稳中有进、稳中向好注入了新的强劲动力。

创业创新热潮涌动。2017年，全国新登记企业比上年增长9.9%，日均新登记企业1.66万户。科技成果快速增加、转化加快。全年授予境内发明专利权32万件。每万人口发明专利拥有量9.8件，比上年增加1.8件。全年技术合同成交金额比上年增长17.7%。新产业新产品不断壮大。规模以上工业战略性新兴产业增加值比上年增长11.0%，增速比全部规模以上工业快4.4个百分点；规模以上战略性新兴服务业营业收入比上年增长17.3%，实现营业利润比上年增长30.2%。新产品持续快速增长。新能源汽车产量比上年增长51.2%，智能电视增长3.8%，工业机器人增长81.0%，民用无人机增长67.0%。新业态新模式快速成长。互联网普及率达到55.8%，手机上网人数7.53亿人，移动互联网接入流量比上年增长162.7%，网上零售额增长32.2%，完成快递业务量增长28%。共享经济、平台经济、数字经济广泛渗透，正在深刻改变社会生产生活方式。

六、生态环保力度加大，美丽中国建设迈出新步伐

环境就是民生，青山就是美丽，蓝天也是幸福。各地区各部门牢固树立绿水青山就是金山银山理念，加大环境治理力度，打响大气、水、土壤污染治理攻坚战，实施史上最严格的环境保护法，开展最严格的环境保护督察，推进“厕所革命”，着力解决危害群众健康和影响可持续发展的突出环境问题，环境质量明显改善。

节能减排成绩突出。2017年，全国万元国内生产总值能耗比上年下

降 3.7%，完成全年目标任务，万元国内生产总值二氧化碳排放下降 5.1%。资源利用效率提高。新增高效节水灌溉面积 144 万公顷。全国万元国内生产总值用水量比上年下降 5.6%，万元工业增加值用水量下降 5.9%。清洁能源消费占比上升。在能源消费总量中，天然气、水电、核电、风电等清洁能源所占比重为 20.8%，比上年上升 1.3 个百分点。全年完成造林面积 736 万公顷，新增水土流失治理面积 5.6 万平方公里。环境质量持续改善。在监测的 338 个地级及以上城市中，城市空气质量达标的城市占 29.3%，比上年提高 4.4 个百分点。细颗粒物（PM2.5）未达标城市年平均浓度 48 微克/立方米，比上年下降 5.9%。

七、“一带一路”纵深推进，全面开放实现新跨越

面对世界经济格局深刻调整和我国传统竞争优势减弱的局面，党中央不断完善对外开放战略布局，以共建“一带一路”为重点构建开放新格局，推动人类命运共同体建设，实施积极的外贸政策，不断改善营商环境，深入推进贸易投资便利化和自贸区建设，促进“引进来”、“走出去”更好结合，对外开放的力度、广度和深度不断拓展，合作共赢多赢的新局面正在形成。

共建“一带一路”取得积极成效。2017 年“一带一路”建设进入全面务实合作新阶段。贸易往来持续扩大。全年我国与“一带一路”沿线国家进出口总额 73745 亿元，比上年增长 17.8%。其中，出口增长 12.1%，进口增长 26.8%。双向合作不断深化。全年我国企业对沿线国家承包工程业务完成营业额 855 亿美元，比上年增长 12.6%，占对外承包工程业务完成营业额比重为 50.7%；沿线国家对华直接投资新设立企业 3857 家，增长 32.8%。货物贸易总额创历史新高。我国货物进出口总额 277923 亿元，比上年增长 14.2%，进出口规模有望重回世界首位。其中，出口增长 10.8%，上年为下降 1.9%；进口增长 18.7%，增速比上年加快 18.1 个百分点。吸收外资规模较快增长。全年实际使用外商直接投资金额增长 7.9%，增速比上年加快 3.8 个百分点。

八、坚持以人民为中心，民生事业实现新改善

党中央始终把解决好人民群众最关心、最直接、最现实的利益问题作为重中之重，各级政府在财力紧张的情况下，持续加大民生投入，保基本、兜底线、建机制，全面推进精准扶贫、精准脱贫，大力发展教育卫生事业，不断提高社会保障水平，加大棚户区改造力度，让人民群众更多分享改革发展成果，获得感、幸福感、安全感不断增强。

居民收入保持较快增长。2017 年，全国居民人均可支配收入实际增长 7.3%，增速比上年加快 1.0 个百分点，快于国内生产总值增速 0.4 个百分点。人民生活水平不断提高。全国居民恩格尔系数为 29.3%，比上年下降 0.8 个百分点。国内游客人次比上年增长 12.8%，国内旅游收入增长 15.9%，国内居民因私出境增长 5.7%。脱贫攻坚再创佳绩。按照每人每年 2300 元（2010 年不变价）的农村贫困标准计算，年末农村贫困人口 3046 万人，比上年末减少 1289 万人，超额完成全年目标任务；贫困发生率 3.1%，比上年下降 1.4 个百分点。社会保障不断扩大。年末参加城镇职工基本养老保险、城乡居民基本养老保险、城乡居民基本医疗保险人数分别比上年末增加 2269 万人、408 万人和 42483 万人。保障性安居工程建设稳步推进。全国城镇棚户区改造基本建成 604 万套，公租房基本建成 82 万套，农村地区建档立卡贫困户危房改造 152.5 万户。

2017 年我国经济社会发展取得的历史性成就和历史性变革，是以习近平同志为核心的党中央坚强领导的结果，是全党全国各族人民共同奋斗的结果。2018 年是贯彻党的十九大精神的开局之年，是改革开放 40 周年，是决胜全面建成小康社会、实施“十三五”规划承上启下的关键一年。我国经济有条件有能力延续稳中向好发展态势。但要清醒的看到，国际环境仍然错综复杂、国内发展不平衡不充分的矛盾仍比较突出，实现经济高质量发展任重道远。我们要更加紧密的团结在以习近平同志为核心的党中央周围，以习近平新时代中国特色社会主

义思想为指导，牢固树立“四个意识”，坚定“四个自信”，把思想和行动统一到党的十九大精神上来，统一到中央经济工作会议的决策部署上来，不驰于空想，不骛于虚声，站在新起点，抢抓新机遇，开启新征程，实现新跨越！

中国对世界经济增长的贡献不断提高①

郭同欣

近年来，世界经济处于深度调整期，欧、美、日等主要经济体对世界经济增长的带动作用明显减弱。印度等国虽然增速较快，但由于经济规模不大，还不能成为带动世界经济增长的主力，而巴西、俄罗斯等国尚未走出衰退的阴影。与此同时，中国对外开放的步伐加快，与世界经济的融合度日益提高，近年来中国经济发展进入新常态，增速虽然有所放缓，但仍保持了中高速增长，速度继续位居世界主要经济体最前列。目前，中国对世界经济增长的年均贡献率超过 30％，成为世界经济增长的第一引擎。

中国经济稳定增长是世界经济复苏的主要动力

改革开放 30 多年来，中国经济占世界经济比重不断上升。根据世界银行统计数据，按照 2010 年美元不变价计算，1979—2010 年，我国国内生产总值占世界经济的比重由 1.2％提高到 9.3％，年均提高 0.3 个百分点；2015 年，占比进一步提高到 11.9％，“十二五”期间年均提高 0.5 个百分点。按照当年价格计算，2015 年我国占世界经济比重达 14.8％，同

① 本文系以郭同欣名义发表于 2017 年 1 月 13 日《人民日报》的署名文章。

年美国、日本、印度占世界经济比重分别为24.4%、5.6%、2.8%。

“十二五”时期，按照2010年美元不变价计算，中国经济增长对世界经济增长的年均贡献率达到30.5%，跃居全球第一，与“十五”和“十一五”时期14.2%的年均贡献率相比，提高16.3个百分点，同期美国和欧元区分别为17.8%和4.4%。分年度来看，2011、2012、2013、2014、2015年，中国增长的贡献率分别为28.6%、31.7%、32.5%、29.7%、30.0%，而美国分别为11.8%、20.4%、15.2%、19.6%、21.9%。

2016年，中国经济增长对世界经济增长的贡献率仍居首位。过去的一年，我国经济运行总体平稳，预计全年经济增速为6.7%左右，而世界银行预测全球经济增速为2.4%左右，按2010年美元不变价计算，2016年中国经济增长对世界经济增长的贡献率仍然达到33.2%。如果按照2015年价格计算，则中国增长的贡献率会更高一点，根据有关国际组织预测，2016年中国、美国、日本经济增速分别为6.7%、1.6%、0.6%，据此测算，三国增长对2016年世界增长的贡献率将分别为41.3%、16.3%、1.4%。

中国内需增长为推动世界贸易和经济发展做出重大贡献

近年来，中国在世界贸易中的地位不断提高。据联合国贸发会议统计，2010—2015年，我国货物贸易出口额占全球的比重由10.3%提高到13.7%，进口额比重由9.1%提高到10.1%；服务贸易出口额的全球比重由3.9%提高到5.9%，进口额的全球比重由4.8%提高到9.9%。

2016年，在世界经济较为低迷的环境下，中国仍然保持着旺盛的市场需求。1—11月份，我国铁矿砂及其精矿、铜矿砂及其精矿、原油的进口量分别增长了9.2%、30.5%、14.0%，集成电路进口量增长9.3%，医药品、汽车零配件进口额分别增长9.1%、8.3%，1—10月份，我国服务贸易进口增长23.7%。中国对国际大宗商品和主要工业品进口的大幅增长，有力地改善了国际供求关系，不仅提振了资源与能源出口国的经济增长，而且对发达工业国的经济逐渐复苏也起到了不可或缺的积极作用。

与此同时，我国持续为世界提供着物美价廉的工业制成品，对降低全球生产成本、推动技术进步、改善各国人民生活做出了不容忽视的贡献。2016 年 1—11 月份，我国塑料制品、汽车及汽车底盘出口量分别增长 7.0%、6.9%，而出口额（以美元计）分别下降 4.6%、5.3%。

中国对外投资增长为全球结构优化注入活力

近年来，随着我国经济技术实力的增强，特别是“一带一路”发展战略的稳步推进，企业“走出去”步伐明显加快，对外投资和经济合作蓬勃发展，成为很多发展中国家完善基础设施、加快工业化进程的重要参与者，也对发达国家拓展市场、增加就业、缓解债务压力发挥了重要作用。联合国贸发会议统计数据显示，我国对外直接投资虽起步较晚，但占全球总量的比重快速提高。2000 年，我国对外直接投资额仅为 9 亿美元，占全球比重还不足 0.1%，到 2010 年，占比提高到 4.9%，2015 年则进一步提高到 8.7%。

2016 年，我国对外投资合作持续增长，1—11 月份，非金融类直接投资累计达 10696.3 亿元人民币，折合 1617 亿美元；对外承包工程新签合同额达 12731.7 亿元人民币，折合 1924.7 亿美元。其中，对“一带一路”相关国家的投资与合作持续保持较高水平。1—11 月，我国企业对“一带一路”相关的 53 个国家非金融类直接投资 133.5 亿美元，在“一带一路”相关的 61 个国家新签对外承包工程项目合同额 1003.6 亿美元，占同期我国对外承包工程新签合同额的 52.1%。在美元升值、发展中国家资金外流压力加大的情况下，中国对外投资的增加，是稳定全球金融市场和经济运行的重要因素。

中国巨大的发展潜力将继续为世界经济增长提供动能

中国经济长期向好的基本面未变。中国仍然是世界最大的发展中国家，工业化、城镇化、农业现代化和信息化还有很长的路要走，经济发展的潜力大、韧性足、回旋余地广。中国拥有9亿多劳动力、1亿多受过高等教育和有专业技能的人才，每年700多万大学毕业生和500多万中等职业学校毕业生加入劳动大军，人才红利不断积累并将持续释放。近年来，中国以供给侧结构性改革为主线，深入推进重点领域和关键环节改革，改革红利正逐渐显现，“大众创业、万众创新”蓬勃发展，经济内生动力不断增强，持续向好势头得到巩固。今后一个时期，中国经济新动能加快成长，结构持续优化，对全球经济的正向溢出效应将进一步增强。

中国内需不断扩大和升级为世界提供更为广阔的市场。中国已进入消费规模持续扩大、消费结构加快升级、消费贡献不断提升的发展新阶段。“十三五”时期，人均国内生产总值有望提高30%左右，现行标准下的贫困人口将实现全部脱贫。2015年，我国较高收入人群占城镇人口的20%，总人数超过1.5亿，人均可支配收入已达1万美元左右，这部分人的总消费能力相当于多个中等国家之和，他们的购买力投放到哪里，哪里的市场就会一片繁荣。“十三五”期间，我国累计货物贸易进口规模有望达到9万亿美元，服务贸易进口规模将超过2万亿美元。2020年，中国将全面建成小康社会，一个规模巨大且日臻成熟的市场将为世界带来前所未有的商机。

回顾过去，中国作为世界第一人口大国，使7亿多人口脱了贫，人民生活由温饱不足达到总体小康，发展水平由低收入国家成为中高收入国家，这本身就是对世界经济的巨大贡献，中国工业化、城镇化的规模和步伐是世界历史上前所未有的，中国经济的高速增长给世界各国尤其是周边国家提供了前所未有的互动发展和联动发展机遇，对上世纪末和本世纪初的世界经济繁荣增长产生了举足轻重的影响，展望未来，以中高速平稳健康发展的中国经济仍将是推动21世纪世界经济持续增长的强劲动力。今后几年，在世界经济复苏增长的过程中，中国将继续发挥一个大马力发动机的重要作用。当然，世界经济增长仅依靠中国的贡献是不够的，中国倡议全球各国，特别是各主要经济体，与中国一道，加强协作，和衷共济，促进贸易和投资，着力推动结构性改革，共同为构建创新、活力、联动、包容的世界经济而努力。

改革创新促进了我国就业持续扩大[①]

郭同欣

就业是民生之本。随着我国经济发展进入新常态，就业在经济社会发展中的地位和作用更加凸显。近年来，在以习近平同志为核心的党中央坚强领导下，各级党委政府高度重视稳定就业，实施了一系列积极的就业政策，大力推进创新驱动发展战略，大众创业万众创新不断深入，我国就业形势总体稳定，为供给侧结构性改革创造了良好的环境，有力地支撑了经济稳中向好，成为经济运行中的突出亮点。下阶段，应实施更加积极的就业政策，以解决就业问题为导向进一步完善宏观调控，努力巩固经济稳中向好发展态势，不断提高民生福祉。

新常态下我国就业持续扩大

近年来，我国经济发展中的一个重要特点是，在经济增速换挡的同时，就业保持总体稳定。2012—2016 年，我国国内生产总值增速分别为 7.9%、7.8%、7.3%、6.9%、6.7%，31 个大城市城镇调查失业率基本稳定在 5.1%左右；城镇新增就业连续 4 年保持在 1300 万人以上，城镇登记失业率稳定在 4.0%—4.1%的区间。同时，就业格局呈现出以下几

① 本文系以郭同欣名义发表于 2017 年 3 月 29 日《人民日报》的署名文章。

个新特点：

一是服务业特别是现代服务业成为吸纳就业的主体。2012—2016年，三产就业人数累计增加6067万人，而一产、二产就业人数分别减少4277万人、891万人。服务业就业比重大幅上升。2012—2016年，三产就业人数占比从36.1%升至43.5%，上升7.4个百分点，成为吸纳就业最多的产业；一产、二产就业人数占全部就业比重分别从33.6%和30.3%降至27.7%和28.8%。从服务业内部看，现代服务业就业增长最为迅速。2012—2015年就业增长最快的3个行业依次是租赁和商务服务业、科学研究技术服务和地质勘查业、信息传输计算机服务和软件业，分别增长72.7%、50.3%、38.7%。

二是民营经济成为创造新增就业岗位的主力。从城镇就业来看，2015年个体工商户和私营企业就业人数分别比2012年增长38.2%和47.9%，占城镇就业的比重分别为19.3%和27.7%，分别比2012年提高4.1和7.3个百分点。从规模以上企业看，私营企业就业明显好于国企。近3年，私营企业就业人数虽然在2014年和2015年有小幅波动，但2016年三季度末同比增长0.9%；国有企业就业人员连续减少，2014和2015年末分别比上年末下降6.3%和12.2%，2016年三季度末同比下降5.4%。

三是小企业就业增长快于大中型企业。受市场环境影响，近年来规模以上企业就业人数有所减少。2015年比上年减少1.7%，2016年三季度同比减少0.6%。在规模以上工业企业中，小企业用工情况好于大型企业。2013年和2014年，在大中型工业企业用工人数持续收缩的情况下，小型工业企业用工数分别增长7.2%和2.6%；2015年以来，小型工业企业用工虽然也出现了小幅下降，但降幅远小于大型和中型工业企业。重点行业服务业企业中，小企业就业增长明显快于大企业。2015年，重点行业规模以下服务业企业用工增长10.2%，增速比规模以上服务业企业快4.4个百分点。

四是中西部地区对就业增长的贡献率提高。过去，我国劳动力流动的主要方向是由中西部乡村向东部城镇集中，东部城镇就业持续高速增长；而近年来，伴随着产业梯度转移，中西部地区后发优势显现，西部城镇就业增速开始出现反超。2012—2016年，西部城镇就业人数累计增长16.8%，东部增长10.9%，中部和东北分别增长10.4%和6.5%。2016年中西部地区城镇就业占全国比重比2012年提高0.7个百分点，而东部占比下降0.3个百分点。2012—2016年，中西部地区城镇就业增长对全国的贡献率达到50.9%，比东部地区高6.8个百分点。

五是南方地区就业形势好于北方。如果以秦岭、黄河为分界线，可将全国划分为南北两大地区（见备注）。2016年，南方18个省区市就业人数为56515万人，占全国的比重为72.8%；北方13个省区市就业人数为21088万人，占比为27.2%。南方城镇调查失业率平均比北方低1个百分点左右，主要缘于南方民营经济发展态势好于北方。2016年，南方私营企业就业人数占比为27.6%，比北方高7.8个百分点；个体工商户就业人数占比为22.6%，比北方高1.7个百分点；国有控股企业就业比重为6.2%，比北方低5.7个百分点。

改革创新激发了积极就业效应

按照传统经济学理论，经济增速放缓，失业率通常会上升，为什么近年来我国就业能够保持稳定甚至好于预期呢？主要原因：

一是大众创业万众创新蓬勃发展，就业创造效应持续显现。党中央、国务院深入实施创新驱动发展战略，大力推进“放管服”改革，大力推动大众创业、万众创新，有效激发了市场活力和创新动力，市场主体大量涌现，新产业新业态新模式快速发展，创造了大量新职业新工作新岗位，成为就业增长的重要源泉。2016年全国新登记市场主体1651万户，比上年增长11.6%，其中新登记企业553万户，同比增长24.5%。如果按照前两年新设企业吸纳就业水平测算，2016年新登记企业创造就业超千万人。根据国家统计局“三新”统计调查资料推算，在全部增加的就业中，新动能的贡献达到70%左右。

二是经济增速有所放缓中经济增量在扩大，对劳动力的基本需求稳定增加。面对复杂严峻的国内外经济形势，党中央、国务院不断创新宏观调控，不搞大水漫灌，经济增长总体稳定。尽管经济增速有所放缓，但所对应的经济增量在扩大。2012—2016年，经济增量（按2015年不变价计算）分别为40611、43253、43824、44477、46097亿元，逐年递增。在劳动生产率基本稳定的情况下，经济增量规模逐年增加，意味着经济吸纳新增就业需求的增加和就业规模的扩大。初步测算，2016年经济增量对应的就业比2015年多增182万人。

三是转型升级步伐加快，经济增长的就业弹性增强。党中央、国务院适应引领经济发展新常态，推动结构调整和转型升级，出台了一系列鼓励生产性和生活性服务业发展的政策，促进了服务业发展。2013—2016年，服务业增加值年均增长8.0%，增速比第二产业快1.1个百分点。服务业占国民经济的比重也快速提升。2012年服务业首次成为国民经济第一大产业；2016年服务业增加值占经济比重上升至51.6%，占据了半壁江山，服务业主导特征愈发明显。与第二产业特别是制造业相比，服务业单位增加值能吸纳更多就业。按照2015年不变价计算，2016年第三产业每100万元增加值吸纳的就业为9.1人，比第二产业高1.6人。2012—2016年，国内生产总值每增长1%，平均吸纳非农就业172万人，比2009—2011年多吸纳30万人。

四是区域协调发展深入推进，中西部成为吸纳就业的新增长极。党中央、国务院统筹推进“四大板块”和“三大战略”，加大产业转移和扶贫攻坚力度，中西部地区后发优势继续显现，主要指标增速明显快于全国，有效带动了就业增加。2013—2016年，中、西部地区生产总值年均分别增长8.6%和9.1%，分别快于全国1.4和1.9个百分点。经济较快发展有力促进中西部地区就业形势向好。2012—2016年，重庆城镇就业人数累计增长13.4%、贵州增长20.9%、云南增长18.9%、甘肃增长18.3%、湖北增长14.1%，均高于全国城镇就业增速。

五是积极就业政策不断完善，重点人群就业成效明显。针对高校毕业生，通过提供社会保险补贴和小额贷款贴息多种方式鼓励企业招聘，扩大政府行政事业单位招聘大学生比例，实施高校毕业生就业创业促进计划等，努力增加就业。近年来，我国高校毕业生年底就业率都保持在90%以上。针对下岗分流职工，通过完善劳动力市场，加强就业培训，适当增设公益性岗位托底等多种方式，为其再就业创造条件。2016 年，城镇失业人员再就业 554 万人，就业困难人员就业 169 万人。

坚持就业优先，进一步完善积极的就业政策

新常态下我国就业形势发生了重大而深刻的变化，党中央国务院顺应新常态规律，实施积极的就业政策，保证了就业总体稳定。但我国转型发展的任务十分艰巨，就业总量压力犹存，结构性矛盾仍然突出，质量亟待提高。今后一个时期，我们要继续实施积极的就业政策，坚持就业优先，以稳就业促就业为核心，完善宏观调控，促进经济持续健康发展。

坚持就业优先是缓解就业压力的需要。今年，我国普通高校毕业生人数高达 795 万人，中等职业教育毕业生有 500 多万，海外留学归国人员超过 40 万，还要考虑 100 多万去产能行业职工安置和三四百万新增农民工就业问题，就业压力不容忽视。从中长期看，我国 3.7 亿农村劳动力中，有相当数量的人口还需要转移到城镇就业，必须千方百计增加就业岗位。坚持就业优先是扩消费稳增长促转型的需要。消费对经济增长的基础性作用不断增强，成为支撑经济增长的主要拉动力，2013—2016 年，消费对经济增长的年均贡献率超过 50%。消费是收入的函数，扩大消费关键是要稳定就业、增加收入。只有就业稳定，居民收入来源才有保障，消费预期才能稳定，才能为经济增长提供稳定支撑。坚持就业优先是有序推进供给侧结构性改革的需要。供给侧结构性改革是推进我国重要领域和关键环节改革的主线，改革的成败很大程度上取决于人才等要素市场化配置和去产能过程中的人员安置。据测算，在化解过剩产能过程中，仅煤炭和钢铁行业就需分流安置职工 100 多万人。坚持就业优

先是成功跨越中等收入陷阱的需要。我国已经步入上中等收入国家行列，进入社会矛盾多发易发期和中等收入陷阱的敏感期。能否成功跨越这个阶段，关键是解决好就业和收入分配问题。2016 年我国居民收入基尼系数为 0.465，明显高于 0.4 的国际警戒线。只有坚持就业优先，解决好就业问题，才能为有效化解社会矛盾、促进社会和谐稳定奠定坚实基础。

从国际经验看，坚持就业优先也是多数发达国家宏观调控目标的首要选择。因此，我们要顺势而为，坚持就业优先，以稳就业促就业为核心，进一步完善政策体系。一是扎实推进大众创业万众创新，不断培育壮大就业新主体。实践证明，大众创业、万众创新是培育新动能、发展新兴产业、增加新就业的重要举措，要持续深入推进。要深化商事制度改革，进一步推动大众创业万众创新，积极培育新的市场主体，强化就业带动效应。二是大力发展服务业，积极拓展新的就业空间。我国服务业增加值占比虽然已超过 50%，但就业比重仅为 40%左右，与发达国家 70%以上的水平差距依然明显。尤其是旅游、文化、体育、健康、养老为代表的幸福产业与发达国家的差距更大。要进一步加强政策引导，促进以幸福产业为代表的新型服务业健康发展，扩大就业容量。三是大力推进新型城镇化，加快农民工市民化进程。稳步推进新型城镇化不仅有利于扩大就业规模，而且有利于稳定劳动者队伍，提高就业质量。目前，我国农民工总量 2.8 亿人，其中外出农民工 1.7 亿人，大量农民工处在“候鸟式”就业状态，既不利于社会和谐稳定，也不利于提高劳动者素质和技能，严重影响就业的稳定性和产业结构升级。推进新型城镇化关键是解决好三个“一亿人”的问题，要实施更加积极的财政政策，着力扩大中西部地区就业。四是加大教育培训力度，全面提升劳动者素质。实施创新驱动发展战略，关键在于人才。尽管我国居民教育文化程度提高取得长足进步，但劳动力素质与发达国家相比仍有不少差距。劳动者素质与岗位技能要求不匹配问题突出。进一步发展教育事业，加快完善职业培训体系，提高劳动者素质已是当务之急。五是加大财政金融支持力度，织牢民生保障网。稳定劳动者队伍、提高就业质量离不开完善的社会保障体系。目前，我国社会保障面临较大的资金缺口，特别是随着人口老龄化和医疗费用快速上涨，医疗保险基金也面临日益严峻的收支矛盾。还要看到，在去产能深入推进的条件下，部分行业下岗转岗职工增加，政策托底保障的压力进一步加大。对此，要进一步加大财政投入，大力创新金融支持手段，为社会保障提供有力资金支持。

转型升级持续推进 发展动能不断增强①

郭同欣

近日，一季度国民经济主要指标陆续公布。总体看，我国国民经济实现了稳中向好、好于预期的良好开局，不仅延续了去年下半年以来稳中有进并向好的发展势头，而且出现了更多积极变化，表现出增速回升、就业扩大、物价稳定、国际收支改善、居民收入增加的良好格局，也呈现出结构优化、动能转换、效益提升的良好态势。在错综复杂的国内外环境和多重困难挑战下，能够取得这样的成绩，实属不易。这是以习近平同志为核心的党中央坚强领导下，各地区各部门认真贯彻党中央、国务院决策部署，坚持以供给侧结构性改革为主线，坚定不移地推进改革创新和结构调整，加快新旧动能转换，在发展中促转型，在转型中谋发展所取得的重要成果。

“三去一降一补”扎实推进，供给侧结构性改革成效继续显现

各地区各部门以推进供给侧结构性改革为主线，深入推进“三去一降一补”，在巩固前期成果基础上，针对新情况新问题完善政策措施，供

① 本文系以郭同欣名义发表于 2017 年 4 月 27 日《人民日报》的署名文章。

给侧调整取得新进展。一是去产能工作扎实有效推进。钢铁、煤炭去产能任务分解落实到位，“僵尸企业”处置有序推进，彻底取缔“地条钢”工作加快展开，低端无效产能逐渐退出市场，工业产能利用率回升。一季度，规模以上工业产能利用率为75.8%，延续了上年二季度以来持续回升势头。二是去库存去杠杆效果显现。3月末，全国商品房待售面积同比下降6.4%，降幅比上年末扩大3.2个百分点。其中，住宅待售面积下降15.0%，扩大4个百分点。2月末，规模以上工业企业资产负债率为56.2%，同比下降0.6个百分点。三是降成本补短板取得新进展。1—2月份，规模以上工业企业每百元主营业务收入中的成本为84.91元，同比减少0.28元；每百元主营业务收入中的三项费用合计为7.7元，减少0.46元。短板领域投资力度不断加大。一季度，生态保护和环境治理业、公共设施管理业、农业、水利管理业固定资产投资同比增速分别比全部投资快38.9、18.2、15.4和9.1个百分点。

大众创业万众创新势头良好，新动能新产业加快成长

在各方面共同努力下，创新驱动发展战略深入实施，创新引领作用不断强化，大众创业万众创新蓬勃发展，全社会的创新活力和创造潜能得到激发，新旧动能加快转换。一是创新驱动发展持续推进。一批国家科技重大专项部署实施，国家实验室建设顶层设计出台。新成果不断涌现，一季度国内专利申请授权量39.6万件，同比增长6.5%。全国新登记企业125.5万户，增长18%，日均新登记企业1.4万户。目前我国众创空间已超4200家，国家高新区“瞪羚”企业超2000家。二是新产业新业态新模式茁壮成长。战略性新兴产业等支撑作用明显。一季度，战略性新兴产业增加值同比增长10.3%，增速比规模以上工业快3.5个百分点。新兴消费模式层出不穷，网络购物渐成主流。一季度，网上商品和服务零售额同比增长32.1%，其中网上商品零售额增长25.8%，增速比社会消费品零售总额快15.8个百分点。三是新产品新服务快速增长。一季度，工业机器人、光电子器件、运动型多用途乘用车（SUV）和太阳能电池产量同比分别增长55.1%、51.2%、25.5%和18.8%。旅游、文化、体育、健康、养老等幸福产业快速发展，分享经济广泛渗透，跨境电商、共享单车、智能家庭、在线医疗等新服务模式方兴未艾。

产业结构优化升级，供给质量逐步改善

企业面向市场调整结构的自主性不断提高，政府促进产业优化发展的政策措施持续显效，服务业、高新技术产业发展势头良好，改造提升传统产业有效实施，农业生产结构调整稳步推进，我国产业结构升级步伐稳健。一是服务业创新发展步伐加快。一季度，第三产业增加值同比增长7.7%，增速比第二产业快1.3个百分点，占国内生产总值的比重为56.5%，比第二产业高17.8个百分点。服务业税收占全部税收比重为55.7%，比第二产业高11.6个百分点。1—2月份，规模以上服务业企业营业利润同比增长37.1%。以现代物流、信息服务、文化旅游为代表的现代服务业蓬勃发展。一季度，信息传输软件和信息技术服务业、租赁和商务服务业增加值同比分别增长19.1%和10.2%，分别比第三产业快11.4和2.5个百分点。二是工业向中高端迈进态势明显。知识密集型、高附加值、符合转型升级方向的高技术产业和装备制造业快速增长。一季度，高技术产业和装备制造业增加值分别增长13.4%和12.0%，快于规模以上工业6.6和5.2个百分点；占规模以上工业增加值的比重分别达到12.2%和32.2%。三是农业生产结构优化调整。全国11万农户种植意向调查显示，稳粮优经态势明显，农业生产区域布局更趋合理，生产要素向优势产区聚集。2017年，全国玉米意向种植面积同比减少4.0%，稻谷、小麦意向种植面积保持基本稳定，大豆、花生、马铃薯、蔬菜意向种植面积分别增长8.1%、8.5%、3.1%和2.3%。

需求结构合理调整，内需潜力持续释放

全国上下在加大供给结构调整力度的同时，适度扩大总需求特别是消费需求，积极扩大有效投资，完善消费政策、改善消费环境、释放消费潜力，引导资金更多投向补短板、调结构、促创新、惠民生的领域，促进了需求结构调整优化。一是消费基础性作用持续增强。消费对经济增长的贡献率稳步提升，发挥了“稳定器”和“压舱石”的作用。一季度，最终消费支出对经济增长的贡献率为77.2%，比上年同期提高2.2个百分点，比资本形成总额的贡献率高58.6个百分点。二是居民消费结构加快升级。一季度，恩格尔系数为32%，比上年同期下降1个百分点。发展享受型消费增长较快。一季度，限额以上单位商品零售额中，体育娱乐用品类、文化办公用品类、建筑及装潢材料类同比分别增长17.3%、14.8%和14.8%，分别比社会消费品零售总额快7.3、4.8和4.8个百分点。全国居民人均消费支出中，医疗保健支出、教育文化娱乐支出同比分别增长15.8%、13.5%，分别比全部支出增速快8.1和5.8个百分点。三是投资结构继续优化。高技术产业和服务业投资持续较快增长。一季度，高技术产业和服务业投资同比增长22.6%和12.2%，分别快于全部投资13.4和3个百分点。随着市场环境改善、企业效益好转，企业投资信心逐步增强，民间投资增速继续回升。一季度，民间投资同比增长7.7%，比上年全年回升4.5个百分点，自去年9月份起连续回升。传统产业改造升级提速，工业技改投资增长较快。一季度，工业技改投资同比增长9.8%，增速比工业投资高4.9个百分点；占工业投资的比重为41.7%，比上年同期提高1.8个百分点。

区域结构继续改善，发展格局优化重塑

在各地区各部门协作联动下，“一带一路”、京津冀协同发展、长江经济带三大战略深入实施，东、中、西、东北四大板块协调发展，创新

区域发展政策，完善区域发展机制，区域结构持续改善，发展协调性增强。一是“三大战略”统筹推进。“一带一路”建设取得积极进展，与沿线国家贸易稳步发展，双向投资高速增长。一季度，我国对俄罗斯、印度尼西亚、新加坡、马来西亚等沿线国家进出口同比分别增长37%、32.8%、31.6%和28.5%，高于全部进出口增速。一季度，我国企业对沿线43个国家非金融类直接投资29.5亿美元，占对外投资总额的14.4%，比上年同期提高5.4个百分点。京津冀协同发展取得新成效，北京城市副中心建设进展顺利，交通一体化建设提速，对周边的辐射带动作用增强，尤其是雄安新区设立进一步增强了京津冀协同发展的信心。长江经济带支撑力度加大，下游地区产业向中上游有序转移，合理有效的产业分工协作格局逐步形成，流域内城市群建设加快推进，一批新的增长带正在形成。一季度，长江经济带沿线11个省市中，有10个省市规模以上工业增加值增速和固定资产投资增速均超过全国平均水平。二是“四大板块”良性互动。东部地区转型升级、开放创新走在前列，区域发展新动能新亮点不断涌现，对全国发展的引领作用突出。中西部地区后发优势继续发挥，主要发展指标增速明显快于全国。一季度，中、西部地区规模以上工业增加值同比增速分别快于全国平均水平1和0.9个百分点，固定资产投资增速分别快2.4和0.2个百分点。东北地区落实全面振兴东北地区等老工业基地的若干意见和推动东北地区经济企稳向好重要措施，经济运行出现积极变化。一季度，东北地区规模以上工业增加值同比增长0.5%，上年全年为下降3.1%。

居民收入与经济同步增长，城乡收入差距继续缩小

在党中央国务院领导下，各地区各部门坚持以人民为中心，注重保障和改善民生，实施积极的就业创业政策，努力拓宽居民增收渠道，加大收入分配调节力度，推动了城乡居民收入持续快速增长、收入差距继续缩小。一是居民收入增长快于经济增长。一季度，全国居民人均可支

配收入 7184 元，同比增长 8.5%，扣除价格因素，实际增长 7.0%，分别比上年同期和上年全年加快 0.5 和 0.7 个百分点。全国居民人均可支配收入实际增速高于 GDP 增速 0.1 个百分点，若扣除人口总量自然增长因素，人均可支配收入实际增速高于人均 GDP 增速 0.6 个百分点左右。二是城乡居民收入差距继续缩小。农村外出务工劳动力就业规模和工资水平保持增长态势，农村居民收入增长继续快于城镇居民。一季度，农村外出务工劳动力人数再创新高，同比增加 454 万人，月均收入增长 6.4%。农村居民人均可支配收入名义增速和实际增速分别高于城镇居民 0.5 和 0.9 个百分点。城乡居民收入倍差由上年同期的 2.59 下降为 2.57，缩小了 0.02。2016 年我国基尼系数比 2015 年提高了 0.003，但总体下降趋势未变。

综合来看，在新发展理念的指引下，我国结构调整、转型升级不断取得新进展、新成效，经济增长的内生动力正在积聚增强，发展质量不断提高。但也必须清醒地认识到，我国经济发展正处于爬坡过坎的关键时期，经济结构调整依然任重道远，巩固持续向好态势尚需进一步努力。下阶段，要更加紧密地团结在以习近平同志为核心的党中央周围，坚持稳中求进工作总基调，坚持以新发展理念引领新常态，坚持以供给侧结构性改革为主线，深化重要领域和关键环节改革，坚持以提高质量和效益为中心，抓住经济企稳回暖的窗口期，加大传统产业改造提升力度，着力培育壮大新动能新产业，持续推进经济转型升级，不断增强发展内生动力，进一步巩固稳中向好势头，努力实现今年全年发展的预期目标并争取更好结果，促进国民经济保持中高速增长、迈向中高端水平。

我国经济稳中向好发展态势不可逆转①

郭同欣

4月份，部分经济指标增速有所回落，引发一些人对经济稳中向好态势可持续性的担忧。事实上，经济数据的短期波动是正常的，对比基数、工作日变动等非经济因素都可能引致同比增速的变化。因而，判断经济运行状况既要看增速，也要看其与就业、物价、收入等指标的匹配性，还要看质量、看结构、看后劲、看空间。综合分析，今年以来经济运行保持在合理区间，同时出现了质量提升、结构优化、后劲增强、动能壮大、空间拓展等更多积极变化，支撑经济保持中高速增长和迈向中高端水平的因素进一步增多，我国经济稳中向好的步伐更加稳健。

就业扩大、物价稳定、收入增加，提升了经济增长的质量

从五大宏观经济指标看，今年以来我国经济运行呈现增速回升、就业扩大、物价稳定、居民收入增加、国际收支改善的良好格局。经济增长稳中有升。一季度，国内生产总值同比增长6.9%，增速比上年同期加快0.2个百分点，比上年四季度加快0.1个百分点。经济增速连续7个季度保持在6.7%—6.9%之间，增长的稳定性不断提高。就业形势稳定向

① 本文系以郭同欣名义发表于2017年5月26日《人民日报》的署名文章。

好。1—4月份城镇新增就业465万人，比上年同期多增22万人。4月份全国城镇调查失业率在5%左右，31个大城市城镇调查失业率为4.9%左右，均比上月和上年同月下降。物价水平温和上涨。1—4月份，居民消费价格同比上涨1.4%，涨幅比上年同期回落0.8个百分点。扣除食品和能源的核心CPI上涨2.1%，呈温和上涨态势。居民收入稳定增长。一季度，全国居民人均可支配收入同比实际增长7.0%，分别比上年同期和上年全年加快0.5和0.7个百分点，快于GDP增速0.1个百分点。国际收支状况改善。我国货物进出口回稳向好，综合货物贸易和服务贸易经常项目继续保持顺差，人民币汇率和外汇储备总体稳定。4月末，人民币汇率中间价为1美元兑人民币6.8931元，比上月末升值0.09%；外汇储备余额30295亿美元，比3月末增加204亿美元，连续3个月回升。这些情况充分说明，我国经济不仅持续运行在合理区间，而且民生保障能力和人民群众获得感显著提升，经济发展可持续性提高。

供给侧结构性改革深化、实体经济趋好、产业优化升级，强化了经济可持续发展的基础

今年以来，去产能、去库存、去杠杆、降成本、补短板五大任务不断取得新进展。1—4月份，全国新退出钢铁产能3170万吨、煤炭产能6897万吨；4月末，商品房待售面积同比下降7.2%，降幅比3月末扩大0.8个百分点；3月末，规模以上工业企业资产负债率为56.2%，同比下降0.7个百分点；一季度，规模以上工业企业每百元主营业务收入中的成本为85.25元，同比减少0.15元；1—4月份，生态保护和环境治理业、公共设施管理业、水利管理业等短板领域投资同比分别增长50.4%、28.4%、16.1%，明显快于全部投资增速。“三去一降一补”扎实推进，促进市场供求关系继续改善，带动企业经营状况和预期持续好转。1—4月份，工业生产者出厂价格同比上涨7.2%，在调查的40个工业大类行业中，34个行业产品价格上涨，价格同比上涨的行业面在扩大。一季度，规模以上工业企业实现利润同比增长 28.3%，增速比上年同期加快 20.9 个百分点。4 月份，制造业采购经理指数为 51.2%，高于上年同期 1.1 个百分点，连续 9 个月处于扩张区间；非制造业商务活动指数为 54.0%，高于上年同期 0.5 个百分点，连续 7 个月保持在 54.0%及以上的较高景气区间。与此同时，简政放权、放管结合、优化服务改革向纵深推进，财税、金融、价格等重点领域和关键环节改革持续深化，国有企业混合所有制改革首批试点稳步实施，“一带一路”高峰论坛成功举办推动我国对外开放向更高水平跃升，这些举措降低了企业制度性交易成本，有效优化市场环境，提升市场活力，促进企业转型发展，重塑我国竞争优势。

在上述因素综合作用下，三次产业在调整中发展，在转型中升级，经济稳定发展的基础得到加强。农业生产形势稳定，生产结构和区域布局更趋合理。一季度，第一产业增加值同比增长 3.0%，比上年同期加快 0.1 个百分点。工业经济稳中有升。1—4 月份，规模以上工业增加值同比增长 6.7%，增速比上年同期加快 0.9 个百分点；工业用电量增长 6.9%，加快 6.7 个百分点；铁路货运量增长 15.4%，上年同期为下降 7.9%。服务业持续较快发展。4 月份服务业生产指数同比增长 8.1%，今年以来一直保持在 8%以上较高水平。旅游、体育、健康、文化、养老和教育培训等幸福产业欣欣向荣。在三次产业中，服务业已经成为国民经济第一大产业，占据半壁江山，对经济稳定发展的作用不断增强。一季度，第三产业增加值占国内生产总值的比重为 56.5%，比第二产业高 17.8 个百分点；服务业对经济增长的贡献率为 61.7%，比第二产业高 25.6 个百分点，是拉动经济增长的主动力。

消费为主、出口加快、投资跟进，增强了经济发展的后劲

在加大产业结构调整力度的同时，全国上下始终坚持以扩大内需为战略基点，深入发掘经济增长的内生动力，推动需求结构升级转换，内需成为拉动经济发展的主引擎。一季度，内需对经济增长的贡献率高达

95.8%，高于外需 91.6 个百分点。消费对经济增长的贡献突出，消费驱动型经济发展模式初显。一季度，最终消费支出对经济增长的贡献率为 77.2%，比上年同期提高 2.2 个百分点，高出资本形成总额贡献率 58.6 个百分点。消费增长稳中有快，1—4 月份全国社会消费品零售总额超过 11 万亿元，同比增长 10.2%，增速比一季度加快 0.2 个百分点。相比之下，虽然投资增势略缓，但结构优化改善的特征日趋明显。1—4 月份，高技术产业和服务业投资同比分别增长 22.6%和 12.1%，均快于全部投资平均增速，为先进产能注入新动力。同时针对薄弱环节“点穴”发力，生态环保、公共设施、水利、交通运输等短板领域固定资产投资高位增长，有效纾缓了经济发展的后顾之忧。从外需来看，回稳向好态势明显，1—4 月份全国进口、出口同比分别增长 20.3%、14.7%，均保持两位数增长。消费成为稳定内需的压舱石，外需成为经济发展的助推器，从今后一个时期看，这一动力格局仍会不断地得以巩固。我国正处在消费结构升级的关键阶段，收入稳定增长和新型工业化城镇化深入推进，将持续释放消费和投资潜力。世界经济稳定复苏，也将为外贸回稳向好创造有利条件。4 月份，外贸出口先导指数为 40.7，环比回升 0.5，预示下阶段外贸将呈现企稳回升态势。

科技成果加快产业化、创业创新蓬勃发展、新动能快速成长，激发了经济发展的活力

今年以来，创新驱动战略深入实施，创新引领作用不断强化，科技创新步伐不断加快，大众创业万众创新蓬勃发展，新产业、新业态、新模式、新产品不断涌现并茁壮成长，为经济持续健康发展注入新的强劲动力。国家科技重大专项加快部署实施，国家实验室建设顶层设计出台，集成电路、人工智能、生物技术等工程产业化步伐明显加快，海洋、太空、网络空间和基础设施等领域军民融合稳步推进。重大科技成果不断涌现，“天舟一号”货运飞船完成发射并与“天宫二号”空间实验室成功对接，具有自主知识产权的C919成功首飞，世界首台光量子计算机在我国问世，全球首次试开采可燃冰成功，成为世界第一个实现稳定开采海洋超级能源的国家。科技成果产业化效果明显。一季度，战略性新兴产业增加值同比增长10.3%，增速比规模以上工业快3.5个百分点。1—4月份，高技术产业和装备制造业增加值同比分别增长13.1%和11.5%，增速分别比规模以上工业快6.4和4.8个百分点；医药制造业、电子及通信设备制造业、医疗仪器设备及仪器仪表制造业增加值同比分别增长11.3%、15.9%和11.6%，均快于规模以上工业增速。创业创新势头良好。1—4月份，全国新登记企业181万户，同比增长15.2%，日均新登记企业1.51万户；专利申请量95万件，同比增长6.5%。新业态新模式茁壮成长。"互联网+"行动计划推动线上线下加快融合，以网络销售和快递业为代表的互联网经济快速增长。1—4月份，全国网上商品和服务零售额19180亿元，同比增长32%。其中，商品零售额14618亿元，增长25.9%。完成快递业务量106亿件，同比增长29.8%。互联网金融、移动支付等新模式不断涌现，正逐步成为经济新的增长点。新产品新服务快速增长。1—4月份，工业机器人产量同比增长51.7%，运动型多用途乘用车（SUV）增长21.7%，太阳能电池增长18.2%，智能手机增长10.9%。旅游、文化、体育、健康、养老等幸福产业快速发展，分享经济广泛渗透，跨境电商、在线医疗、共享单车等新服务模式层出不穷。新动能不断积聚壮大，有利于掌握未来产业布局的主动权，占领产业发展的制高点。

三大战略稳步推进、四大板块良性互动、新的增长极蓄势崛起，拓展了经济发展新空间

在新理念新思想新战略引领下，"一带一路"建设、京津冀协同发展、长江经济带发展三大战略深入实施，东、中、西、东北四大板块协调发展，要素有序自由流动、主体功能约束有效、基本公共服务均等、资源环境可承载的区域协调发展新格局初步形成。三大战略协调推进。一季度，我国对“一带一路”沿线国家进出口总额同比增长 26.2%，增速比全部进出口快 4.4 个百分点；对沿线 43 个国家非金融类直接投资 29.5 亿美元，占同期对外投资总额的 14.4%，比上年同期提高 5.4 个百分点。京津冀协同发展取得新成效，雄安新区正式设立，北京城市副中心建设进展顺利。长江经济带支撑力度加大，下游产业向中上游有序转移，合理有效的产业分工协作格局逐步形成。“四大板块”良性互动。东部地区转型升级、开放创新走在前列，对全国发展的支撑引领作用日益突出。中西部地区后发优势继续发挥，主要发展指标增速明显快于全国。1—4 月份，中、西部地区规模以上工业增加值同比增速分别快于全国 1.2 和 1.0 个百分点，固定资产投资增速分别快 1.4 和 2.1 个百分点。东北地区经济运行有所企稳。1—4 月份，东北地区规模以上工业增加值同比增长 0.7%，上年全年为下降 3.1%；固定资产投资（不含农户）下降 18.7%，降幅比上年全年收窄 4.8 个百分点。区域之间协调发展，使得产业合理梯度转移，资源要素高效配置，分工协作更加深化，有利于将不同地区发展差距所产生的“势能”转化为经济发展的“动能”，形成新的增长极和增长带，不断拓展经济发展的新空间。

总之，在稳增长、促改革、调结构、惠民生、防风险政策组合拳的作用下，我国经济运行总体平稳、稳中有进、稳中向好的发展态势没有改变，结构在调整中优化，动能在转型中升级，发展新常态的特征更加明显。预测全年我国经济能够保持中高速增长，发展的预期目标能够实现并在实际工作中争取更好结果。展望未来，我国仍处于可以大有作为的重要战略机遇期，后发优势依然突出，长期积累的物质基础雄厚，新的增长动力正在加快形成，潜力足、韧性强、回旋余地大，我们完全有条件、有能力、有信心保持经济持续健康发展。但是，我们也必须看到，我国正处在新旧动能接续转换和转型升级的关键阶段，当前国际市场不稳定不确定因素较多，国内经济结构调整任重道远，困难和挑战依然不少。下阶段要更加紧密地团结在以习近平同志为核心的党中央周围，坚持新发展理念，坚持稳中求进工作总基调，坚持以供给侧结构性改革为主线，适度扩大总需求，大力深化创新驱动，有效引导社会预期，及时解决经济运行中的突出矛盾和问题，巩固经济稳中向好的发展态势。

我国经济稳中向好态势持续发展①

郭同欣

7 月份主要经济数据陆续公布，尽管当月工业、投资、消费、出口等数据出现一定程度的放缓，但国民经济运行总体平稳、稳中向好的态势并没有改变，并且就业物价总体稳定，供给侧结构性改革成效凸显，转型升级和动能转换步伐加快，国民经济稳中有进、稳中向好的态势在向纵深发展。

一、经济运行处在合理区间，稳的基础不断巩固

从四大宏观指标看，我国经济运行呈现增长平稳、就业向好、物价稳定、国际收支改善的良好格局。**一是经济增长平稳。**上半年，国内生产总值同比增长 6.9%，增速比上年同期加快 0.2 个百分点。其中二季度增长 6.9%，与一季度持平，连续 8 个季度运行在 6.7—6.9%的区间，经济增长的稳定性不断增强。7 月份，受全国大范围高温天气、部分地区洪涝灾害较重以及企业主动调结构转方式等因素影响，部分指标增速有所放缓，但同比增速高于上年同期水平，增势总体平稳。7 月份，规模以上工业增加值同比增长 6.4%，增速比上年同期加快 0.4 个百分点；社会消费品零售总额增长 10.4%，加快 0.2 个百分点；出口增长 11.2%，加快

① 本文系以郭同欣名义发表于 2017 年 8 月 29 日人民网的署名文章。

10.6个百分点；1—7月份，固定资产投资增长8.3%，加快0.2个百分点。事实上，受基数和季节性因素等影响，月度之间部分指标出现小幅波动属于正常现象，一定程度上也是市场自主调整的结果。**二是就业形势持续向好。**在经济增量扩大、服务业吸纳能力增强、大众创业万众创新蓬勃发展以及积极就业政策的共同推动下，1—7月份全国城镇新增就业855万人，同比增加20万人，已经完成全年目标任务的77.7%。城镇调查失业率保持低位。7月份，全国城镇调查失业率为5.1%左右，低于上年同期；其中31个大城市城镇调查失业率连续5个月低于5%，为多年来较低水平。**三是物价运行总体平稳。**1—7月份，居民消费价格（CPI）同比上涨1.4%，涨幅比上年同期回落0.7个百分点；5、6、7三个月分别上涨1.5%、1.5%和1.4%，走势比较平稳。工业品价格走出了过去几年通缩的“阴霾”。1—7月份，工业生产者出厂价格（PPI）同比上涨6.4%，上年同期为下降3.6%；5、6、7三个月均上涨5.5%。**四是国际收支继续改善。**我国货物贸易继续回稳向好，经常项目保持顺差，人民币汇率和外汇储备基本稳定。7月末，人民币汇率中间价为1美元兑人民币6.7283元，比上月末升值0.69%；外汇储备余额30807亿美元，比上月末增加239亿美元，连续6个月回升。

二、供给侧结构性改革发力显效，提质增效取得积极进展

今年是供给侧结构性改革的深化之年，在“三去一降一补”五大重点任务全面推进的基础上，改革的范围还拓展到实体经济、农业等多个重点领域，供给侧结构性改革持续显效发力，为经济稳定发展注入新的动力和活力。**“三去一降一补”持续深入。**截至6月末，煤炭去产能1.11亿吨，完成全年目标任务的74%，依法取缔“地条钢”，加快处置“僵尸企业”。商品房库存继续减少，7月末商品房待售面积同比下降11%，降幅比上月末扩大1.4个百分点。企业杠杆率下降，7月末规模以上工业企业资产负债率为55.8%，比上年同期下降0.7个百分点。短板领域投资力度加大，1—7月份生态保护和环境治理业、公共设施管理业、农业投

资增速分别快于全部投资 37.6、16.6 和 9.9 个百分点。**农业供给侧结构性改革稳步推进。**玉米收储制度改革成效明显，国内外价格基本接轨，进口量大幅下降；棉花目标价格改革深化，稳定了农民种植预期；农村一二三产业融合发展加快。**实体经济活力不断增强。**陆续出台减税降费新措施，积极引导资金流向实体经济，预计全年为企业减负超过 1 万亿元。1—7 月份，规模以上工业企业每百元主营业务收入中的成本为 85.72 元，比上年同期减少 0.04 元。**房地产调控政策初见成效。**热点城市房价过快上涨的势头得到初步遏制，购租并举的住房制度不断建立健全，三四线城市商品房去库存有力推进。7 月份，15 个一线和热点二线城市新建商品住宅价格同比涨幅均比上月回落。

供给侧结构性改革从供给端发力破解供需不匹配矛盾，努力提高供给结构对需求变化的适应性和灵活性，市场供求关系持续改善，供给体系质量效率明显提高，对于促进经济稳中向好发挥了关键性作用。**一是经济效益明显改善。**工业和服务业企业效益较快增长。1—7 月份，规模以上工业企业实现利润总额同比增长 21.2%，比上年同期加快 14.3 个百分点；上半年规模以上服务业企业营业利润增长 16%，加快 14.4 个百分点。财政收入增长好于上年。1—7 月份，一般公共预算收入同比增长 10%，增速比上年同期加快 3.5 个百分点。**二是发展质量不断提升。**能源资源利用效率整体提升。上半年，万元国内生产总值能耗同比下降 3.9%，降幅比一季度扩大 0.1 个百分点；清洁能源消费量占比同比提升 0.7 个百分点。环境治理成效逐步显现。7 月份，全国 338 个地级及以上城市 PM2.5 浓度同比下降 6.9%，其中京津冀区域 13 个城市 PM2.5 浓度下降 13.8%，长三角区域 25 个城市 PM2.5 浓度下降 9.7%。**三是市场预期持续向好。**7 月份，制造业采购经理指数连续 12 个月位于临界点以上，非制造业商务活动指数连续 10 个月保持在 54%及以上的较高景气区间。消费者信心继续提高。7 月份，消费者信心指数为 114.6，比上月提高 1.3，处于近年来较高水平。国际组织普遍看好我国经济发展前景，国际货币基金组织和经合组织分别将 2017 年我国经济预期增速上调 0.1 个百分点。

三、经济结构调整步伐加快，发展的协调性和可持续性增强

在政府引导和市场主导的共同作用下，我国结构调整和转型升级加快推进，服务业和消费成为拉动经济增长的主动力，三大战略与四大板块统筹推进，拓展了经济发展新空间，经济增长的韧性、稳定性和可持续性进一步增强。**一是服务业主导特征更加明显，产业结构加快迈向中高端。**服务业稳居国民经济第一大产业。上半年，第三产业增加值占国内生产总值的比重为54.1%，对经济增长的贡献率达到59.1%。7月份，我国服务业生产指数（初值）同比增长8.3%，继续保持较快增速。高技术产业和装备制造业保持强劲发展势头，工业发展技术含量不断提升。1—7月份，高技术产业和装备制造业增加值同比分别增长13%和11.4%，分别快于规模以上工业6.2和4.6个百分点。**二是消费基础性作用不断夯实，投资结构持续优化。**在党中央国务院领导下，各方面深挖内需潜力，着力增强消费对经济增长的持久拉动作用，改变过度依赖投资和出口的增长模式，坚决不搞“大水漫灌”式强刺激。我国货币政策保持稳健中性，7月份广义货币（M2）同比增长9.2%，比上年同期低1个百分点。消费日渐成为经济增长的主动力。上半年，最终消费支出对经济增长的贡献率为63.4%，远高于资本形成的32.7%和净出口的3.9%。与此同时，投资关键性作用有效发挥，补短板、调结构、促创新、惠民生等领域投资力度加大。1—7月份，高技术产业和服务业投资同比分别增长20.9%和11.3%，分别快于全部投资12.6和3个百分点。**三是区域战略统筹推进，发展空间得到新拓展。**“三大战略”扎实推进，新的增长极、增长带蓄势崛起。“一带一路”国际合作高峰论坛成功举办，国际国内互联互通呈现新格局。1—7月份，我国对俄罗斯、印度、马来西亚等“一带一路”建设参与国出口增幅分别达28.6%、24.2%和20.9%。京津冀一体化协同发展规划体系基本建立，轨道“一小时交通圈”初步成形。长江经济带辐射带动作用增强，上半年长江经济带11省市地区生产总值

增速全部高于或持平于全国平均水平。“四大板块”良性互动，东部地区转型发展走在前列，中西部地区后发优势继续发挥，东北地区经济有所好转。

四、改革创新扎实推进，新动能新产业蓬勃发展

按照党中央国务院要求，各地区各部门以新发展理念为统领，把创新摆在国家发展全局的核心位置，深入实施创新驱动发展战略，培育壮大新动能和改造提升传统动能。紧紧围绕促进创业创新、减轻市场主体负担、拓展有效投资空间、营造公平营商环境等不断深化放管服改革，大众创业万众创新蓬勃兴起，改革红利持续释放。我国经济发展中“增量崛起”和“存量调整”齐头并进，创新引领作用不断强化，对经济增长、转型升级、扩大就业的支撑作用与日俱增。这既是中国经济保持韧性的关键所在，也是未来经济发展的动力源泉。**一是创业创新蔚然成风。**市场主体活力迸发。1—7 月份，全国新登记企业 345.4 万户，同比增长 11.9%，日均新登记企业 1.6 万户。新一批 92 个双创示范基地批复成立，众创空间已超过 4200 家，央企双创平台超过 400 个。1—7 月份国内专利申请量 183 万件，同比增长 8%。**二是科技成果层出不穷。**一批具有标志性意义的重大科技成果彰显了国之重器的实力与担当。“天舟一号”货运飞船和“天宫二号”空间实验室成功对接，具有自主知识产权的国产大飞机 C919 成功首飞，首艘国产航母下水，“复兴号”动车组投入运行。**三是动能转换有力推进。**具有较高技术含量和广阔市场前景的新产品快速增长。1—7 月份，工业机器人产量同比增长 57%，新能源汽车增长 19.8%，运动型多用途乘用车（SUV）增长 18.6%。传统产业高端化智能化改造步伐也在加快。1—7 月份，工业技改投资同比增长 11.1%，比全部固定资产投资快 2.8 个百分点。**四是新业态新模式快速成长。**“互联网+”行动计划推动线上线下加快融合，以网络销售为代表的互联网经济快速增长，互联网金融、移动支付等新模式不断涌现。1—7 月份，全国网上零售额同比增长 33.7%，增速比上年同期提高 6.2 个百分点，

其中网上商品零售额占社会消费品零售总额的比重比上年同期提升 2.2 个百分点。完成快递业务量 205.2 亿件，同比增长 30.3%。

综上所述，今年以来我国经济延续了总体平稳、稳中向好的发展态势，活力在改革中激发，结构在调整中优化，动能在转换中增强，发展的稳定性、协调性和可持续性增强。在世界经济曲折复苏、国内改革转型任务艰巨的背景下，取得这样的成绩十分不易。当前，我国仍处于可以大有作为的重要战略机遇期，长期积累的物质基础雄厚，工业化、城镇化、信息化、农业现代化蕴藏着广阔的发展空间，经济韧性好、潜力足、回旋余地大，新发展理念深入人心，新动能加快成长，丰富的宏观调控手段和政策工具将继续为经济平稳运行保驾护航。随着改革创新、结构调整、动能转换的加快推进，支撑我国经济保持中高速增长和迈向中高端水平的积极因素将不断增强，我国经济稳中向好的发展态势能够持续。我们要更加紧密地团结在以习近平同志为核心的党中央周围，坚持稳中求进工作总基调，牢固树立和贯彻落实新发展理念，站在经济长周期和结构优化升级的角度，抓住经济稳中向好的重要窗口期，坚定不移深化供给侧结构性改革，适度扩大有效需求，大力实施创新驱动，引导发展良好预期，科学统筹稳增长、促改革、调结构、惠民生和防风险的关系，不断夯实经济稳中向好的基础，力促国民经济行稳致远。

经济运行持续向好 债务风险可控可防[①]

郭同欣

随着我国经济影响力不断扩大，国际社会对我国经济的关注度日益提高。今年以来，我国经济运行稳中向好，债务风险总体可控，得到了国际社会的积极评价，主要国际组织纷纷上调对我国的经济增长预期，对于我国抓住重要窗口期，主动防范化解债务风险的举措给予肯定，持续看好我国经济发展。但也有一些人发出不同声音，认为近年来中国经济增长主要是通过债务扩张，增加投资和加大房地产建设实现的，从中长期看，随着债务水平攀升，经济增长将难有可持续性。因此，如何准确认识当前经济稳中向好发展态势和面临的债务风险问题，科学把握下一步走势，是我们需要重点关注和探讨的问题。

一、我国经济稳中向好，是深化改革开放、加快动能转换、推进转型升级、创新宏观调控共同作用的结果

近年来，国际环境复杂多变，国内结构性、周期性、体制性矛盾叠加，风险挑战增多，但我国经济运行总体稳定，经济结构不断优化，动力转换有序推进，稳中向好的势头明显。我国经济之所以能够顶住压力，

① 本文系以郭同欣名义发表于2017年9月6日新华网的署名文章。

实现稳中有进、稳中提质，不是靠“大水漫灌”的强刺激，不是靠大规模增发货币和扩大投资，不是靠走传统粗放式发展的老路实现的，而是坚持以供给侧结构性改革为主线，深化改革开放，不断创新宏观调控方式，大力实施创新驱动发展战略，加快动能转换的成果。**一是供给侧结构性改革显效发力。**2016年以来，各地区各部门以推进供给侧结构性改革为主线，全力落实去产能、去库存、去杠杆、降成本、补短板五大任务，取得突出成效。2016年，钢铁、煤炭产能分别退出6500万吨以上和2.9亿吨以上，超额完成目标任务。截至今年6月末，煤炭去产能1.11亿吨，完成全年目标任务的74%，依法取缔“地条钢”基本完成。供给侧结构性改革深入推进，减少了低端供给和无效供给，扩大了中高端供给和有效供给，改善了市场供求关系，适应了市场需求升级，企业经营明显好转，有力支撑宏观经济企稳。今年1—7月份，规模以上工业企业实现利润总额同比增长21.2%，比上年同期加快14.3个百分点；上半年规模以上服务业企业营业利润增长16%，同比加快14.4个百分点。**二是坚持创新引领推进动能转换。**党中央、国务院把创新摆在国家发展全局的核心位置，深入实施创新驱动发展战略，强化科技创新引领作用，持续深化简政放权、放管结合、优化服务改革，大力推动大众创业、万众创新，创新活力和创造潜能得到激发，新的经济增长点不断涌现，新旧动能有序转换。2014—2016年，全国新登记市场主体超过4400万户，日均新登记市场主体超过4.0万户。其中，新登记企业1362万户，日均新登记企业1.2万户。今年1—7月份，全国新登记企业345.4万户，同比增长11.9%，日均新登记企业1.6万户。科技创新成果不断涌现，新产业新模式新产品快速增长。今年1—7月份，国内专利申请量183万件，同比增长8%；全国网上零售额同比增长33.7%，增速比上年同期加快6.2个百分点。今年上半年，工业战略性新兴产业增加值同比增长10.8%，增速高于规模以上工业3.9个百分点。世界知识产权组织发布的全球创新指数显示，我国创新能力综合排名由2012年的第34位上升到2017年的22位，位居中等收入经济体中第一位。**三是深化结构调整**

促进经济转型升级。各地区各部门按照适应把握引领经济发展新常态的要求，积极扩大内需特别是着力发挥消费的基础性作用，居民消费潜力有序释放，消费升级势能持续增强，成为经济增长的主要推动力。2013—2016年，我国最终消费支出对经济增长的年均贡献率为55%，高于资本形成总额贡献率8.5个百分点。今年上半年，最终消费支出对经济增长的贡献率为63.4%，远高于资本形成和净出口的贡献率。投资着眼于增强发展后劲，补短板、调结构、促创新、惠民生等领域有效投资力度加大。与此同时，产业结构加快迈向中高端，供给体系质量效率不断提升。今年上半年，第三产业增加值占国内生产总值的比重为54.1%，对经济增长的贡献率达到59.1%。1—7月份，高技术产业和装备制造业增加值同比分别增长13%和11.4%，分别快于规模以上工业6.2和4.6个百分点。上半年，万元国内生产总值能耗同比下降3.9%，降幅比一季度扩大0.1个百分点；清洁能源消费量占比同比提升0.7个百分点。**四是创新宏观调控促进经济稳定运行。**面对复杂多变的国内外环境和持续较多的矛盾和压力，我国政府保持宏观政策的连续性、稳定性，实施积极的财政政策，加大力度补短板、增后劲，货币政策稳健中性，保持了流动性合理适度，为实体经济发展提供重要支持。在优化总量调控基础上更加注重结构调控，创造性地提出了区间调控，强调针对形势变化加强定向调控、相机调控，使经济运行保持在合理区间。今年上半年国内生产总值同比增长6.9%，连续8个季度运行在6.7—6.9%的区间。

二、我国债务风险总体可控，债务压力趋于减轻

2008年国际金融危机以来，主要发达经济体推出量化宽松政策，全球债务规模急剧膨胀。国际金融协会统计显示，目前全球债务总额已攀升至217万亿美元，约为全球年度经济产出的327%。据有关机构测算，2016年末我国宏观杠杆率达到250%左右，与国际主要经济体相比，我国杠杆率处于中等水平，接近于美国，明显低于日本、西班牙、法国、英国等主要发达经济体。**尽管与2008年国际金融危机前相比我国债务水**

平有所上升，但债务风险总体可控。一是我国居民和政府部门的杠杆率较低。2016年末，居民部门杠杆率在50%以下，政府部门杠杆率在40%以下，远低于世界公认的警戒线，在全球范围内处于较低水平。需要看到，地方政府的负债率虽然高于中央政府，但举债日益规范，债务主要用于搞建设而不是搞福利，而且相当一部分债务已经形成了优质的资产，很多资产在运营过程中可以带来稳定的现金流，具有较强的偿债能力。**二是我国的债务主要由内债组成。**我国外债比例低，非金融企业外债余额占比仅为4%左右，出现债务风险的可能性较小。而且我国外汇储备超过3万亿美元，具备较强应对外部冲击的能力。**三是我国储蓄率较高。**我国总储蓄率接近50%，庞大而稳定的储蓄资金，为企业债务融资提供了强大支撑，也有效降低了相关的债务风险。**四是政府具有化解危机的成功经验。**在长期的经济管理实践中，政府积累了丰富应对危机的经验，在应对2013年的“钱荒”、2015年的股市异常波动等事件中，沉着应对果断处置，避免了可能发生的系统性风险。

我国债务水平上升主要是由于非金融企业尤其是国有企业杠杆率相对较高，这与我国资本市场发展不成熟，以银行为主的融资结构占主导等因素紧密相关。随着我国供给侧结构性改革深入推进，市场供求关系明显改善，企业利润显著增加，债务压力趋于下降。2016年9月份，工业生产者出厂价格首次由降转升，结束了连续54个月的同比下降。2016年规模以上工业企业利润比上年增长8.5%，扭转了上年利润下降的局面，今年以来工业利润增长进一步加快。2016年末，规模以上工业企业资产负债率为55.8%，比上年末下降0.4个百分点；今年7月末规模以上工业企业资产负债率同比下降0.7个百分点，其中国有控股企业资产负债率下降0.5个百分点。到8月底，3258家上市公司所公布的半年报显示，75%左右的公司经营现金流呈现好转态势。**在企业经营状况改善的背景下，银行资产质量逐步提高。**2016年四季度末，我国商业银行不良贷款率为1.74%，比三季度末下降0.02个百分点，结束了自2012年以来持续上升的局面。今年二季度末，商业银行不良贷款率保持稳定；

在全部贷款中，关注类贷款占比为3.64%，比一季度末下降0.13个百分点，比上年同期下降0.39个百分点。**微观主体经营好转有力支撑宏观经济运行向好，有效降低了债务风险。**根据国际清算银行（BIS）数据，2016年末我国非金融企业杠杆率为166.3%，连续两个季度环比下降或持平，这是非金融企业杠杆率连续19个季度上升后首次改变；我国总体杠杆率同比增幅比上季度末下降4.4个百分点，连续3个季度保持下降趋势；我国信贷/GDP缺口比2016年一季度末降低4.2个百分点，连续3个季度下降，表明潜在债务压力趋于减轻。巩固和发展这一良好态势，要进一步增强忧患意识，对于各类债务风险问题保持高度关注，按照中央金融工作会议的精神和部署，主动有序释放风险压力，及时稳妥化解风险隐患，积极防范产生新的风险，坚决守住不发生系统性风险的底线。

三、我国经济有条件保持中高速、迈向中高端，将有效防范化解债务风险

今年以来，在一系列改革创新举措全面发力、多点突破、纵深推进的作用下，我国经济稳中向好态势不断巩固，发展的协调性和可持续性明显提高。以供给侧结构性改革为主线，简政放权、放管结合、优化服务改革向纵深推进，财税、金融、价格等重点领域和关键环节改革持续深化，有力支持实体经济向好，促进产业优化升级，强化了经济可持续发展的基础；坚持以扩大内需为战略基点，推动需求结构升级转换，以发挥消费基础性作用为主，适应消费升级和长远发展需要加大对短板领域投资，不断提升对外开放水平，增强了经济发展的后劲；大力强化创新引领，加快科技创新步伐，大众创业万众创新蓬勃发展，新产业新业态新模式新产品茁壮成长，为经济持续健康发展注入新的强劲动力。

从今后一个时期看，随着改革创新、结构调整、动能转换的加快推进，支撑我国经济保持中高速增长和迈向中高端水平的积极因素将不断增强。**一是后发优势依然突出。**我国仍是一个发展中国家，正由工业化中期向工业化后期迈进。凭借完备的基础产业体系和出色的配套能力，

充分利用世界科技革命的最新成果，我国加快推进工业化和信息化深度融合，发展前景广阔。城镇化发展潜力巨大。2016年我国常住人口城镇化率为57.35%，距离发达国家80%以上的水平还有很大差距，加快推进以人为本的新型城镇化，能够带动巨大的投资消费需求。**二是长期积累的物质基础雄厚。**经过多年的快速发展，我国基础设施建设进一步夯实，2016年高速铁路里程达到2.3万公里，占世界高铁总里程的60%以上，位居世界第一。“宽带中国”战略加快实施，全球最大规模的宽带通信网络基本建成。近年来我国劳动力数量有所下降，但劳动力质量不断提高，人才红利厚积薄发。我国有世界上最为丰富的人力资源，最大规模的科技人才队伍，大专及以上文化程度人口超过1亿人，为培育经济发展新高地、打造新优势奠定了深厚的智力基础和支撑。**三是改革红利加速释放。**改革是我国经济发展的最大动力，对经济发展具有全局性、根本性、战略性作用。近年来，我国以蹄疾步稳的节奏全面深化各领域改革，放管服改革持续优化营商环境，激发了市场主体活力，进一步夯实经济发展的微观基础；重点领域和关键环节改革陆续推进，市场资源配置的决定性作用将进一步增强。特别是供给侧结构性改革深入推进，外溢正效应不断显现，供给质量和效率有望继续改善，从而推动供需在更高水平上实现新平衡。**四是创业创新势头正盛。**近年来，各地区各部门贯彻落实新发展理念，大力推动大众创业、万众创新，集众智、聚众力、汇众能，全社会创新创业热潮涌动，新动能新产业加快成长壮大，为经济发展注入了强劲动力。假以时日，异军突起的新动能必将构建我国经济发展的新支撑。**五是发展空间不断拓展。**我国积极推进新一轮高水平对外开放，“一带一路”建设取得实质性成效，与沿线国家经贸投资快速增长，国际产能合作扎实推进，自贸区战略加快实施，将重塑我国对外开放新格局，打造国际竞争新优势。与此同时，京津冀协同发展迈出重要步伐，长江经济带辐射带动作用增强，新增长极、新增长带不断形成，发展空间进一步拓展。

在这些有利因素支撑下，我国经济有望继续保持中高速增长，财政收入和企业利润也将相应保持增长，这将为债务偿还提供重要支撑，有助于在中长期形成较强的债务风险防控能力；同时，随着我国资本市场不断完善，企业直接融资渠道进一步拓宽，地方政府债务融资更加规范，我国债务风险隐患问题将得到有效预防和化解。

综合来看，近年来我国经济保持总体平稳、稳中向好的发展态势，活力在改革中激发，结构在调整中优化，动能在转换中增强，防范和化解债务风险的能力不断提高。下阶段，我们要更加紧密地团结在以习近平同志为核心的党中央周围，坚持稳中求进工作总基调，牢固树立和贯彻落实新发展理念，保持政策连续性和稳定性，实施好积极的财政政策和稳健的货币政策，坚定不移深化供给侧结构性改革，适度扩大有效需求，大力实施创新驱动，引导发展良好预期，坚决抑制区域性财政风险，着力防范化解系统性金融风险，科学统筹稳增长、促改革、调结构、惠民生和防风险的关系，不断夯实经济稳中向好的基础，促进国民经济行稳致远。

经济运行处在合理区间稳中向好态势持续发展[①]

郭同欣

8月份，尽管部分生产需求指标增速有所放缓，但就业形势持续向好，物价水平总体稳定，经济运行保持在合理区间，同时结构调整继续深化，新兴动能不断壮大，质量效益稳步提升，国民经济保持了稳中有进、稳中向好的发展态势。

一、生产需求增长平稳，发展韧性不断增强

从生产看，工业稳定发展中制造业加快增长，服务业发展势头良好。8月份，规模以上工业增加值同比增长6.0%，增速比上月低0.4个百分点；但环比增长0.46%，比上月加快0.05个百分点。**制造业继续加快发展。**在工业中占大头的制造业8月份同比增长6.9%，增速比上月加快0.2个百分点。从累计看，1—8月份规模以上工业增加值同比增长6.7%，增速比上年同期加快0.7个百分点。8月份工业同比增速略有回落，有高温多雨对部分企业生产造成的影响，也有各地积极贯彻落实新发展理念，主动化解和淘汰落后产能等主动调控的因素，加之环保督察和安全生产大检查的强力推动，一批污染严重、环保不达标和安全生产

① 本文系以郭同欣名义发表于2017年9月19日新华网的署名文章。

不合规的企业关停整治，高耗能高污染行业生产明显回落。8月份，六大高耗能行业增加值同比增长2.9%，增速比上月回落0.4个百分点。与此同时，**服务业保持较快发展。**8月份，服务业生产指数（初值）同比增长8.3%，增速与上月持平，继续保持在8%以上。其中，信息传输、软件和信息技术服务业，租赁和商务服务业均保持两位数增长。1—8月份，服务业生产指数（初值）同比增长8.3%，比上年同期加快0.2个百分点。

从需求看，投资增长基本平稳，而消费、出口继续保持较快增长。消费继续发挥稳定器作用，并且消费升级继续加快。8月份，社会消费品零售总额同比增长10.1%，保持较快增长；环比增长0.76%，增速比上月加快0.05个百分点。在限额以上单位商品零售额中，体育娱乐用品类和通讯器材类同比分别增长14.9%和12.2%，分别比社会消费品零售总额快4.8和2.1个百分点。**投资增速虽有所回落，但投资结构持续改善。**1—8月份，固定资产投资（不含农户）394150亿元，同比增长7.8%，增速比1—7月份低0.5个百分点。投资补短板、增后劲力度进一步加大。1—8月份，高技术制造业和装备制造业投资同比分别增长19.5%和8.2%，分别比制造业投资快15.0和3.7个百分点；制造业技改投资增长11.4%，比全部投资快3.6个百分点。**进出口继续保持两位数增长。**8月份，货物进出口总额同比增长10.1%。其中，出口增长6.9%，进口增长14.4%。出口结构明显优化，机电产品和高技术产品出口占比提升。8月份，机电产品出口在出口总值中占比为56.8%，比上年同期提高1.5个百分点；高新技术产品出口占比为28%，提高2.1个百分点。1—8月份，货物进出口总额同比增长17.1%。

二、就业形势持续向好，物价水平总体稳定

今年以来，商事制度改革和“放管服”改革不断深化，大众创业、万众创新持续推进，有效激发全社会创业创新活力，创业带动就业效应明显，成为经济运行中的突出亮点。1—8月份全国城镇新增就业974万

人，同比增加26万人，完成全年目标任务的88.5%。今年大学毕业生总量接近800万人，创历史新高。8月份，在毕业季大学生集中进入劳动力市场的背景下，31个大城市城镇调查失业率不仅没有上升，反而比上月有所下降，继续稳定在5%以下，大学生调查失业率下降更为明显。过剩行业退出人员就业得到妥善安置，重点人群就业有效解决，就业持续向好的基础不断巩固。就业质量稳步提高。8月份，企业就业人员周平均工作时间比上月增加0.07小时。与此同时，**物价水平总体稳定**。1—8月份，居民消费价格同比上涨1.5%，消费价格涨幅无论与近几年同期相比，还是与国际上一些主要经济体相比，都处于比较温和的水平。8月份，居民消费价格同比上涨1.8%，涨幅比上月扩大0.4个百分点；工业生产者出厂价格上涨6.3%，扩大0.8个百分点，表明市场供求关系继续改善，有利于促进企业生产经营良性循环。

三、国际收支明显改善，外汇储备持续增加

我国货物贸易进出口增长加快，投资双向流动格局进一步完善，跨境资金流动和外汇市场供求基本平衡，人民币汇率小幅升值，外汇储备连续上升，国际收支状况明显改善。货物贸易保持顺差。1—8月份，货物进出口相抵，贸易顺差为18698亿元。吸引外资大于对外投资。1—7月份，全国新设立外商投资企业17703家，同比增长12%，实际使用外资金额4854亿元；非金融类对外直接投资3920.5亿元，同比下降41.8%，非理性投资明显减少。人民币小幅升值。8月末，人民币汇率中间价为1美元兑人民币6.601元，比上月末升值1.93%。外汇储备连续回升。8月末，外汇储备余额30915亿美元，比上月末增加108亿美元，升幅为0.4%，连续7个月回升。国际收支持续改善提高了应对外部风险冲击的能力，是我国经济稳中向好基本面的客观反映。

四、供给侧结构性改革扎实推进，产业结构调整不断深化

今年以来，供给侧结构性改革持续深化，五大重点任务落实有力。

“三去一降一补”取得新成效。去产能、去库存加快推进。钢铁去产能进展顺利，“地条钢”依法取缔。截至7月末，煤炭去产能1.28亿吨，完成全年目标任务的85%。“僵尸企业”加快处置。8月末，商品房待售面积同比下降12%，降幅比上月末扩大1个百分点。去杠杆、降成本成效突出。7月末，规模以上工业企业资产负债率为55.8%，比上年同期下降0.7个百分点。1—7月份，规模以上工业企业每百元主营业务收入中的成本为85.72元，比上年同期减少0.04元。短板领域投资快速增长。1—8月份，生态保护和环境治理业、公共设施管理业、农业投资同比分别增长28.2%、24.3%和16.1%，分别快于全部投资20.4、16.5和8.3个百分点。供给侧结构性改革深入推进有效提高了供给结构对需求的适应性和灵活性，产业发展加快向中高端迈进，有力支撑经济发展。**产业结构调整取得新进展。**高技术产业、装备制造业保持较高增速。8月份，高技术产业和装备制造业增加值同比分别增长12.9%和11.6%，分别比上月加快0.8和0.9个百分点。1—8月份，高技术产业和装备制造业增加值同比分别增长13.0%和11.4%，分别快于规模以上工业6.3和4.7个百分点；占规模以上工业增加值的比重分别达到12.3%和32.2%。新兴服务业、生产性服务业快速发展。1—7月份，战略性新兴服务业营业收入和营业利润同比分别增长16.8%和24%；生产性服务业营业收入和营业利润分别增长14.5%和22.4%；科技服务业营业收入和营业利润分别增长13.9%和28.6%。

五、创新驱动战略深入实施，新旧动能加快转换

各地区各部门坚持走中国特色自主创新道路，培育壮大新动能，加快发展新产业，持续推进大众创业万众创新，新的经济增长点不断涌现，发展可持续性进一步增强。**新主体大量增加。**1—8月份，全国新登记企业399万户，同比增长12%，日均新登记企业1.64万户；其中8月份新登记企业53.7万户，增长12.3%，日均新登记企业1.73万户。**新产业快速增长。**技术含量高、资源消耗少、符合转型升级方向的新产业新产

品快速增长。1—8月份，计算机通信和其他电子设备制造业、仪器仪表制造业、医药制造业增加值同比分别增长13.5%、12.7%和11.7%；工业机器人产量增长63%，新能源汽车增长25.4%，运动型多用途乘用车（SUV）增长17.2%。**新模式蓬勃发展。**“互联网+”行动计划推动线上线下加快融合，以网络销售和快递业为代表的互联网经济快速增长。1—8月份，全国实物商品网上零售额32101亿元，同比增长29.2%，增速比社会消费品零售总额快18.8个百分点；非实物商品网上零售额增长52.9%，比1—7月份加快1.2个百分点；完成快递业务量237.9亿件，增长30.2%。

六、经济效益明显提升，发展质量继续改善

全国上下以新发展理念为统领，以提高质量效益为中心，加快经济转型发展，着力振兴实体经济，着力改善生态环境，全面节约和高效利用资源，不断取得新成效。**企业利润较快增长。**1—7月份，规模以上工业企业实现利润总额同比增长21.2%，增速比上年同期加快14.3个百分点；规模以上服务业企业营业利润增长22.6%。**财政收入增长明显好于上年。**1—8月份，全国一般公共预算收入同比增长9.8%，增速比上年同期加快3.8个百分点。其中税收收入增长11.6%，比上年同期加快4.3个百分点，比上半年加快0.7个百分点。**节能降耗成绩突出。**1—8月份，全行业用电量同比增长6.9%，增速比1—7月份回落0.3个百分点。高耗能行业用电回落较多。1—8月份，黑色金属冶炼和压延加工业、有色金属冶炼和压延加工业、电力热力生产和供应业用电量增速分别比1—7月份回落0.6、1.5和2.0个百分点。**环境治理成效逐步显现。**7月份，全国338个地级及以上城市PM2.5浓度同比下降6.9%，其中京津冀区域13个城市PM2.5浓度下降13.8%，长三角区域25个城市PM2.5浓度下降9.7%。

七、市场预期持续向好，发展信心不断增强

在一系列改革创新举措作用下，今年以来市场环境不断改善，企业、

消费者预期明显向好。**从制造业看**，8 月份制造业采购经理指数 51.7%，为年内次高点，比上月上升 0.3 个百分点，高于去年同期 1.3 个百分点，连续 13 个月位于临界点以上。其中，生产指数和新订单指数分别为 54.1%和 53.1%，分别比上月上升 0.6 和 0.3 个百分点，呈现供需双双改善；进口指数为51.4%，比上月上升 0.3 个百分点。**从服务业看**，8 月份服务业商务活动指数为 52.6%，持续处于景气区间。其中，航空运输、邮政快递、电信广播电视和卫星传输、互联网及软件信息技术服务等行业商务活动指数均连续位于 60.0%以上的高位景气区间。服务业新订单指数为 50.3%，比上月上升 0.1 个百分点，连续 4 个月位于景气区间。**从消费端看**，8 月份消费者信心指数为 114.7，比上月上升 0.1 点，处于多年来较高水平；而反映消费者对未来形势看法的预期指数为 117.6，比上月高 0.2 点。与此同时，国际社会充分肯定我国经济发展，主要国际组织纷纷上调我国经济增长预期。近期召开的“1＋6”圆桌对话会上，与会国际经济金融机构负责人均认为中国经济增长和转型升级势头强劲，前景更加可期。

总之，今年以来经济运行延续稳中有进、稳中向好发展态势，充分说明党中央、国务院采取的一系列政策措施是完全正确的。在复杂多变的国内外环境下，能够取得这样的成绩尤为不易，需要加倍珍惜。下阶段，我们要更加紧密地团结在以习近平同志为核心的党中央周围，坚持稳中求进工作总基调，牢固树立和贯彻落实新发展理念，坚定不移深化供给侧结构性改革，适度扩大有效需求，大力实施创新驱动，引导良好发展预期，以改革增动力激活力，以创新促发展助转型，着力提质量增效益，着力强实体防风险，促进经济持续健康发展，以优异成绩迎接党的十九大胜利召开。

四大宏观指标好于预期稳中向好态势持续发展①

郭同欣

今年以来，面对错综复杂的国内外形势，在以习近平同志为核心的党中央坚强领导下，各地区各部门深入贯彻落实新发展理念，坚持稳中求进工作总基调，紧紧围绕供给侧结构性改革主线，聚焦重点领域改革创新攻坚，有效激发经济增长活力潜力动力，四大宏观指标好于去年同期，好于年初预期，经济运行呈现生产需求增势稳定，就业形势持续向好，物价温和上涨，国际收支改善的良好格局，稳中向好态势持续发展。

一、经济持续稳定增长，发展韧性不断增强

在一系列改革创新举措作用下，我国经济成功战胜风险挑战，稳定运行格局继续巩固。前三季度，国内生产总值59.3万亿元，同比增长6.9%，增速比上年同期加快0.2个百分点，比全年预期目标高0.4个百分点左右，在世界范围内继续名列前茅。其中，三季度国内生产总值同比增长6.8%，经济连续9个季度运行在6.7%—6.9%的区间，增长的稳定性不断提高。从生产看，三大产业发展形势良好。农业生产稳中调优。全国夏粮和早稻产量比上年增产5亿斤，秋粮播种面积基本稳定，粮食

① 本文系以郭同欣名义发表于2017年10月30日《人民日报》的署名文章。

生产有望丰收。前三季度猪牛羊禽肉同比增长 0.8%。农业供给侧改革深入实施，种植结构不断优化。工业生产加快增长。前三季度，规模以上工业增加值同比增长 6.7%，增速比上年同期加快 0.7 个百分点。供给侧结构性改革推进实体经济有效发展，制造业成为支撑工业增长的主动力，产能利用率不断回升。前三季度，制造业在工业中所占比重超过 80%，制造业增加值同比增长 7.3%，增速比全部规模以上工业快 0.6 个百分点；全国工业产能利用率比上年同期回升 3.5 个百分点，为近五年最高水平。服务业保持较快发展。前三季度，第三产业增加值增速比第二产业快 1.5 个百分点，占国内生产总值的比重为 52.9%，比第二产业高 12.8 个百分点；对经济增长贡献率达到 58.8%，比第二产业高 21.6 个百分点，服务业主导作用持续发挥。现代服务业快速增长，前三季度信息传输软件和信息技术服务业、租赁和商务服务业增加值同比分别增长 23.5%和 10.5%。分享经济、平台经济、数字经济广泛渗透，新服务不断涌现，发展势头良好。

从需求看，三大需求总体稳定。消费基础性作用不断增强。前三季度，社会消费品零售总额同比增长 10.4%，明显快于投资增速；最终消费对经济增长的贡献率达到 64.5%，高于资本形成总额 31.7 个百分点。居民收入水平提升及消费理念转变，带动发展享受型消费快速增长、占比提高。前三季度，全国居民人均消费支出中，教育文化娱乐、医疗保健支出占比分别比上年同期提高 0.2 和 0.5 个百分点。投资结构不断优化。前三季度，固定资产投资同比增长 7.5%，增速虽比上半年和上年同期有所放缓，但投资结构不断优化，有力增强了经济发展后劲。前三季度，高技术制造业、装备制造业和制造业技改投资同比分别增长 18.4%、8.3%和 12.1%，分别比制造业投资快 14.2、4.1 和 7.9 个百分点；高耗能制造业投资下降 1.9%，降幅比上半年扩大 0.9 个百分点。进出口快速增长。前三季度，货物进出口总额 20.3 万亿元，同比增长 16.6%，上年同期为下降 2.6%。其中，出口增长 12.4%，进口增长 22.3%。

二、改革创新作用不断显现，就业形势持续向好

随着放管服改革深入推进，大众创业万众创新蓬勃发展，创业带动就业效果明显。

前三季度，全国新登记企业同比增长 12.5%，日均新登记企业达 1.65 万户。新企业大量涌现有效带动就业增加。在孵科技型小微企业达 13 万家，带动就业超过 210 万人。与此同时，新兴服务业快速发展，吸纳就业大量增加。三季度，文化体育和娱乐业、租赁和商务服务业、信息传输软件和信息技术服务业等行业规模以上企业就业人员数同比分别增长 12.4%、10.8%和 10.5%，增速分别比全部规模以上企业快 11、9.4 和 9.1 个百分点。在积极就业政策以及创业创新的作用下，就业形势不断改善。

前三季度，全国城镇新增就业人员 1097 万人，同比多增 30 万人，达到全年预期目标的 99.7%，已基本完成。全国城镇调查失业率稳定在 5%左右，低于上年同期水平；9 月份，31 个大城市城镇调查失业率为 4.83%，为 2012 年以来新低。三季度，全国城镇登记失业率为 3.95%，比上年同期下降 0.09 个百分点，今年以来始终保持在 4%以下。就业持续向好对居民收入的带动作用明显。前三季度，全国居民人均可支配收入同比实际增长 7.5%，增速比上半年加快 0.2 个百分点，比上年同期加快 1.2 个百分点，继续快于 GDP 和人均 GDP 增速。

三、市场供求关系改善，居民消费价格温和上涨

经济保持稳定增长，市场供应总体充足，居民消费价格小幅上涨。前三季度，居民消费价格同比上涨 1.5%，涨幅比上半年扩大 0.1 个百分点，比上年同期回落 0.5 个百分点，比年初预期目标低 1.5 个百分点左右。其中，一、二、三季度分别上涨 1.4%、1.4%和 1.6%。核心 CPI 保持稳定。前三季度，扣除食品和能源价格的核心 CPI 同比上涨 2.1%，其中，一、二、三季度分别上涨 2.0%、2.1%和 2.2%。从主要领域看，

食品价格有所下降。受对比基数和天气因素影响，前三季度食品价格同比下降 1.7%。服务价格平稳上涨。随着居民服务消费需求逐步扩大、部分服务领域逐步理顺定价机制，前三季度服务价格同比上涨 2.9%，涨幅比上年同期扩大 0.8 个百分点。工业品价格涨势趋稳。供给侧结构性改革深入推进，工业领域供求关系继续改善，工业品价格保持上涨态势。前三季度，工业生产者出厂价格同比上涨 6.5%，涨幅比上半年回落 0.1 个百分点。其中，一、二、三季度分别上涨 7.4%、5.8%和 6.2%。

四、开放型经济活力增强，国际收支回稳向好

积极主动的开放战略深入实施，人民币汇率双向波动、稳中有升，跨境资金流动稳定有序，国际收支形势不断改善。货物贸易保持顺差。前三季度货物贸易顺差 2.03 万亿元，同比收窄 17.7%。新一轮高水平对外开放积极推进，“一带一路”建设取得实质性成效。前三季度，我国与“一带一路”建设参与国进出口额同比增长 20.1%，高于同期我国进出口增速 3.5 个百分点。服务贸易较快增长。1—8 月份，服务进出口总额同比增长 9.8%，逆差 1.2 万亿元。电信、计算机和信息服务进出口、离岸服务外包等新兴服务领域保持较快增长。1—8 月份，新兴服务领域进出口同比增长 10.6%；离岸服务外包增长 7.5%，占新兴服务出口的比重达 71.2%。吸引外资大于对外投资。前三季度，全国实际使用外资金额 6186 亿元，同比增长 1.6%；非金融类对外直接投资 780 亿美元，下降 41.9%，非理性投资得到明显遏制。外汇储备连续回升。9 月末，外汇储备余额 31085 亿美元，比上月末增加 170 亿美元，连续 8 个月回升，改变了去年一度下滑的状况。

综上所述，前三季度国民经济稳中有进、稳中向好的态势持续发展，支撑经济保持中高速增长和迈向中高端水平的有利条件不断积累增多，发展的包容性和获得感明显增强，为更好地实现全年经济发展预期目标奠定了扎实基础。但也要看到，我国正处在结构调整的过关期，新动能新产业尚在孕育，结构性体制性矛盾依然存在，持续向好基础尚需进一

步巩固。下阶段，要以党的十九大精神为统领，不折不扣贯彻落实党中央、国务院各项决策部署，坚持稳中求进工作总基调，更好地把握稳与进、稳与防的关系，巩固经济行稳基础；同时要站在经济长周期和结构优化升级的角度，深入推进改革创新，以改革深化增活力，以创新驱动增动能，不断提高经济发展的质量和效益，力促国民经济持续向好，实现经济长期平稳健康发展。

季度报告

Macroeconomic Performance in China

Quarterly Report

经济运行开局良好
发展势头尚需巩固
——一季度国民经济运行情况及政策建议

今年一季度，在以习近平同志为核心的党中央坚强领导下，各地区各部门认真贯彻党中央、国务院决策部署，狠抓改革发展方针政策落实，国民经济延续了去年下半年以来稳中有进、稳中向好的发展态势，出现了更多积极变化，实现了良好开局，为完成全年发展预期目标打下了扎实基础。但国际环境依然错综复杂，国内结构性矛盾继续凸显，巩固持续向好态势尚需进一步努力。下阶段要深入贯彻落实中央经济工作会议精神和政府工作报告部署，坚持稳中求进工作总基调，坚持以新发展理念引领新常态，坚持以推进供给侧结构性改革为主线，适度扩大总需求，加强预期引导，深化创新驱动，努力促进经济持续稳中向好。

一、经济运行稳中向好，主要指标好于预期

一季度，国民经济呈现增速回升、就业扩大、物价稳定、国际收支改善、居民收入增加的良好格局。

（一）经济增长稳中有升，生产需求双双改善。

初步核算，一季度国内生产总值 180683 亿元，同比增长 6.9%，增速比上年同期加快 0.2 个百分点，比上年四季度加快 0.1 个百分点。其

中，第一产业增加值8654亿元，同比增长3.0%；第二产业增加值70005亿元，增长6.4%；第三产业增加值102024亿元，增长7.7%。

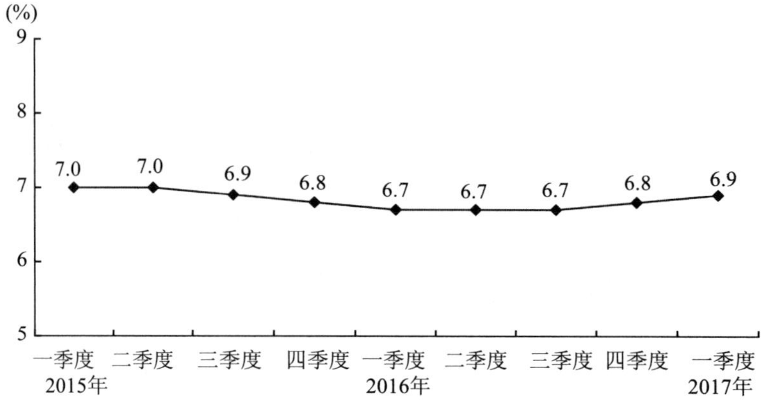

图1　国内生产总值当季增长速度

从生产看：农业生产平稳。目前农作物苗情较好。冬小麦一、二类苗占比为84.8%，与上年同期持平；冬油菜一、二类苗占比为83.7%，比上年同期提高1.9个百分点。一季度，猪牛羊禽肉产量2249万吨，同比增长0.2%，其中猪肉产量1468万吨，增长0.2%。**工业增速加快。**一季度，规模以上工业增加值同比增长6.8%，增速比上年四季度加快0.7个百分点。3月份，规模以上工业增加值同比增长7.6%，比1—2月份加快1.3个百分点。**服务业较快增长。**一季度，第三产业增加值增速比

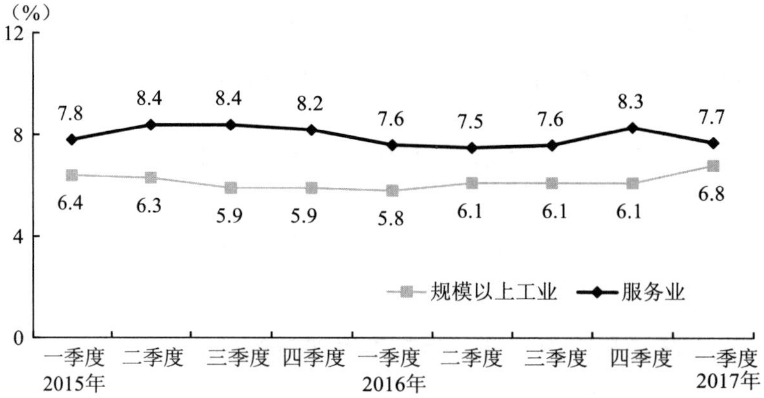

图2　工业和服务业增加值当季增长速度

上年同期加快 0.1 个百分点。

从内需看：投资增速稳中有升。一季度，固定资产投资（不含农户）93777 亿元，同比增长 9.2%，增速比上年全年加快 1.1 个百分点。其中，基础设施投资同比增长 23.5%，制造业投资增长 5.8%，房地产开发投资增长 9.1%。民间投资同比增长 7.7%，加快 4.5 个百分点，为去年以来最快增速。**市场销售基本稳定。**一季度，社会消费品零售总额 85823 亿元，同比增长 10%，增速比上年全年回落 0.4 个百分点。按消费形态分，商品零售额 76627 亿元，增长 9.9%；餐饮收入额 9196 亿元，增长 10.8%。3 月份，社会消费品零售总额同比增长 10.9%，增速比 1—2 月份加快 1.4 个百分点。

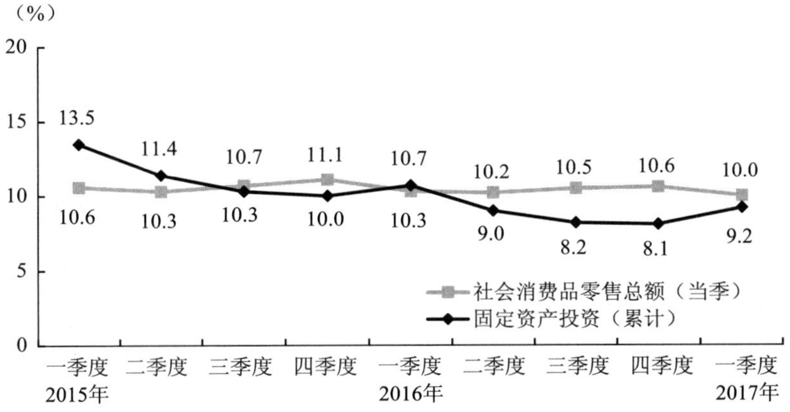

图 3　固定资产投资（不含农户）累计增长速度和社会消费品零售总额当季增长速度

（二）就业形势稳中向好，市场求人倍率上升。

一季度，全国城镇新增就业 334 万人，比上年同期多增 16 万人，完成全年计划的 30.4%。农村外出务工劳动力 17253 万人，同比增加 454 万人，增长 2.7%。一季度，全国城镇登记失业率为 3.97%，比上年同期下降 0.07 个百分点。**市场求人倍率上升。**一季度，人力资源市场招聘人数同比增长 7.8%，求职人数增长 2.1%，求人倍率（岗位空缺与求职人数的比率）为 1.13，同比上升 0.06。

（三）居民消费价格温和上涨，工业品价格涨势放缓。

一季度，居民消费价格同比上涨1.4%，涨幅比上年同期回落0.7个百分点，比上年四季度回落0.8个百分点。分类别看，食品类价格同比下降2.1%，非食品价格上涨2.3%。分月看，1、2、3月份居民消费价格同比分别上涨2.5%、0.8%和0.9%。

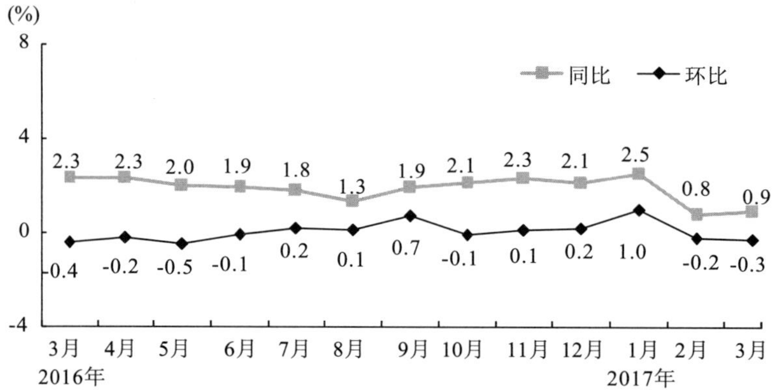

图4　居民消费价格当月涨（跌）幅

工业生产者出厂价格3月同比涨幅有所回落。一季度，工业生产者出厂价格同比上涨7.4%，涨幅比上年四季度扩大4.1个百分点，上年同期为下降4.8%。3月份，工业生产者出厂价格同比上涨7.6%，涨幅在连续5个月扩大后回落，比上月回落0.2个百分点，环比涨幅连续3个月收窄。

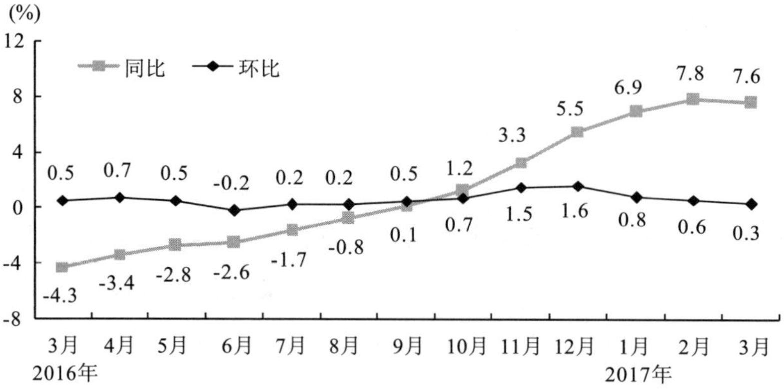

图5　工业生产者出厂价格当月涨（跌）幅

（四）进出口回稳向好，汇率和外汇储备基本稳定。

一季度，全国进出口总额 61986 亿元，同比增长 21.8%，上年同期为下降 5.9%。其中，出口 33268 亿元，增长 14.8%；进口 28718 亿元，增长 31.1%；顺差 4549 亿元，收窄 35.7%。3 月份，进出口总额同比增长 24.2%，出口增长 22.3%，进口增长 26.3%。一季度，规模以上工业企业出口交货值同比增长 10.3%，增速比上年四季度加快 8.4 个百分点。1—2 月份，我国实际使用外资金额 1387 亿元，同比下降 2.3%；境内投资者对外非金融类直接投资 924 亿元，下降 52.8%。**人民币汇率和外汇储备保持基本稳定。**3 月末，人民币汇率中间价为 1 美元兑人民币 6.8993 元，比上月末贬值 0.35%，但比上年末升值 0.55%；外汇储备余额 30091 亿美元，比 2 月末增加 40 亿美元，连续 2 个月回升。

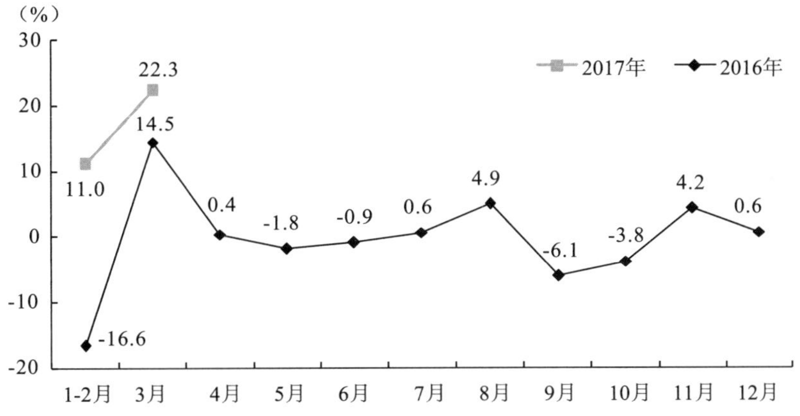

图 6　出口总额当月增长速度（按人民币计价）

（五）居民收入与经济增长同步，城乡收入差距继续缩小。

一季度，全国居民人均可支配收入 7184 元，同比增长 8.5%，扣除价格因素，实际增长 7.0%，比上年同期加快 0.5 个百分点，比上年全年加快 0.7 个百分点，比 GDP 增速快 0.1 个百分点。城镇居民人均可支配收入 9986 元，实际增长 6.3%；农村居民人均可支配收入 3880 元，实际增长 7.2%。城乡居民收入倍差为 2.57，比上年同期缩小 0.02。

二、供给侧结构性改革深入推进，实体经济发展趋好

（一）“三去一降一补”扎实推进，改革成效继续显现。

产能利用率提高。一季度，规模以上工业产能利用率比上年四季度提高2个百分点，延续了上年二季度以来持续回升势头。**去库存去杠杆效果显现。**3月末，全国商品房待售面积为68810万平方米，同比下降6.4%，降幅比上年末扩大3.2个百分点。其中，住宅待售面积下降15.0%，扩大4个百分点。2月末，规模以上工业企业资产负债率为56.2%，同比下降0.6个百分点。**降成本补短板取得新进展。**1—2月份，规模以上工业企业每百元主营业务收入中的成本为84.91元，同比减少0.28元；每百元主营业务收入中的三项费用合计为7.7元，减少0.46元。一季度，生态保护和环境治理业、公共设施管理业、农业、水利管理业固定资产投资（不含农户）同比增速分别比全部投资快38.9、18.2、15.4和9.1个百分点。

（二）大众创业万众创新势头良好，新动能新产业加快成长。

创新驱动发展持续推进。一季度，一批国家科技重大专项部署实施，国家实验室建设顶层设计出台。国内专利申请授权量39.6万件，同比增长6.5%。全国新登记企业125.5万户，同比增长18%，日均新登记企业1.4万户。目前我国众创空间已超4200家，国家高新区“瞪羚”企业超2000家。**新产业新业态新模式茁壮成长。**一季度，战略性新兴产业增加值同比增长10.3%，增速比规模以上工业快3.5个百分点；全国网上商品和服务零售额14045亿元，同比增长32.1%，其中网上商品零售额10674亿元，增长25.8%，增速比社会消费品零售总额快15.8个百分点。**新产品新服务快速增长。**一季度，工业机器人、光电子器件、运动型多用途乘用车（SUV）和太阳能电池产量同比分别增长55.1%、51.2%、25.5%和18.8%。旅游、文化、体育、健康、养老等幸福产业快速发展。信息传输、软件和信息技术服务业增加值增长19.1%，租赁和商务服务业增长10.2%，分别比第三产业快11.4和2.5个百分点。

（三）产业结构继续优化，供给质量不断提升。

服务业增速快于第二产业。一季度，第三产业增加值增速比第二产业快1.3个百分点，占国内生产总值的比重为56.5%，比第二产业高17.8个百分点。**工业向中高端迈进。**一季度，高技术产业和装备制造业增加值同比分别增长13.4%和12.0%，增速分别比规模以上工业快6.6和5.2个百分点。**农业生产结构优化调整。**我局种植意向调查显示，玉米意向种植面积同比减少4.0%，稻谷、小麦意向种植面积保持基本稳定；大豆、花生、马铃薯、蔬菜意向种植面积分别增长8.1%、8.5%、3.1%和2.3%。农业生产区域布局更趋合理，生产要素向优势产区聚集。

（四）需求结构加快升级，内需潜力持续释放。

消费基础性作用持续增强。一季度，最终消费支出对经济增长的贡献率为77.2%，比上年同期提高2.2个百分点，比资本形成总额的贡献率高58.6个百分点。**发展享受型消费增长较快。**限额以上单位商品零售额中，体育娱乐用品类、文化办公用品类、建筑及装潢材料类同比分别增长17.3%、14.8%和14.8%，分别比社会消费品零售总额快7.3、4.8和4.8个百分点。全国居民人均消费支出中，医疗保健支出、教育文化娱乐支出同比分别增长15.8%、13.5%，分别比全部支出增速快8.1和5.8个百分点。**投资结构不断优化。**一季度，高技术产业和服务业投资同比增长22.6%和12.2%，分别快于全部投资13.4和3个百分点；高耗能制造业投资下降1.6%，降幅比上年全年扩大0.7个百分点。

（五）区域结构继续改善，发展协调性增强。

“三大战略”协调推进。“一带一路”战略取得积极进展。1—2月份，我国对“一带一路”沿线41个国家非金融类直接投资17.9亿美元，占对外投资总额的13.3%，比上年同期提高5.8个百分点。**京津冀协同发展作用进一步增强。**北京城市副中心建设扎实推进，区域发展新空间不断拓展。**长江经济带支撑力度加大。**一季度，长江经济带沿线11个省市中，有10个省市规模以上工业增加值增速和固定资产投资增速均超过全国平均水平。

“四大板块”良性互动。东部地区引领作用明显。一季度，东部地区规模以上工业增加值同比增长7.0%，快于全国规模以上工业0.2个百分点。**中西部后发优势继续发挥。**一季度，中、西部地区规模以上工业增加值同比增速分别比东部地区快0.8和0.7个百分点。**东北地区经济有所回暖。**一季度，东北地区规模以上工业增加值同比增长0.5%，上年全年为下降3.1%；固定资产投资（不含农户）下降15.5%，降幅比上年全年收窄8个百分点。

（六）经济效益明显改善，市场信心持续增强。

企业利润快速增长。1—2月份，规模以上工业企业实现利润总额10157亿元，同比增长31.5%，增速比上年全年加快23个百分点；规模以上服务业企业营业利润增长37.1%，上年全年为下降1.1%。**财政收入增速回升。**一季度，全国一般公共预算收入44366亿元，同比增长14.1%，增速比上年全年加快9.6个百分点。

制造业采购经理指数继续回升。3月份，制造业采购经理指数（PMI）为51.8%，比上月上升0.2个百分点，连续8个月处于扩张区间。**非制造业商务活动指数保持较高景气水平。**3月份，非制造业商务活动指数为55.1%，比上月回升0.9个百分点，连续6个月保持在54.0%及以上的较高景气区间。

三、困难矛盾依然凸显，后期走势仍待观察

（一）外部不稳定不确定因素较多，冲击和挑战不容小觑。逆全球化思潮抬头。贸易保护行为显著增多，并有向贸易制裁、政策封闭和政治对抗演变之势。**美联储加息和“缩表”外溢效应较大。**美国3月16日开启年内首次加息，后期加息力度和节奏仍存不确定性，下半年还将收缩资产负债表规模，可能对全球汇市、股市、债市以及国际资本流向产生重要影响。**金融市场脆弱性上升。**全球债务水平持续攀升，美国、日本、英国等主要经济体债务与GDP的比值大幅提高；低利率乃至负利率政策，使商业银行盈利能力下降，降低了风险抵抗能力，近期欧洲银行业

又起波澜。**此外，**朝鲜半岛局势升温，中东北非地缘冲突加剧，欧洲政治分裂风险加大，恐怖主义、极端主义、民粹主义现象增多，进一步加剧了全球经济复苏的不确定性。受此影响，后期我国出口、人民币汇率、资本流动可能面临新的压力。

（二）投资增长后劲不足，内生动力仍需增强。尽管一季度固定资产投资名义同比增速有所回升，但扣除价格因素后的实际增速只有4.5%。从后期看，受财政收支压力不减等因素影响，基础设施投资持续高增长难度较大。一季度，基础设施投资同比增速比1—2月份回落3.8个百分点。随着各地房地产调控力度加大，房地产投资后期走势也存在不确定性。制造业投资和民间投资增速仍处于较低水平。一季度制造业投资和民间投资增速分别比全部投资低3.4和1.5个百分点。从先行指标看，固定资产投资到位资金同比下降2.9%，上年全年为增长5.8%；新开工项目计划总投资下降6.5%，上年全年为增长20.9%。

（三）结构性矛盾仍然突出，节能降耗压力加大。高耗能行业生产反弹。一季度，十种有色金属、电解铝、氧化铝、粗钢产量同比增速分别比上年全年加快6.5、9.6、16.5和3.4个百分点。**能源消耗增幅转降为升。**一季度，能源消费总量同比增长2.8%，增速比上年同期加快1.8个百分点；其中规模以上工业能源消费增长3.8%，上年同期为下降2.1%。单位国内生产总值能耗同比下降3.8%，降幅比上年同期缩小1.5个百分点，完成全年单位GDP能耗下降目标压力较大。

（四）原材料、人工、物流成本上升，企业负担仍然较重。根据制造业采购经理调查，3月份主要原材料购进价格指数为59.3%，连续6个月处于60%左右的高位；据我局调查，用工成本上升和资金紧张位列困扰规上企业发展的主要问题前两位，比例达到46.8%和30.2%。据工信部调查，受去年年底运输超载新规影响，企业反映物流运输成本上涨25%以上。**小企业经营仍较困难。**一季度，认为用工成本上升快和原材料成本高是突出问题的小微工业企业分别占49.1%和45.3%，均处于较高水平。3月份小型企业PMI为48.6%，继续处于收缩区间。

（五）金融等领域潜在风险上升，就业压力仍然较大。债券市场违约明显增多。一季度，信用债市场出现7家发行主体违约，涉及10只债券，违约规模为82.9亿元。部分省市联保互保、民间借贷风险开始显现，经济金融秩序面临考验。**住房贷款大幅增长。**2月末，个人住房贷款增速为36.8%，比1月末上升0.7个百分点。2月份，个人房贷占全部新增贷款的比例为30.1%，较上月和上年同期分别上升7.8和4.0个百分点。**财政收支矛盾突出。**一季度，尽管财政收入增速较快，但仍大幅低于支出增长，全国一般公共预算支出增长21%，比一般公共预算收入快6.9个百分点。个别地区财政收支矛盾更为突出。

四、保持政策稳定，巩固经济向好势头

对于一季度的经济运行状况，既要看到经济稳定向好，宏观环境和实体经济明显改善，积极因素不断增多的有利一面，也要看到部分指标好于预期源于上游行业周期性复苏、基数较低等因素的影响，结构性矛盾并没有明显缓解，潜在风险有所上升，后期走势有一定不确定性，对此要保持清醒认识。下阶段，要更加紧密地团结在以习近平同志为核心的党中央周围，深入贯彻落实中央经济工作会议和政府工作报告部署，坚持稳中求进工作总基调，保持宏观政策的连续性和稳定性，坚定不移以推进供给侧结构性改革为主线，深化重要领域和关键环节改革，坚持以提高质量和效益为中心，抓住经济企稳回暖的窗口期，加大传统产业改造提升力度，着力培育壮大新动能新产业，持续扩大内需，加快转型升级，夯实经济持续稳中向好基础，努力实现全年发展预期目标并争取更好结果。

（一）保持宏观政策的连续性和稳定性，筑牢向好根基。继续实施积极的财政政策和稳健的货币政策。在美元升值、国际货币博弈激烈、金融市场风险上升的情况下，要继续采取有效措施，保持人民币汇率在合理均衡水平上基本稳定。近期输入性通胀压力虽然有所加大，但尚不至于造成实质性通胀，货币政策应保持稳健中性。与此同时，综合运用多

种货币政策工具组合，发挥货币信贷政策的结构引导作用，促进金融资源更多流向实体经济，特别是支持“三农”和小微企业。财政政策要更加积极有效，进一步减税降费，切实做到放水养鱼，同时支持补短板。

（二）以供给侧结构性改革为主线，全面振兴实体经济。去年以来我国经济能够实现稳中向好，供给侧结构性改革功不可没。化解当前经济运行中的结构性矛盾和问题，仍然要靠坚持供给侧结构性改革主线。要持续抓好“三去一降一补”重点任务，在已经取得初步成效基础上，针对新情况新问题，完善政策措施，加强统筹协调，力争有更大的实质性进展。要着力振兴实体经济，进一步加大减税、降费、降低要素成本的工作力度，深入开展涉企收费清理规范及专项整治。要坚持因地制宜因城施策，综合运用金融、土地、财税、投资、立法等手段，加快研究建立符合国情、适应市场规律的基础性制度和长效机制。要深入推进农业供给侧结构性改革，提高农业供给质量。

（三）抓住有利时机深化改革，进一步完善体制机制。当前，全球经济出现回暖，国内经济稳中向好，经济下行压力有所缓解，这为进一步深化改革，加快完善体制机制和市场环境提供了极为有利的窗口期。要抓住这一有利时机，加快推进重点领域和关键环节改革，大力构建促进经济持续健康发展的长效机制。进一步完善价格市场化形成机制，加快电力、医疗、交通运输等重点领域价格改革，引导资源合理有效配置。进一步加快财税体制改革，按照财权与事权相统一的原则，合理划分中央和地方财政事权与支出责任，实施好环境保护税法规，完善资源税、消费税机制，加快出台房地产税，推动地方税体系合理构建，调动中央和地方两个积极性。扎实推进国企国资改革，进一步健全公司法人治理结构和灵活高效的市场化经营机制。

（四）着力强化创新引领，加快培育壮大新动能。创新是引领发展的第一动力，是实现新旧动能转换的关键。要抓住“互联网＋”、消费结构升级、新型城镇化等机遇，大力发展分享经济，促进知识、交通出行、生产能力、住宿、医疗等领域资源分享，积极推动生产、管理、营销模式创新。要加强知识产权保护，促进科技成果转化，通过股权、期权等强化对创新人才的激励。加大对企业转型升级的支持力度，对企业自建的电商平台、智能制造以及节能减排项目给予产业政策和资金支持，促进制造业发展早日实现“两化融合”。

（五）着力防范化解风险，确保经济社会大局稳定。坚持稳中求进的工作总基调，稳定是第一位的，要坚决守住不发生系统性区域性风险的底线。为此，要完善金融风险监测、评估和预警体系，加强对产能过剩行业、债券市场、地方政府债务等领域风险排查。加大商业银行不良贷款核销力度，下决心处置一批风险点，有序释放风险。严控热点城市的房地产市场，防范房地产价格的过快上涨，抑制资产价格泡沫持续积累发展。密切监测三、四线房地产市场新情况，防止资金大量涌入，造成新的供给过剩。坚持就业优先，坚持以创业带动就业，不断培育壮大就业新主体，妥善安置化解过剩产能过程中的下岗、转岗职工，兜牢民生底线。

（六）着力加强预期引导，营造良好发展环境。良好的社会预期是促进经济平稳健康运行的重要保障。针对一季度主要指标表现好于预期要加强分析解读，既要增强发展信心，汇聚改革共识，又要积极引导社会公众和市场主体心态，正确看待一些经济指标的短期波动，立足当前，着眼长远，坚持以新发展理念引领新常态，着力促进结构优化和动能转换；以推进供给侧结构性改革为主线，持续扩大国内需求特别是消费需求；以提高经济发展的质量和效益为中心，注重用标准来立业，用品牌来兴企，弘扬工匠精神，打造百年老店，增强企业、行业和整个经济的核心竞争力。

经济发展稳中向好 转型升级仍需加力
——上半年国民经济运行情况及政策建议

上半年，在以习近平同志为核心的党中央坚强领导下，各地区各部门坚持稳中求进工作总基调，以供给侧结构性改革为主线，深化改革创新，狠抓政策落实，经济运行保持在合理区间，稳中向好态势更趋明显，发展的稳定性、协调性、包容性增强。但国际上不稳定不确定因素依然较多，国内长期积累的结构性矛盾依然突出，经济持续健康发展的基础尚需巩固。下阶段要坚决按照党中央、国务院决策部署，保持宏观经济政策的连续性和稳定性，坚定不移深化供给侧结构性改革，持之以恒强化创新驱动，筑牢实体经济振兴基础，统筹稳增长、促改革、调结构、惠民生、防风险，力促经济平稳健康可持续发展，确保社会大局稳定，以优异成绩迎接党的十九大胜利召开。

一、经济运行处于合理区间，宏观指标好于预期

上半年，国民经济延续去年下半年以来总体平稳、稳中向好的发展态势，呈现出增长平稳、就业向好、物价稳定、国际收支改善的良好格局。

（一）经济保持中高速增长，增长的稳定性增强。

初步核算，上半年国内生产总值381490亿元，同比增长6.9%，比上年同期加快0.2个百分点。（按现价计算，上半年国内生产总值同比增长11.4%，比上年同期增加39174亿元。）分产业看，第一产业增加值21987亿元，增长3.5%，同比加快0.4个百分点；第二产业增加值152987亿元，增长6.4%，加快0.3个百分点；第三产业增加值206516亿元，增长7.7%，加快0.2个百分点。经济增长的稳定性不断增强。二季度，国内生产总值同比增长6.9%，与一季度持平，连续8个季度运行在6.7—6.9%的区间。

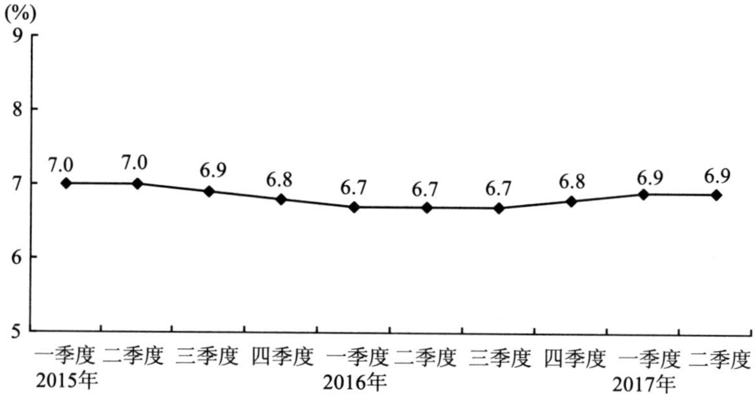

图1　国内生产总值当季增长速度

（二）工农业生产不断发展，服务业保持较快增长。

农业生产形势较好。夏粮再获丰收。初步统计，全国夏粮产量2810亿斤，比上年增产26亿斤，增长0.9%。畜牧业生产基本稳定。上半年，猪牛羊禽肉产量3892万吨，同比增长1.0%，比一季度加快0.8个百分点。**工业平稳增长。**上半年，规模以上工业增加值同比增长6.9%，增速比一季度加快0.1个百分点，比上年同期加快0.9个百分点。从相关指标看，上半年工业用电量同比增长6.1%，比上年同期加快5.6个百分点；铁路货运量增长15.3%，上年同期为下降7.5%。**服务业持续较快发展。**上半年，服务业增加值同比增长7.7%，增速与一季度持平。

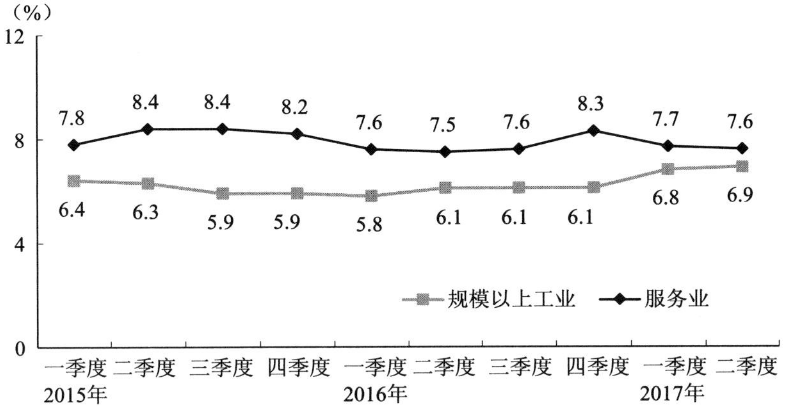

图 2　工业和服务业增加值当季增长速度

（三）消费和出口增长加快，投资增速略有放缓。

市场销售增长加快。上半年，社会消费品零售总额 172369 亿元，同比增长 10.4%，增速比一季度加快 0.4 个百分点。**进出口快速增长。**上半年，货物进出口总额 13.2 万亿元，同比增长 19.7%，比一季度回落 2.1 个百分点，上年同期为下降 3.3%。其中，出口额 7.2 万亿元，增长 15.1%，比一季度加快 0.3 个百分点；进口额 5.9 万亿元，增长 25.9%，回落 5.2 个百分点。**投资增速稳中略缓。**上半年，固定资产投资（不含农户）280605 亿元，同比增长 8.6%，增速比一季度回落 0.6 个百分点，比上年同期回落 0.4 个百分点。

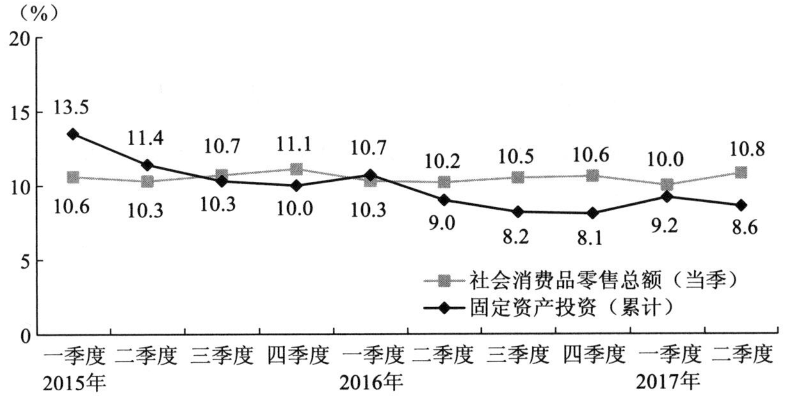

图 3　固定资产投资（不含农户）累计增长速度和社会消费品零售总额当季增长速度

（四）就业持续增加，失业率保持低位。

上半年，城镇新增就业735万人，同比增加18万人，已经完成全年目标任务的66.8%。**农村外出务工劳动力继续增加。**二季度末，农村外出务工劳动力17873万人，同比增长2.1%。6月份，全国城镇调查失业率保持在5%左右，31个大城市城镇调查失业率为多年来较低水平。

（五）居民消费价格涨势温和，工业品价格涨势放缓。

居民消费价格温和上涨。上半年，居民消费价格同比上涨1.4%，涨幅与一季度持平。其中，食品价格下降2.1%，非食品价格上涨2.3%。

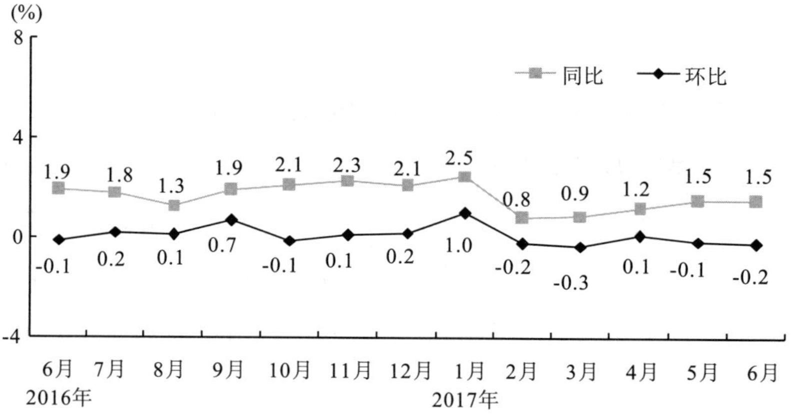

图4　居民消费价格当月涨（跌）幅

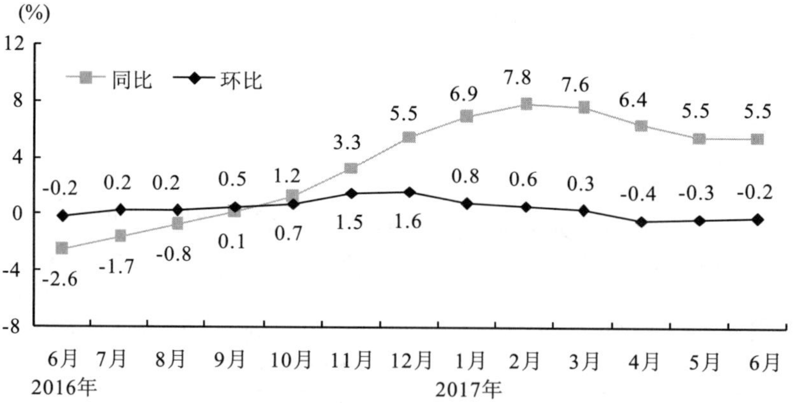

图5　工业生产者出厂价格当月涨（跌）幅

核心CPI基本稳定，上半年同比涨幅在2.1%左右。**工业品价格涨势回落。**上半年，工业生产者出厂价格同比上涨6.6%，涨幅比一季度回落0.8个百分点。其中，生产资料价格上涨8.8%，回落1.1个百分点；生活资料价格上涨0.7%，回落0.1个百分点。

（六）国际收支逐步改善，外汇储备连续回升。

货物贸易保持顺差。上半年，货物贸易进出口相抵顺差为1.3万亿元。**吸收外资规模大于对外投资。**1—5月份，我国实际使用外资金额3411亿元，同比下降0.7%；非金融类对外直接投资346亿美元，同比下降53%。**人民币小幅升值。**6月末，人民币汇率中间价为1美元兑人民币6.7744元，比3月末升值1.84%。**外汇储备稳步回升。**6月末，外汇储备余额30568亿美元，比上月末增加32亿美元，连续5个月回升。

二、供给侧结构性改革成效明显，提质增效取得积极进展

今年以来，党中央、国务院以供给侧结构性改革为主线，深入推进改革创新，持续促进转型升级，一系列宏观经济政策显效发力，经济结构继续优化，新动能加快成长壮大，实体经济明显改善，市场预期持续向好。

（一）“三去一降一补”扎实推进，政策成效持续显现。

过剩产能有序化解。依法取缔“地条钢”工作基本完成。上半年，全国工业产能利用率比上年同期提高3.4个百分点。其中钢铁、煤炭行业产能利用率分别提高4.5和7.3个百分点。**房地产去化效果继续显现。**6月末，商品房待售面积64577万平方米，同比下降9.6%，降幅比3月末扩大3.2个百分点。**企业杠杆率下降。**5月末，规模以上工业企业资产负债率为56.1%，同比下降0.7个百分点。**减税降费力度加大。**陆续出台实施减税降费新措施，预计全年为企业减负超过1万亿元。1—5月份，规模以上工业企业每百元主营业务收入中的成本为85.62元，同比减少0.04元。**短板领域得到加强。**上半年，生态环保、水利、交通、教育投资同比分别增长46.0%、17.5%、14.7%和17.8%，均明显快于同期固

定资产投资增速。

（二）创新驱动深入实施，新兴动能蓬勃成长。

新主体快速涌现。“放管服”改革深入推进，创业创新环境持续优化，市场主体竞相成长。1—5月份，全国新登记注册企业236万户，同比增长14.7%，日均新登记企业1.56万户；新一批92个双创示范基地批复成立，众创空间已超过4200家，央企双创平台超过400个。

新成果层出不穷。国家重大科技基础设施建设“十三五”规划发布实施，国家实验室建设顶层设计出台，8个全面创新改革试验区域169项任务全面启动，创新能力增强，成果增加。上半年，国内专利申请量151.6万件，同比增长10%；国产大飞机C919首飞告捷，世界首台光量子计算机亮相，率先实现稳定开采可燃冰，“天舟一号”货运飞船和“天宫二号”空间实验室成功对接，首艘国产航母下水。

新消费不断激发。“互联网+”战略深入发展，分享经济等新模式广泛渗透，新兴消费发展壮大。上半年，网上商品零售额同比增长28.6%，增速比社会消费品零售总额快18.2个百分点；预计完成快递业务量173.6亿件，增长31.0%。信息消费爆发式增长。1—5月份，移动互联网累计流量达70.7亿G，同比增长132.5%。服务消费持续升温。上半年，电影票房收入272亿元，同比增长10.5%。

新供给持续扩大。一批顺应消费结构升级大趋势、具有较高技术含量的新产业新产品蓬勃发展。上半年，战略性新兴产业增加值同比增长10.8%，增速比规模以上工业高3.9个百分点；工业机器人、城市轨道车辆、集成电路、太阳能电池、运动型多用途乘用车（SUV）产量同比分别增长52.3%、31.6%、23.8%、21.6%和19.7%。

（三）产需结构继续优化，发展协调性明显增强。

服务业主导的特征更加明显。上半年，第三产业增加值增速比第二产业快1.3个百分点，占国内生产总值的比重为54.1%，比第二产业高14个百分点。现代服务业发展势头良好。上半年，信息传输软件和信息技术服务业、租赁和商务服务业增加值同比分别增长21%和9.8%。**制**

造业向中高端迈进。上半年，高技术产业和装备制造业增加值同比分别增长13.1%和11.5%，分别比规模以上工业快6.2和4.6个百分点，占规模以上工业比重分别达到12.2%和32.2%。

居民消费结构加快升级。上半年，全国居民恩格尔系数为30.3%，比上年同期下降0.6个百分点。发展享受型消费占比继续提高。上半年，全国居民人均消费支出中，教育文化娱乐、医疗保健支出占比分别达到9.8%、8.1%，分别比上年同期提高0.2和0.3个百分点。**高技术产业投资快速增长。**上半年，高技术制造业和高技术服务业投资同比增长21.5%和22.3%，分别快于全部投资12.9和13.7个百分点；高耗能行业投资同比下降0.7%。

（四）区域战略统筹推进，发展空间继续拓展。

“三大战略”深入实施。“一带一路”建设取得重大早期收获。1—5月份，我国对“一带一路”沿线45个国家进行了非金融类直接投资49.9亿美元；在沿线61个国家新签对外承包工程项目合同2128份，新签合同额384.7亿美元；沿线国家对华投资新设立企业1609家，实际投入外资金额22.5亿美元。**京津冀协同发展迈出重要步伐。**雄安新区设立和规划建设工作稳步推进，北京至雄安新区直达动车开通；北京非首都功能有序转移；京津冀产业园区、生态建设和交通一体化稳步推进。**长江经济带辐射带动作用增强。**上半年，长江经济带沿线11个省市中，规模以上工业增加值增速全部超过全国平均水平，9个省市固定资产投资增速超过全国平均水平。

“四大板块”良性互动。东部地区转型发展走在前列。上半年，东部地区规模以上工业增加值同比增长7.0%，快于全部规模以上工业0.1个百分点；东部地区固定资产投资（不含农户）增长9.1%，快于全部投资0.5个百分点。**中西部地区后发优势继续发挥。**上半年，中、西部地区规模以上工业增加值同比分别增长8.1%、7.8%，分别比东部地区快1.1和0.8个百分点；中、西部地区固定资产投资（不含农户）分别增长10.1%和10.7%，分别快于东部地区1.0和1.6个百分点。**东北经济有**

所好转。上半年，东北地区规模以上工业增加值同比增长1.0%，增速比一季度加快0.5个百分点；东北地区固定资产投资（不含农户）下降9.5%，降幅比一季度收窄6.0个百分点。

（五）市场主体活力增强，效益效率明显提升。

居民收入增长快于经济增长。上半年，全国居民人均可支配收入12932元，同比增长8.8%，扣除价格因素，实际增长7.3%，增速比一季度加快0.3个百分点，比上年同期加快0.8个百分点，继续快于GDP增速。**农村居民收入增长快于城镇。**上半年，农村居民人均可支配收入6562元，同比增长8.5%，扣除价格因素，实际增长7.4%；城镇居民人均可支配收入18322元，同比增长8.1%，扣除价格因素，实际增长6.5%。上半年，城乡居民人均可支配收入倍差为2.79，比上年同期缩小0.01。

企业效益显著改善。1—5月份，规模以上工业企业实现利润总额同比增长22.7%，比上年同期加快16.3个百分点；主营业务收入利润率为6.05%，同比提高0.45个百分点。服务业企业营业利润保持较快增长。1—5月份，规模以上服务业企业营业利润同比增长10.5%，继续保持两位数增长。

财政收入增速加快。尽管减税降费力度进一步加大，但随着经济运行稳中向好，企业效益显著改善，税基明显扩大，财政收入增长好于上年。上半年，一般公共预算收入同比增长9.8%，增速比上年同期加快2.7个百分点。其中，税收收入增长10.9%，加快2.3个百分点。

单位GDP能耗持续下降。产业结构优化调整和技术进步加快，促进了能源资源利用效率的整体提升。上半年，万元国内生产总值能耗同比下降3.9%，降幅比一季度扩大0.1个百分点。能源结构进一步优化。上半年，在能源消费总量中，煤炭所占比重比上年同期下降0.8个百分点；清洁能源所占比重提高0.7个百分点。

（六）市场预期持续向好，发展信心不断增强。

制造业采购经理指数回升。6月份，制造业采购经理指数（PMI）为

51.7%，比上月上升0.5个百分点，高于去年同期1.7个百分点，为年内次高点，连续11个月位于临界点以上。**非制造业商务活动指数保持在较高景气区间。**6月份，非制造业商务活动指数为54.9%，比上月上升0.4个百分点，连续9个月保持在54%及以上的较高景气区间。**消费者信心指数处于近年来最高水平。**6月份，消费者信心指数为113.3，比上月提高1.3个百分点，处于近年来较高水平。**国际机构调高我国经济增长预期。**近期国际货币基金组织将2017年我国经济预期增速上调0.1个百分点至6.7%，经合组织上调0.1个百分点至6.6%，摩根士丹利上调0.2个百分点至6.6%，国际社会普遍看好我国经济。

三、稳中有忧风险尚存，发展基础仍需巩固

尽管当前经济运行稳中向好，支撑经济保持中高速增长和迈向中高端水平的积极因素不断增加，但国际上不稳定不确定因素依然较多，国内结构性矛盾仍较突出，一些领域风险隐忧值得关注，对此应保持清醒认识。

（一）世界经济挑战变数依然较多。部分新兴经济体增长乏力。近期国际初级产品价格回落幅度较大，使得一些资源型为主的发展中国家经济下行压力增大。6月份，国际能源价格环比下降6.1%，金属和矿产价格下降0.7%。**美国加息和“缩表”等政策外溢效应较大。**特朗普推出的大规模减税计划，对国际资本流动影响较大。6月份美联储再次加息25个基点，后期加息和缩表预期仍会间歇性升温，将对新兴经济体汇率、全球大宗商品价格等产生冲击。**贸易保护主义影响不容小觑。**特朗普政府退出应对气候变化的《巴黎协定》，表明发达国家逆全球化思潮和内顾倾向仍在上升，贸易保护主义将持续影响国际贸易复苏。上半年，我国共遭遇15个国家和地区发起的37起贸易救济调查，涉案金额高达53亿美元。**全球债务风险积聚。**国际金融协会统计显示，全球债务总额已攀升至217万亿美元，约为全球年度经济产出的327%，其中新兴市场国家债务问题尤为严重。债务高企加剧了金融市场不稳定性，可能滋生更多

“黑天鹅”事件。**此外**，国际恐怖主义、极端主义、民粹主义现象增多，难民问题等挑战依然严峻，地缘政治风险有所上升，将持续影响全球经济复苏。

（二）投资增长后劲不足。上半年，固定资产投资（不含农户）同比增长8.6%，比一季度回落0.6个百分点。传统行业产能过剩尚未根本缓解，制造业企业投资意愿不足。上半年，制造业投资同比增长5.5%，虽比1—5月份略有回升，但仍然低于全部投资3.1个百分点。民营企业在项目核准、融资服务、土地使用、工程招投标等环节不能与国有企业享受同等待遇，一定程度上也抑制了民间投资的积极性。上半年，民间投资同比增长7.2%，比一季度回落0.5个百分点。房地产投资增势放缓。上半年，房地产开发投资同比增长8.5%，比一季度回落0.6个百分点。新开工项目、到位资金等先行指标低迷。上半年，新开工项目计划总投资同比下降1.2%；固定资产投资到位资金仅增长1.4%，明显低于投资增速。

（三）结构不合理问题仍较突出。传统行业产能过剩尚未根本缓解的同时，一些新兴行业出现过剩迹象。随着部分行业产品价格上涨，企业削减产能的积极性降低，化解过剩产能难度进一步增加。显示面板、新能源汽车等新兴行业也开始出现重复建设、产品趋同、恶性竞争的苗头。**中高端供给仍显不足。**在居民消费升级加快的背景下，国内高品质产品供给难以满足市场需求，导致消费大量外流。与此同时，产业转型发展所需的一些关键、核心部件对外依赖程度较大。PX等重要化工原料、临床创新药物等大量依赖进口，国内集成电路市场自给率不足20%，国产机器人市场占有率仅30%左右。**房地产市场分化问题突出。**目前一二线城市房价居高不下，三四线城市库存依然高企。6月末，全国非重点城市商品房待售面积占全国比重为62.6%。与此同时，三四线城市房地产开发投资保持较快增长。上半年非重点城市房地产开发投资同比增长9.0%，快于重点城市0.9个百分点，房地产供给增加有可能加剧市场失衡。

(四) 实体经济发展仍面临不少困难。企业融资贵融资难问题较突出。6月末，上海银行间同业拆放利率（SHIBOR，一年期）为4.42%，比上年末上升1.05个百分点，比上年同期上升1.37个百分点。调研中企业反映，银行风险偏好日趋审慎，压贷、抽贷现象持续增加，特别是信贷政策“一刀切”导致一些有市场、有技术优势、有效益的企业面临限贷甚至断贷。**企业反映成本费用仍然较重。**二季度，9万家规模以上工业企业问卷调查结果显示，45.5%的企业认为用工成本上升是企业面临的主要困难。物流与采购联合会数据显示，1—5月份社会物流总费用同比增长9.4%。5月份规模以上工业企业每百元主营业务收入中的成本为86.04元，同比上升0.07元，已连续3个月同比上升。

(五) 行业区域发展分化明显。尽管制造业渐趋回暖，但上下游行业分化现象明显，上游行业价格明显上升挤压下游行业利润空间。1—5月份，煤炭行业利润同比增长87.7倍，而下游电力、热力生产和供应业利润则下降35.9%；钢铁行业利润增长93.5%，而下游铁路、船舶、航空航天和其他运输设备制造业利润仅增长1.9%。东部和南部地区经济转型升级发展相对稳健的同时，部分市场化程度低、产业层次低、结构单一的地区经济增长仍显乏力。上半年，东北地区规模以上工业增加值增速低于全国5.9个百分点，固定资产投资下降9.5%。

(六) 一些领域潜在风险不容忽视。从金融领域看，商业银行不良贷款规模仍在增加，而受存贷款利差收窄影响，盈利能力却在下降。金融风险个案时有发生，部分中小金融机构同业风险加大，资管产品等影子银行业务仍保持高速增长。债券市场违约增多，部分省市联保互保、民间借贷风险有所上升。截至5月20日，今年债券市场已有15只个券发生违约，涉及10个发债主体，债务总额逾百亿。**从财政领域看，**今年以来，财政收支压力仍然较大，上半年，全国一般公共预算收入同比增长9.8%，低于支出6.0个百分点。一些地方养老保险基金收支缺口较大。**从就业领域看，**今年高校毕业生总量再创历史新高，可能出现高校毕业生求职难与产能过剩行业职工安置难并存的局面。

四、坚持稳中求进工作总基调，力促经济发展持续向好

综合来看，上半年国民经济延续了稳中有进、稳中向好的发展态势，为更好完成全年预期目标奠定了扎实基础。下阶段，要更加紧密地团结在以习近平同志为核心的党中央周围，既要坚持稳中求进工作总基调，保持政策的连续性和稳定性，适度扩大总需求，合理引导市场预期，营造良好宏观环境；又要增强政策针对性和有效性，适时适度预调微调，把握好政策实施的力度和节奏，巩固经济稳定运行的基础；更要抓住当前有利的窗口期，凝心聚力，真抓实干，以推进供给侧结构性改革为主线，大力实施创新驱动，加快转型升级步伐，促使经济持续稳中向好，更好实现全年经济发展预期目标。

（一）保持宏观经济政策的连续性稳定性，着力增强针对性有效性。当前经济稳中向好的发展态势充分表明党中央国务院采取的一系列政策措施是有力有效的，要不折不扣地抓好落实。财政政策要更加积极有效，着力优化支出结构，抓住关键领域、薄弱环节精准发力、对症下药，优先保障供给侧结构性改革、一带一路、三农、精准扶贫、创业创新等领域发展。货币政策要真正保持稳健中性，加强流动性预调微调，保持货币信贷合理适度增长，满足实体经济交易和投融资需求。进一步疏通货币政策传导机制，引导市场利率下行。

（二）深入推进“三去一降一补”，力争取得更大成效。严格执行环保、能耗、质量、安全等法律法规和标准淘汰落后产能，防止因价格上涨导致落后产能死灰复燃；有序引导新兴产业发展，避免“一哄而上”形成新一轮产能过剩。尽快研究建立健全房地产基础性制度和长效机制，房价上涨压力大的城市要合理增加土地供应，鼓励新型租赁业态发展。进一步规范清理涉企政府性收费，降低企业物流、用工、用能等成本，持续为企业减负助力转型升级。加大对脱贫攻坚、公共服务能力、中西部地区、生态环保等薄弱环节支持力度。

（三）大力推进大众创业、万众创新，形成新旧动能转换“加速度”。

加快第二批双创示范基地建设，推进平台对接和信息共享，持续优化创业创新环境。促进技术市场交易，缩短科技成果转化周期。加大对初创企业新技术、新产品、新服务的政府采购力度。要加快大数据、云计算、物联网应用，推动传统产业生产、管理和营销模式变革，引导企业创新品种、提升品质、打造品牌，鼓励金融机构对传统产业改造升级的重点项目优先给予信贷扶持。

（四）充分挖掘内需潜力，更好发挥消费基础性作用和投资关键性作用。积极释放居民消费潜力，加快发展教育、养老、医疗等服务消费，发展医养结合、文化创意等新兴消费，扩大数字家庭、在线教育等信息消费；落实职工带薪休假制度，鼓励错峰休假和弹性作息。合理扩大有效投资，加快核准开工一批前期工作充分、建设资金有保障的铁路、水电、核电、油气管网等基础设施项目。积极推进 PPP 模式，不断完善制度设计，加强 PPP 项目全流程信息公开，消除民企和外企参与 PPP 项目的隐性壁垒。

（五）加快重点领域和关键环节改革，不断增强市场活力和发展动力。继续推进政府职能转变，始终抓住“放管服”改革这一牛鼻子，加快推进“互联网＋政务服务”，加强部门间信息互联互通，打破“信息孤岛”。进一步精简税制，降低税负。持续推进投融资体制改革，优化事中事后监管和全过程服务。深化国企国资改革，总结推广混合所有制改革试点经验，进一步健全公司法人治理结构和灵活高效的市场化经营机制。

（六）强化风险防控，确保不发生系统性金融风险。完善金融风险监测、评估和预警体系，加强产能过剩行业、债券市场、地方政府性债务等重点领域风险排查，对高风险行业、地区及时给予预警提示。整顿规范金融秩序，加大对逃废债的打击力度，有序处置化解债券违约、影子银行、互联网金融等领域风险。加强宏观审慎管理，探索将更多金融活动纳入宏观审慎评估，加强对表外业务、资管产品等的监管。

（七）加强预期引导，增强发展信心。针对上半年宏观指标表现好于预期加强权威解读，增强社会信心。稳定宏观经济政策，提高政策透明度，加强与社会各界的沟通，引导良好社会预期。要用重大改革举措落地增强发展信心，把改革政策转化为人民群众看得见、摸得着、拿得到的红利，增强获得感，自觉支持改革，共同推进改革。

（八）加快经济转型升级，不断提高发展质量效益。持续推进经济结构战略性调整，转变发展方式，实现更高质量、更有效率、更可持续的发展。加快推进农业结构调整和适度规模经营，提高农业生产效率和现代化水平。加快实施“制造业 2025”、“互联网＋”行动计划，不断扩大中高端供给，满足消费升级需求。推动服务业模式创新和跨界融合，鼓励社会力量增加教育、文化、养老、医疗等服务供给。加快构建和完善绿色发展指标体系，引导各地深入贯彻新发展理念、树立正确政绩观，主动作为，有效履职，增强经济发展的可持续性。

稳中向好持续发展
转型升级仍需加力
——前三季度国民经济运行情况及政策建议

今年以来，在以习近平同志为核心的党中央坚强领导下，各地区各部门深入贯彻落实新发展理念，坚持稳中求进工作总基调，以供给侧结构性改革为主线，深化改革创新，振兴实体经济，防范化解风险，强化预期引导，前三季度国民经济运行总体平稳，结构不断优化，新兴动能加快成长，质量效益明显提高，稳中向好态势持续发展，为党的十九大胜利召开营造了良好环境。下阶段，要以党的十九大精神为统领，深入贯彻落实党中央、国务院决策部署，狠抓政策落实改革落地，全面做好稳增长、促改革、调结构、惠民生、防风险各项工作，促进经济持续健康发展和社会和谐稳定。

一、经济运行在合理区间，稳的格局更趋巩固

年初以来，面对错综复杂的国内外形势，各地区各部门紧紧围绕供给侧结构性改革主线，聚焦重点领域改革创新攻坚，有效激发经济增长活力潜力动力，经济运行呈现生产需求增势稳定，就业形势持续向好，物价温和上涨，国际收支改善的良好格局，全年有望更好实现发展预期目标。

（一）生产需求总体平稳，经济发展韧性增强。

初步核算，前三季度国内生产总值593288亿元，同比增长6.9%，增速与上半年持平，比上年同期加快0.2个百分点。其中，第一产业增加值41229亿元，同比增长3.7%；第二产业增加值238109亿元，增长6.3%；第三产业增加值313951亿元，增长7.8%。三季度，国内生产总值同比增长6.8%，经济连续9个季度运行在6.7—6.9%的区间。

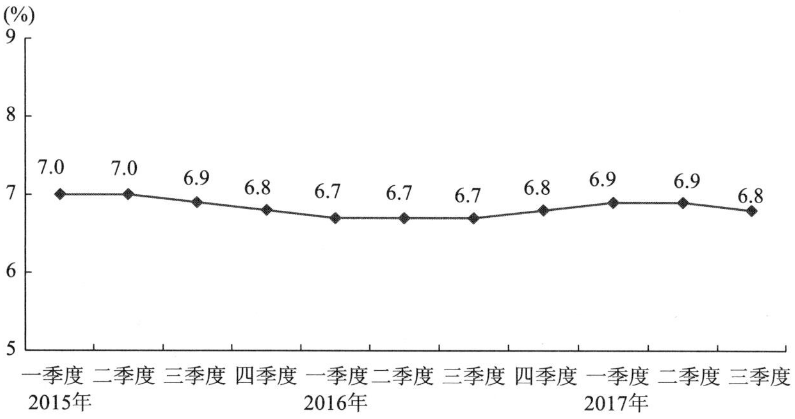

图1　国内生产总值当季增长速度

从生产看，农业生产形势较好。全国夏粮和早稻产量共3445亿斤，比上年增产5亿斤。秋粮播种面积基本稳定，全年粮食生产有望丰收。前三季度，猪牛羊禽肉产量5877万吨，同比增长0.8%。农业供给侧结构性改革扎实推进，玉米种植面积调减，豆类播种面积增加，玉米库存高位回落。**工业生产平稳增长。**前三季度，规模以上工业增加值同比增长6.7%，增速比上半年回落0.2个百分点，比上年同期加快0.7个百分点。其中，一、二、三季度分别增长6.8%、6.9%和6.3%。9月份，规模以上工业增加值同比增长6.6%，比上月加快0.6个百分点。**服务业保持较快发展。**前三季度，服务业增加值同比增长7.8%，增速比上半年加快0.1个百分点，比上年同期加快0.2个百分点。其中，一、二、三季度分别增长7.7%、7.6%和8.0%。

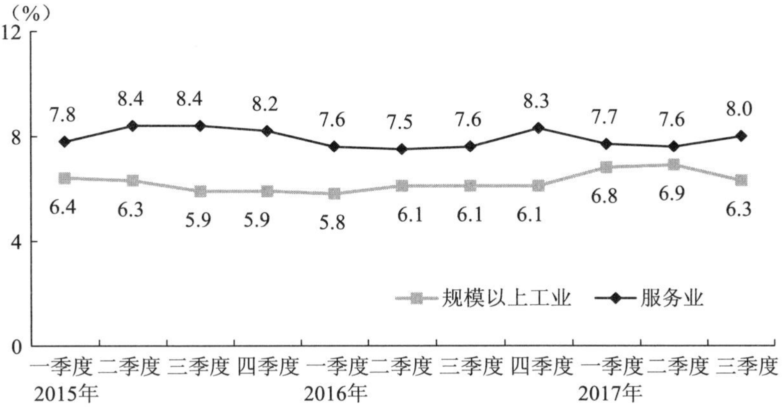

图 2　工业和服务业增加值当季增长速度

从需求看，市场销售较快增长。前三季度，社会消费品零售总额263178亿元，同比增长10.4%，增速与上半年和上年同期均持平。其中，一、二、三季度分别增长10.0%、10.8%和10.3%。9月份，社会消费品零售总额同比增长10.3%，增速比上月加快0.2个百分点。**固定资产投资稳中趋缓。**前三季度，固定资产投资（不含农户）458478亿元，同比增长7.5%，增速比上半年回落1.1个百分点，比上年同期回落0.7个百分点。其中，基础设施投资同比增长19.8%，房地产开发投资增长8.1%，制造业投资增长4.2%。**进出口快速增长。**前三季度，货物进出口总额20.3万亿元，同比增长16.6%，增速比上半年回落2.8个百分

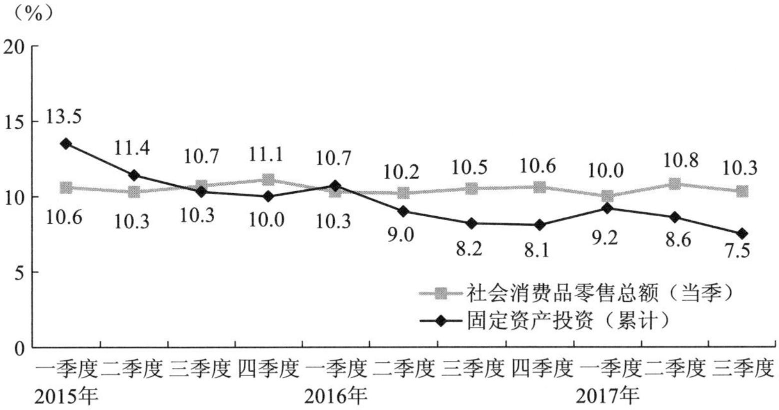

图 3　固定资产投资（不含农户）累计增长速度和社会消费品零售总额当季增长速度

点，上年同期为下降 2.6%。其中，出口增长 12.4%，进口增长 22.3%。9 月份，货物进出口总额为 24589 亿元，同比增长 13.6%，增速比上月加快 3.6 个百分点。

（二）就业形势持续向好，失业率保持低位。

前三季度，全国城镇新增就业人员 1097 万人，同比增加 30 万人，完成全年目标的 99.7%；城镇失业再就业人数 427 万人，同比增加 1 万人，完成全年目标的 85.4%；就业困难人员实现就业人数 133 万人，同比增加 8 万人，完成全年目标的 110.8%。三季度末，全国城镇登记失业率为 3.95%，与二季度末持平，比上年同期下降 0.09 个百分点，今年以来始终保持在 4%以下。

（三）居民消费价格温和上涨，工业品价格波动上升。

前三季度，居民消费价格同比上涨 1.5%，涨幅比上半年扩大 0.1 个百分点，比上年同期回落 0.5 个百分点。其中，一、二、三季度分别上涨 1.4%、1.4%和 1.6%。9 月份，居民消费价格同比上涨 1.6%，涨幅比上月回落 0.2 个百分点；环比上涨 0.5%，扩大 0.1 个百分点。其中，食品价格同比下降 1.4%，非食品价格上涨 2.4%。

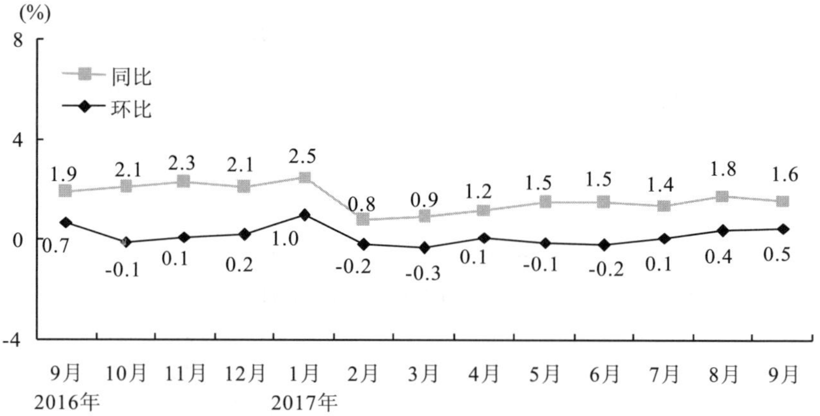

图 4　居民消费价格当月涨（跌）幅

前三季度，工业生产者出厂价格同比上涨 6.5%，涨幅比上半年回落 0.1 个百分点，上年同期为下降 2.9%。其中，一、二、三季度分别上涨

7.4%、5.8%和6.2%。9月份，工业生产者出厂价格同比上涨6.9%，涨幅比上月扩大0.6个百分点；环比上涨1.0%，扩大0.1个百分点。其中，生产资料价格同比上涨9.1%，涨幅比上月扩大0.8个百分点；生活资料价格上涨0.7%，扩大0.1个百分点。

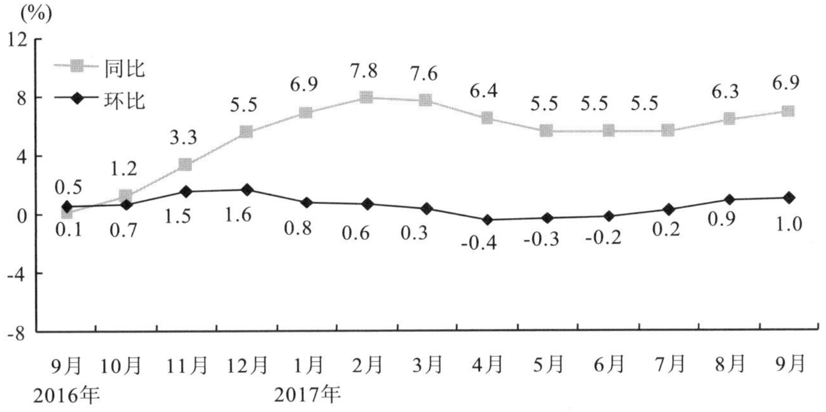

图5 工业生产者出厂价格当月涨（跌）幅

（四）国际收支得到改善，外汇储备连续回升。

货物贸易保持顺差。前三季度，货物进出口相抵，贸易顺差为20331亿元，连续7个月保持顺差。**吸引外资大于对外投资。**1—8月份，全国新设立外商投资企业20389家，同比增长10%，实际使用外资金额5479亿元，同比下降0.2%（折815亿美元，下降5.1%）；非金融类对外直接投资687亿美元，下降41.8%，非理性投资得到明显遏制。**人民币小幅升值。**9月末，人民币汇率中间价为1美元兑人民币6.6369元，比6月末升值2.07%。**外汇储备连续回升。**9月末，外汇储备余额31085亿美元，比上月末增加170亿美元，连续8个月回升。

二、结构调整深入推进，创新发展成效明显

今年以来，以供给侧结构性改革为主线，改革创新不断深化，结构调整力度加大，新旧动能转换加快，质量效益明显提升，市场预期持续改善，发展的协调性、包容性和可持续性增强。

（一）供给侧结构性改革扎实推进，发展基础夯实加强。

“三去一降一补”进展顺利。去产能取得新成效。“地条钢”产能出清。去库存去杠杆成效突出。9月末，商品房待售面积6.1亿平方米，同比下降12.2%。8月末，规模以上工业企业资产负债率为55.7%，比上年同期下降0.7个百分点。降成本效果显现。1—8月份，规模以上工业企业每百元主营业务收入中的成本为85.68元，比上年同期减少0.12元。短板领域投资快速增长。前三季度，生态保护和环境治理业、公共设施管理业、农业投资同比分别增长25%、23.7%和16.2%，分别快于全部投资17.5、16.2和8.7个百分点。

实体经济有效发展。供给侧结构性改革改善了市场供求关系，企业经营状况明显改观，盈利能力显著增强。1—8月份，规模以上工业企业主营业务收入利润率为6.13%，比上年同期提高0.45个百分点。制造业成为支撑工业增长的主动力。9月份，制造业增加值同比增长8.1%，增速比上月加快1.2个百分点，前三季度，制造业在工业中所占比重为85.7%。**房地产调控成效显现。**8月份，15个一线和热点二线城市新建商品住宅价格环比下降或持平，同比涨幅均比上月回落，回落幅度在1.3—6.6个百分点之间。

（二）创新驱动发展作用增强，新旧动能加快转换。

创业创新方兴未艾。放管服改革不断深化，市场主体快速增长。前三季度，全国新登记企业451万户，同比增长12.5%，日均新登记企业1.65万户；其中制造业新登记企业39万户，增长21.7%。在孵科技型小微企业达13万家，带动就业超过210万人。新科技成果不断涌现。前三季度，全国专利申请数达到248万件，其中发明专利83万件。“复兴号”动车组投入运行，世界首台光量子计算机问世，在全球率先实现稳定开采可燃冰，“天舟一号”货运飞船和“天宫二号”空间实验室成功对接，首艘国产航母下水。

新产业新产品加快成长。前三季度，工业战略性新兴产业增加值同比增长11.3%，增速比规模以上工业快4.6个百分点；信息传输软件和信息技术服务业、租赁和商务服务业增加值同比分别增长 23.5%和10.5%。1—8 月份，战略性新兴服务业、生产性服务业营业收入同比分别增长 17.0%和 14.7%，分别比规模以上服务业营业收入快 3.5 和 1.2 个百分点。新产品持续快速增长。前三季度，工业机器人产量同比增长69.4%，新能源汽车增长 30.8%，运动型多用途乘用车（SUV）增长 16.1%。

新业态新模式蓬勃发展。前三季度，全国实物商品网上零售额同比增长 29.1%，增速比社会消费品零售总额快 18.7 个百分点；网上购物带动快递业务量大幅增长，预计完成快递业务量 274.4 亿件，同比增长30.1%。分享经济、平台经济、数字经济广泛渗透，新服务不断涌现。前三季度，非实物商品网上零售额同比增长 52.8%，增速比上半年加快1.2 个百分点。

（三）经济结构优化升级，发展协调性增强。

产业结构不断优化。工业向中高端加快迈进。技术含量高、符合未来发展方向的行业、产品快速增长。前三季度，高技术制造业和装备制造业增加值同比分别增长 13.4%和 11.6%，分别快于规模以上工业 6.7 和 4.9 个百分点；光电子器件产量同比增长 28.9%，集成电路增长22.1%，发动机增长 18.3%。**服务业主导作用增强。**现代服务业发展势头良好，对经济增长贡献提升。前三季度，第三产业增加值增速比第二产业快 1.5 个百分点，占国内生产总值的比重为 52.9%，比第二产业高12.8 个百分点；对经济增长贡献率为 58.8%，比第二产业高 21.6 个百分点。

需求结构加快升级。居民发展型享受型消费快速增长。前三季度，全国居民人均消费支出中，教育文化娱乐、医疗保健支出同比分别增长8.9%和 13.2%，快于全部消费支出 1.4 和 5.7 个百分点；占比分别达到11.2%和 8.3%，分别比上年同期提高 0.2 和 0.5 个百分点。全国居民恩格尔系数（食品支出占消费支出比重）为 29.2%，降至富裕国家平均水平之下。**投资结构继续优化。**高端制造业及企业技术改造投资较快增长，高耗能行业投资增长放缓。前三季度，高技术制造业、装备制造业和制造业技改投资同比分别增长 18.4%、8.3%和 12.1%，分别比制造业投资快 14.2、4.1 和 7.9 个百分点；高耗能制造业投资下降 1.9%，降幅比上半年扩大 0.9 个百分点。

“三大战略”深入实施。“一带一路”建设取得重大早期收获。前三季度，我国与“一带一路”沿线国家进出口额同比增长 20.1%，高于同期我国进出口增速 3.5 个百分点。1—8 月份，我国对“一带一路”沿线 52 个国家进行了非金融类直接投资 85.5 亿美元；在沿线 61 个国家新签对外承包工程项目合同 3164 份，新签合同额 845.1 亿美元。**京津冀协同发展迈出重要步伐。**雄安新区规划建设工作稳步推进，北京至雄安新区直达动车开通；北京非首都功能有序转移；京津冀产业园区、生态建设和交通一体化加快实施。**长江经济带辐射带动作用增强。**前三季度，长江经济带生态环境保护明显加强，沿线 11 个省市中，10 个省市规模以上工业增加值增速快于全国，9 个省市固定资产投资增速超过全国。**“四大板块”良性互动，中西部地区后发优势继续发挥。**前三季度，中、西部地区规模以上工业增加值同比分别增长 7.9%和 6.9%，分别比全国快 1.2 和 0.2 个百分点；西部地区固定资产投资（不含农户）增长 9.4%，快于全国 1.9 个百分点。

（四）经济效益明显提升，发展质量继续改善。

企业利润较快增长。1—8 月份，规模以上工业企业利润总额同比增长 21.6%，其中 8 月份增长 24%，增速比上月加快 7.5 个百分点；规模以上服务业企业营业利润增长 22.8%，增速比上半年加快 6.8 个百分点。**财政收入增长好于预期。**前三季度，全国一般公共预算收入同比增长 9.7%，增速比上年同期加快 3.8 个百分点。其中税收收入增长 12.1%，比上年同期加快 5.5 个百分点，比上半年加快 1.2 个百分点。**居民收入增长加快。**前三季度，全国居民人均可支配收入 19342 元，同比增长 9.1%，扣除价格因素，实际增长 7.5%，增速比上半年加快 0.2 个百分点，比上年同期加快 1.2 个百分点，继续快于 GDP 和人均 GDP 增速。

农村居民收入增长快于城镇。前三季度，农村居民人均可支配收入同比实际增长 7.5%，快于城镇居民 0.9 个百分点；城乡居民人均可支配收入倍差为 2.81，比上年同期缩小 0.01。

绿色发展稳步推进。能源利用效率提升。前三季度，万元国内生产总值能耗同比下降 3.8%。能源消费结构继续优化。前三季度，在能源消费总量中，清洁能源所占比重比上年同期提高 1 个百分点，煤炭所占比重下降 1.1 个百分点。**环境治理成效逐步显现。**前三季度，全国 338 个地级及以上城市 $PM_{2.5}$ 浓度同比下降 2.4%；Ⅰ—Ⅲ类水体比例为 71.2%，同比上升 0.9 个百分点。

（五）市场预期持续向好，发展信心不断增强。

制造业采购经理指数创近年新高。9 月份，制造业采购经理指数为 52.4%，比上月上升 0.7 个百分点，连续 14 个月位于临界点以上，为 2012 年 5 月以来的最高点。其中，生产指数和新订单指数分别为 54.7% 和 54.8%，分别比上月上升 0.6 和 1.7 个百分点。**非制造业商务活动指数升至较高景气区间。**9 月份，非制造业商务活动指数为 55.4%，比上月上升 2 个百分点，为 2014 年 6 月以来的最高点。服务业商务活动指数为 54.4%，比上月上升 1.8 个百分点；其中生产性服务业商务活动指数为 59.7%，上升 5.1 个百分点。建筑业商务活动指数达到 61.1%，比上月上升 3.1 个百分点。**消费信心指数持续上升。**9 月份，消费者信心指数为 118.6，比上月上升 3.9 点，达到 2011 年实施新调查方案以来的历史最高。**主要国际组织连续上调我国经济增长预期。**国际货币基金组织今年以来四次上调我国经济增长预期，10 月份最新发布的《世界经济展望》将我国今年经济增长预期上调 0.1 个百分点，世界银行近日也将我国今年经济增长预期上调 0.2 个百分点。我国经济较快发展对促进世界经济稳定复苏发挥了重要作用，国际机构上调了 2017 年世界经济增长预期。

三、稳中有忧，好中有难，结构调整优化任重道远

当前，经济运行稳中向好态势明显，但国外环境依然复杂，国内经

济仍处在爬坡过坎的关键时期，结构性矛盾、体制机制性问题依然突出，发展中面临的困难和隐忧不少。

（一）国际上挑战变数依然较多。世界经济稳步复苏，美欧日和新兴经济体均实现了增长，但国际经济深层次问题尚未解决，不同国家经济复苏进程差异明显，政策分化严重，不稳定不确定因素依然存在。**国际竞争压力逐步上升。**主要发达经济体大力推进“再工业化”，尤其特朗普政府实施“美国优先”战略，酝酿出台“减税计划”，积极推动制造业回流，加大我引进外资的难度。**逆全球化思潮、贸易保护主义抬头。**发达国家反倾销、反救济调查有增无减，环保壁垒、技术壁垒等不断翻新，近期美国宣布对我国发起“301 调查”，都将对我国外贸造成不利影响。**美国“缩表”影响不容小觑。**随着经济加快复苏，美联储宣布将从 10 月份正式收缩资产负债表，可能导致利率水平上升和资产价格波动，引发大规模的跨境资金流动，加剧新兴国家汇率波动。**地缘政治风波不断。**美土相互“拒签”，中东局势再生变。朝鲜加快核武研制和导弹试射步伐，东北亚紧张局势加剧，对我区域经贸发展造成不利影响。此外，国际恐怖主义、极端主义和民粹主义等不稳定因素依然较多，将持续影响全球经济稳定复苏。

（二）经济内生动力仍然不足。有效投资增幅下降。产能过剩、投资回报率低影响制造业企业投资积极性。前三季度，制造业投资同比增长 4.2%，增速比上半年回落 1.3 个百分点。教育、医疗、养老等领域对民间资本的开放程度不高，民营企业融资能力不足、融资渠道不畅，工程招标、土地使用等环节存在“隐形门槛”，民间投资增长依然乏力。前三季度，民间投资同比增长 6%，增速比上半年回落 1.2 个百分点，比全部投资低 1.5 个百分点。新开工项目、到位资金等先行指标仍然处于低位。前三季度，新开工项目计划总投资同比增长 2.4%，固定资产投资到位资金增长 3.3%，明显低于投资增速，投资后期走势不容乐观。**消费潜力释放面临多重制约。**受政策效应减弱等多种因素影响，今年以来住行类商品销售同比增速回落较多。前三季度，限上单位商品零售额中，汽车类、家具类、建筑及装潢材料类同比增速分别比上年同期回落 2.9、0.6 和 2.8 个百分点。与居民消费持续扩大和升级需求相比，高质量产品及服务有效供给仍显不足，市场软硬环境不规范等也阻碍了消费潜能充分释放。

（三）结构调整阵痛持续。去产能机会成本增加。当前煤炭、钢铁价格处于较高水平，部分企业去产能意愿下降。前三季度，煤炭开采和洗选业、黑色金属冶炼和压延加工业出厂价格同比分别上涨 35.6%和 29.4%。一些落后产能出现死灰复燃现象，影响去产能工作成效，制约先进产能市场空间。**"僵尸企业"处置和人员安置困难较多。**一些"僵尸企业"债务比例高、成因复杂，债务处置和职工分流安置难度大，进展缓慢。**优质供给不足问题凸显。**随着需求升级加快，我国中高端产品等优质供给难以满足市场需求，不得不大量依赖进口。前三季度，我国高新技术产品和机电产品进口额同比分别增长 15.8%和 15.3%；集成电路、汽车及汽车底盘进口额分别增长 18.4%和 19.6%。**加大调结构力度短期影响显现。**淘汰落后产能、加大环保治理力度等举措对深化供给侧结构性改革、推进转型升级发挥了重要作用，但对部分地区短期经济增长带来一定的压力。

（四）实体经济发展仍存在不少困难。上游原材料价格居高不下，向中下游行业传导压力加大，进一步制约中下游企业盈利空间。9 月份，工业生产者购进价格同比上涨 8.5%，涨幅高于工业生产者出厂价格 1.6 个百分点，二者剪刀差持续较大。中下游行业成本上升较快，企业利润空间受到挤压。1—8 月份，铁路、船舶、航空航天和其他运输设备制造业利润同比仅增长 1.5%，电力、热力生产和供应业利润下降 28.4%。**融资难融资贵问题依然突出。**尽管小微企业生产经营中面临的一些问题有所缓解，但银行风险偏好日趋审慎，民营企业和小微企业受资产规模、竞争实力、经营风险、有效抵押等约束，获得银行信贷支持难度仍然较大。8 月份，全国规模以上工业企业财务费用同比增长 9.7%，增速比上月加快 3.7 个百分点。9 月末，上海银行间同业拆借利率（SHIBOR，一年期）为 4.40%，比上年同期上升 1.38 个百分点。1—8 月份，规模以上工业企业利息支出由上年同期下降 8.3%转为增长 4.5%。**要素成本仍然偏高。**企业普遍反映水电气等要素成本和社保缴费比例偏高，物流成本、仓储成本、租金成本居高难下。1—8 月份，社会物流总费用为 7.7 万亿元，同比增长 9.9%。

（五）行业企业地区分化调整态势持续。行业间经营效益分化明显。1—8 月份，规模以上采矿业利润同比增长 5.9 倍，制造业利润增长 18.6%，而电力热力燃气及水生产和供应业利润下降 22.6%。**企业间盈利差距较大。**1—8 月份，国有控股企业利润同比增长 46.3%，高于全部规模以上工业企业 24.7 个百分点；而私营企业利润仅增长 14%，低于全部规模以上工业企业 7.6 个百分点。**地区间发展差异仍然明显。**今年以来，东北地区经济有所好转，但主要指标与全国差距依然较大。前三季度，东北地区规模以上工业增加值同比增长 1.6%，低于全国 5.1 个百分点；固定资产投资下降 2.1%，而全国为增长 7.5%。

（六）一些领域风险隐患不容忽视。财政金融风险需要继续关注。部分地区企业养老金缺口较大，有的市县财政收支矛盾突出，政府性债务负担沉重。银行业贷款风险防控压力大。1—8 月份，银行业金融机构新增房地产贷款占全部境内新增贷款的 38.4%。此外，非法集资和借贷活动风险隐患突出。**房地产市场结构性问题犹存。**部分热点城市房价上涨预期尚未根本扭转，一些区域一二手房价出现倒挂现象，房地产开发商惜售明显，有效供应不足仍较突出。非重点城市和非住宅库存压力仍然较大。9 月末，非重点城市商品房待售面积占全国比重为 62.2%；全国办公楼、商业营业用房待售面积同比分别增长 6.1%和 0.2%，而全部商品房为下降 12.2%。部分大型房地产企业购置土地价款占企业销售回笼资金比例超过 70%，潜在风险不容忽视。

四、加大改革创新力度，促进经济行稳致远

综合来看，前三季度国民经济稳中有进、稳中向好的态势持续发展，支撑经济保持中高速增长和迈向中高端水平的有利条件不断积累增多，

发展的包容性和获得感明显增强，为更好地实现全年经济发展预期目标奠定了扎实基础。但也要看到，我国正处在结构调整的过关期，新动能新产业尚在孕育，结构性体制性矛盾依然存在，持续向好基础尚需进一步巩固。下阶段，要以党的十九大精神为统领，不折不扣贯彻落实党中央、国务院各项决策部署，坚持稳中求进工作总基调，更好地把握稳与进、稳与防的关系，巩固经济行稳基础；同时要站在经济长周期和结构优化升级的角度，深入推进改革创新，以改革深化增活力，以创新驱动增动能，力促国民经济持续向好，实现经济长期平稳健康发展。

（一）保持宏观经济政策的连续性稳定性，为稳中求进创造良好环境。当前我国经济运行稳中向好，企业也普遍反映各项政策措施取得实实在在的成效，要保持政策的连续性和稳定性，给市场主体稳定的可预期的政策环境。财政政策要积极有效，将已出台的各项减税降费政策落实到位，增强企业获得感；优化财政支出结构，加大对民生等薄弱环节的支持；从税收政策上引导供给结构加快调整，支持新产品、新业态和新商业模式发展。货币政策要稳健中性，把握好去杠杆、防风险与稳增长之间的平衡，统筹运用好各种货币政策工具，保持流动性基本稳定，疏通传导机制，降低融资成本；加强金融机构对制造业信贷投放的考核，尤其是加大对小微企业的信贷支持力度，支持实体经济发展；保持人民币汇率水平的基本稳定，鼓励金融机构推出多种衍生产品规避外向型企业的小币种汇率风险。

（二）坚持以供给侧结构性改革为主线，巩固扩大工作成果。针对工业品价格较高、部分企业去产能意愿下降，严格执行环保、质量、安全等法律法规和标准，坚决淘汰落后产能，防止死灰复燃。坚持淘汰落后产能和释放优质产能相结合，促进产能向优势企业、优势地区集中。研究引导企业做好地条钢清理后大量废钢的拆解回收工作。坚持分类调控、因城因地施策，把去库存和促进人口城镇化结合起来，完善三四线城市基础设施，提升公共服务水平，增强对农业转移人口的吸引力。支持企业市场化法治化债转股，大力发展股权融资。切实减轻企业税费负担，降低物流、用能和制度性交易成本。重点围绕基础设施、生态环保、精准脱贫等短板领域加大投入力度。大力推进农业供给侧结构性改革，优化产品结构，增加绿色优质农产品供给，发展农业适度规模经营，提高农业综合竞争力。

（三）积极扩大有效投资和居民消费，增强发展内生动力。我国基础设施和民生领域有许多短板，产业亟需改造升级，有效投资仍有很大空间，要着力发挥有效投资对稳增长调结构的关键性作用，加强轨道交通、地下综合管廊、民用航空、水电油气等重大项目建设。大力推广政府和社会资本合作（PPP）模式，加强全生命周期监管，完善信息披露，保证项目运行的透明性和规范性，建立相应的违约赔偿准备金，保障债权人权益。增强消费拉动经济增长的基础性作用，适应消费升级趋势，支持发展养老、健康、家政、教育培训、文化体育等服务消费，壮大网络信息、智能家居、个性时尚等新兴消费；降低部分消费品进口关税，增设免税店；加强旅游交通、景区景点等设施建设，规范旅游市场秩序；完善城市物流配送网络，在一些符合条件又有巨大需求的城市适当增加物流仓储用地供应。

（四）加快新旧动能接续转换，更好发挥创新引领作用。创新是引领发展的第一动力，是实现结构调整、动能转换的根本所在。要深入实施创新驱动发展战略，持续推进大众创业万众创新，通过落实税收优惠政策等支持双创示范基地建设，研究建立促进国有企业、国有资本从事创投的容错机制。实行更加严格的知识产权保护制度和更加积极的人才引进政策，推动“人口红利”向“人才红利”转变。加快发展战略性新兴产业和现代服务业，推动“互联网＋”向各领域融合渗透，支持分享经济、平台经济做大做强。大力改造提升传统动能，在重塑产业链、供应链、价值链上做文章，推动传统制造业企业在生产、管理和营销模式上的变革。弘扬工匠精神，引导企业创新品种、提升品质、打造品牌，加大对自主知识产权品牌的新产品新技术的政府采购力度。

（五）狠抓改革开放举措落地，更好激发市场活力潜力。把“放管服”改革推向纵深，加快推进“互联网＋政务服务”，加强部门间信息互联互通，打破“信息孤岛”。进一步放宽市场准入，对各类投资主体一视同仁，优化营商环境，鼓励民间资本进入养老等社会服务领域。深化国企国资改革，总结推广混合所有制改革试点经验，进一步健全公司法人治理结构和灵活高效的市场化经营机制，加快推动剥离国有企业办社会职能和解决历史遗留问题。以“一带一路”建设为契机扩大对外开放，鼓励企业抢抓机遇，深耕细作，拓展国际市场，拓展国外需求。加强自贸区建设，积极推进全国通关一体化，进一步提高贸易便利化水平。加大力度培育外贸新业态，研究制定支持外贸转型升级示范基地建设的政策措施，出台支持中西部承接加工贸易产业转移差异化政策，加大招商引资力度，巩固外贸增长态势。

（六）防控重点领域风险隐患，坚决守住不发生系统性金融风险底线。进一步完善宏观审慎政策框架，实施好 MPA 评估，引导银行业金融机构加强自律管理、保持审慎经营。加大处置和核销不良贷款的力度，防止新增贷款过度集中。积极稳妥化解地方政府性债务风险，依法查处和制止违法违规或变相举债行为，加快融资平台公司市场化转型。加强金融监管协调，扎实整治金融乱象，加大逃废债打击力度，重拳打击非法集资、组织传销等危害金融安全与社会稳定的犯罪行为。加强顶层设计，长短结合，标本兼治，既重视房地产市场短期调控，又要从土地、财税等深层次问题入手，尽快研究建立促进房地产市场稳定发展的长效机制，从根本上解决居民住房问题。严格控制商业办公用地供应，允许符合条件的房地产项目根据市场需求整体或部分转型。

经济运行稳中向好
高质量发展任重道远
——2017 年国民经济运行情况及政策建议

2017 年，在以习近平同志为核心的党中央坚强领导下，各地区各部门全面贯彻落实党中央国务院决策部署，坚持稳中求进工作总基调，坚持以供给侧结构性改革为主线，推动结构优化、动力转换和质量提升，国民经济稳中向好、好于预期，经济发展的活力、动力和潜力不断释放，稳定性、协调性和可持续性明显增强，实现了经济平稳健康发展。新的一年，要全面贯彻党的十九大和中央经济工作会议精神，以习近平新时代中国特色社会主义思想为指导，紧扣新时代社会主要矛盾转化，深入贯彻新发展理念，坚定不移深化供给侧结构性改革，科学统筹稳增长、促改革、调结构、惠民生、防风险各项工作，坚决打好防范化解重大风险、精准脱贫、污染防治三大攻坚战，为迈向高质量发展新阶段开好局、起好步。

一、经济发展显现历史性变化，决胜全面小康迈出坚实步伐

2017 年，国民经济稳中有进、稳中向好态势持续发展。经济增长企稳回升，价格总水平保持稳定，市场供求关系发生深刻变化，新旧动能转换加快，质量效益明显提升，开放力度加大，人民获得感幸福感明显

增强，经济发展再创历史新成就。

（一）经济实力跃上新台阶，综合国力和国际影响力明显提升。

经济总量达到新水平。初步核算，2017 年国内生产总值达到 827122 亿元，超过 80 万亿元，比上年增长 6.9%。按年平均汇率折算，经济总量达到 12 万亿美元，稳居世界第二位。经济增量 83537 亿元，折合 1.2 万亿美元，相当于 2016 年澳大利亚的经济总量（根据世界银行数据，2016 年澳大利亚经济总量居世界第 14 位）。我国经济增长对世界经济增长贡献率在 30%左右。分产业看，第一产业增加值 65468 亿元，增长 3.9%；第二产业增加值 334623 亿元，增长 6.1%，其中规模以上工业增加值增长 6.6%；第三产业增加值 427032 亿元，增长 8%。2017 年，人均国内生产总值 59660 元，比上年增长 6.3%。

农业供给能力得到新提升。粮食再获丰收。2017 年，在粮食播种面积结构调整的同时，全国粮食产量 12358 亿斤，比上年增加 33 亿斤，增长 0.3%，是历史上第二高产年，连续 5 年保持 12000 亿斤以上，粮食生产能力稳定达到 12000 亿斤。**肉类产量增加。**2017 年，猪肉产量 5340 万吨，比上年增长 0.8%；牛肉产量 726 万吨，增长 1.3%；羊肉产量 468 万吨，增长 1.8%；禽肉产量 1897 万吨，增长 0.5%。

基础设施实现新跨越。农田水利条件明显改善。第三次全国农业普查结果显示，2016 年末，全国能够正常使用的机电井数量达到 659 万眼，能够使用的灌溉用水塘和水库 349 万个，排灌站 42 万个。2016 年，灌溉耕地面积占实际耕种耕地面积的比重达到 55.2%。**交通运输能力不断增强。**2017 年底，我国铁路营业里程达到 12.7 万公里，其中高速铁路 2.5 万公里；货运量 471 亿吨，比上年增长 9.3%。**信息网络建设加快推进。**2017 年，全国 50M 以上宽带用户比例超过 60%，4G 用户平均下载速率比上年提高 30%，5G 技术研发完成第二阶段试验。**电网建设水平提高。**2017 年底，国家电网公司特高压建成和核准在建线路长度超过 3.2 万千米，变电容量超过 3.4 亿千瓦，特高压输电通道累计送电超过 9000 亿千瓦时。

财政和外汇实力显著增强。1—11月份，全国一般公共预算收入161748亿元，同比增长8.4%；2017年全国财政收入有望超过17万亿元。**外汇储备由降转升。**2017年末，国家外汇储备余额达到31399亿美元，比上年末增加1294亿美元，升幅为4.3%，改变了近年来下降的态势。

货物贸易总额创历史新高。2017年，我国进出口总额277921亿元，比上年增长14.2%，进出口规模为历史最高值，有望重回世界首位。2015年进出口总额比上年下降7%，2016年下降0.9%，三年来首次正增长。2017年，出口额比上年增长10.8%，上年为下降1.9%；进口额增长18.7%，增速比上年加快18.1个百分点。

（二）增长就业物价好于预期，经济运行保持在合理区间。

经济增长稳定性增强。初步核算，2017年国内生产总值比上年增长6.9%，增速比上年加快0.2个百分点，2011年以来经济增速首次回升，出现双向波动。分季度看，一、二、三、四季度同比分别增长6.9%、6.9%、6.8%、6.8%，连续10个季度保持在6.7%—6.9%的区间。

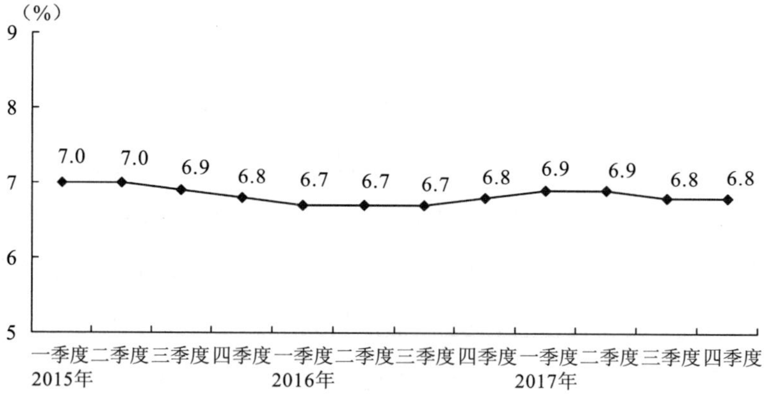

图1　国内生产总值当季增长速度

就业形势持续向好。2017年，城镇新增就业1351万人，比上年增加37万人，超额完成全年目标任务，连续5年保持在1300万人以上。全年农民工总量28652万人，比上年增加481万人，增长1.7%。

居民消费价格涨势温和。2017年，居民消费价格比上年上涨1.6%，涨幅比上年回落0.4个百分点。分类别看，食品价格下降1.4%；非食品价格上涨2.3%。分季度看，一、二、三、四季度居民消费价格同比分别上涨1.4%、1.4%、1.6%、1.8%。2017年，工业生产者出厂价格比上年上涨6.3%，一、二、三、四季度同比分别上涨7.4%、5.8%、6.2%和5.9%，涨势趋缓。

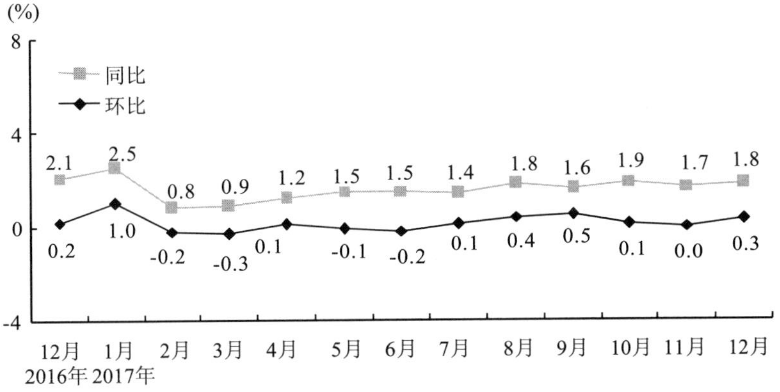

图2 居民消费价格当月涨（跌）幅

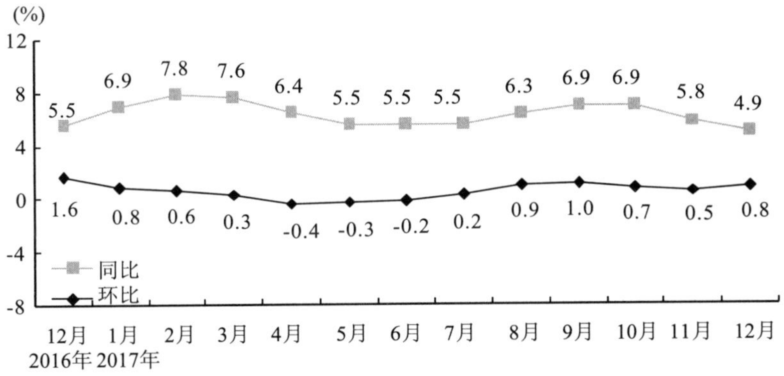

图3 工业生产者出厂价格当月涨（跌）幅

（三）供给侧结构性改革深入推进，实体经济效益明显改善。

“三去一降一补”扎实推进。去产能取得成效。2017年，全国工业产能利用率为77%，创5年新高。商品房库存水平持续下降。2017年末，商品房待售面积58923万平方米，比上年末减少10616万平方米。工业企业杠杆率不断降低。11月末，规模以上工业企业资产负债率为55.8%，比上年同期下降0.5个百分点。企业成本继续下降。1—11月份，规模以上工业企业每百元主营业务收入中的成本为85.26元，比上年同期减少0.28元。短板领域投资加快。2017年，生态保护和环境治理业、水利管理业、农业投资分别比上年增长23.9%、16.4%和16.4%，分别快于全部投资16.7、9.2和9.2个百分点。**农业供给侧结构性改革成效初显。**库存较多的玉米种植面积调减，杂粮和豆类播种面积增加。2017年，全国玉米播种面积比上年下降3.6%，豆类播种面积增长6.7%。

实体经济效益较快增长。供给侧结构性改革明显改善了市场供求关系，促进了企业利润增加和生产效率提高。2017年，工业生产者出厂价格比上年上涨6.3%，上年为下降1.4%，结束了自2012年以来连续5年下降的态势。在市场需求改善和价格回升带动下，1—11月份，规模以上工业企业利润总额同比增长21.9%，增速比上年同期加快12.5个百分点；规模以上服务业企业营业利润增长30.4%，加快28.2个百分点。

（四）创新发展持续发力，新动能成长取得新突破。

科技创新取得一系列重大成果。2017年，航空航天、人工智能、深海探测、生物医药等领域涌现出一批重大科技成果。“天舟一号”货运飞船和“天宫二号”空间实验室成功对接，“墨子号”量子卫星成功实现从卫星到地面的量子密钥分发，世界首台光量子计算机问世，我国自主研制、世界在研最大水陆两用飞机AG600成功陆上首飞，国产大飞机C919完成空中首秀，“复兴号”动车组投入运行，在全球率先实现在海域稳定开采可燃冰，首艘国产航母下水，“深海勇士”号成功完成载人深潜试验，“海水稻”试种成功。

大众创业万众创新热潮涌动。在一系列倡导创新文化、弘扬创造精神政策支持下，大众创业万众创新活力迸发。2017年，全国新登记企业607.4万户，比上年增长9.9%，日均新登记企业1.66万户；全国专利申请数达到354万件，其中发明专利125万件。

新产业新产品蓬勃发展。2017年，工业战略性新兴产业增加值比上年增长11%，增速比全部规模以上工业快4.4个百分点；信息传输软件和信息技术服务业、租赁和商务服务业增加值分别增长26%和10.9%。1—11月份，战略性新兴服务业、生产性服务业、科技服务业营业收入同比分别增长18%、15%和15.1%。新产品持续快速增长。2017年，工业机器人产量比上年增长68.1%，新能源汽车增长51.1%。

新业态新模式快速成长。2017年，全国实物商品网上零售额比上年增长28%，增速比社会消费品零售总额快17.8个百分点，比上年加快2.4个百分点。网上购物带动快递业务量大幅增长。2017年，完成快递业务量401亿件，比上年增长28%。分享经济、平台经济、数字经济广泛渗透，新服务不断涌现。2017年，非实物商品网上零售额比上年增长48.1%，增速比上年加快19.4个百分点。

（五）协调发展步伐稳健，结构调整取得新进展。

产业结构加快升级。工业向价值链中高端发展。2017年，高技术产业和装备制造业增加值分别比上年增长13.4%和11.3%，增速分别比规模以上工业快6.8和4.7个百分点；占规模以上工业的比重分别为12.7%和32.7%。**服务业主导特征更加突出。**2017年，第三产业增加值比上年增长8%，增速比第二产业快1.9个百分点；第三产业增加值占国内生产总值的比重为51.6%，比第二产业高11.1个百分点；第三产业增长对经济增长的贡献率为58.8%，比上年提高1.3个百分点，比第二产业高22.5个百分点。

需求结构持续改善。消费继续成为经济增长的主动力。2017年，最终消费增长对经济增长的贡献率为58.8%，比资本形成总额高26.7个百分点。升级类商品消费较快增长。2017年，社会消费品零售总额366262亿元，比上年增长10.2%，其中限额以上单位体育娱乐用品类、化妆品类、家用电器和音像器材类商品零售额分别比上年增长15.6%、13.5%和9.3%，增速分别比上年提高1.7、5.2和0.6个百分点。**投资结构不**

断优化。2017年，固定资产投资（不含农户）631684亿元，比上年增长7.2%。其中，高技术产业投资增长15.9%，增速比全部投资快8.7个百分点；工业技改投资增长16.3%，比全部投资快9.1个百分点。

区域发展战略加快实施。城镇化水平稳步提高。2017年，我国常住人口城镇化率为58.52%，比上年提高1.17个百分点，城镇常住人口比上年增加2049万人。**中西部地区加快发展。**2017年，中部、西部地区规模以上工业增加值分别比上年增长7.9%和7.3%，增速分别快于东部地区1.2和0.6个百分点；西部地区固定资产投资（不含农户）增长8.5%，快于东部地区0.2个百分点。**东北经济回暖。**2017年，东北地区规模以上工业增加值比上年增长4.2%，上年为下降3.1%；固定资产投资增长2.8%，上年为下降23.5%。**三大战略稳步推进。**"一带一路"建设引领沿海、沿边、内陆地区联动发展。京津冀协同发展作用增强，雄安新区规划建设取得积极进展。长江经济带"共抓大保护"格局基本形成。

（六）开放发展持续深入，全面开放呈现新格局。

共建"一带一路"取得积极成效。"一带一路"建设进入全面务实合作新阶段。**贸易往来持续扩大。**2017年，我国与"一带一路"沿线国家进出口额达7.37万亿元，比上年增长17.8%。**双向投资不断深化。**1—11月份，我国企业对沿线国家直接投资124亿美元，新签对外承包工程合同额1135亿美元，同比增长13.1%；沿线国家在华实际投资50亿美元，新设立企业3500多家。**重大项目建设加快。**我国企业在沿线国家推进建设75个境外经贸合作区，累计投资270多亿美元，为当地创造近21万个就业岗位，上缴东道国税费22亿美元。

吸收外资规模大于对外投资。1—11月份，我国实际使用外资8036亿元（折1199亿美元），同比增长9.8%；非金融类对外直接投资1075.5亿美元，同比下降33.5%。**吸收外资结构持续优化。**1—11月份，高技术产业实际吸收外资同比增长66.1%，占全部吸收外资的29.5%，占比比上年底提高10个百分点。

经济全球化引领作用增强。国际合作开创新局面。成功举办“一带一路”国际合作高峰论坛、金砖国家厦门峰会，积极参与二十国集团、亚太经合组织等多边区域合作，取得明显成效。**自贸区建设布局不断完善。**2017年，自贸区建设实现欧亚地区自贸伙伴零突破，首次与非洲国家商建自贸关系，已与24个国家和地区签署了16个自贸协定。1—11月份，自贸试验区实际使用外资915亿元。

（七）绿色发展扎实推进，美丽中国建设迈出新步伐。

单位GDP能耗继续下降。产业结构优化调整和技术进步加快，促进了能源资源利用效率的整体提升。初步核算，2017年，万元国内生产总值（2015年不变价）能耗比上年下降3.7%。主要耗能产品综合能耗继续下降。

清洁能源消费比重上升。能源生产与消费结构发生深刻变化。2017年，在能源生产总量中，原煤所占比重比上年下降0.5个百分点，天然气、水电、风电、核电等清洁能源所占比重提高1.0个百分点。在能源消费总量中，煤炭所占比重比上年下降1.7个百分点，清洁能源所占比重提高1.5个百分点。

高耗能行业生产和投资增长放缓。2017年，六大高耗能行业增加值比上年增长3%，增速比上年降低2.2个百分点，比规模以上工业增加值增速低3.6个百分点。高耗能制造业投资在上年下降基础上继续下降1.8%。

生态环境质量改善。1—11月份，全国338个地级及以上城市$PM_{2.5}$浓度为41微克/立方米，同比下降4.7%；PM_{10}浓度为73微克/立方米，下降2.7%。其中，11月份京津冀区域平均优良天数比例同比上升31.6个百分点；1—11月份，长三角区域$PM_{2.5}$浓度同比下降6.8%，珠三角区域$PM_{2.5}$浓度达到国家二级年均浓度标准。2017年，北京市$PM_{2.5}$年平均浓度为58微克/立方米，比上年下降20.5%。

（八）共享发展增进福祉，人民生活得到新提升。

居民收入增长加快。2017年，全国居民人均可支配收入25974元，比上年增长9.0%，扣除价格因素，实际增长7.3%，增速比上年加快1个百分点，继续快于GDP和人均GDP增速。农村居民收入增长继续快于城镇。2017年，农村居民人均可支配收入13432元，比上年增长8.6%，扣除价格因素，实际增长7.3%；城镇居民人均可支配收入36396元，增长8.3%，扣除价格因素，实际增长6.5%。2017年，农民工月均收入3485元，比上年增长6.4%。

居民消费升级态势明显。基本生存类消费占比下降。2017年，全国居民恩格尔系数为29.3%，比上年下降0.8个百分点。发展型享受型消费支出较快增长。2017年，在全国居民人均消费支出中，教育文化娱乐支出比上年增长8.9%，居住支出增长9.6%，医疗保健支出增长11%，均明显快于人均消费支出7.1%的平均水平。旅游休闲娱乐消费火爆。据监测，2017年，我国国内和入境旅游人数预计超过51亿人次，旅游总收入预计超过5.3万亿元；全国电影总票房约559亿元，增长超过13%。

居民生活质量显著提高。2017年，城镇居民人均住房建筑面积36.9平方米，比上年增长1.1%；农村居民人均住房建筑面积46.7平方米，增长2.0%。耐用消费品拥有量增加。2017年，全国居民每百户家用汽车拥有量为29.7辆，比上年增长7.4%；其中农村居民拥有量为19.3辆，增长10.9%。全国居民每百户移动电话拥有量为240部，其中农村居民为246.1部。

二、结构性矛盾依然突出，发展面临的挑战不容忽视

在充分肯定成绩的同时，也要看到，国际环境依然复杂，国内长期积累的结构性矛盾仍比较突出，解决发展不平衡不充分任务艰巨，要稳不忘忧，好中知难。

（一）不稳定不确定因素增多，外部环境存忧。

尽管世界经济复苏步伐加快，但结构性问题尚未有效解决，宏观政策转向、贸易保护主义加剧等引发的不稳定性、不确定性持续增大，对我国影响不容忽视。**国际金融市场潜在风险上升。**近期主要经济体货币

政策收紧，英国、韩国央行相继宣布加息，美联储加息、缩表步伐可能加快，同时叠加税改政策刺激，利率上行压力持续加大，可能引发全球资金跨境流动异常变化，导致国际金融市场波动，不利于新兴经济体金融稳定。**国际竞争性减税加剧外资利用难度。**主要发达经济体大力推进“再工业化”，英国、法国、德国和日本等国酝酿税收改革，尤其是2017年美参众两院通过税改法案，美国企业所得税率大幅下调，由此前的35%下调为21%，将推动资金和制造业回流，特别是在我国要素成本不断上升背景下，我国利用外资的难度进一步增加。**针对我国的贸易保护事件频发。**在发达国家逆全球化思潮和内顾倾向上升影响下，发达国家贸易保护主义力度有增无减。美国拒绝中国在全球贸易规则下获得“市场经济”待遇的要求，由此产生的“示范效应”可能进一步引发欧盟、日本、印度等国“跟风”加大贸易保护力度，不利于我国扩大出口。**此外，**朝鲜半岛局势不稳，中东地区紧张局势加剧，极端主义、民粹主义现象增多将持续影响全球经济复苏。

（二）企业成本负担仍然偏重，供给质量提升困难较多。

原材料成本、人工成本上涨压力较大。2017年，工业生产者购进价格比上年上涨8.1%，涨幅高于工业生产者出厂价格1.8个百分点；全国居民人均工资性收入比上年增长8.7%，增速比上年加快0.7个百分点。**融资难融资贵问题仍比较突出。**12月末，上海银行间同业拆借利率（SHIBOR，一年期）为4.76%，比上年末上升1.39个百分点，比11月末上升0.13个百分点。1—11月份，规模以上工业企业利息支出和财务费用同比分别增长5%和5.7%。**传统行业产能过剩问题尚未根本解决。**四季度，煤炭、水泥行业的产能利用率仍处于较低水平。在原材料价格上涨驱动下，少数行业落后产能出现死灰复燃现象，去产能工作难度加大。**高技术产品和关键零部件依赖进口。**2017年，我国高新技术产品和机电产品进口额分别比上年增长14.1%和13.3%；集成电路、汽车及汽车底盘进口额分别增长17.3%和16.1%。

（三）居民消费和有效投资仍显不足，经济内生动力有待增强。

消费增长后劲有待增强。受部分商品消费进入成熟期，以及房地产调控效应持续显现影响，部分商品消费放缓。2017 年，限额以上单位汽车类、建筑及装潢材料类商品零售额增速分别比上年回落 4.5 和 3.7 个百分点。高质量产品与服务供给不足，难以满足居民消费升级需要，也制约消费持续较快增长。从居民消费看，2017 年，全国居民人均消费支出比上年名义增长 7.1%，增速比上年回落 1.8 个百分点；扣除价格因素，实际增长 5.4%，回落 1.4 个百分点。在居民收入增长加快的条件下，居民消费增长放缓值得关注。**有效投资动力不足。**融资限制及工程招标、土地使用等环节存在“隐形门槛”，教育、医疗、养老等领域市场准入面临较多限制，影响民间投资积极性。2017 年，民间投资比上年增长 6%，增速比全部投资低 1.2 个百分点。上游行业产能过剩问题依然突出，中下游行业受制于原材料价格上涨，利润空间收窄，制造业投资仍显低迷。2017 年，制造业投资比上年增长 4.8%，增速比全部投资低 2.4 个百分点。

（四）部分领域潜在风险犹存，风险防控压力较大。

2017 年，我国经济运行稳中向好，重点领域风险防控取得积极成效，但当前仍处在结构调整的关键时期，部分领域矛盾长期积累，新情况新问题有所显现，潜在风险需要关注。**居民杠杆率有所上升。**2017 年，新增住户人民币贷款占全部新增贷款的比重比上年提高 2.69 个百分点。**一些地区财政潜在风险仍在累积。**调整转型压力较大的地区，财政收支压力也比较大，一些市县财政入不敷出，保障基本民生困难较多，一些省份养老保险基金出现缺口。部分地方以政府投资基金、政府和社会资本合作、政府购买服务等名义变相担保举债问题突出，隐性债务增长较快。**房地产市场结构性问题仍较突出。**部分热点城市住宅价格上涨压力依然较大。11 月份，15 个热点城市中有 4 个城市新建商品住宅价格环比出现上涨，一些区域一二手房价出现倒挂现象，有效供应不足现象仍较突出。与此同时，非住宅库存仍在上升。2017 年末，全国办公楼待售面积比上年末增长 0.9%，而全部商品房待售面积为下降 15.3%。

（五）区域分化调整状况延续，行业发展不平衡问题凸显。

地区分化现象仍较明显。东北地区转型发展仍比较艰难。2017 年，东北地区规模以上工业增加值比上年增长 4.2%，低于全国 2.4 个百分点；固定资产投资（不含农户）增长 2.8%，低于全国 4.4 个百分点；居民人均可支配收入名义增长 6.9%，低于全国 2.1 个百分点。部分北方省份调整压力较大。2017 年，甘肃和内蒙古固定资产投资分别比上年下降 40.3%和 7.2%。**上下游行业效益差距较大。**1—11 月份，规模以上煤炭开采和洗选业利润总额同比增长 3.6 倍，黑色金属冶炼和压延加工业利润总额增长 1.8 倍。受上游原材料价格居高不下影响，中下游行业成本上升较快，企业利润空间受到挤压。1—11 月份，铁路、船舶、航空航天和其他运输设备制造业利润总额同比仅增长 0.3%，电力热力燃气及水生产和供应业利润总额下降 12.8%。

（六）收入分配和人口结构新变化值得关注。

收入差距问题仍比较突出。从五等份分组看，2017 年，全国居民高低收入组收入倍差为 10.90，比上年扩大 0.18；其中，城镇居民高低收入组收入倍差为 5.62，扩大 0.21；农村居民高低收入组收入倍差为 9.48，扩大 0.02。缩小居民收入差距，推进改革发展成果全民共享任务依然艰巨。

劳动年龄人口加速减少。2017 年，16—59 岁劳动年龄人口 90199 万人，比上年减少 548 万人，比上年多减近 200 万人；占全部人口的比重为 64.9%，比上年下降 0.7 个百分点。从农民工情况看，16—30 岁农民工数量比上年减少 414 万人。与此同时，人口老龄化加快。2017 年，全国 60 岁及以上人口 24090 万人，比上年增加 1004 万人，占总人口的比重为 17.3%，比上年提高 0.63 个百分点。人口结构的变化对经济社会发展的影响要密切关注。

三、牢牢把握高质量发展要求，推动经济行稳致远

2018 年是贯彻党的十九大精神的开局之年，是改革开放 40 周年，是

决胜全面建成小康社会、实施“十三五”规划承上启下的关键一年，保持经济持续健康发展意义重大。展望2018年，经济运行中有利因素和不利因素并存，推动高质量发展潜力巨大、任重道远。我们要更加紧密地团结在以习近平同志为核心的党中央周围，牢牢把握高质量发展这一根本要求，认真贯彻落实党的十九大和中央经济工作会议精神，坚持新发展理念，坚持稳中求进工作总基调，坚持质量第一、效益优先，统筹推进稳增长、促改革、调结构、惠民生、防风险各项工作，努力实现更高质量、更有效率、更加公平、更可持续的发展。

（一）坚持以高质量发展为根本要求，着力抓好政策落实。党的十九大和中央经济工作会议对新时代推动经济高质量发展作出了全面部署，要以踏石留印、抓铁有痕的攻坚精神认真抓好落实，因地制宜，出新招、出实招、出妙招，务求抓出实效。要认真学习、转变观念，坚决摒弃传统发展思路，以“创新、协调、绿色、开放、共享”新发展理念为指引，牢固树立和坚持质量第一、效益优先，加快形成以创新驱动为主导的高质量发展新思路。要加快形成推动高质量发展的指标体系、政策体系、标准体系、统计体系、绩效评价、政绩考核，着力实现质量变革、效率变革、动力变革，提高全要素生产率。统计部门要按照党中央、国务院决策部署，加快改革完善统计体制，加快建设现代化的统计调查体系，为高质量发展提供坚强有力的统计保障。

（二）坚持稳中求进工作总基调，加强政策协同配合。要保持政策的连续性和稳定性，把握好工作节奏和力度。积极的财政政策取向不变，落实好已出台的各项减税降费措施，争取更大成效，调整优化支出结构，确保对重点领域和项目的支持力度。稳健的货币政策要保持中性，管住货币供给总闸门，把握好保持流动性基本稳定和去杠杆之间的平衡，更好地服务实体经济发展。在加大改革调整力度的同时，要统筹做好稳增长、促改革、调结构、惠民生、防风险各项工作，加强政策协同协调，注重“时、度、效”，着力打好政策“组合拳”。处理好速度、质量、效益的关系，确保经济运行处在合理区间，着力推动供需更高水平上的动态平衡。统计部门要紧紧围绕中央经济工作会议部署的重点任务以及经济运行中的苗头性、趋势性、倾向性问题，深入开展专题调查和统计分析，强化预测预判，更好地服务国家宏观调控。

（三）坚持以供给侧结构性改革为主线，激发市场活力潜力。供给侧结构性改革对于促进经济稳中向好发挥了至关重要的作用，也是贯彻新发展理念、建设现代化经济体系的首要任务，必须持之以恒加以推进。继续深化供给侧结构性改革，重点应在“破”、“立”、“降”上下功夫。“破”就是要运用技术、环保、安全等市场化、法治化手段大力破除无效供给，严控新增产能，坚决淘汰“僵尸企业”，防止落后产能死灰复燃，促进资源向优势企业集中。“立”就是积极扩大优质增量供给，加快发展先进制造业和现代服务业，大力培育新动能新产业。“降”就是要降低实体经济显性和隐性成本。统计部门在继续跟踪监测“三去一降一补”重点任务的同时，要研究对“破立降”进行全面跟踪监测。

（四）坚持实施创新驱动发展战略，加快建设创新型国家。要抓住世界新一轮科技革命和产业变革的机遇，瞄准经济建设主战场和人民美好生活需求，加强应用基础研究，拓展实施国家重大科技项目，突出关键共性技术、前沿引领技术、颠覆性技术创新。在更大范围、更高层次、更深程度上推动大众创业万众创新，充分释放全社会创业创新潜能。深化科技体制改革，健全技术入股、股权激励等收益分配机制，更好调动科技人才积极性。倡导创新文化，强化知识产权创造、保护、运用。推动互联网、大数据、人工智能和实体经济深度融合，在中高端消费、绿色低碳、共享经济、数字经济等领域培育新增长点。统计部门要进一步健全“三新”统计调查体系，研究建立反映数字经济、共享经济、现代供应链的统计制度，改进完善“三新”增加值核算方法。

（五）坚持实施乡村振兴战略和区域协调发展战略，推动城乡区域发展良性互动。要按照实现农业强、农村美、农民富的总要求，大力实施乡村振兴战略，坚持农业农村优先发展，加快推进农业农村现代化，构建现代农业产业体系、生产体系、经营体系，促进农村一二三产业融合发展。深化农业供给侧结构性改革，推动质量兴农、绿色兴农。建立更加有效的区域协调发展新机制，加大力度支持老少边穷地区加快发展，以疏解北京非首都功能为“牛鼻子”推动京津冀协同发展，高起点规划、高标准建设雄安新区，以共抓大保护、不搞大开发为导向推动长江经济带发展。统计部门要着力做好农村经济社会发展统计监测和京津冀、长江经济带监测。

（六）坚持全面深化改革，更好地发挥改革牵引作用。始终抓住“放管服”改革这一牛鼻子，持续推进政府职能转变，进一步放宽市场准入，优化营商环境，破除歧视性限制和各种隐性障碍。推动国有资本做强做优做大，完善国企国资改革方案，进一步健全公司法人治理结构和灵活高效的市场化经营机制。稳妥推进财税体制改革，建立权责清晰、财力协调、区域均衡的中央和地方财政关系，规范地方政府举债行为。深化投融资体制改革，不断完善 PPP 制度设计。统计部门要加快推进地区生产总值统一核算为核心的各项统计改革，精心组织开展第四次全国经济普查，认真做好营商环境调查和评价。

（七）坚持在更高水平上扩大开放，推动形成全面开放新格局。要抓住世界经济回升、分工格局调整的新机遇，加大力度培育外贸新业态，优化贸易结构，改善贸易平衡，推进贸易强国建设。坚持以“一带一路”为重点，在“引进来”和“走出去”上双向发力，构建面向全球的贸易、投融资、生产、服务网络，形成以全球配置资源为目标的国际分工新格局。统计部门要继续加强对“一带一路”沿线国家的统计监测和分析，认真做好国际比较调查工作，进一步推进我国统计工作与国际规则接轨。

（八）坚持抓重点补短板强弱项，全力以赴打赢三大攻坚战。打好防范化解重大风险攻坚战，重点是防控金融风险。要健全金融监管体系，加快金融机构盘活存量、处置不良资产，动态优化银行贷款结构，加强表外业务监管，坚决守住不发生系统性金融风险的底线。坚持“房子是用来住的、不是用来炒的”定位，加快建立多主体供给、多渠道保障、租购并举的住房制度。深入推进精准脱贫，把扶贫和扶志、扶智结合起来，推动特色产业发展、劳务输出、教育和健康扶贫，激发贫困人口内生脱贫动力。切实践行绿水青山就是金山银山的理念，强化突出环境问题治理，持续推进大气、水、土壤防治污染，加快建设美丽中国。统计部门要加强房地产市场监测预警，进一步强化贫困监测，加快推进自然资源资产负债表编制，完善绿色发展指数计算和监测工作。

月度报告

Monthly Report

Macroeconomic Performance in China

发展态势继续改善 总体运行稳中向好
——1—2 月份国民经济运行情况及政策建议

1—2 月份，国民经济延续了去年下半年以来稳中有进、稳中向好发展态势，积极变化增多，向好条件增强。但国际环境依然错综复杂，不稳定不确定因素仍然较多，国内结构性矛盾仍比较突出，发展的内生动力仍显不足，经济发展改善、向好的基础还需巩固。下阶段，要在以习近平同志为核心的党中央坚强领导下，深入贯彻落实中央经济工作会议精神和政府工作报告部署，坚持稳中求进工作总基调，坚持新发展理念，坚持以推进供给侧结构性改革为主线，适度扩大总需求，加强预期引导，深化创新驱动，努力促进经济持续稳中向好。

一、主要指标呈现积极变化，经济运行稳中有进

（一）从生产看，工业增速加快，服务业较快增长。

工业增速加快。 1—2 月份，规模以上工业增加值同比增长 6.3%，增速比上年 12 月份加快 0.3 个百分点。其中，采矿业同比下降 3.6%，制造业增长 6.9%，电力、热力、燃气及水生产和供应业增长 8.4%。**从相关指标看，** 1—2 月份，工业用电量同比增长 6.9%，增速比上年 12 月

份加快1.4个百分点；铁路货运量增长14.5%，加快4.7个百分点；工业增值税增长7.8%，上年12月份为下降14.2%。2月份，制造业采购经理指数为51.6%，比上月提高0.3个百分点，其中新订单指数为53.0%，上升0.2个百分点；生产经营活动预期指数为60.0%，持续位于较高景气区间。

服务业较快增长。1—2月份，服务业生产指数同比增长8.2%。**从相关指标看，**1—2月份，服务业用电量同比增长7.3%，增速比上年12月份加快0.8个百分点；服务业税收占全部税收比重为56.8%，比上年全年提高0.3个百分点。2月份，非制造业商务活动指数为54.2%，连续5个月保持在54.0%及以上的较高景气区间。

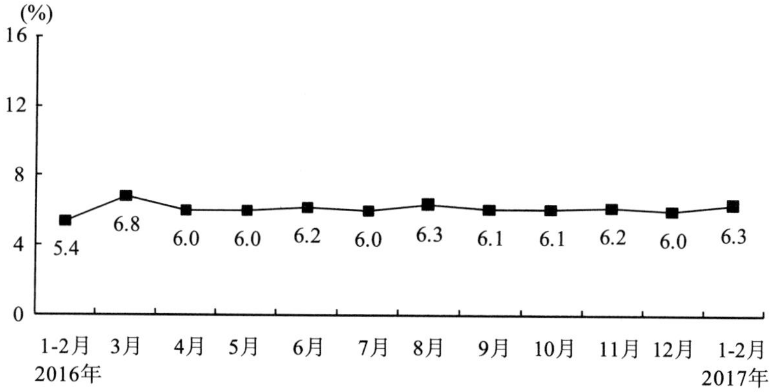

图1　规模以上工业增加值当月增长速度

（二）从需求看，投资、出口增速加快，消费基本稳定。

投资增速稳中有升。1—2月份，固定资产投资（不含农户）41378亿元，同比增长8.9%，增速比上年全年加快0.8个百分点。其中，基础设施投资增长27.3%，加快9.9个百分点；制造业投资增长4.3%，加快0.1个百分点；房地产开发投资增长8.9%，加快2.0个百分点。民间投资增长6.7%，加快3.5个百分点，为去年3月份以来最快的增速。**从相关指标看，**1—2月份主要工程机械设备月平均综合开工率为34.9%，比上年同期提高4.35个百分点，月平均工作时间为50.25小时，增加6.5小时。挖掘、铲土运输机械产量同比增长34.4%，比上年12月份加快

9.9 个百分点。

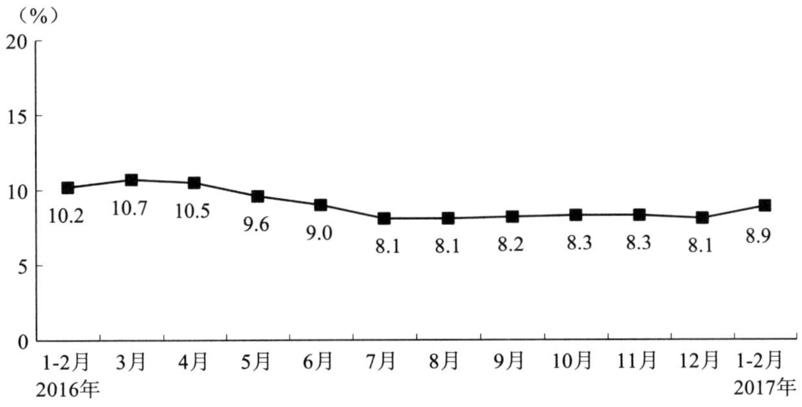

图 2　固定资产投资（不含农户）累计增长速度

市场销售基本稳定。1—2 月份，社会消费品零售总额 57960 亿元，同比增长 9.5%，增速比上年同期回落 0.7 个百分点，比上年 12 月份回落 1.4 个百分点；扣除价格因素实际增长 8.1%，分别回落 1.5 和 1.1 个百分点。**占比较大的汽车类商品增速回落是零售总额增速回落的主要因素。**受小排量车辆购置税优惠幅度下降、政策边际效应递减、去年基数较高等因素影响，1—2 月份，限额以上单位汽车类零售增速由上年同期的增长 5.4%转为下降 1%，影响社会消费品零售总额增速下降约 0.7 个百分点。若扣除汽车类影响，社会消费品零售总额增速与上年同期基本持平。部分消费升级类商品增速有所加快，限额以上单位体育娱乐用品类同比增长 19.5%，比上年 12 月份加快 5.6 个百分点；书报杂志类增长 11.5%，加快 2 个百分点；通讯器材类增长 10.7%，加快 2.7 个百分点。服务消费快速发展。1—2 月份，全国非实物商品网上零售额 2161 亿元，同比增长 55.1%，比上年同期加快 20.5 个百分点。今年春节期间，全国实现旅游总收入 4233 亿元，同比增长 15.9%；移动互联网流量消费 25901 万 G，增长 1 倍。

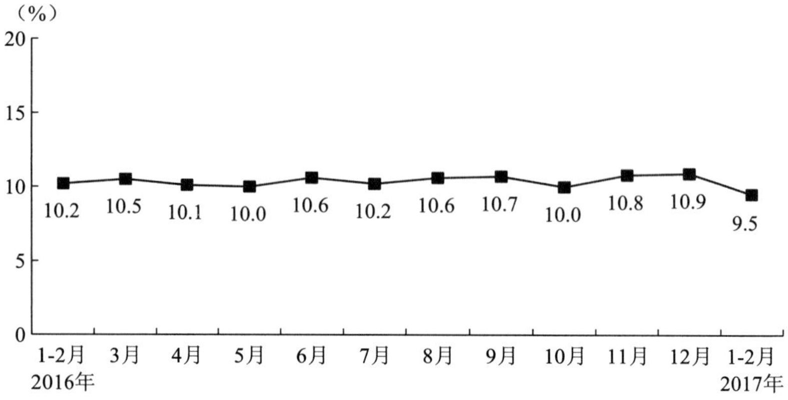

图 3　社会消费品零售总额当月增长速度

进出口快速增长。1—2 月份，全国进出口总额 38900 亿元，同比增长 20.6%，增速比上年 12 月份加快 15.7 个百分点。其中，出口 20918 亿元，增长 11.0%，加快 10.4 个百分点；进口 17982 亿元，增长 34.2%，加快 23.4 个百分点，表明国内需求回暖。净出口 2937 亿元，比上年同期减少 46.1%。**机电产品出口增长较快。**1—2 月份，机电产品出口 1.22 万亿元，同比增长 13.8%，增速比上年 12 月份加快 12.9 个百分点。**铁矿砂、原油、煤炭等主要大宗商品进口量价齐升。**1—2 月份，我国铁矿砂、原油、煤进口量同比分别增长 12.6%、12.5%和 48.5%，进

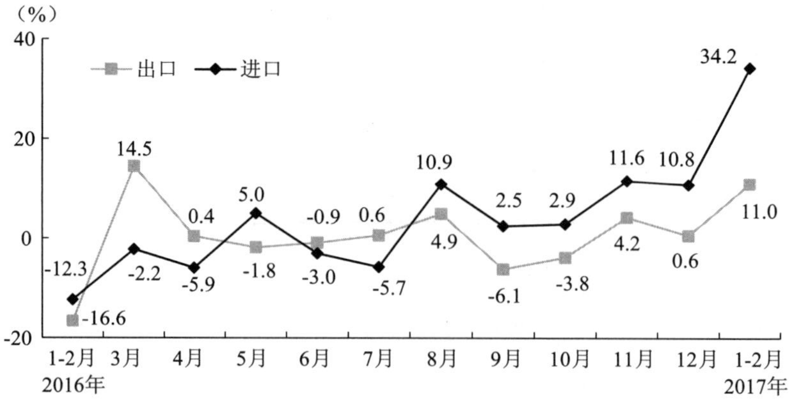

图 4　出口总额和进口总额当月增长速度

(按人民币计价)

口均价分别上涨 83.7%、60.5%和 1.1 倍。

1—2 月份，规模以上工业企业出口交货值同比增长 8.8%，增速比上年 12 月份加快 4.9 个百分点。

（三）从价格看，居民消费价格涨势温和，工业生产者出厂价格同比涨幅扩大。

居民消费价格涨幅收窄。2 月份，居民消费价格同比上涨 0.8%，涨幅比上月收窄 1.7 个百分点。其中，食品价格下降 4.3%，非食品价格上涨 2.2%；消费品价格下降 0.1%，服务价格上涨 2.4%。2 月份居民消费价格环比下降 0.2%，上月为上涨 1.0%。**CPI 同比涨幅收窄主要是由于蔬菜价格下降和上年同期基数较高。**2 月份，鲜菜和猪肉价格同比分别下降 26%和 0.9%，而 1 月份分别上涨 1.6%和 7.1%，二者合计影响 CPI 同比涨幅回落 1.21 个百分点。2 月份价格的翘尾影响比上月减少 1.5 个百分点。尽管 2 月份 CPI 同比涨幅回落较多，但扣除食品和能源价格后，核心 CPI 同比上涨 1.8%，基本延续了去年以来的温和上涨态势。

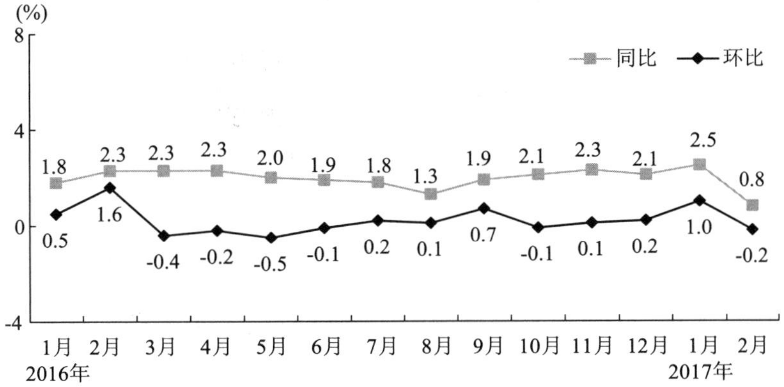

图 5 居民消费价格当月涨（跌）幅

工业生产者出厂价格同比涨幅扩大。2 月份，工业生产者出厂价格同比上涨 7.8%，涨幅比上月扩大 0.9 个百分点。**PPI 同比涨幅扩大是国内市场需求改善、国际大宗商品价格上涨和翘尾因素共同作用的结果，仍属于恢复性上涨。**据测算，钢铁、煤炭、石油开采、石油加工、有色和化工等六大行业价格上涨合计影响 PPI 同比上涨 6.3 个百分点，约占涨幅的80.8%。在7.8%的同比涨幅中，去年价格上涨的翘尾影响约为6.4个百分点，约占涨幅的82.1%。**从环比看，**2月份，工业生产者出厂价格环比上涨0.6%，涨幅比上月收窄0.2个百分点，连续两个月收窄。

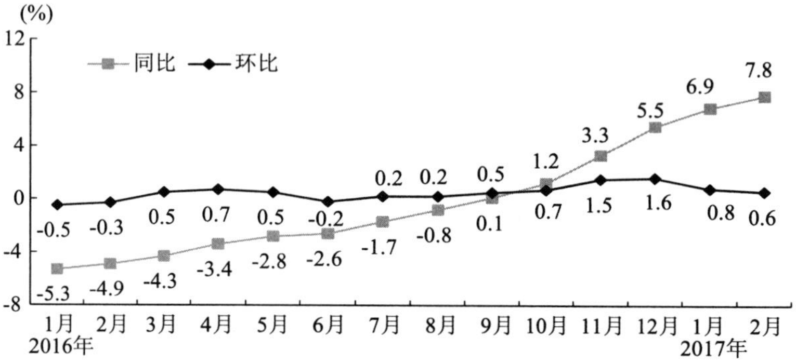

图6　工业生产者出厂价格当月涨（跌）幅

（四）从就业看，就业形势总体稳定。

1—2月份，城镇新增就业188万，比上年同期多增16万人，完成全年计划的17%。总体上看，2月份就业形势仍是稳定的。

（五）供给侧结构性改革深入推进，实体经济发展态势加强。

“三去一降一补”继续取得新进展。去产能方面，1—2月份，煤炭开采和洗选业、钢铁制造业增加值同比分别下降6.8%和9.1%；原煤产量同比下降1.7%；发电机组（发电设备）产量下降2.9%，上年12月为增长27.5%；电站锅炉产量增长7.8%，增速比上年12月下降51.4个百分点。**去库存方面，**2月末，全国商品房待售面积同比下降4.6%，降幅比2016年末扩大1.4个百分点。非重点城市去化速度加快。1—2月份，非重点城市商品房销售面积同比增长35.9%，比2016年提高14个百分点。**去杠杆方面，**1—2月份，中央企业资产负债率同比平均下降0.1个百分点。**降成本方面，**1—2月份，中央企业成本费用增长低于销售收入增长。**补短板方面，**1—2月份，生态保护和环境治理业、公共设施管理业、农业、水利管理业固定资产投资（不含农户）同比增速分别比全部投资快29.1、26.9、16和10.2个百分点。

供给侧结构性改革深入推进，改善了市场供求关系，促进了实体经济发展。**制造业增长加快。**1—2月份，制造业增加值同比增长6.9%，增速比上年12月份加快0.6个百分点。其中通用设备制造业增长10.6%，加快2.2个百分点；专用设备制造业增长11.5%，加快3.5个百分点。**工业向中高端迈进。**1—2月份，高技术产业和装备制造业增加值同比分别增长12.6%和11.9%，增速分别比规模以上工业快6.3和5.6个百分点。**投资结构继续改善。**1—2月份，高技术制造业投资和服务业投资同比分别增长18.4%和12.2%，增速分别快于全部投资9.5和3.3个百分点；高耗能制造业投资下降4.0%，降幅比上年全年扩大3.1个百分点。

（六）区域结构有所改善，发展协调性增强。

“四大板块”良性互动。东部地区引领作用明显。1—2月份，东部地区规模以上工业增加值同比增长6.6%，快于全国规模以上工业0.3个百分点。**中西部后发优势继续发挥。**1—2月份，中、西部地区规模以上工业增加值同比分别增长7.4%、7.1%，分别比东部地区快0.8和0.5个百分点；中部地区固定资产投资（不含农户）增长12.0%，快于东部地区3个百分点。**东北地区经济有所回暖。**1—2月份，东北地区规模以上工业增加值同比增长0.8%，上年12月为下降0.9%；固定资产投资（不含农户）下降17.8%，降幅比上年全年收窄5.7个百分点。

“三大战略”稳步推进。“一带一路”建设取得积极进展。1月份，我国企业在“一带一路”沿线的61个国家新签对外承包工程项目合同额56.7亿美元，占同期我国对外承包工程新签合同额的47.4%；完成营业额37亿美元，占同期总额的45.2%。**京津冀协同发展作用增强。**1—2月份，北京、天津规模以上工业增加值同比分别增长9.5%和6.7%，均快于全国平均水平。河北固定资产投资（不含农户）增长10.1%，分别比北京和天津快3.8和1.0个百分点。**长江经济带支撑力度加大。**1—2月份，长江经济带沿线11个省市中，9个省市规模以上工业增加值增速超过全国平均水平，10个省市固定资产投资增速超过全国平均水平。

（七）创新驱动发展战略持续实施，大众创业万众创新广泛开展。

新市场主体快速增加。1—2月份，全国新登记企业69.8万户，同比增长11.2%，日均新登记企业1.2万户。**高新技术产业蓬勃发展。**1—2月份，航空、航天器及设备制造业增加值同比增长8%，比上年12月份加快3个百分点；医药制造业增长10.7%，加快0.6个百分点。**新业态新模式快速成长。**1—2月份，全国网上商品和服务零售额8580亿元，同比增长31.9%。其中，网上商品零售额6419亿元，增长25.5%，增速比社会消费品零售总额快16个百分点。在此带动下，1—2月份，全国预计完成快递业务量45.9亿件，同比增长35%。4G网络不断发展，智能手机与移动支付日益普及，催生了摩拜单车、ofo等共享型消费服务模式，专车、顺风车等渐成规模。**新产品新服务不断涌现。**技术含量高、资源消耗少、绿色环保、符合转型升级方向的新产品快速增长。1—2月份，光电子器件产量同比增长54.4%，工业机器人增长29.9%，运动型多用途乘用车（SUV）增长24.9%，太阳能电池增长14.6%，光纤增长10.7%。现代服务业发展势头良好，上门理发、私人厨师、网上订餐等符合居民个性化、多样化需求的服务层出不穷。

总之，在党中央、国务院的坚强领导下，在各地区各部门的共同努力下，随着注重创新创业强供给，注重补齐短板扩需求，注重改革让利增活力，注重有促有控调结构，注重兜底强基保民生等一系列政策措施的贯彻落实，生产有所加快，需求小幅回暖，价格温和上涨，就业总体稳定，预期明显改善，结构更趋优化，质量效益提高，实现了国民经济发展态势继续改善、总体运行稳中向好的良好开局。

二、不稳定因素依然较多，苗头性问题不容忽视

（一）外部环境依然错综复杂，不稳定不确定性犹存。

一是美联储加息冲击不容小觑。市场普遍预计，年内美国可能加息2—4次，而3月份很可能开启年内首次加息。届时，包括人民币在内的各国货币兑美元汇率可能再一次面临较大贬值压力，资本外流规模加大，

并可能引发金融市场动荡。**二是逆全球化思潮涌动。**当前，全球范围的逆全球化思潮，不仅表现为贸易保护显著增多，而且更加显性地表现为政治对抗、政策封闭和赤裸裸的贸易制裁等，对外贸易面临着较大的困难。**三是全球金融风险上升。**根据国际金融协会（IIF）估计，2016 年末全球债务总额约为世界 GDP 的 325%；国际货币基金组织（IMF）指出，1/3 的欧洲银行缺乏长期生存能力，可能成为全球金融市场新的波动之源。**四是国际大宗商品价格大幅上升带来输入性涨价压力。**国际大宗商品价格上涨推高国内工业品价格。1—2 月份，我国煤、铁矿砂及其精矿、原油进口均价同比分别上涨 1.1 倍、83.7%和 60.5%。**五是地缘冲突增多。**朝鲜半岛紧张局势加剧，中东北非冲突不断，俄乌争端持续升温，给全球经济带来新的不确定性。

（二）成本上升债务高企，部分企业特别是小微企业生产经营困难仍较多。

虽然去年以来工业企业盈利恢复性增长，但总体上看，企业负担仍然较重，部分企业特别是小微企业生产经营仍较困难。**一是原材料和人工成本压力加大。**随着上游原材料价格快速上涨和人工成本刚性上升，企业成本压力加大。根据制造业采购经理调查，2 月份，主要原材料购进价格指数为 64.2%，连续 5 个月处于 60%以上的高位；反映劳动力成本上升的制造业企业比重高达 39.8%，其中小型企业比重达到 42.3%，为近一年来的高点。**二是融资难融资贵没有根本缓解。**根据我局调查，2016 年四季度，小微工业企业获得民间借款的年化利率仍然高达 18.55%。**三是企业债务居高难下。**企业之间债务相互拖欠严重，三角债、多角债问题突出，2016 年规模以上工业企业应收账款平均回收期为 36.5 天。**四是小微企业预期持续低迷。**2 月份，小型企业 PMI 为 46.4%，与上月持平，自 2014 年 8 月以来持续处于荣枯线以下。

（三）消费增长放缓投资走势存不确定性，需求增长的内生动力仍显不足。

从消费看，受小排量汽车购置税优惠政策力度减弱等影响，1—2 月份汽车类商品销售同比下降1.0%，而上年12月份为增长14.4%，上年同期为增长5.4%。从今后一个时期看，居民收入增速放缓将影响消费能力和信心，加之上年基数较高，汽车和房地产销售增速可能会继续回落，社会消费品零售总额增速低于上年同期的可能性较大。**从投资看，**制造业投资和民间投资增速仍处低位。1—2月份，制造业投资和民间投资增速分别比全部投资低4.6和2.2个百分点，投资的内生动力依然较为疲弱。**从先行指标看，**1—2月份，新开工项目计划总投资同比下降8.3%，上年全年为增长20.9%；固定资产投资到位资金下降8.0%，上年全年为增长5.8%。新开工项目计划总投资和到位资金下降，预示投资增长后劲不足。

（四）工业产品能耗上升，完成节能降耗任务压力加大。

受国内外大宗商品价格持续上涨的带动，去年下半年以来部分高耗能产品生产有所加快，能耗明显上升。**从产品产量看，**1—2月份，十种有色金属产量同比增长11.7%，增速比上年12月份加快2.5个百分点，其中电解铝增长15.6%，加快2.4个百分点；粗钢增长5.8%，加快2.6个百分点；钢材增长4.1%，上年12月为下降0.2%。**从用电量看，**高耗能行业用电量明显增加。1—2月份，石油加工、炼焦及核燃料加工业用电量同比增长14.2%，比上年12月份加快6.7个百分点；有色金属冶炼及压延加工业用电量增长22.5%，加快21.4个百分点。高耗能行业生产反弹导致能耗明显上升，不利于经济运行质量和效益的提高。1—2月份，工业能耗同比提高4.3%，增速比上年全年加快4.1个百分点，增速为近两年来高点，加大了实现全年节能减排目标的难度。尤其是一些原本应关停的过剩高耗能行业企业复工生产，一些环保不达标、落后低效的小企业也重新开工，既降低了效率，又增加了污染，还容易引发安全生产事故，延缓去产能进程，需要引起重视。

三、抓紧落实重点工作任务，巩固稳中向好发展态势

1—2月份国民经济发展态势继续改善，总体运行稳中向好，充分证

明党中央国务院采取的一系列政策措施是正确有效的。但也要看到，国际国内环境依然错综复杂，不稳定不确定因素仍然较多，结构性矛盾仍比较突出，发展的内生动力仍待加强，经济发展改善、向好的基础还需巩固。下阶段要更加紧密团结在以习近平同志为核心的党中央周围，切实按照中央经济工作会议精神和政府工作报告部署，坚持稳中求进工作总基调，牢固树立和贯彻落实新发展理念，把握引领经济发展新常态，以提高发展质量和效益为中心，坚持宏观政策要稳、产业政策要准、微观政策要活、改革政策要实、社会政策要托底的政策思路，坚持以推进供给侧结构性改革为主线，适度扩大总需求，加强预期引导，深化创新驱动，狠抓政策落实，巩固积极变化，努力促进经济持续稳中向好。

（一）保持宏观政策的稳定性和连续性，巩固培育向好势头。财政政策要更加积极有效，突出重点，有保有压，切实落实减税降费措施，加大力度补短板、惠民生，以适应供给侧结构性改革、降低宏观税负、增加民生兜底的需要。货币政策要保持稳健中性，综合运用多种货币政策工具组合，维护流动性基本稳定，同时更好发挥货币信贷政策的结构引导作用，促进金融资源更多流向实体经济，特别是支持“三农”和小微企业。在美元升值、国际货币博弈激烈、金融市场风险上升的情况下，要进一步加强预期引导，保持人民币汇率在合理均衡水平上基本稳定。近期输入性通胀压力虽然有所加大，但尚不至于造成实质性通胀，货币政策不宜收的过紧。

（二）扎实推动“三去一降一补”，着力化解结构性矛盾。去年以来“三去一降一补”对于改善供需结构、提高盈利能力起到重要作用，今年要在巩固成果基础上深入推进。要妥善处理好工业品价格上涨、高耗能生产反弹、单位能耗上升的关系，充分运用市场化法治化手段推动钢铁、煤炭、煤电化解过剩产能，坚决防止环保、安全不达标企业生产反弹；坚持分类调控、因城施策，综合运用金融、土地、财税、投资、立法等手段去房地产库存；支持银行、实施机构和企业通过自主协商开展市场化债转股，稳妥有序降低企业杠杆率；着力降低企业制度性交易成本和要素成本，持续推进降成本措施；适当增加中央预算内投资，提高补短板的有效性。

（三）继续适度扩大总需求，为供给侧结构性改革创造环境。在汽车和住房两大重点行业短期支撑效应边际递减的情况下，要加快培育新的支撑点。加大关键领域和薄弱环节补短板工作力度，增加脱贫攻坚、农村道路、现代农业、灾后水利薄弱环节等投资。加快向民间资本进一步放开基础电信领域竞争性业务、油气勘探开发等领域的市场准入。强化收入分配改革激励导向，加快实施重点群体激励计划，促进城乡居民增收，推动消费结构升级。密切关注外部环境变化，充分发挥出口信用保险、服务贸易创新发展引导基金等政策作用，继续开展跨境电子商务、市场采购贸易、外贸综合服务企业等试点，积极务实推进“一带一路”建设和国际产能合作，妥善应对贸易摩擦，推动外贸回稳向好。

（四）深入推进创新驱动发展战略，加快培育壮大经济发展新动能。全面提高创新供给能力是推动经济持续向好的根本，更是不断提高经济运行质量、效益和竞争力的关键。要深入推进“放管服”改革，积极培育创业创新主体。全面实施战略性新兴产业发展规划，做大做强产业集群。支持和引导分享经济发展，提高社会资源利用效率。推动“互联网+”深入发展，促进数字经济加快成长。加快大数据、云计算、物联网应用，以新技术新业态新模式，推动传统产业生产、管理和营销模式变革，大力改造提升传统产业。

（五）着力纾解实体经济困难，夯实稳中向好基础。实体经济是发展的根基，要重视解决实体经济发展中存在的困难，筑牢发展的基础。要进一步减少审批环节，降低不合理中介评估费用，降低企业制度性交易成本。在减税、降费、降低要素成本上加大工作力度，深入开展涉企收费清理规范及专项整治，落实好减税降费等各项惠企政策，进一步清理规范基金和行政事业性收费，创新涉企收费监管制度，当前尤其要防止部分企业搭车涨价行为，切实降低企业运营成本。

（六）大力实施就业优先战略，兜牢民生底线。就业是民生之本，要以就业为核心，进一步完善宏观政策框架和体系。深入实施就业优先战略，强化就业援助，持续推进大学生、返乡农民工等重点群体就业创业。围绕培育返乡创业产业集群、发展农村电商、化解过剩产能发展接续产业等重点，继续扩大支持农民工等人员返乡创业试点覆盖范围。加大对就业困难群体的教育培训力度，妥善安置化解过剩产能过程中的下岗、转岗职工。把精准扶贫的各项政策措施落到实处，保质保量完成扶贫攻坚任务。

经济稳中向好态势持续
新情况新问题需要关注
——4月份国民经济运行情况及政策建议

4月份，国民经济延续了总体平稳、稳中向好的发展态势。但国内外环境依然复杂多变，结构性矛盾尚未根本缓解，经济稳中向好的基础仍需巩固。下阶段，要在以习近平同志为核心的党中央坚强领导下，坚持稳中求进工作总基调，坚持以供给侧结构性改革为主线，继续适度扩大总需求，大力深化创新驱动，有效引导社会预期，及时解决经济运行中的突出矛盾和问题，全面做好稳增长、促改革、调结构、惠民生、防风险各项工作，确保经济平稳健康发展。

一、经济运行总体平稳，稳中向好态势未变

4月份，生产需求稳定增长，就业物价形势持续向好，国际收支基本平衡，供给侧结构性改革扎实推进，新动能不断发展壮大，结构调整和转型升级步伐稳健，经济稳中有进、稳中向好态势没有改变。

（一）工业增速稳中有缓，服务业保持较快增长。

4月份，规模以上工业增加值同比增长6.5%，增速比上月回落1.1个百分点，经季节调整后环比增长0.56%；1—4月份，规模以上工业增

加值同比增长6.7%，增速与一季度基本持平。4月份，采矿业增加值同比下降0.4%，降幅比上月收窄0.4个百分点；制造业增长6.9%，增速比上月回落1.1个百分点；电力、热力、燃气及水生产和供应业增长7.8%，回落1.9个百分点。**从相关指标看，**4月份，工业用电量同比增长4.8%，增速比上月回落4.1个百分点；铁路货运量增长15.3%，回落2.0个百分点。1—4月份，工业用电量同比增长6.9%，增速比一季度回落0.8个百分点；铁路货运量增长15.4%，回落0.1个百分点。

工业生产以及用电量货运量增速有所放缓，主要是受到工作日天数减少因素的影响，4月份工作日19天，比上年同期少一天。

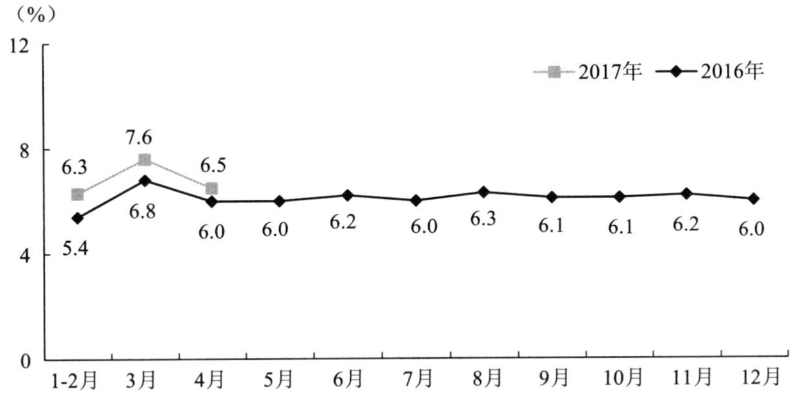

图1　规模以上工业增加值当月增长速度

4月份，服务业生产指数同比增长8.1%，比上月回落0.2个百分点，今年以来一直保持在8%以上较高水平。**从相关指标看，**4月份，服务业用电量同比增长12.7%；非制造业商务活动指数为54.0%，连续保持在较高景气区间。

（二）市场销售稳定增长，投资增速稳中略缓。

4月份，社会消费品零售总额27279亿元，同比增长10.7%，增速比上月回落0.2个百分点，经季节调整后环比增长0.79%；1—4月份，社会消费品零售总额同比增长10.2%，比一季度加快0.2个百分点。4月份，商品零售额增长10.6%，餐饮收入额增长11.1%；分城乡看，城镇零售额增长10.4%，乡村零售额增长12.6%。

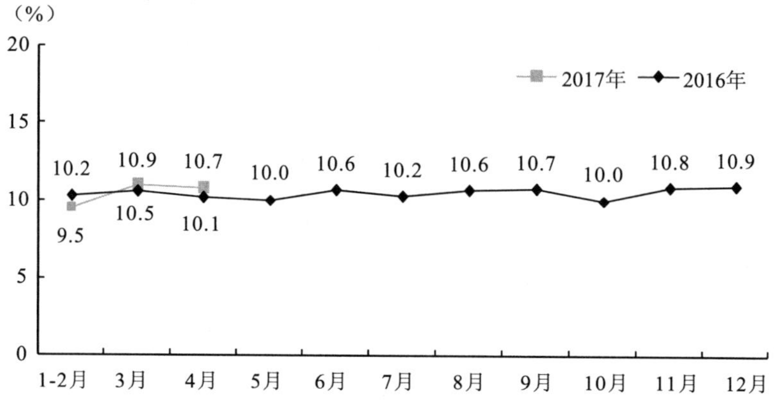

图2　社会消费品零售总额当月增长速度

1—4月份，固定资产投资（不含农户）144327亿元，同比增长8.9%，增速比一季度回落0.3个百分点，经季节调整后环比增长0.71%。其中，基础设施投资同比增长23.3%，比一季度回落0.2个百分点；制造业投资增长4.9%，回落0.9个百分点；房地产开发投资增长9.3%，加快0.2个百分点。

（三）出口继续较快增长，国际收支状况稳定。

4月份，全国进出口总额22205亿元，同比增长16.2%，增速比上月回落8个百分点。其中，出口12414亿元，增长14.3%，回落8个百分

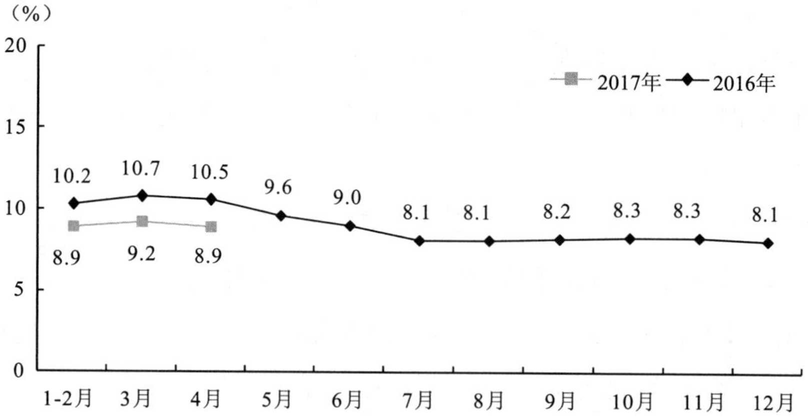

图3　固定资产投资（不含农户）累计增长速度

点；进口9791亿元，增长18.6%，回落7.7个百分点。1—4月份，出口45678亿元，增长14.7%，继续保持两位数较快增长。

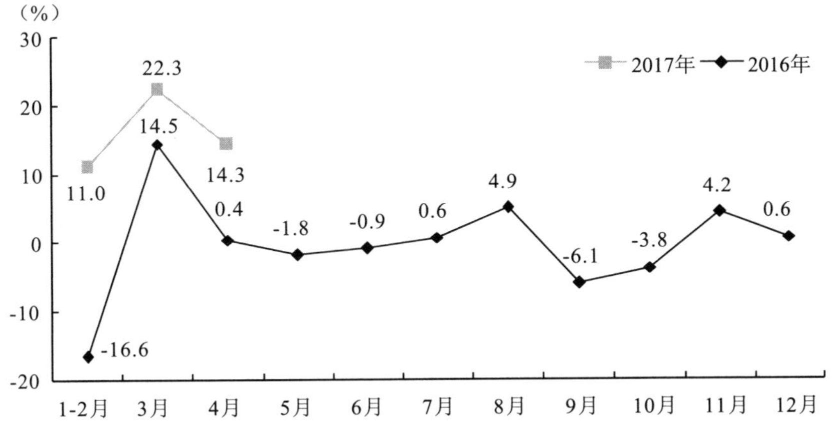

图4　出口总额当月增长速度（按人民币计价）

贸易顺差有所扩大。4月份，进出口相抵贸易顺差为2623亿元，同比扩大0.6%。**吸收外资增长快于对外投资。**一季度，我国实际使用外资金额2265亿元（折338亿美元），同比增长1%；非金融类对外直接投资205亿美元，同比下降48.8%。**人民币汇率和外汇储备总体稳定。**4月末，人民币汇率中间价为1美元兑人民币6.8931元，比上月末升值0.09%；外汇储备余额30295亿美元，比3月末增加204亿美元，连续3个月回升。

（四）调查失业率继续下降，就业形势稳定向好。

1—4月份，城镇新增就业465万人，比上年同期多增22万人，完成全年计划的42%。4月份，31个大城市城镇调查失业率和全国城镇调查失业率均比上月下降，继续保持在5%左右。

（五）居民消费价格同比涨幅略有扩大，工业生产者出厂价格同比涨幅继续回落。

4月份，居民消费价格同比上涨1.2%，涨幅比上月扩大0.3个百分点。其中，食品价格下降3.5%，非食品价格上涨2.4%；消费品价格上涨0.2%，服务价格上涨2.9%。居民消费价格环比上涨0.1%，上月为下降0.3%。1—4月份，居民消费价格同比上涨1.4%，涨幅与一季度持平。

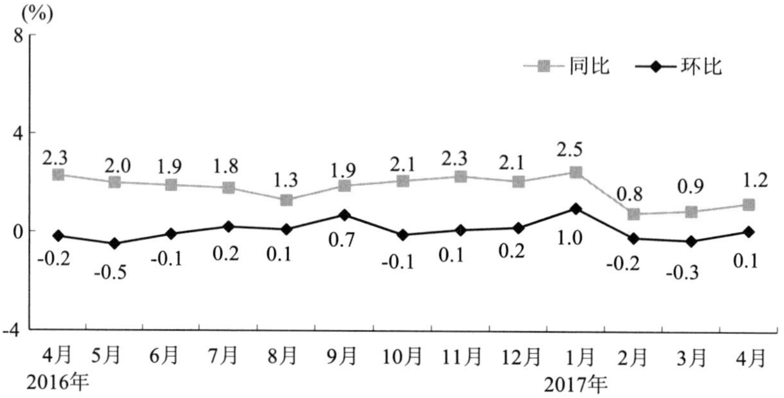

图5 居民消费价格当月涨（跌）幅

4月份，工业生产者出厂价格同比上涨6.4%，涨幅比上月回落1.2个百分点，连续2个月回落。其中，生产资料价格同比上涨8.4%，生活资料价格上涨0.7%。工业生产者出厂价格环比下降0.4%，是去年7月份以来首次下降，上月为上涨0.3%。1—4月份，工业生产者出厂价格同比上涨7.2%，涨幅比一季度回落0.2个百分点。**尽管PPI同比涨幅回落，但价格同比上涨的行业面扩大。**在调查的40个工业大类行业中，34个行业产品价格同比上涨，比上月增加1个。

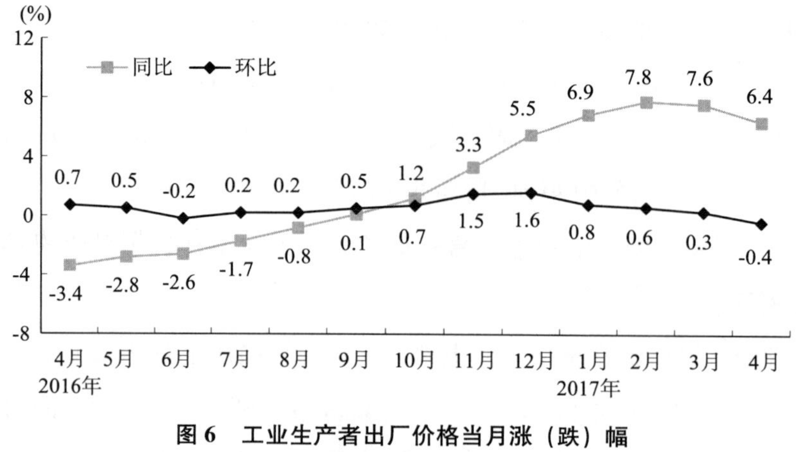

图6 工业生产者出厂价格当月涨（跌）幅

（六）“三去一降一补”扎实推进，政策成效不断显现。

去产能方面，1—4月份，钢材产量同比增长1.7%，增速比一季度回落0.4个百分点；水泥、原煤产量分别增长0.7%和2.5%，增速均保持低位。**去库存方面，**4月末，全国商品房待售面积67469万平方米，同比下降7.2%，降幅比3月末扩大0.8个百分点。其中，住宅待售面积下降16.2%，扩大1.2个百分点。**去杠杆方面，**3月末，规模以上工业企业资产负债率为56.2%，同比下降0.7个百分点。**降成本方面，**一季度，规模以上工业企业每百元主营业务收入中的成本为85.25元，同比减少0.15元。**补短板方面，**1—4月份，生态保护和环境治理业、公共设施管理业、水利管理业、交通运输仓储和邮政业固定资产投资（不含农户）同比分别增长50.4%、28.4%、16.1%和16.7%，远高于全部固定资产投资平均增速，补短板投入力度持续加大。

（七）创新引领作用提升，新动能逐步发展壮大。

创业创新势头良好。4月份，全国新登记企业55.6万户，同比增长9.2%，日均新登记企业1.85万户；专利申请量22.8万件，同比增长13.6%。我国研发制造大型设备科技能力进一步增强。“天舟一号”货运飞船完成发射并与“天宫二号”空间实验室成功对接，具有完全自主知识产权的C919成功首飞，世界首台光量子计算机在我国问世。**新业态新模式快速成长。**1—4月份，全国网上商品和服务零售额19180亿元，同比增长32%。其中，商品零售额14618亿元，增长25.9%。在此带动下，预计1—4月完成快递业务量106.8亿件，同比增长31.1%。**新产业新产品蓬勃发展。**1—4月份，医药制造业、电子及通信设备制造业、医疗仪器设备及仪器仪表制造业增加值同比分别增长11.3%、15.9%和11.6%。技术含量高、资源消耗少、绿色环保、符合转型升级方向的新产品快速增长。1—4月份，工业机器人产品产量同比增长51.7%，运动型多用途乘用车（SUV）增长21.7%，太阳能电池增长18.2%，智能手机增长10.9%。

（八）结构调整持续推进，转型升级势头良好。

服务业增势好于工业。4月份，服务业生产指数增速快于工业增加值1.6个百分点。**制造业加快向中高端迈进。**1—4月份，高技术产业和装备制造业增加值同比分别增长13.1%和11.5%，分别快于规模以上工业6.4和4.8个百分点。**升级类消费增势良好。**1—4月份，中西药品类、体育娱乐用品类、文化办公用品类商品零售额分别增长11.2%、15.1%和12%，增速均快于限额以上单位消费品零售额。**产业投资结构继续优化。**1—4月份，高技术产业和服务业投资同比增长22.6%和12.1%，分别快于全部投资13.7和3.2个百分点。相比之下，高耗能制造业投资持续负增长，同比下降1.7%，降幅比一季度扩大0.1个百分点。

二、困难隐忧依然较多，苗头性问题不容忽视

在看到多数指标仍保持较快增长，经济运行稳中向好态势未变的同时，也要看到，当前国际市场虽有所复苏但仍不稳定，国内短期问题与长期矛盾相互交织，周期性和结构性矛盾相互叠加，上行动力和下行压力相持的局面仍将延续一段时间，持续向好的基础还有待巩固，一些新情况新问题值得关注。

（一）外部环境依然复杂多变，挑战变数较大。

贸易保护压力继续增大。美、欧、日等发达经济体对我国贸易保护手段翻新，一方面加大对我国出口产品的反倾销、反补贴调查，征收高额惩罚性关税；另一方面通过“修法”、政治和外交等手段形成战略“高压”态势，限制我国出口。**美联储货币政策调整的影响仍在蔓延。**美国4月份新增非农就业21.1万人，超出预期的19万人；失业率降至4.4%，美国经济走强将强化6月份美联储加息预期。同时，下半年美联储还将收缩资产负债表规模，届时全球汇市、股市、债市以及国际资本流动均将面临较大压力。**美国大幅减税的外溢影响不可低估。**近期，美国公布了最新税改计划，包括将企业所得税率从35%下调至15%，大幅调降境外利润一次性汇回税率，个人所得税免征额翻倍、税率从7档减为3档

等措施。美国大幅减税将为境内企业和个人营造更好的发展环境，吸引企业和人才流向美国，加大了国际竞争压力，影响不可低估。**国际金融市场不稳定性上升。**全球主权债务攀升，美国、日本、英国等主要经济体杠杆率均不同程度提高；银行业盈利能力和风险抵抗能力均有所下降，坏账有所增加，近期欧洲银行业波澜再起，全球最大船舶融资银行德国北方银行陷入困境。**此外，**朝鲜半岛风险仍存，中东北非地缘冲突不断，恐怖主义、极端主义、民粹主义现象增多，进一步加剧了全球经济复苏的不确定性。

（二）经济增长内生动力仍显不足，稳中向好仍需加力。

投资增长后劲不足。1—4 月份，制造业投资和民间投资同比分别增长 4.9%和 6.9%，增速分别比全部投资低 4.0 和 2.0 个百分点。基础设施投资增长已在高位，进一步加快的难度较大，而房地产投资受新一轮楼市调控影响，后期走势也存在较大不确定性。从先行指标看，1—4 月份新开工项目计划总投资同比下降 5.9%，固定资产投资到位资金下降 1.4%，也表明投资增长后劲不足。**消费增长存在不确定性。**受上年同期基数较高以及小排量汽车购置税优惠力度减弱影响，今年以来汽车销售增长放缓。1—4 月份，限额以上单位商品零售额中，汽车类销售同比仅增长 3.4%，增速比上年同期回落 3.6 个百分点，其中 4 月份当月增长 6.8%，比上月回落 1.8 个百分点。由于汽车消费占比较大，将对后期消费增长产生不利影响。

（三）实体经济比较困难，发展基础仍待夯实。

企业之间债务拖欠问题持续较为突出。3 月末，规模以上工业企业应收账款 12 万亿元，同比增长 10.5%，增速比上年末加快 0.9 个百分点；应收账款平均回收期为 38.6 天，比上年末增加 2.1 天。**融资难融资贵没有根本缓解。**根据我局调查，一季度小微工业企业获得民间借款的平均月利率为 1.37%。有关机构数据显示，4 月份温州地区民间融资综合年化利率超过 15%。**部分行业利润同比下降或增长缓慢。**受原材料成本大幅上升影响，一些以原材料为主要投入的行业盈利空间受到挤压，利润同比下降或增长较为缓慢。一季度，电力、热力生产和供应业利润总额同比下降 35.3%，燃气生产和供应业利润仅增长 6.0%，增速比规模以上工业低 22.3 个百分点。

（四）结构性矛盾比较突出，潜在风险需要重视。

房地产领域风险犹存。在因地制宜、因城施策的房地产调控政策作用下，三四线城市房地产去库存取得积极成效，但总的看库存水平依然较高。1—4 月份，非重点城市商品房待售面积所占比重为 62.8%，比上年同期提高 0.5 个百分点。而近期非重点城市房地产开发投资较快增长，进一步加大了后期这些地方库存去化压力。1—4 月份，非重点城市房地产开发投资同比增长 10%，增速比全部房地产开发投资快 0.7 个百分点。此外，大量信贷资源仍在向房地产领域集中，也加大了潜在风险。一季度，房地产贷款新增 1.7 万亿元，占同期新增贷款的 40.4%。**金融领域风险需加强防范。**商业银行不良贷款规模仍在增加，而受利率市场化持续推进导致存贷款利差收窄影响，盈利能力却在下降。3 月末，商业银行不良贷款余额 1.58 万亿元，比年初增加 673 亿元。表外理财和影子银行等由于存在底数不清、监管困难等因素，隐含的风险较大。债券市场违约明显增多，部分省市联保互保、民间借贷风险有所上升。

（五）部分地区回稳基础不牢，协调发展难度加大。

尽管在一系列加快调整转型支持政策作用下，一些产业结构单一、能源资源依赖度较高的地区经济发展出现积极变化，但由于矛盾长期积累，经济企稳难度依然较大。1—4 月份，东北地区固定资产投资同比下降 18.7%，降幅比一季度扩大 3.2 个百分点。其中辽宁下降 34.4%，扩大 9.5 个百分点。4 月份，东北地区规模以上工业增加值同比增长 1.6%，低于全部规模以上工业 4.9 个百分点，其中辽宁下降 5.3%。东北地区与其他地区之间的发展差距还在扩大，由此引发的财政、就业、养老等问题不容忽视。4 月份，东北地区城镇调查失业率为 6.14%，比全国平均水平高 1.14 个百分点；东北地区一般公共预算收入同比增长 1.5%，低于全国 7.1 个百分点，其中辽宁同比下降 0.7%。

三、坚定不移深化供给侧结构性改革，力促经济持续健康发展

综合来看，我国正处在新旧动能接续转换和转型升级的关键阶段，当前经济稳中有进、稳中向好态势持续，平稳运行的主基调没有改变，但结构性矛盾仍较突出，转型升级任重道远，一些领域的隐忧风险有所凸显，苗头性问题不容忽视。下阶段，既要坚定信心，增强战略定力，保持政策的连续性和稳定性，坚持推进经济结构调整和供给侧改革不动摇；又要未雨绸缪，增强忧患意识，科学统筹稳增长、促改革、调结构、惠民生、防风险，及时防范化解经济运行中的突出矛盾和问题，把握好调控的力度和节奏，力促经济持续健康发展，努力实现全年发展预期目标并争取更好结果。

（一）保持宏观政策的连续性和稳定性，夯实巩固向好基础。

当前经济稳中有进、稳中向好格局未变，证明前期采取的一系列组合政策措施是有力有效的，要继续坚持下去，特别是要继续实施积极的财政政策和稳健的货币政策，同时针对经济运行中的新情况新问题，适时适度预调微调，注重政策的协调配合，着力提高预见性、精准性和有效性。财政政策要更加积极有效，减税降费要突出针对性，优先保障供给侧结构性改革、民生保障等关键领域的支出。货币政策要保持稳健中性，综合运用多种货币政策工具，维护流动性基本稳定，同时针对国际货币博弈激烈、金融市场风险上升的情况，保持人民币汇率在合理均衡水平上基本稳定，给出口企业稳定的市场预期。

（二）着力推进供给侧结构性改革，切实提高发展质量效益。

供给侧结构性改革对于促进经济稳中向好发挥了至关重要的作用，要突出重点着力攻坚，进一步释放改革红利。坚持用市场化法治化手段，依法依规推动钢铁、煤炭等过剩产能退出，坚决取缔“地条钢”，适当压减煤炭进口。积极稳妥去杠杆，促进企业盘活存量资产，推进资产证券化，逐步将企业负债降到合理水平，要把握节奏，统筹施策，避免政策叠加收得过紧加剧企业资金紧张。深化营改增等财税改革，落实减税降

费措施，全面清理涉企收费，降低物流、用能等成本。推动农业供给侧改革，以稳粮优经扩饲为重点，发展精细农业，扩大绿色优质农产品生产，拓展农民增收空间。

（三）着力深化改革创新，培育壮大新动能新产业。

新常态下推进结构优化和动能转换，归根结底要靠改革创新。要抓住经济企稳向好的重要“时间窗口”，以改革增强发展动力，以创新厚植发展优势。深入推进放管服改革，加强事中事后监管，提升基层政府承接能力，推进平台对接和信息共享，持续优化创业创新环境。积极发展天使投资、风险投资基金等，为创业创新活动提供资金支持。加强知识产权保护，促进科技成果转化，通过股权、期权等多种手段强化对创新人才的激励。加快培育新兴产业，集中力量实施集成电路、人工智能、生物医药等一批战略性工程，做大做强产业集群。发挥好先进制造产业投资基金的支持带动作用，以贴息、事后奖补、股权投资等方式支持企业技术改造，使传统产业焕发新的蓬勃生机。

（四）着力振兴实体经济，持续增强企业发展信心。

实体经济是发展的根基，要抓转型促升级，努力振兴制造业等实体经济。继续完善营改增试点，释放更大减税效应；疏通传导机制，引导资金“脱虚向实”，合理引导市场利率水平，降低企业融资成本，更好地服务实体经济。要加强经济形势分析解读，引导市场主体正确看待一些经济指标的短期波动，增强发展信心，坚持调结构促转型不动摇。引导企业树立质量第一的品牌意识，开展质量提升行动，加强全面质量管理，发扬工匠精神，加强品牌建设，培育更多百年老店，扩大高质量产品和服务供给。

（五）着力扩大有效需求，不断提升内生动力。

我国内需潜力巨大，扩内需既有必要也有可能，关键是找准政策发力点。要围绕改善民生来扩大消费，适应消费结构升级，完善消费政策，改善消费环境，提升消费品质，积极扩大旅游、文化、体育、健康、养老等新兴消费需求，形成新的消费增长点。要着眼补短板、惠民生、增后劲来扩大投资，抓大项目好项目，加快推进基础设施尤其是中西部公共设施建设。深化政府和社会资本合作模式，加快资金拨付进度，提高资金使用效率，建立完善合理的投资回报机制，充分调动民间资本的积极性。

（六）着力防范化解风险，坚决守住稳定底线。

对风险和问题的暴露既要做好准备，守住不发生系统性风险的底线，也要保持定力，不过度反应，把握好力度和节奏。要深化金融体制改革，健全协调监管体系，完善金融风险监测、评估和预警体系，加强对产能过剩行业、债券市场、地方政府债务等领域风险排查，落实好风险防控的主体责任，坚决防止“三角债”、互保联保、债券市场等信用违约问题演化扩展。加强监管协调，规范发展互联网金融，加大惩处违规违法行为工作力度。加快建立促进房地产市场稳定发展的长效机制，实施分城施策、分类调控，热点城市合理增加土地供应，提高住宅用地比例。妥善做好去产能过程中的人员安置工作，兜牢民生底线。

经济运行稳中向好
内生动力仍需增强
——5月份国民经济运行情况及政策建议

5月份，国民经济继续保持总体平稳、稳中向好发展态势，呈现生产需求稳定、就业持续向好、物价涨幅平稳、结构不断优化的突出特点。但国际国内不稳定不确定因素依然较多，转型升级、提质增效任重道远。下阶段，要在以习近平同志为核心的党中央坚强领导下，坚持稳中求进工作总基调，坚持以供给侧结构性改革为主线，适度扩大总需求，强化创新驱动，加强预期引导，科学统筹稳增长、促改革、调结构、惠民生、防风险，着力增强内生动力，着力激发市场活力，着力振兴实体经济，推动经济持续健康发展。

一、经济运行总体平稳，转型升级步伐稳健

（一）工业增速稳定，服务业较快增长。

5月份，规模以上工业增加值同比增长6.5%，增速与上月持平。其中，采矿业增长0.5%，上月为下降0.4%；制造业增长6.9%，增速与上月持平；电力、热力、燃气及水生产和供应业增长6.4%，回落1.4个百分点。**从相关指标看，**5月份，受钢铁、建材、化工等高耗能行业生产

放缓影响，工业用电量同比增长 3.8%，增速比上月回落 1.0 个百分点。货物运输较为活跃，铁路货运量同比增长 14%。1—5 月份，规模以上工业增加值同比增长 6.7%，与 1—4 月份持平。

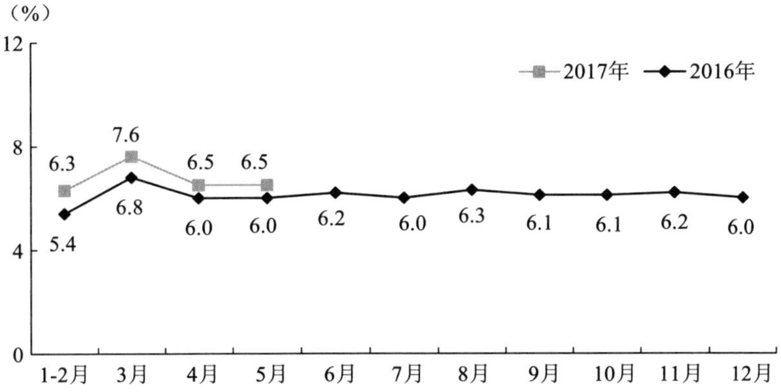

图 1　规模以上工业增加值当月增长速度

5 月份，服务业生产指数同比增长 8.1%，增速与上月持平，继续保持 8%以上较高水平。1—5 月份，服务业生产指数同比增长 8.2%，与 1—4 月份持平。

（二）消费保持较快增长，投资增速小幅回落。

5 月份，社会消费品零售总额 29459 亿元，同比增长 10.7%，增速与上月持平。其中，商品零售额增长 10.6%，餐饮收入额增长 11.6%；分城乡看，城镇消费品零售额增长 10.4%，乡村消费品零售额增长 12.7%。1—5 月份，社会消费品零售总额同比增长 10.3%，比 1—4 月份加快 0.1 个百分点。

1—5 月份，固定资产投资（不含农户）203718 亿元，同比增长 8.6%，增速比 1—4 月份回落 0.3 个百分点。其中，基础设施投资增长 20.9%，回落 2.4 个百分点；房地产开发投资增长 8.8%，回落 0.5 个百分点；制造业投资增长 5.1%，加快 0.2 个百分点。

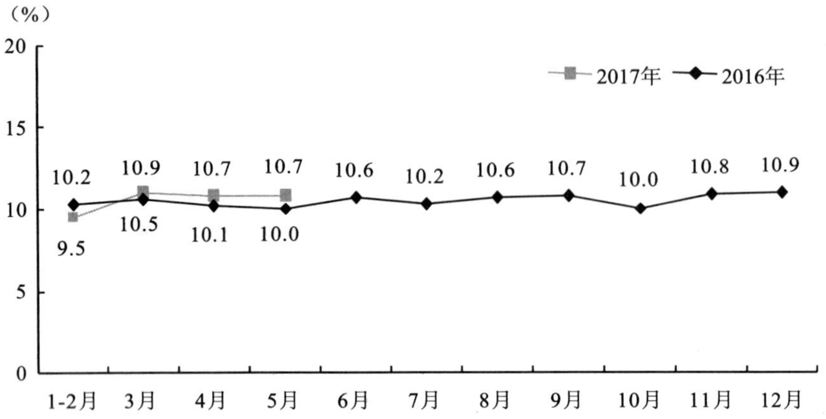

图2 社会消费品零售总额当月增长速度

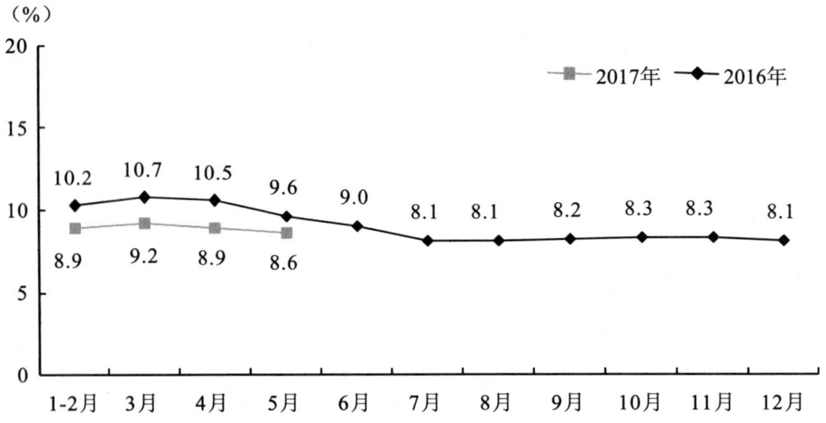

图3 固定资产投资（不含农户）累计增长速度

（三）进出口较快增长，国际收支继续改善。

5月份，货物进出口总值23462亿元，同比增长18.3%，增速比上月加快2.1个百分点。其中，出口13139亿元，增长15.5%，加快1.2个百分点；进口10323亿元，增长22.1%，加快3.5个百分点。1—5月份，货物进出口总值107635亿元，同比增长19.8%。其中，出口58787亿元，增长14.8%。**对主要经济体出口增长加快，尤其是对金砖国家出口高速增长。**1—5月份，我国对欧盟出口额同比增长14.6%，比上月加快1.1个百分点；对美国出口额增长18.3%，加快0.5个百分点；对东盟、日本出口额分别增长 17.9%和 12.8%；对巴西、俄罗斯、南非等金砖国家出口额同比分别增长 43.7%、29.5%、23%。

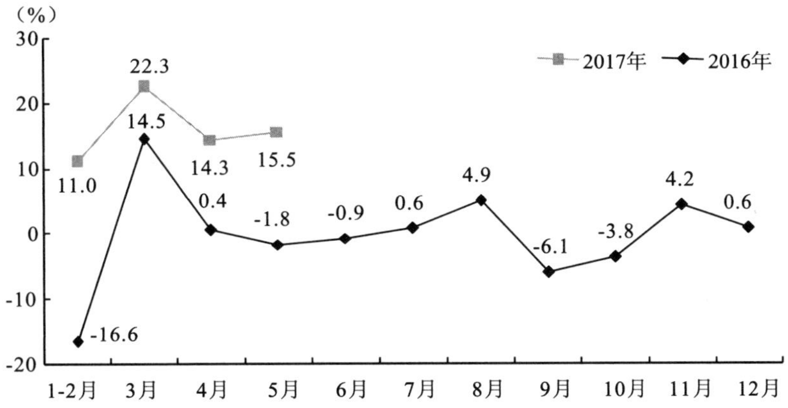

图 4　出口总额当月增长速度（按人民币计价）

货物贸易保持顺差。5 月份，进出口相抵贸易顺差为 2816 亿元，同比收窄 3.4%。**吸收外资规模大于对外投资。**1—4 月份，我国实际使用外资金额 2864 亿元（折合 427 亿美元），同比下降 0.1%；非金融类对外直接投资 264 亿美元，同比下降 56.1%。**人民币汇率基本稳定。**5 月末，人民币汇率中间价为 1 美元兑人民币 6.8633 元，比上月末升值 0.43%。**外汇储备稳步回升。**5 月末，外汇储备余额 30536 亿美元，比上月末增加 240 亿美元，连续 4 个月回升。

（四）就业形势持续向好，调查失业率稳中有降。

1—5 月份，城镇新增就业 599 万人，比上年同期多增 22 万人，完成全年计划的 54.5%，已经过半。5 月份，全国城镇调查失业率比上月下降，低于上年同期。

（五）消费价格温和上涨，工业品价格涨势放缓。

5 月份，居民消费价格同比上涨 1.5%，涨幅比上月扩大 0.3 个百分点。其中，食品价格下降 1.6%，非食品价格上涨 2.3%；消费品价格上涨 0.7%，服务价格上涨 2.9%。核心 CPI 同比上涨 2.1%，涨幅与上月持平。1—5 月份，居民消费价格同比上涨 1.4%，涨幅与 1—4 月份持平。

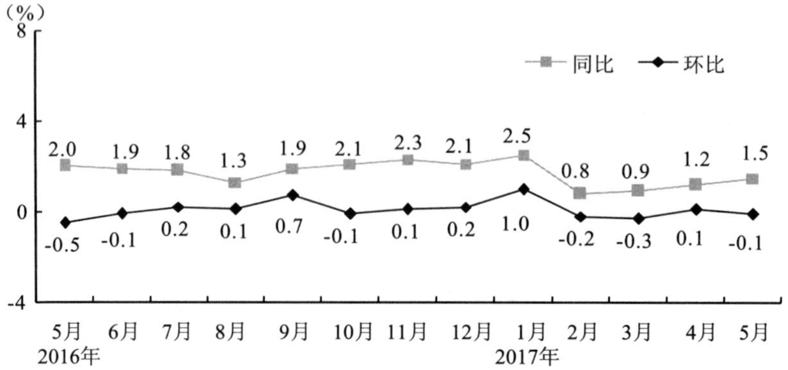

图 5　居民消费价格当月涨（跌）幅

5 月份，工业生产者出厂价格同比上涨 5.5%，涨幅比上月回落 0.9 个百分点，连续 3 个月回落。其中，生产资料价格上涨 7.3%，生活资料价格上涨 0.6%。工业生产者出厂价格环比下降 0.3%，降幅比上月收窄 0.1 个百分点。1—5 月份，工业生产者出厂价格同比上涨 6.8%，涨幅比 1—4 月份回落 0.4 个百分点。

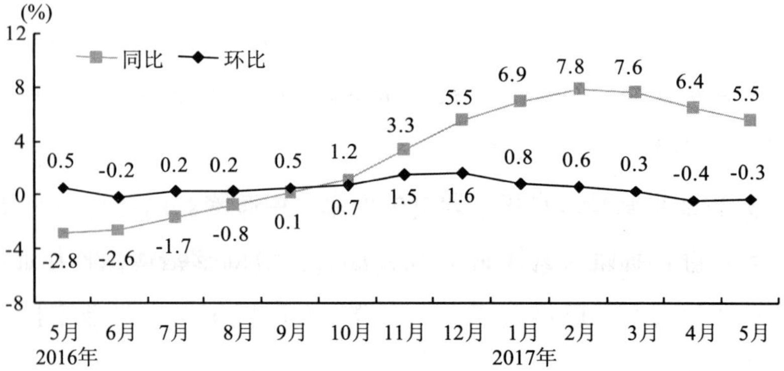

图 6　工业生产者出厂价格当月涨（跌）幅

（六）供给侧结构性改革取得新进展，实体经济效益改善。

“三去一降一补”扎实推进。去产能方面，开展整治“地条钢”专项行动，依法依规清理了约 1 亿吨“地条钢”。产能压减也使相关产品生产放缓。5 月份，钢材产量同比下降 1.9%，上月为增长 0.5%；水泥产量增长 0.5%，增速比上月回落 1.9 个百分点。**去库存方面，**5 月末，全国商品房待售面积同比下降 8.5%，降幅比 4 月末扩大 1.3 个百分点。**去杠杆方面，**4 月末，规模以上工业企业资产负债率为 56.2%，同比下降 0.6 个百分点。**降成本方面，**1—4 月份，规模以上工业企业每百元主营业务收入中的成本为 85.51 元，比上年 1—4 月份减少 0.06 元。**补短板方面，**1—5 月份，生态保护和环境治理业、公共设施管理业、水利管理业固定资产投资（不含农户）同比分别增长 44.6%、25.2%和 14.7%，显著高于全部固定资产投资增速。

企业效益改善。以“三去一降一补”为重点任务的供给侧结构性改革外溢效应突出，市场供求关系明显改善，企业经营状况持续好转。1—4 月份，规模以上工业企业主营业务利润率为 6.04%，同比提高 0.53 个百分点；规模以上工业企业利润总额同比增长 24.4%，规模以上服务业企业营业利润增长 12.9%，均保持两位数增速。

（七）创业创新势头良好，新动能不断发展壮大。

新主体新成果不断涌现。1—5 月份，全国新登记企业 236 万户，同比增长 14.7%，日均新登记企业 1.56 万户；专利申请量 128 万件，同比增长 8.0%，专利授权量 70 万件，增长 2.4%。一批国家科技重大专项部署实施，重大科技成果不断涌现。我国新一代大型飞机 C919 首飞告捷，世界首台光量子计算机亮相，海域可燃冰首次试采成功并已稳定开采 20 多天，在世界上率先实现稳定开采可燃冰。**新业态新模式快速成长。**“互联网+”行动计划推动线上线下加快融合，以网络销售和快递业为代表的互联网经济快速增长。1—5 月份，全国网上商品零售额 18798 亿元，同比增长 26.5%，增速比社会消费品零售总额快 16.2 个百分点；预计完成快递业务量 138.6 亿件，同比增长 29.9%。**新产业新产品蓬勃发展。**1—5 月份，医药制造业、电子及通信设备制造业、医疗仪器设备及仪器仪表制造业增加值同比分别增长 11.2%、15.3%和 11.3%。技术含量高、资源消耗少、符合转型升级方向的新产品快速增长。1—5 月份，工业机器人产品产量同比增长 50.4%，集成电路增长 25.1%，运动型多用途乘用车（SUV）增长20.8%，太阳能电池增长20.1%。

（八）供需结构不断优化，转型升级稳步推进。

服务业增速快于工业。5月份，服务业生产指数增速快于规模以上工业增加值1.6个百分点。现代服务业发展势头良好，旅游、体育、健康、文化、养老和教育培训等幸福产业繁荣发展。**制造业继续迈向中高端。**1—5月份，高技术产业和装备制造业增加值同比分别增长12.7%和11.3%，分别快于规模以上工业6个和4.6个百分点。**投资结构继续优化。**1—5月份，高技术产业投资和服务业投资同比分别增长22.7%和11.6%，分别快于全部投资14.1和3个百分点；高耗能行业投资同比下降1.5%。**升级类商品消费增势良好。**1—5月份，中西药品类、体育娱乐用品类、文化办公用品类商品零售额同比分别增长11.7%、14.4%和10.5%，增速均快于限额以上单位商品零售额。

二、不确定不稳定因素仍然存在，新情况新问题值得关注

（一）世界经济复苏仍不平衡，挑战变数依然较多。

今年以来，世界经济和贸易温和复苏，积极变化明显增多，但复苏不够平衡，基础仍不牢固，不确定不稳定因素还比较多。**部分新兴经济体增长乏力。**受全球需求不足影响，5月份初级产品价格回落幅度较大，使得一些资源型为主的发展中国家经济表现较差。5月份，国际能源价格环比下降4.2%，金属和矿产价格下降2.4%。一季度，巴西国内生产总值同比下降0.4%，连续9个季度负增长，仍未摆脱衰退；俄罗斯、南非国内生产总值增速也分别只有0.5%和1.0%。**贸易保护有增无减。**逆全球化思潮涌动，贸易保护手段不断翻新且强度增加，传统的反倾销、反救济调查不减反增，环保壁垒、技术壁垒、安全壁垒等手段层出不穷，加大了对我国出口的制约。波罗的海干散货运指数（BDI）持续走低。5月31日，BDI指数跌至878点，比4月末下降20.8%，比年内高点下降34.4%。**美国政策变动影响尚不确定。**特朗普强调美国优先，新政策多点并进，推出的大规模减税计划将为境内企业和个人营造更好的发展环

境，吸引企业和人才流向美国，加大了国际竞争压力，影响不可低估。近期特朗普宣布退出应对气候变化的《巴黎协定》，加之美联储加息预期间歇性升温，都将影响市场稳定。**地缘冲突此起彼伏。**朝鲜半岛紧张局势尚未缓解，中东北非地缘冲突加剧，阿联酋、沙特等国宣布与卡塔尔断绝外交来往，国际恐怖主义、极端主义、民粹主义现象增多，难民问题等挑战依然严峻，将持续影响全球经济复苏。

（二）投资增长面临较多制约，后劲仍然不足。

1—5 月份，固定资产投资（不含农户）同比增长 8.6%，比 1—4 月份回落 0.3 个百分点。**制造业投资增长乏力。**传统行业产能过剩尚未根本缓解，制造业企业投资意愿不足。1—5 月份，制造业投资同比增长 5.1%，虽比上月略有加快，但增长水平仍比较低，比全部投资增速低 3.5 个百分点。**民间投资障碍犹存。**民营企业在项目核准、融资服务、土地使用、工程招投标等环节不能与国有企业享受同等待遇，一定程度上影响了民间投资的积极性。1—5 月份，民间投资同比增长 6.8%，增速比全部投资低 1.8 个百分点，比 1—4 月份回落 0.1 个百分点，连续 2 个月回落。**基础设施投资增速回落。**基础设施投资已在高位，加上成熟的重大项目储备不足，进一步加快难度较大。1—5 月份，基础设施投资同比增长 20.9%，比 1—4 月份回落 2.4 个百分点，连续 3 个月回落。**房地产投资增势放缓。**1—5 月份，房地产开发投资同比增长 8.8%，比 1—4 月份回落 0.5 个百分点，今年以来增速首次出现回落。**新开工项目、到位资金等先行指标也反映了投资增长后劲不足。**1—5 月份，新开工项目计划总投资同比下降 5.6%，固定资产投资到位资金下降 0.1%。

（三）企业成本负担仍然较重，财务费用增长较快。

4 月份，规模以上工业企业每百元主营业务收入中的成本为 86.22 元，比上年 4 月份上升 0.18 元。**市场利率波动上行，企业融资成本增加。**5 月末，上海银行间同业拆放利率（SHIBOR，一年期）为 4.36%，比上年末上升 0.99 个百分点，比上年同期上升 1.31 个百分点。4 月份，规模以上工业企业财务费用同比增长 4.2%，增速比上月加快 1.2 个百分点。**工业品上下游价格剪刀差加大下游企业成本压力。**今年以来，原材料购进价格上涨持续快于工业品出厂价格上涨。1—5月份，工业生产者购进价格同比上涨9.0%，比工业生产者出厂价格涨幅高2.2个百分点。**部分行业利润增长放缓。**受价格涨幅回落、生产销售增长放缓、成本上升等因素影响，一些行业利润同比下降或增长明显放缓。4月份，黑色金属冶炼和压延加工业利润同比下降7.8%，而3月份为增长1.3倍；汽车制造业利润下降6.7%，而3月份为增长18.7%；电力热力生产和供应业利润下降42%，降幅比3月扩大14.4个百分点。

（四）房地产市场结构性矛盾突出，长效机制亟待建立。

随着新一轮房地产调控政策实施，热点城市商品房价格同比涨幅有所回落，但仍处高位。4月份，郑州、南京和广州等热点城市新建商品住宅价格同比涨幅均在20%以上。同时，非重点城市库存高企，开发投资增长较快，去库存压力进一步加大。5月末，全国非重点城市商品房待售面积占全国比重为62.8%，比2016年末上升0.5个百分点。1—5月份，非重点城市房地产开发投资同比增长9.2%，增速快于全部房地产开发投资0.4个百分点。需要看到的是，当前以“限贷、限购、控制地产商资金来源”为主要特点的短期调控政策，虽然见效快，但难以解决房地产市场发展中的深层次结构性矛盾。要实现房地产市场平稳健康发展，必须综合运用金融、土地、财税、投资、立法等手段，加快建立和完善既符合国情，又适应市场规律的基础性制度和长效机制。

（五）产业分化现象依然明显，部分地区发展仍较困难。

分产业看，尽管今年以来工业企业效益显著改善，但主要集中在上游资源类行业，下游传统行业生产经营仍比较困难。1—4月份，规模以上工业企业利润中，采矿业和原材料制造业实现利润占比达到31%，对规模以上工业企业利润增长的贡献率达到78.6%。而一些下游传统行业利润增速仍然较低。1—4月份，食品制造业利润同比增长8.1%，纺织业利润增长5.3%，橡胶和塑料制品业利润增长5.4%，电气机械和器材制造业利润增长4.4%，均显著低于规模以上工业企业利润增速。**分地区**

看，尽管东北地区经济有所回暖，但由于长期积累的结构性矛盾尚未根本缓解，经济企稳难度依然较大，主要经济指标增长显著低于全国平均水平。5 月份，东北地区规模以上工业增加值同比仅增长 1.1%，增速比上月回落 0.5 个百分点，低于全部规模以上工业 5.4 个百分点。1—5 月份，东北地区固定资产投资同比下降 14.4%。

三、坚持稳中求进推动改革创新，力促经济持续稳中向好

综合来看，经济运行稳中有进、稳中向好的态势延续，发展的稳定性、协调性和可持续性不断增强，但国际国内不稳定不确定因素较多，结构性矛盾依然突出，一些新情况新问题需要密切关注。下阶段，要更加紧密地团结在以习近平同志为核心的党中央周围，坚持稳中求进工作总基调，一方面，要继续实施积极的财政政策和稳健的货币政策，适度扩大总需求，积极引导市场预期，为改革创新营造良好的宏观环境；另一方面，要抓住经济稳定运行的窗口期，以供给侧结构性改革为主线，加快推进重点领域和关键环节的基础性改革，大力实施创新驱动，增强经济发展内生动力，巩固经济稳中向好势头。

（一）保持宏观经济政策连续性稳定性并把握好力度和节奏。当前经济运行总体平稳、稳中向好的态势更趋明显，充分说明党中央国务院采取的一系列组合政策措施是有力有效的，要继续深入抓好落实。特别是要继续实施积极的财政政策和稳健的货币政策，同时针对经济运行中的新情况新问题，适时适度预调微调，注重政策的协调配合，着力提高预见性、精准性和有效性。**一是**财政政策要更加积极有效，减税降费要体现针对性，增收节支要突出有效性，优先保障供给侧结构性改革、创新、民生保障等关键领域的支出。**二是**货币政策要保持稳健中性，综合运用多种货币政策工具，维护流动性基本稳定。加强监管协调，提升监管水平，处理好去杠杆与保持市场流动性合理适度的关系，切实满足实体经济资金需求。继续完善宏观审慎政策框架，探索将更多金融活动、业务和市场纳入宏观审慎评估。**三是**产业政策、区域政策要按照稳中求进工

作总基调的要求，分类指导，有保有压，在结构调整中加快培育新的增长点、增长极。

（二）以推进供给侧结构性改革为主线深化重点改革。坚定不移推进“三去一降一补”，多用市场化、法治化办法解决问题，配套深化重点领域和关键环节改革。**一是**健全企业市场化退出机制，综合运用经济、法律、技术、环保等手段，坚决淘汰落后产能；依法为实施市场化破产程序创造条件，有序退出过剩产能。**二是**坚持因城施策去库存，加快建立房地产市场健康发展的长效机制。与新型城镇化配套，加快户籍制度改革，培育健康合理的住房需求；创新土地制度，完善财税体制，逐步理顺房地产市场供需关系。**三是**加快推进国企混合所有制改革，进一步完善公司治理结构，强化债务约束。加快清理僵尸企业，推动杠杆率稳步降低。**四是**加快财税金融体制改革。加快资源税、环境保护税、消费税、房产税改革步伐，推动地方税体系合理构建。深化金融体制机制改革，疏通货币政策传导渠道，引导资金“脱虚向实”；鼓励直接融资、小贷机构、村镇银行等的发展，增加金融供给，提高服务质量和竞争水平。**五是**加快投融资体制改革。健全社会化、市场化、多元化的投融资模式，建立与民间资本的对接平台，提升融资能力，补牢基础设施等短板。

（三）把降低成本放在重要位置大力促进实体经济发展。加快落实国务院最近出台的一系列减轻企业负担的政策举措。**一是**降低企业税费负担。加大结构性减税力度，完善营改增相关细则，积极落实各项税收优惠政策；全面清理政府性基金，清理规范行政性事业收费，继续适当降低“五险一金”缴费比例。**二是**降低制度性交易成本。持续推进政府职能转变，进一步深化“放管服”改革，全面实行清单管理制度，简化项目、投资等的审批环节。**三是**降低企业融资成本。加大对企业信贷支持力度，采取多种措施引导市场利率下行。**四是**降低企业土地、用电用气用水等成本。创新工业用地供应方式，调低土地出让底价，允许企业分期缴纳土地出让价款；继续推进价格改革，降低企业特别是商服企业用电用气用水成本。

（四）补短板添动力着力增加有效投资。针对发展动力不足的问题，进一步发挥投资在补短板、调结构、稳增长中的关键性作用。**一是**要努力扩大关键领域和薄弱环节投资。加快推进中西部公共设施、重大水利工程、地下综合管廊等基础设施建设，加快中央预算内投资计划下达执行。**二是**进一步激发民间资本活力。加快清理完善涉及民间投资的政策法规，深化政府和社会资本合作模式，建立完善合理的投资回报机制，充分调动民间资本的积极性。**三是**进一步放宽市场准入。扩大股权、债券等投融资渠道，降低制度性交易成本，引导社会力量通过多种方式建设运营医疗、养老、教育、文化和体育设施。

（五）进一步巩固和扩大居民消费。顺应居民消费结构优化升级的趋势，继续发挥消费在惠民生、稳增长中的基础性作用。**一是**围绕改善民生扩大消费，持续推进城镇商品销售畅通行动、农村消费升级行动、居民住房改善行动、汽车消费促进行动、旅游休闲升级行动、康养家政服务扩容提质行动、教育文化信息消费创新行动、体育健身消费扩容行动、绿色消费壮大行动、消费环境改善和品质提升行动等“十大扩消费行动”。**二是**聚焦消费新领域和新型信息产品，大力发展智能可穿戴、虚拟现实等高端智能设备，推进网络提速降费，推进信息消费升级。**三是**切实落实职工带薪休假制度，鼓励错峰休假和弹性作息，大力发展“旅游+”，培育旅游消费新空间。**四是**大力整顿和规范市场秩序，创新市场监管方式，有效保护消费者合法权益，大力构建消费配套设施体系，改善和优化消费环境。

（六）加快培育壮大新动能新产业。促进经济持续稳中向好根本要靠创新驱动发展。**一是**不断提升科技创新能力，加速部署“科技创新 2030—重大项目”，加快实施国家科技重大专项，加强国家实验室和国家重点实验室建设，集中力量实施集成电路“910”工程、人工智能创新发展、民用空间基础设施、生物制药、基因技术应用等战略性工程。**二是**持续推进大众创业万众创新，启动第二批双创示范基地建设，推进平台对接和信息共享，持续优化创业创新环境，积极发展充满活力的中小微企业和大企业创新平台，催生多种形式的新业态新模式。**三是**构建全国一体化国家大数据中心体系，落实“互联网+”三年行动方案，推动传统产业生产、管理、营销等模式变革。**四是**加快科技成果转化。充分发挥市场机制在推进科技成果筛选、评估、融资服务和成果推介中作用，打造从科技需求到科技研发和科技成果商业化的一站式市场化服务体系。构建面向企业的全国性、区域性网络服务站点，集成线上和线下优势，促进高校和机构科研与企业需求有效对接，加快新技术、新产品的应用推广，促进高技术产业、战略性新兴产业、装备制造业持续快速发展。

经济运行总体平稳 向好势头持续发展

——7月份国民经济运行情况及政策建议

7月份，全国生产需求增势平稳，就业物价总体稳定，供给侧结构性改革成效突出，转型升级和新动能成长步伐稳健，市场预期持续向好，经济稳中向好、结构调整深化的发展态势进一步延续。下阶段，要在以习近平同志为核心的党中央坚强领导下，坚持稳中求进工作总基调，坚持以供给侧结构性改革为主线，坚持以质量和效益为中心，进一步增强政策协调性、有效性，适度扩大总需求，加强预期引导，强化创新驱动，振兴实体经济，妥善化解风险隐患，确保经济持续健康发展和社会和谐稳定。

一、主要指标平稳增长，经济结构调整深化

7月份，受大范围高温天气及一些地区洪涝灾害较重等因素影响，部分指标增速有所放缓，但多与上半年大体持平并高于上年同期水平，经济运行保持在合理区间，经济结构持续优化，质量效益明显提升，延续了经济稳中向好、结构调整深化的发展态势。

（一）工业生产基本平稳，服务业保持较快发展。

7月份，规模以上工业增加值同比增长6.4%，增速比上月回落1.2个百分点，比上年同期加快0.4个百分点。其中，采矿业下降1.3%，降幅比上月扩大1.2个百分点；制造业增长6.7%，增速比上月回落1.3个百分点；电力、热力、燃气及水生产和供应业增长9.8%，加快2.5个百分点。工业生产增速比上月回落的原因：一是今年7月份平均气温和高温天数为多年来同期最高，停产检修企业明显增多；二是部分地区遭遇洪涝灾害，影响相关企业生产；三是一些地区加大环境保护和治理力度，主动关停整治部分污染严重、环保不达标企业。1—7月份，规模以上工业增加值同比增长6.8%，增速比上半年略低0.1个百分点，比上年同期加快0.8个百分点。

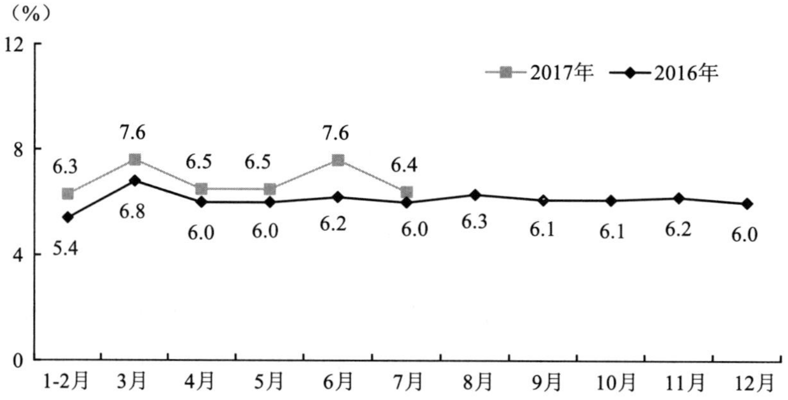

图1　规模以上工业增加值当月增长速度

7月份，服务业生产指数同比增长8.3%，增速比上月低0.3个百分点，继续保持8%以上较高水平。1—7月份，服务业生产指数同比增长8.3%，增速与上半年持平。

（二）投资增速总体稳定，市场销售较快增长。

1—7月份，固定资产投资（不含农户）337409亿元，同比增长8.3%，增速比上半年低0.3个百分点。其中基础设施投资增长20.9%，增速比上半年回落0.2个百分点；房地产开发投资增长7.9%，回落0.6

个百分点；制造业投资增长4.8%，回落0.7个百分点。受严重洪涝灾害和高温天气影响，项目施工受阻，部分地区投资增速回落较多。1—7月份，上海、安徽固定资产投资（不含农户）增速分别比上半年回落1.7、1.3个百分点。

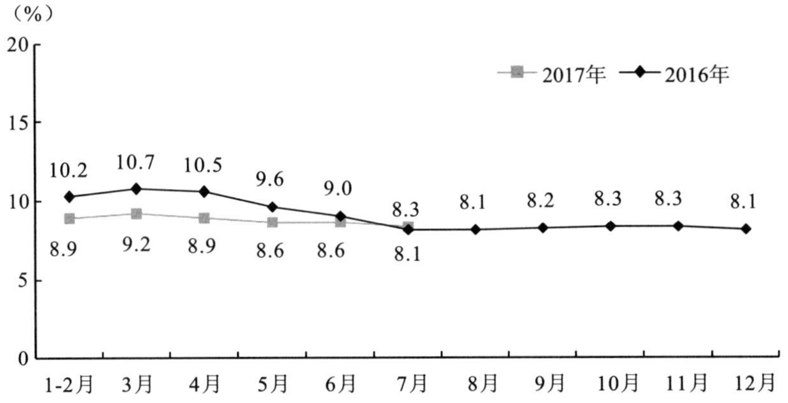

图2　固定资产投资（不含农户）累计增长速度

7月份，社会消费品零售总额29610亿元，同比增长10.4%，增速比上月回落0.6个百分点。分类型看，商品零售额同比增长10.3%，餐饮收入额增长11.1%。分城乡看，城镇消费品零售额同比增长10.2%，乡村消费品零售额增长11.7%。1—7月份，社会消费品零售总额同比增长10.4%，增速与上半年持平。

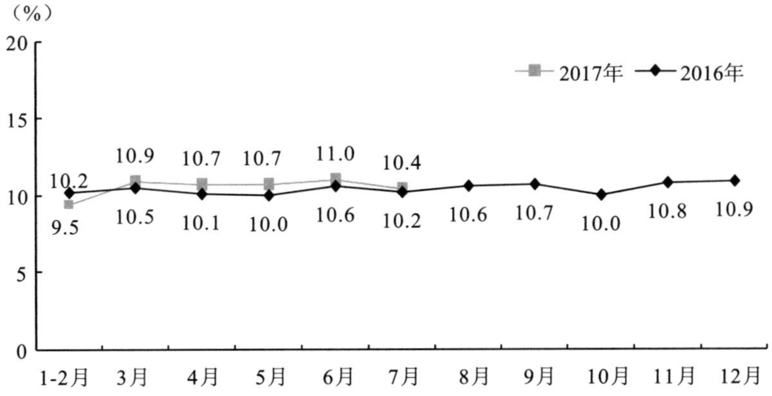

图3　社会消费品零售总额当月增长速度

（三）进出口保持较快增长，国际收支继续改善。

7月份，货物进出口总额23223亿元，同比增长12.7%，增速比上月回落7.1个百分点，继续保持10%以上的较快增长。其中，出口增长11.2%；进口增长14.7%。1—7月份，货物进出口总额154627亿元，同比增长18.5%。其中出口增长14.4%。**大宗商品进口量价齐升。**1—7月份，铁矿砂进口量6.3亿吨，同比增长7.5%，进口均价同比上涨47.3%；原油进口量2.5亿吨，增长13.6%，进口均价上涨40.1%；天然气进口量3682万吨，增长20.7%，进口均价上涨12.6%。

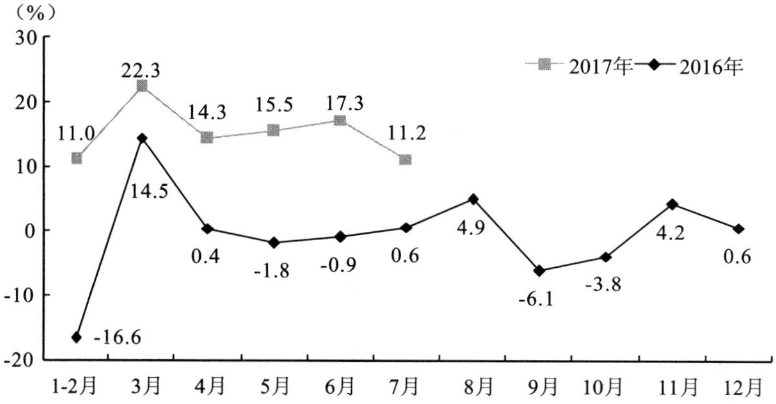

图4　出口总额当月增长速度（按人民币计价）

货物贸易保持顺差。7月份，进出口相抵贸易顺差为3212亿元，同比扩大1.4%。**人民币汇率基本稳定。**7月末，人民币汇率中间价为1美元兑人民币6.7283元，比上月末升值0.69%。**外汇储备稳步回升。**7月末，外汇储备余额30807亿美元，比上月末增加239亿美元，连续6个月回升。

（四）就业形势稳中向好，调查失业率处于低位。

7月份，全国城镇新增就业人数120万人，同比增长2%。1—7月份城镇新增就业人数855万人，同比增加20万人。7月份，全国城镇调查失业率为比上月略有上升，但低于上年同期，继续保持在5%左右。

（五）市场供求基本平衡，物价形势保持稳定。

7月份，居民消费价格同比上涨1.4%，涨幅比上月略低0.1个百分点。其中，食品价格下降 1.1%，非食品价格上涨 2.0%。7 月份，居民消费价格环比上涨 0.1%，上月为下降 0.2%。1—7 月份，居民消费价格同比上涨 1.4%，涨幅与上半年持平。

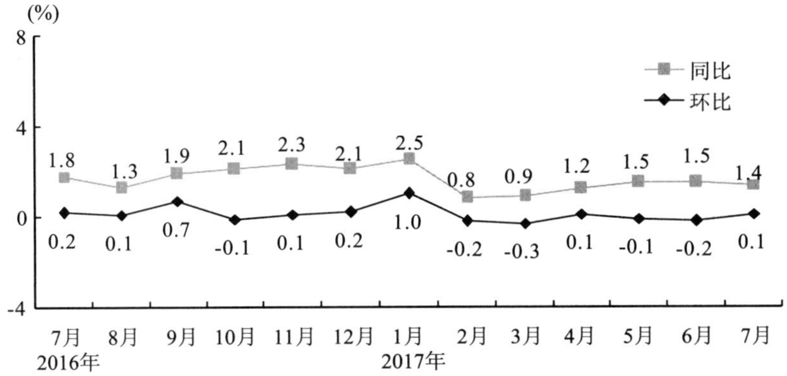

图 5　居民消费价格当月涨（跌）幅

7 月份，工业生产者出厂价格同比上涨 5.5%，涨幅与上月持平。其中，生产资料价格上涨 7.3%，生活资料价格上涨 0.5%。7 月份，工业生产者出厂价格环比上涨 0.2%，上月为下降 0.2%。1—7 月份，工业生产者出厂价格同比上涨 6.4%，涨幅比上半年回落 0.2 个百分点。

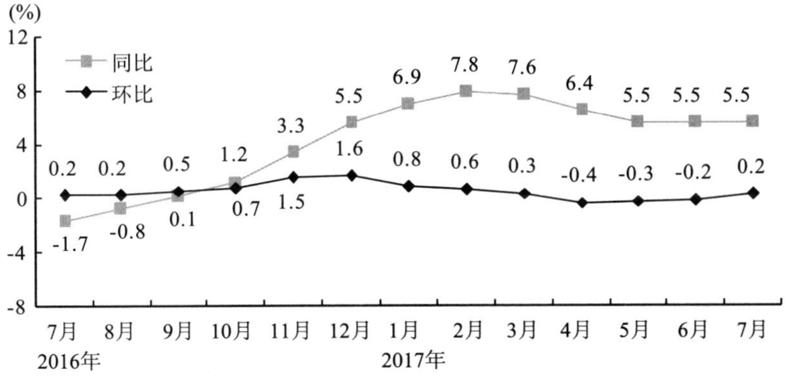

图 6　工业生产者出厂价格当月涨（跌）幅

（六）供给侧结构性改革成效继续显现，转型升级稳步推进。

“三去一降一补”深入推进。去产能步伐加快。依法取缔“地条钢”，加快处置“僵尸企业”。**商品房库存继续减少。**7 月末，商品房待售面积

63496万平方米，比上月末减少1081万平方米，同比下降11%，降幅比上月末扩大1.4个百分点。**企业杠杆率下降。**6月末，规模以上工业企业资产负债率为55.9%，比上年同期下降0.8个百分点。**工业企业生产成本降低。**1—6月份，规模以上工业企业每百元主营业务收入中的成本为85.69元，比上年同期减少0.02元。**短板领域投资力度加大。**1—7月份，生态保护和环境治理业、公共设施管理业、农业投资同比分别增长45.9%、24.9%和18.2%，分别快于全部投资37.6、16.6和9.9个百分点。

经济结构继续优化。服务业增长快于工业。7月份，服务业生产指数增速快于规模以上工业增加值1.9个百分点。**制造业向中高端迈进。**1—7月份，高技术产业和装备制造业增加值同比分别增长13%和11.4%，分别快于规模以上工业6.2和4.6个百分点。**升级类消费增势良好。**7月份，体育娱乐用品类、家用电器和音像器材类、建筑及装潢材料类商品零售额同比分别增长26.6%、13.1%和13.1%，增速均快于限额以上单位商品零售额。**投资结构继续优化。**1—7月份，高技术产业和服务业投资同比分别增长20.9%和11.3%，分别快于全部投资12.6和3个百分点。高耗能行业投资持续负增长，1—7月份同比下降1.5%，降幅比上半年扩大0.8个百分点。

（七）创业创新势头良好，新旧动能加快转换。

创业创新活力不断激发。市场主体大量增加，7月份全国新登记企业54.4万户，同比增长16.4%；1—7月份新登记企业345.4万户，同比增长11.9%，日均新登记企业1.6万户。创新成果不断涌现，1—7月份国内专利申请量183万件，同比增长8%。**动能转换有力推进。**新动能快速成长，1—7月份电子及通信设备制造业、医疗仪器设备及仪器仪表制造业、医药制造业增加值同比分别增长15.3%、11.7%和11.6%；传统产业高端化智能化改造步伐加快，1—7月份工业技改投资同比增长11.1%，比全部固定资产投资快2.8个百分点。**新供给新需求快速成长。**1—7月份，工业机器人产量同比增长57%，新能源汽车增长19.8%，运动型多用途乘用车（SUV）增长 18.6%；全国网上商品和服务零售额 36617 亿元，同比增长 33.7%；预计完成快递业务量 205.5 亿件，同比增长 30.5%。上半年，战略性新兴服务业营业收入和营业利润同比分别增长 16.2%和 20.7%；文化及相关产业服务业营业收入和营业利润分别增长 13.6%和 28.6%。

（八）经济效益明显改善，发展质量稳步提高。

工业企业效益显著改善。上半年，规模以上工业企业实现利润总额同比增长 22%，比上年同期加快 15.8 个百分点；主营业务收入利润率为 6.11%，同比提高 0.42 个百分点。其中 6 月份规模以上工业企业实现利润总额同比增长 19.1%，增速比上月加快 2.4 个百分点。**服务业企业营业利润保持快速增长。**上半年，规模以上服务业企业营业利润同比增长 16%，比上年同期加快 14.4 个百分点，比 1—5 月份加快 5.5 个百分点。其中交通运输仓储和邮政业、房地产业、信息传输软件和信息技术服务业营业利润同比分别增长 74%、18.3%、17.7%。**财政收入增速加快。**1—7 月份，一般公共预算收入同比增长 10%，增速比上半年加快 0.2 个百分点。其中税收收入增长 11.2%，加快 0.3 个百分点。**环境治理成效逐步显现。**6 月份，全国 338 个地级及以上城市 $PM_{2.5}$ 浓度同比下降 3.3%，其中京津冀区域 13 个城市 $PM_{2.5}$ 浓度下降 4.1%，北京 $PM_{2.5}$ 浓度下降 28.8%。

（九）市场预期总体向好，发展信心不断增强。

制造业采购经理指数继续位于扩张区间。7 月份，制造业采购经理指数（PMI）为 51.4%，虽比上月回落 0.3 个百分点，但与上半年均值基本持平，高于上年同期 1.5 个百分点，连续 12 个月位于临界点以上。**非制造业商务活动指数保持在较高景气区间。**7 月份，非制造业商务活动指数为 54.5%，比上月回落 0.4 个百分点，与上半年均值基本持平，连续 10 个月保持在 54%及以上的较高景气区间。**消费者信心继续提高。**7 月份，消费者信心指数为 114.6，比上月提高 1.3，处于近年来较高水平。**外贸出口先导指数环比上升。**7 月份，外贸出口先导指数为 41.9，比上月上升 0.4。

二、经济运行稳中有忧，持续发展基础尚需巩固

在看到经济发展稳中向好、结构调整深入推进的同时，也要看到，经济运行中隐忧仍然不少，国际环境依然复杂多变，国内结构性矛盾仍较突出，经济增长内生动力有待增强，部分领域潜在风险需高度关注，稳定向好的基础仍需进一步巩固。

（一）世界经济复苏对我影响尚不确定。今年以来，世界经济复苏出现积极变化，主要经济体增长逐步改善，但主要发达经济体大力推进"再工业化"，国际竞争日趋激烈，加之复苏进程中各国政策调整外溢效应不稳定，对我国发展的影响存在较多不确定性。**全球贸易保护问题突出。**2008 年国际金融危机以来，世界各国新实施的贸易限制措施大幅增加，部分国家由于结构调整不力，导致贸易逆差过大，加剧贸易保护主义倾向，尤其以美国为代表，特朗普政府倡导"美国优先"战略，逆全球化发展倾向明显，对全球贸易和经济发展带来不利影响。**美国"缩表"进程加快的潜在影响不容忽视。**7 月下旬美联储会议决定将联邦基金利率维持在 1—1.25%区间不变，同时宣布"相对迅速"启动缩减资产负债表进程。这将对全球经济产生较大外溢效应，尤其是在目前全球债务总额大幅攀升的背景下，容易引发新兴经济体资本外流、货币贬值、金融市场波动等。**国际政治角力、地缘政治风险上升。**近期，美国通过实施针对俄罗斯、伊朗和朝鲜三国的制裁法案，进一步加剧地区紧张局势，加之朝核问题、卡塔尔断交风波等悬而未决，将持续影响全球经济复苏。

（二）工业转型升级任务艰巨。传统行业增长惯性依然较强，去产能持续推进困难不小。近期煤炭、钢铁等价格涨幅仍处于较高水平，7 月份煤炭开采和洗选业、黑色金属冶炼和压延加工业工业生产者出厂价格同比分别上涨 32.3%和 27.5%。在工业生产总体放缓的背景下，部分高耗能产品生产有所加快。7 月份，粗钢产量同比增长 10.3%，增速比上月加快 4.6 个百分点；生铁产量增长 5.1%，加快 2.9 个百分点。7 月份，

六大高耗能行业增加值同比增长3.3%，增速比上月加快0.5个百分点。**工业供给质量和层次不高，难以适应需求升级要求。**1—7月份，规模以上工业中，金属切削机床和金属成形机床产量同比分别仅增长5.2%和3.4%，而金属加工机床进口量增长16.4%；汽车产量增长6.0%，而汽车及汽车底盘进口量增长21.8%。一些技术含量较高、社会需求较大的产品对国外依赖较大。1—7月份，医药品、高新技术产品进口额同比分别增长32.2%和15%，均呈较快增长态势。

（三）有效投资增长掣肘因素较多。固定资产投资三大领域中，房地产投资增长受政策调控影响持续回落，基础设施、制造业投资成为稳定投资的主要增长点。但受财政收支矛盾突出影响，基础设施投资资金压力较大。1—7月份，全国一般公共预算支出同比增长14.5%，高于一般公共预算收入增速4.5个百分点。尤其是地方政府隐性债务负担加重、融资监管力度加大等，增加了基建投资较快增长的难度。从制造业投资看，中下游行业在上游行业提价、利润空间收窄的情况下，投资动力不足，而上游行业则受到市场产能过剩制约，投资空间有限。1—7月份，采矿业投资同比下降6.1%，黑色金属冶炼和压延加工业、有色金属冶炼和压延加工业分别下降11.8%、5.2%，化学原料和化学制品制造业下降1.6%。此外，民营企业在市场准入、资源配置和政府服务等方面仍难以享受与国企同等待遇，投资积极性依然不高。1—7月份，民间投资同比增长6.9%，比上半年回落0.3个百分点。上半年实际使用外商直接投资按人民币计4415亿元，同比下降0.1%；按美元计656.5亿美元，下降5.4%。

（四）企业成本压力仍然较大。随着“放管服”、降成本等措施的深入实施，企业税费有所降低，但调查显示不少企业仍感到成本负担较重。**在人工成本方面，**根据我局调查，超过四成的规模以上工业企业反映劳动力成本上涨是企业面临的突出问题。**在融资成本方面，**企业融资难融资贵问题仍相当突出。6月份全国规模以上工业企业财务费用同比增长9.7%，比上月上升4.6个百分点。上半年，工业企业利息支出由上年同期下降8.2%转为增长3.9%。**在物流成本方面，**上半年社会物流总费用5.6万亿元，同比增长10.2%，增速比一季度提高0.2个百分点，比上年同期提高7.5个百分点。

（五）地区行业之间分化明显。东北地区尽管出现企稳迹象，但主要经济指标与全国相比，差距依然较大。1—7月份，东北地区规模以上工业增加值同比增长0.9%，低于全国平均水平5.9个百分点；东北地区固定资产投资下降9.3%，全国为增长8.3%。从行业看，效益分化的态势仍在延续，受能源原材料价格大幅上涨的影响，上游行业利润税收增长较快。上半年，煤炭开采和洗选业、黑色金属冶炼与压延加工业利润同比增长19.7倍和96.4%；税收分别增长1.7倍和49.3%。而部分下游行业利润下降明显。上半年，电力热力生产和供应业、金属制品机械和设备修理业利润同比分别下降34.6%和9.1%。

（六）一些领域潜在风险不容忽视。金融乱象问题仍较突出。目前我国金融风险总体可控，但隐患较多。公司信用类债券违约增多，影子银行风险较大，昆明泛亚案、e租宝案以及多起传销揽财大案等非法集资事件屡禁不止，严重影响社会稳定。**房地产长效机制亟待建立。**重点城市房地产开发投资、新开工面积增速回落，1—7月份房地产开发企业新开工面积同比增速回落至0.8%。重点城市房地产市场供给不足，可能进一步加大未来市场不平衡，引发房价上涨风险。非重点城市库存压力仍较大，7月末商品房待售面积占全国比重为62.4%。与此同时，房地产企业拿地热情高涨，地价上涨明显，有可能累积新的库存。1—7月份，全国房地产企业土地成交价款同比增长41%，明显快于土地购置面积增速。除31个热点城市以外的其他城市，土地购置面积同比增长15.4%，增速高于全国4.3个百分点。**就业结构性矛盾需要关注。**尽管当前我国就业形势总体稳定，但重点人群、部分地区就业压力依然较大。从人群看，今年高校毕业生接近800万人，比上年同期增加约30万人，就业压力明显加大。

三、坚定不移深化供给侧结构性改革，力促经济行稳致远

综合来看，当前国民经济延续稳中向好的发展态势，为完成全年预期目标奠定了扎实基础，也为经济转型升级赢得了重要窗口期，同时应看到我国经济仍处在结构调整的过关期，供给侧结构性改革仍处于胶着状态。要按照把握引领经济发展新常态的要求，站在经济长周期和结构优化升级的角度，保持战略定力，增强忧患意识，坚持稳中求进工作总基调，更好把握稳和进的关系，把握好平衡，把握好时机，把握好度，坚定不移深化供给侧结构性改革，大力实施创新驱动，妥善化解重大风险隐患，确保经济平稳健康发展，确保供给侧结构性改革得到深化，确保守住不发生系统性金融风险的底线，以优异成绩迎接党的十九大胜利召开。

（一）保持宏观经济政策连续性稳定性、增强针对性有效性。财政政策要更加积极有效，不折不扣地落实已出台的减税降费措施，及时查处违法违规乱收费、乱摊派行为，财政支出要突出重点、有保有压，加大力度补短板、惠民生，优先保障供给侧结构性、三农、扶贫脱贫、创业创新等领域发展。货币政策要保持稳健中性，把握好去杠杆的力度和节奏，处理好去杠杆与保持市场流动性合理适度的关系，全面提升金融服务效率和水平，更好满足实体经济多样化的金融需求。

（二）以供给侧结构性改革为主线促进经济转型升级。深入推进“三去一降一补”，积极探索“僵尸企业”债务有效处置方式，严格执行环保、能耗、安全等法律法规和标准淘汰落后产能，充分发挥地方政府因地制宜调控房地产市场主体责任，提高货币化安置比例，支持市场化法治化债转股，实施好全面清理规范涉企收费、物流降本增效等措施，围绕基础设施、生态环保等重点领域加大补短板工作力度。着力推进农业供给侧结构性改革，完善农产品价格形成机制和收储政策，促进农村一二三产业融合发展。培育和弘扬精益求精的工匠精神，引导企业立足大众消费品生产推进“品质革命”，推动“中国制造”加快走向“精品制

造”；加强标准建设，推行产品认证和第三方质量检验检测，坚决淘汰不达标产品，以质量持续提升增强大众对国产消费品的品质信任度和品牌认可度。

（三）培育壮大新动能和改造提升传统动能。我国正处在新旧动能转换的关键时期，要下大力气推进大众创业万众创新，加快第二批双创示范基地建设，把放管服改革不断向纵深推进，加强事中事后监管建立公平竞争的市场秩序，全面推行清单管理制度，持续优化营商环境。完善对基础研究和原创性研究的长期稳定支持机制，支持新产业、新技术、新模式、新业态发展，让新动能逐步挑起大梁。大力推动传统制造业转型升级，深入实施“中国制造 2025”，推动传统产业高端化、低碳化、智能化改造，提升产品和服务价值链，鼓励金融机构对传统产业改造升级的重点项目优先给予信贷扶持。

（四）服务实体经济有效防范金融风险。服务实体经济是金融的天职与宗旨，也是防范金融风险的根本举措。要着力引导金融资本“脱虚入实”，把更多金融资源配置到经济社会发展的重点领域和薄弱环节，更好地满足实体经济与社会发展需求。加强政策引导增加金融机构对中小微企业的支持力度，清理规范中间业务环节，降低实体经济融资成本。同时要把主动防范化解系统性金融风险放在更加重要的位置，进一步加强地价管控，加强表外资金管理，防止资金过度进入土地市场和房地产市场。加强对金融机构运行状况的监测分析，推进监管信息互联互通，及早干预可能产生的金融风险。重拳打击非法集资、组织传销等危害金融安全与社会稳定的犯罪行为。继续落实对地方政府债务的常态化监管，开正门、堵后门、关邪门，合理控制地方政府债务规模，建立终身问责机制，切实防控地方债务风险。

（五）巩固扩大国内有效投资和外商投资。引导资金更多投向补短板、调结构、促创新、惠民生的领域，加强轨道交通、水利工程、地下综合管廊、民用航空等重大项目建设。落实和完善促进民间投资的政策措施，深化政府和社会资本合作模式，建立合理回报机制，鼓励民间资本采取多种方式参与基础设施和公用事业建设。深化对外开放，打造国际化、法治化营商环境，在全国推行已在自贸试验区试行的准入前国民待遇加负面清单管理制度，在资质许可、政府采购等方面对内外资企业一视同仁。落实好“一带一路”国际合作高峰论坛成果，抓紧与重点国别规划、平台、项目等对接，优化双向投资。

（六）多措并举促进消费持续稳定增长。顺应居民消费结构优化升级的趋势，推动教育、养老、医疗等服务消费，发展医养结合、文化创新等新兴消费，扩大数字家庭、在线教育等信息消费。围绕消费者多样化需求，扎实开展增品种、提品质、创品牌专项行动。促进线上线下融合发展，推动传统商业网络化、信息化改造，促进分享经济成长。大力整顿和规范市场秩序，严肃查处假冒伪劣、虚假广告、价格欺诈等行为，有效保护消费者合法权益。切实落实职工带薪休假制度，鼓励错峰休假和弹性作息。

（七）积极引导良好发展预期。7 月份主要指标形有波动，但经济运行稳中有进、稳中向好的大势未变。要主动发声，引导舆论，防范一些别有用心的人或机构借部分指标增速回调，借机“唱空”或炒作，要加强对经济稳中向好、结构调整深化发展态势的权威解读，加强对治国理政新理念新思想新战略的宣传报道，汇聚改革共识，增强发展信心。要努力保持金融和资本市场稳定，避免市场利率和股市行情大幅波动而影响良好发展预期。

经济运行稳中向好
转型升级仍需加力
——8 月份国民经济运行情况及政策建议

8 月份，国民经济保持稳中有进、稳中向好的发展态势。生产需求稳中略缓，就业形势持续向好，物价水平总体稳定，经济运行保持在合理区间，同时结构调整继续深化，新兴动能不断壮大，质量效益稳步提升。下阶段，面对复杂多变的国外形势和国内爬坡过坎的隐忧，要在以习近平同志为核心的党中央坚强领导下，坚持稳中求进工作总基调，坚持以新发展理念引领新常态，坚持以供给侧结构性改革为主线，适度扩大总需求，深化创新驱动，引导良好发展预期，以改革增动力激活力，以创新促发展助转型，着力提质量增效益，着力强实体防风险，促进经济持续健康发展。

一、经济运行处在合理区间，稳中有进态势持续发展

8 月份，受高温多雨、同期基数较高以及环保督查等多种因素影响，工业、投资、出口等指标增速有所放缓，但总体保持在合理水平，经济运行继续呈现增长平稳、结构优化、质量提升的良好格局。

（一）服务业持续较快发展，工业生产基本稳定。

8月份，服务业生产指数同比增长8.3%，增速与上月持平，继续保持在8%以上。1—8月份，服务业生产指数同比增长8.3%，增速与1—7月份持平。

工业生产总体平稳。8月份，规模以上工业增加值同比增长6.0%，增速比上月低0.4个百分点；环比增长0.46%，比上月加快0.05个百分点。其中，采矿业同比下降3.4%，降幅比上月扩大2.1个百分点；制造业增长6.9%，增速比上月加快0.2个百分点；电力、热力、燃气及水生产和供应业增长8.7%，回落1.1个百分点。**从相关指标看，**8月份，工业用电量同比增长2.4%，增速比上月回落7.3个百分点；铁路货运量增长13.1%，回落4.6个百分点。工业增速有所回落：**一是**各地积极贯彻落实新发展理念，主动化解和淘汰落后产能，加之环保督察和安全生产大检查的强力推动，一批污染严重、环保不达标和安全生产不合规的企业关停整治，高耗能高污染行业生产明显回落。8月份，六大高耗能行业增加值同比增长2.9%，增速比上月回落0.4个百分点。**二是**由于高温多雨，部分企业生产受到一定影响，8月份全国平均降水量为1961年以来同期第三高，平均气温较常年同期偏高0.6℃。1—8月份，规模以上工业增加值同比增长6.7%，增速比1—7月份回落0.1个百分点，比上年同期加快0.7个百分点。

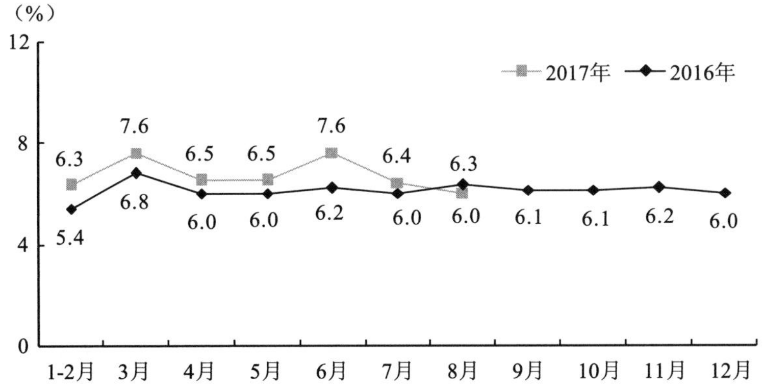

图1　规模以上工业增加值当月增长速度

（二）消费保持较快增长，投资和出口缓中有进。

市场销售增势基本稳定，消费升级类商品销售增长较快。8月份，社会消费品零售总额30330亿元，同比增长10.1%，增速比上月低0.3个百分点；环比增长0.76%，增速比上月加快0.05个百分点。分类型看，商品零售额同比增长10.1%，餐饮收入额增长10.7%。分城乡看，城镇消费品零售额同比增长9.9%，乡村消费品零售额增长11.5%。与此同时，8月份，限额以上单位商品零售额中，体育娱乐用品类和通讯器材类同比分别增长14.9%和12.2%，分别比社会消费品零售总额快4.8和2.1个百分点。1—8月份，社会消费品零售总额同比增长10.4%，增速与1—7月份持平。

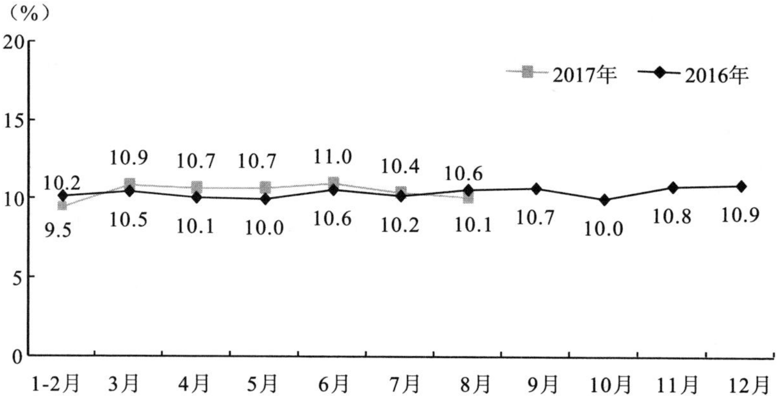

图2　社会消费品零售总额当月增长速度

投资增长略有放缓，投资结构调整优化。1—8月份，固定资产投资（不含农户）394150亿元，同比增长7.8%，增速比1—7月份低0.5个百分点。其中，基础设施投资增长19.8%，增速比上月回落1.1个百分点；房地产开发投资增长7.9%，增速与上月持平；制造业投资增长4.5%，回落0.3个百分点。同时应当看到，高端制造业和技改投资力度加大，高耗能、高污染行业投资持续回落。1—8月份，高技术制造业和装备制造业投资同比分别增长19.5%和8.2%，分别比制造业投资快15.0和3.7个百分点；制造业技改投资增长11.4%，比全部固定资产投资快3.6

个百分点；黑色金属冶炼和压延加工业投资下降10.8%，有色金属冶炼和压延加工业投资下降4.9%。

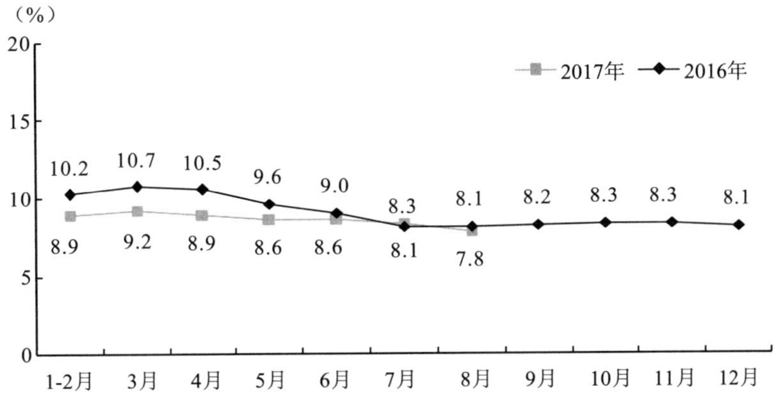

图3 固定资产投资（不含农户）累计增长速度

进出口增长有所放缓，贸易结构继续优化。8月份，货物进出口总额24064亿元，同比增长10.1%，增速比上月低2.5个百分点。其中，出口增长6.9%，进口增长14.4%。1—8月份，货物进出口总额178338亿元，同比增长17.1%。其中出口98518亿元，增长13.0%。结构优化表现在：**一般贸易增长较快。**8月份，一般贸易进出口13589亿元，同比增长11.7%，比上年同期加快0.1个百分点；一般贸易进出口占进出口总额的56.5%，比上年同期提高0.8个百分点。**机电和高技术产品出口占比提升。**8月份，机电产品出口7648亿元，同比增长8.8%，在出口总值中占比为56.8%，比上年同期提高1.5个百分点；高新技术产品出口3773亿元，增长14.4%，在出口总值中占比为28%，提高2.1个百分点。

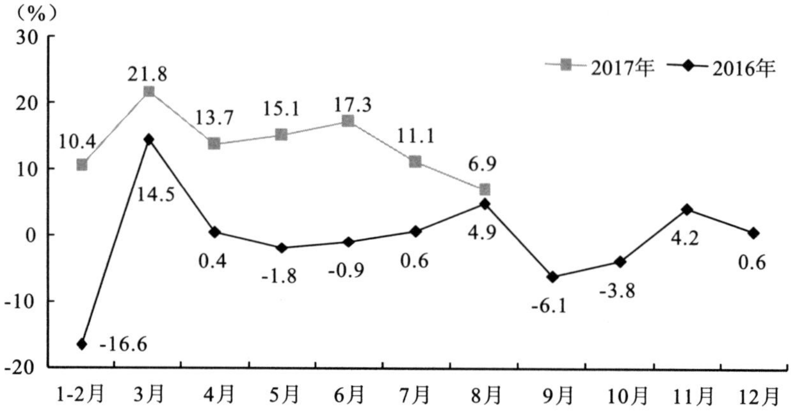

图 4　出口总额当月增长速度（按人民币计价）

（三）就业形势持续向好，调查失业率处于低位。

8 月份，全国城镇调查失业率比上月有所上升，但低于上年同期，保持在 5%左右。1—8 月份城镇新增就业人数 974 万人，同比增加 26 万人。

（四）居民消费价格涨势温和，工业生产价格涨幅有所扩大。

8 月份，居民消费价格同比上涨 1.8%，涨幅比上月扩大 0.4 个百分点；环比上涨 0.4%，扩大 0.3 个百分点。其中，食品价格同比下降 0.2%，非食品价格上涨 2.3%。据测算，8 月份 1.8%的同比涨幅中翘尾因素和新涨价因素各占 0.9 个百分点。1—8 月份，居民消费价格同比上涨 1.5%，涨幅比 1—7 月份扩大 0.1 个百分点。

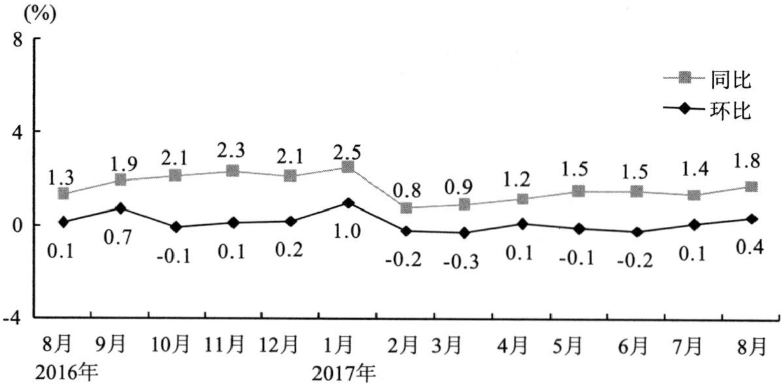

图 5　居民消费价格当月涨（跌）幅

8月份，工业生产者出厂价格同比上涨6.3%，涨幅比上月扩大0.8个百分点；环比上涨0.9%，扩大0.7个百分点。工业生产者价格同比涨幅扩大主要是受生产资料价格上涨较多影响。当月生产资料价格同比上涨8.3%，涨幅比上月扩大1.0个百分点；生活资料价格上涨0.6%，扩大0.1个百分点。1—8月份，工业生产者出厂价格同比上涨6.4%，涨幅与1—7月份持平。

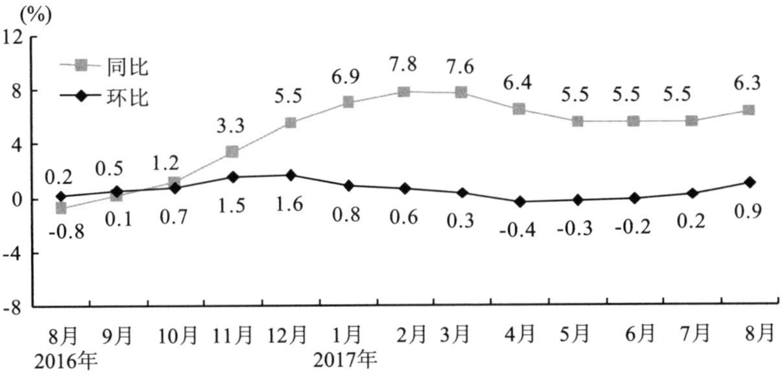

图6　工业生产者出厂价格当月涨（跌）幅

（五）国际收支继续改善，外汇储备持续增加。

货物贸易保持顺差。8月份，进出口相抵贸易顺差为2865亿元，同比收窄14%。**吸引外资大于对外投资。**1—7月份，全国新设立外商投资企业17703家，同比增长12%，实际使用外资金额4854亿元，下降1.2%（折合721亿美元，下降6.5%）；非金融类对外直接投资3920.5亿元，下降41.8%（折合572亿美元，下降44.3%），非理性投资明显减少。**人民币小幅升值。**8月末，人民币汇率中间价为1美元兑人民币6.601元，比上月末升值1.93%。**外汇储备连续回升。**8月份，跨境资金流动和外汇市场供求基本平衡，国际金融市场资产价格有所上升，推动外汇储备规模上升。8月末，外汇储备余额30915亿美元，比上月末增加108亿美元，升幅为0.4%，连续7个月回升。

（六）供给侧结构性改革扎实推进，产业结构调整不断深化。

"三去一降一补"取得新成效。去产能、去库存加快推进。钢铁去产能进展顺利，“地条钢”依法取缔，“僵尸企业”加快处置。8月末，商品房待售面积同比下降12%，降幅比上月末扩大1个百分点。**企业资产负债率、生产成本继续下降。**7月末，规模以上工业企业资产负债率为55.8%，比上年同期下降0.7个百分点。1—7月份，规模以上工业企业每百元主营业务收入中的成本为85.72元，比上年同期减少0.04元。**短板领域投资快速增长。**1—8月份，生态保护和环境治理业、公共设施管理业、农业投资同比分别增长28.2%、24.3%和16.1%，分别快于全部投资20.4、16.5和8.3个百分点。

产业结构调整取得新进展。高技术产业、装备制造业保持较高增速。8月份，高技术产业和装备制造业增加值同比分别增长12.9%和11.6%，分别比上月加快0.8和0.9个百分点。1—8月份，高技术产业和装备制造业增加值同比分别增长13.0%和11.4%，分别快于规模以上工业6.3和4.7个百分点；占规模以上工业增加值的比重分别达到12.3%和32.2%。**新兴服务业、生产性服务业快速发展。**1—7月份，战略性新兴服务业营业收入和营业利润同比分别增长16.8%和24%；生产性服务业营业收入和营业利润分别增长14.5%和22.4%；科技服务业营业收入和营业利润分别增长13.9%和28.6%。

（七）创新驱动战略深入实施，新旧动能加快转换。

新主体大量增加。“放管服”改革推向深入，大众创业、万众创新热潮涌动，营商环境进一步优化，大大激发了企业活力和社会创造力。1—8月份，全国新登记企业399万户，同比增长12%，日均新登记企业1.64万户；其中8月份新登记企业53.7万户，增长12.3%，日均新登记企业1.73万户。**新产业快速增长。**技术含量高、资源消耗少、符合转型升级方向的新产业新产品快速增长。1—8月份，计算机通信和其他电子设备制造业、仪器仪表制造业、医药制造业增加值同比分别增长13.5%、12.7%和11.7%；工业机器人产量增长63%，新能源汽车增长25.4%，运动型多用途乘用车（SUV）增长17.2%。**新模式蓬勃发展。**“互联网+”行动计划推动线上线下加快融合，以网络销售和快递业为代表的互联网经济快速增长。1—8月份，全国实物商品网上零售额32101亿元，同比增长29.2%，增速比社会消费品零售总额快18.8个百分点；非实物商品网上零售额增长52.9%，比1—7月份加快1.2个百分点；预计完成快递业务量237.5亿件，增长30%。

（八）经济效益明显提升，发展质量继续改善。

企业利润较快增长。1—7月份，规模以上工业企业实现利润总额同比增长21.2%，增速比上年同期加快14.3个百分点；规模以上服务业企业营业利润增长22.6%，增速比上半年加快6.6个百分点。**财政收入增长明显好于上年。**1—8月份，全国一般公共预算收入同比增长9.8%，增速比上年同期加快3.8个百分点。其中税收收入增长11.6%，比上年同期加快4.3个百分点，比上半年加快0.7个百分点。**节能降耗成绩突出。**1—8月份，全行业用电量同比增长6.9%，增速比1—7月份回落0.3个百分点。高耗能行业用电回落较多。1—8月份，黑色金属冶炼和压延加工业、有色金属冶炼和压延加工业、电力热力生产和供应业用电量增速分别比1—7月份回落0.6、1.5和2.0个百分点。**环境治理成效逐步显现。**7月份，全国338个地级及以上城市$PM_{2.5}$浓度同比下降6.9%，其中京津冀区域13个城市$PM_{2.5}$浓度下降13.8%，长三角区域25个城市$PM_{2.5}$浓度下降9.7%。

二、新情况新问题不容忽视，经济运行稳中有忧

当前，世界经济尚未走出亚健康和弱增长的调整期，不稳定不确定因素较多，国内经济正处在结构调整的过关期，上行动力与下行压力胶着相持，爬坡过坎过程中仍面临不少阵痛和挑战。

（一）国际环境复杂多变，外部影响不确定性较多。发达经济体政策调整外溢负效应不容小觑。美国等主要发达经济体进入加息和缩表周期，极易导致利率攀升和资产价格波动，引发全球资金跨境流动异常，进而影响经济金融稳定，对新兴经济体造成较大冲击。**贸易保护对我压力加大。**经济全球化进程受阻，发达国家逆全球化思潮和内顾倾向仍在上升，

WTO 多哈回合谈判停滞不前，各国贸易限制措施大幅增加，我国已经成为国际贸易保护主义的首要目标国。8 月 18 日，美国宣布对我国发起“301 调查”，将在技术转让、知识产权、创新等领域开展调查，可能对我国外贸造成不利影响。**地缘政治紧张局势加剧。**朝鲜加快核武研制和导弹试射步伐，美日加大武力威胁的力度，半岛紧张局势进一步加剧。此外，卡塔尔断交风波仍在发酵，西班牙巴塞罗那恐怖袭击等不稳定因素依然较多，将持续影响全球经济稳定复苏。

（二）有效投资增长乏力，内生需求仍待激发。受制于项目核准、土地使用、工程招投标等环节的“隐形门槛”，民营企业投资积极性不高。1—8 月份，民间投资同比增长 6.4%，增速比全部投资低 1.4 个百分点。制造业投资持续处于低位。制造业上游行业受产能过剩制约，投资空间有限，中下游行业由于原材料价格上涨，利润空间收窄，投资动力不足。1—8 月份，制造业投资同比增长 4.5%，增速比全部投资低 3.3 个百分点。基础设施投资保持高增长难度较大。部分地区财政收支矛盾突出，地方融资、举债监管力度加强，基础设施投资资金来源受到影响。1—8 月份基础设施投资同比增速比 1—7 月份回落 1.1 个百分点。从先行指标看，1—8 月份新开工项目计划总投资同比增长 2.2%，固定资产投资到位资金增长 2.8%，均明显低于投资增速，反映了投资增长后劲不足。此外，在居民消费升级加快背景下，工业消费品生产增速有所放缓，国内高品质产品和服务供给不足，营商环境有待改善等因素也制约消费潜力释放。

（三）金融服务实体经济尚不到位，中小企业经营压力依然较大。融资难融资贵问题未能有效缓解，特别是小微企业由于资产规模小、可抵押物少、抗风险能力弱等原因很难从银行获得贷款。我局调查显示，二季度，有银行贷款需求的小微企业中，能够获得贷款的比例仅为 32.9%。近期市场利率波动上行，企业融资成本有所增加。8 月末，上海银行间同业拆借利率（SHIBOR，一年期）为 4.40%，比上月末上升 0.02 个百分点，比上年同期上升 1.38 个百分点。7 月份，全国规模以上工业企业财务费用由上年同期下降4%转为增长6%。1—7月份，工业企业利息支出由上年同期下降8.4%转为增长4.4%。**小企业生产经营景气状况不佳。**8月份，大型企业PMI为52.8%，中型企业PMI为51%，持续保持在扩张区间，而小型企业PMI为49.1%，近2个月又重回收缩区间。

（四）原材料价格持续上升，中下游行业成本压力加大。今年以来，上游行业产品价格较快上涨，并有向中下游行业转移的迹象。8月份，煤炭开采和洗选业出厂价格同比上涨32.1%，黑色金属冶炼和压延加工业出厂价格上涨29.1%，石油加工、炼焦和核燃料加工业出厂价格上涨16.8%，有色金属冶炼和压延加工业出厂价格上涨16.3%。在成本上涨推动下，工业领域涨价面逐步扩大，8月份在调查的40个工业大类行业中，30个行业出厂价格环比上涨，比7月份增加10个，比6月份增加19个。调研中部分企业反映，今年以来原材料成本上升较快，经营压力明显加大。从购进和出厂价格看，8月份工业生产者购进价格同比上涨7.7%，涨幅高于工业生产者出厂价格1.4个百分点，二者剪刀差持续较大。中下游行业成本上升较快，开始挤压部分企业利润空间。1—7月份，铁路、船舶、航空航天和其他运输设备制造业利润同比下降1.2%，电力、热力生产和供应业利润下降31.7%。

（五）地区经济分化明显，转型发展任务艰巨。经济结构单一、过剩行业集中地区工业、投资低速增长。8月份，河北、山西规模以上工业增加值同比分别增长1.6%、4.3%，内蒙古下降5.9%。1—8月份，河北、山西、内蒙古固定资产投资同比分别增长4.8%、5.0%和5.1%，均明显低于全国水平。**东北地区经济虽略有好转，但振兴依然乏力。**1—8月份，东北地区规模以上工业增加值同比增长1.1%，低于全国5.6个百分点；固定资产投资下降6%，而全国为增长7.8%。其中，辽宁规模以上工业增加值同比下降3%，固定资产投资下降24%。此外，个别地区的工业和投资增速下滑，值得关注。1—8月份，甘肃规模以上工业增加值同比下降0.5%；固定资产投资下降35.9%，降幅比1—7月份扩大0.8个百分点。

此外，金融领域风险和房地产市场结构性问题也需要继续密切关注。

三、坚持稳中求进，深化改革创新，巩固经济稳中向好基础

综合来看，8 月份部分指标增速放缓，有一些非经济因素影响，但也反映出我国经济仍处在结构调整过关期，新旧动能转换尚未完成，结构性体制性掣肘依然存在，巩固向好态势仍需付出艰苦努力。为此，一方面要坚定信心，保持定力，坚持稳中求进工作总基调，更好地把握稳与进、稳与防的关系；另一方面，要坚持问题导向，站在经济长周期和结构优化升级的角度，持之以恒推进供给侧结构性改革，适度扩大总需求，深化创新驱动，狠抓政策落实，巩固质量效益改善态势，力促经济发展持续向好，以优异成绩迎接党的十九大胜利召开。

（一）保持宏观政策连续性稳定性，把握好力度节奏。继续实施积极的财政政策和稳健的货币政策，同时针对经济运行中的新情况新问题，适时适度预调微调，着力提高政策的预见性、精准性和有效性。财政政策要更加积极有效，将已出台的各项减税降费措施落到实处，切实做到放水养鱼，让企业轻装上阵；调整优化支出结构，有效保障重点领域支出。货币政策保持稳健中性，要妥善处理好去杠杆、防风险与稳增长的关系，适应货币供应方式新变化，调节好货币闸门，维护流动性基本稳定，避免规范性政策措施叠加加剧企业资金紧张和成本过快上升。

（二）坚持以供给侧结构性改革为主线，加力推进转型升级。当前供给侧结构性改革处于胶着状态，要凝心聚力闯过这个关口，努力取得更大成效。深入推进“三去一降一补”，严格执行环保、能耗、安全等法律法规和标准淘汰落后产能，开展专项抽查，防止落后产能死灰复燃，充分发挥地方政府因地制宜调控房地产市场主体责任，探索“僵尸企业”债务有效处置方式，更好发挥资本市场作用，提高股权融资比重，围绕基础设施、脱贫攻坚、企业技术改造等重点领域加大工作力度，积极推进农业供给侧改革。

（三）多措并举减轻企业负担，振兴实体经济。实体经济是经济发展

的根基，应着力纾缓实体经济困难，筑牢发展根基。围绕服务实体经济全面提升金融服务效率和水平，努力畅通货币政策传导渠道和机制，着力引导资金“脱虚入实”，降低实体经济融资成本；对传统行业中的优势企业信贷总量保持稳定，避免金融机构对产能过剩行业“一刀切”。提高政府审批、验收等环节行政效率，进一步降低企业制度性交易成本。全面清理政府性基金，清理规范行政性事业收费，继续适当降低“五险一金”缴费比例。畅通物流大通道，建设综合交通枢纽，发展多式联运，降低企业物流成本。

（四）积极扩大新兴消费和有效投资，夯实内需基础。继续发挥消费的基础性作用和投资的关键性作用，增强内需对经济增长的持久拉动作用。顺应居民消费结构升级大趋势，推动旅游、文化、体育、健康、养老以及教育培训等幸福产业发展，培育壮大医养结合、文化创意、信息服务等新兴消费。切实落实职工带薪休假制度，鼓励错峰休假和弹性作息。巩固扩大有效投资，尽快核准开工一批前期工作充分、建设资金有保障的铁路、水电、核电、油气管网等基础设施项目。深化政府和社会资本合作（PPP）方式，鼓励民间资本进入医疗、养老、教育等社会领域。打造国际化、法治化营商环境吸引外资，进一步放宽金融等领域外资准入限制，推动实施内外资企业一个窗口登记注册。

（五）加快新旧动能接续转换，厚植发展优势。把“放管服”改革推向纵深，切实加强事中事后监管，推进“双随机、一公开”监管全覆盖。持续推进大众创业万众创新，实行更加严格的知识产权保护制度和更加积极的人才引进政策。深入实施“中国制造 2025”，加快发展战略性新兴产业和现代服务业，推进“互联网＋”向各领域融合渗透，促进制造业早日实现“两化融合”。发挥好先进制造产业投资基金的支持带动作用，以贴息、事后奖补、股权投资等方式支持企业技术改造。

（六）努力防范化解潜在风险，营造良好环境。围绕服务实体经济有效防范金融风险，把发展直接融资放在重要位置，加快发展多层次资本市场。加快金融机构盘活存量、处置不良资产，动态优化银行贷款结构，加大对新兴行业融资支持，降低组合资产风险。加强对逃废债等违法行为监督处置优化信用环境，重拳打击非法集资、组织传销等危害金融安全与社会稳定的犯罪行为。研究建立健全房地产基础性制度和长效机制，调控好土地市场，增加住宅用地和普通商品住房供给，避免土地价格高企推升商品房价格。

经济运行继续稳中向好
新情况新问题需要关注
——10 月份国民经济运行情况及政策建议

10 月份，经济运行总体平稳，结构调整深入推进，新旧动能加快转换，质量效益不断提高，继续保持稳中向好发展态势。下阶段，要深入贯彻落实党的十九大精神，以习近平新时代中国特色社会主义思想为指导，坚持稳中求进工作总基调，坚持贯彻落实新发展理念，坚持质量第一效益优先，建设现代化经济体系，抓住国内外发展新机遇，深化供给侧结构性改革，大力推进创业创新，做强做优实体经济，有效激发内生动力，力争更好实现全年发展预期目标，为明年经济开好局、起好步打下坚实基础。

一、经济运行在合理区间，结构优化效益提升

10 月份，受工作日天数减少、环保治理力度加大、上年同期基数较高等多种因素影响，工业、投资、出口等部分指标增速有所放缓，但就业形势持续向好，市场供求关系继续改善，质量效益明显提升，经济运行稳中有进、稳中提质。

（一）就业形势持续向好，调查失业率下降。

在大众创业万众创新蓬勃发展、服务业吸纳就业能力不断增强的带动下，就业保持向好态势。1—10 月份城镇新增就业人数 1191 万人，同比增加 23 万人，提前完成全年目标任务。10 月份，全国城镇调查失业率比上月下降，低于上年同期水平。

（二）居民消费价格温和上涨，工业生产者出厂价格涨势稳定。

10 月份，居民消费价格同比上涨 1.9%，涨幅比上月扩大 0.3 个百分点。其中，食品价格下降 0.4%，非食品价格上涨 2.4%。10 月份，居民消费价格环比上涨 0.1%，涨幅比上月缩小 0.4 个百分点。居民消费者价格同比涨幅有所扩大，一是食品价格降幅收窄，10 月份食品价格同比下降 0.4%，降幅比上月收窄 1 个百分点；二是翘尾因素影响居民消费价格上涨约 0.4 个百分点，比上月增加 0.2 个百分点。1—10 月份，居民消费价格同比上涨 1.5%，涨幅与前三季度持平。

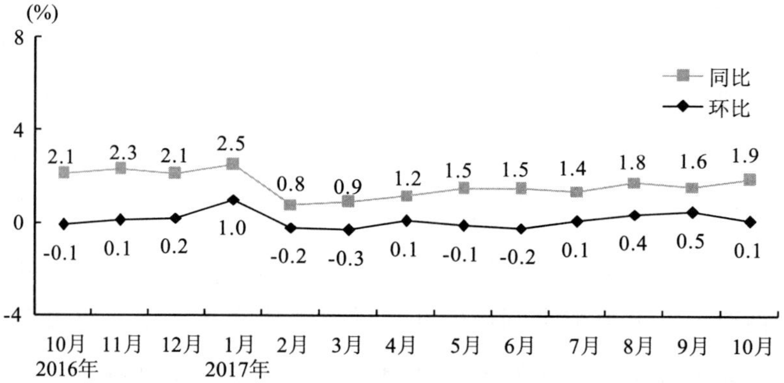

图 1　居民消费价格当月涨（跌）幅

10 月份，工业生产者出厂价格同比上涨 6.9%，涨幅与上月持平。其中，生产资料价格上涨 9.0%，生活资料价格上涨 0.8%。10 月份，工业生产者出厂价格环比上涨 0.7%，涨幅比上月缩小 0.3 个百分点。1—10 月份，工业生产者出厂价格同比上涨 6.5%，涨幅与前三季度持平。

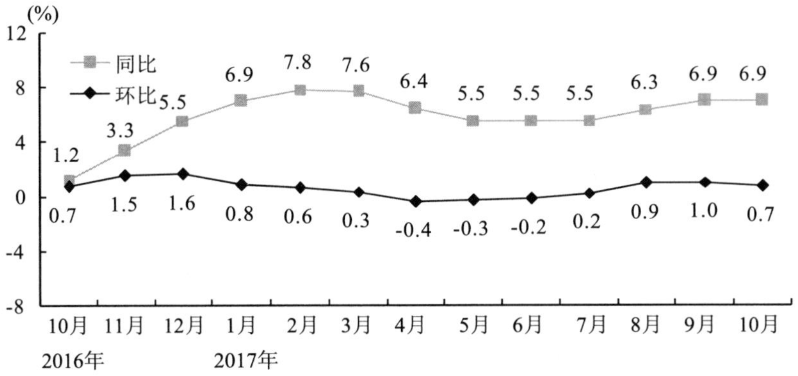

图2　工业生产者出厂价格当月涨（跌）幅

（三）供给侧结构性改革不断深化，产业结构优化升级。

“三去一降一补”取得新进展。去产能、去库存成效突出。钢铁、煤炭去产能顺利推进，“地条钢”产能出清。10月末，商品房待售面积同比下降13.3%，降幅比上月末扩大1.1个百分点。**去杠杆、降成本稳步推进。**9月末，规模以上工业企业资产负债率为55.7%，比上年同期下降0.6个百分点。前三季度，规模以上工业企业每百元主营业务收入中的成本为85.56元，比上年同期减少0.23元。**发展短板得到加强。**1—10月份，生态保护和环境治理业、公共设施管理业、农业投资同比分别增长24.1%、23.4%和17.6%，分别快于全部投资16.8、16.1和10.3个百分点。

先进制造业较快增长。1—10月份，高技术产业和装备制造业增加值同比分别增长13.4%和11.5%，分别快于规模以上工业6.7和4.8个百分点。**现代服务业发展势头良好。**前三季度，战略性新兴服务业、生产性服务业和科技服务业营业收入同比分别增长17.5%、14.8%和14.6%。**优质供给较快增加。**1—10月份，高技术制造业、高技术服务业和制造业技术改造投资同比分别增长16.8%、14%和13.4%，分别快于全部投资9.5、6.7和6.1个百分点。

（四）科技创新引领作用增强，新动能加快成长。

创业创新蓬勃发展。大力倡导创新文化，支持大众创业、万众创新，强化知识产权保护，创业创新能力不断激发。1—10月份，全国新登记企业494万户，同比增长11%，日均新登记企业1.62万户。新科技成果不断涌现。世界首条量子保密通信干线正式开通，构建起我国量子通信网络雏形，北斗三号组网卫星成功发射。**新产业、新业态、新模式加快发展。**新一代信息通信技术、高档数控机床和机器人、先进轨道交通装备、节能与新能源汽车、新材料、生物医药等重点领域快速发展。1—10月份，工业机器人产量同比增长68.9%，新能源汽车增长36.7%，运动型多用途乘用车（SUV）增长14.1%。数字消费、电子商务、现代供应链、互联网金融等新技术相互融合，有效带动了平台经济、共享经济、智能经济发展。1—10月份，全国网上商品零售额41782亿元，同比增长28.8%；预计完成快递业务量312.5亿件，同比增长29.5%。

（五）工业生产总体平稳，服务业保持较快增长。

10月份，规模以上工业增加值同比增长6.2%，增速比上月回落0.4个百分点，比上年同期加快0.1个百分点。其中，采矿业下降1.3%，降幅比上月收窄2.5个百分点；制造业增长6.7%，增速比上月回落1.4个百分点；电力、热力、燃气及水生产和供应业增长9.2%，加快1.4个百分点。工业生产增速比上月有所回落，一是今年10月份工作日比上年同期少一天；二是部分地区加大环境保护和治理力度，主动关停整治部分污染严重、环保不达标企业。1—10月份，规模以上工业增加值同比增长6.7%，增速与前三季度持平，比上年同期加快0.7个百分点。

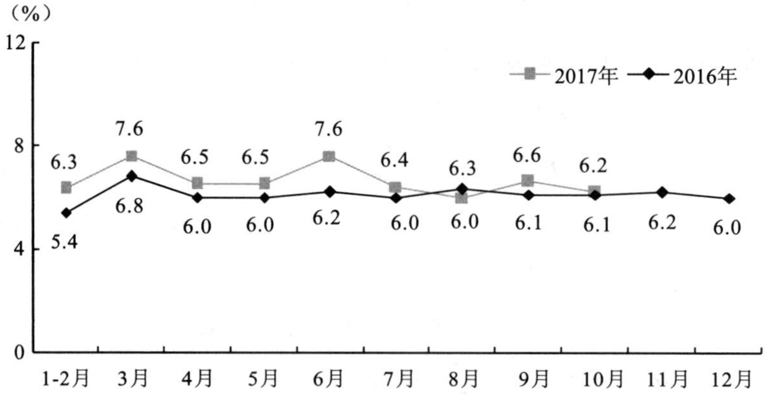

图3　规模以上工业增加值当月增长速度

10 月份，服务业生产指数同比增长 8.0%，增速比上月回落 0.3 个百分点，继续保持 8%左右较高水平。1—10 月份，服务业生产指数同比增长 8.2%，增速比前三季度回落 0.1 个百分点。

（六）市场销售较快增长，投资增速保持稳定。

10 月份，社会消费品零售总额 34241 亿元，同比增长 10.0%，增速比上月回落 0.3 个百分点，与上年同期持平。分类型看，商品零售额同比增长 10.0%，餐饮收入额增长 10.3%。消费升级类商品继续保持较快增长。10 月份，限上单位体育娱乐用品类、化妆品类商品零售额同比分别增长 19.6%和 16.1%，增速均快于限额以上单位商品零售额。1—10 月份，社会消费品零售总额同比增长 10.3%，增速比前三季度回落 0.1 个百分点。

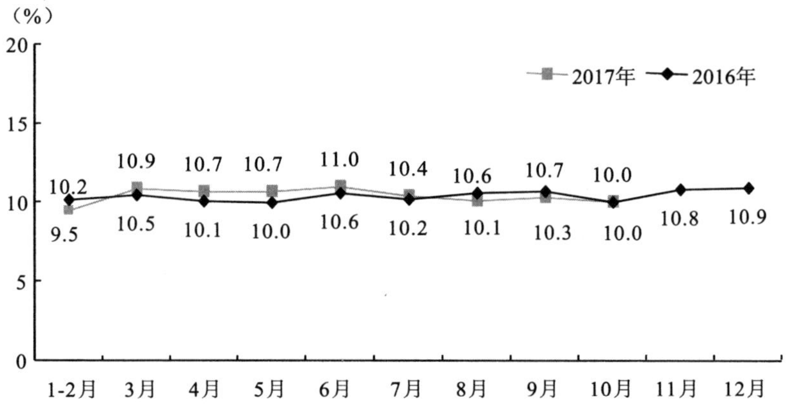

图 4　社会消费品零售总额当月增长速度

1—10 月份，固定资产投资（不含农户）517818 亿元，同比增长 7.3%，增速比前三季度回落 0.2 个百分点。其中基础设施投资增长 19.6%，回落 0.2 个百分点；房地产开发投资增长 7.8%，回落 0.3 个百分点；制造业投资增长 4.1%，回落 0.1 个百分点。分产业看，第一产业、第三产业投资同比分别增长 13.1%和 10%，增速分别快于全部投资 5.8 和 2.7 个百分点。投资先行指标有所改善。1—10 月份，新开工项目计划总投资同比增长 3.8%，增速比前三季度加快 1.4 个百分点；实际到位资金增长 3.6%，加快 0.3 个百分点，保持了前三季度有所回升的态势。

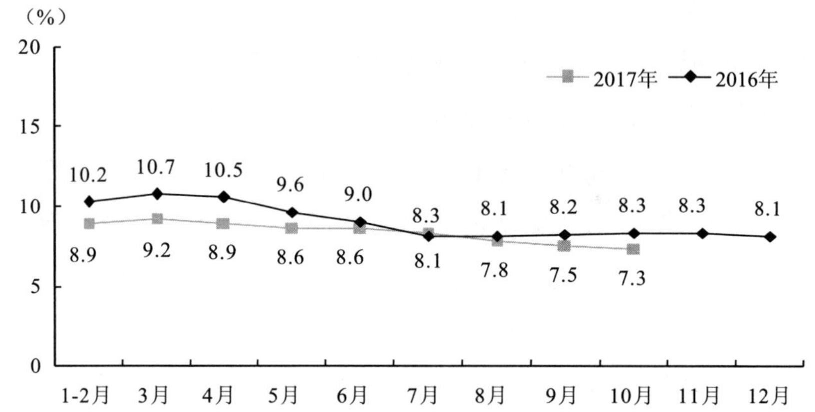

图 5　固定资产投资（不含农户）累计增长速度

（七）进出口保持较快增长，国际收支继续改善。

10 月份，货物进出口总额 22425 亿元，同比增长 10.2%，增速比上月回落 3.3 个百分点，上年同期为下降 1.1%。其中，出口增长 6.1%；进口增长 15.9%。1—10 月份，货物进出口总额 225225 亿元，同比增长 15.9%。其中出口增长 11.7%。10 月份，规模以上工业企业出口交货值同比增长 7.5%，增速比上月回落 2.3 个百分点。

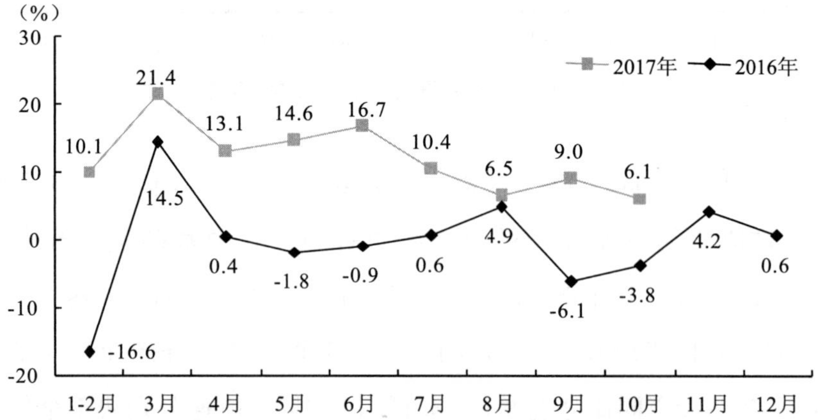

图 6　出口总额当月增长速度（按人民币计价）

贸易投资保持顺差。10 月份，进出口相抵贸易顺差为 2545 亿元，连续8个月保持顺差。前三季度，实际使用外资金额6186亿元（折921亿美元），同比增长1.6%；非金融类对外直接投资780亿美元，下降41.9%，降幅有所收窄，非理性投资得到明显遏制。**人民币汇率基本稳定。**10月末，人民币汇率中间价为1美元兑人民币6.6397元，比上月末小幅贬值0.04%。**外汇储备增加。**10月末，外汇储备余额31092亿美元，比上月末增加7亿美元，连续9个月回升。

（八）企业效益明显改善，经济运行质量提升。

企业利润较快增长。前三季度，规模以上工业企业实现利润总额同比增长22.8%，增速比1—8月份加快1.2个百分点；规模以上服务业企业营业利润增长31.4%，加快8.6个百分点。**财政收入增长明显好于上年。**1—10月份，全国一般公共预算收入同比增长9.2%，增速比上年同期加快3.3个百分点。其中税收收入增长11.9%，比上年同期加快5.2个百分点。**经济效率有所提高。**前三季度，规模以上工业企业每百元资产实现的主营业务收入同比提高4.8元，人均主营业务收入提高16万元，GDP与固定资产投资（不含农户）之比提高0.046。**节能降耗成绩突出。**1—10月份，全行业用电量同比增长6.5%，增速比前三季度回落0.3个百分点。高耗能行业用电回落较多。1—10月份，有色金属冶炼和压延加工业、电力热力生产和供应业、黑色金属冶炼和压延加工业用电量同比增速分别比前三季度回落1.3、0.8和0.1个百分点。

二、新情况新问题值得关注，向好基础仍需夯实

今年以来，经济发展好于预期，成绩来之不易，但要清醒认识到，外部环境不稳定不确定因素较多，国内发展不平衡不充分的深层次问题仍然突出，一些新情况新问题需要关注。

（一）虽然世界经济复苏加快，但我国出口压力不断加大。

今年以来，世界经济复苏出现积极变化，美国、欧元区、日本等发达经济体活力增强，主要新兴经济体发展势头良好，国际贸易持续改善。10月份，波罗的海干散货运指数从1328点上升至1522点，其中最高达

到1588点，创近两年新高。在此背景下，我国出口增长也由去年的下降转为上升，但与全球贸易持续提速不同的是，年初以来我国出口增速逐渐放缓，贸易条件也持续弱化。10月份，我国出口总额同比增长6.1%，增速比前三季度、上半年分别回落6.2和8.4个百分点；我国贸易条件指数为94.7，连续15个月位于临界点之下。出口压力不断加大虽有基数的原因，也与发达国家再工业化、再制造业化、贸易保护主义盛行、逆全球化思潮抬头以及地缘政治风险隐患增加等因素有关，需高度关注，采取有效措施积极应对。

（二）虽然生产形势总体稳定，但需求动力仍显不足。

从投资看，制造业投资、基础设施投资、民间投资均面临下行压力。受产能过剩、企业创新能力不足和市场观望现象较多等因素影响，制造业投资增长仍然低迷。1—10月份，制造业投资同比增长4.1%，增速比前三季度回落0.1个百分点。受融资环境变化、建设制约增多等因素影响，基础设施投资持续高增长难度加大。进入秋冬季后北方大气污染压力增加，“1+6”大气污染综合治理攻坚要求严格，相关地区在建项目投资进度放缓。与此同时，民营企业融资能力不足、融资渠道不畅，工程招标、土地使用等环节面临“隐形门槛”，民间投资增长依然乏力。1—10月份，民间投资同比增长5.8%，增速比前三季度回落0.2个百分点，比全部投资低1.5个百分点。**从消费看，**受汽车、手机等部分商品消费进入成熟期，以及房地产市场调控效应显现等因素影响，住行、通讯类商品销售增速回落明显。10月份，限上单位商品零售额中，家具类、建筑及装潢材料类、通讯器材类、汽车类同比增速分别比上月回落5.5、3.4、1.7和1.0个百分点。高质量产品及服务供给不足，难以满足居民消费升级需要，也制约消费持续较快增长。

（三）虽然企业总体经营状况改善，但中小企业发展仍比较困难。

在供给侧结构性改革作用下，市场供求关系明显改善，企业生产销售加快，效益大幅回升，但不平衡性比较突出，尤其是中小企业发展仍比较困难。**从制造业采购经理指数（PMI）看，**10月份，大型企业PMI

为53.1%，而中、小型企业PMI分别为49.8%和49.0%，分别比上月下降1.3和0.4个百分点，低于临界点。**从企业利润看，**前三季度，大型工业企业利润总额同比增长35.9%，明显快于全部规模以上工业企业利润增速，而中、小型企业利润同比分别增长17%和13.2%，大幅低于平均水平。**从经营条件看，**中小企业成本高、融资难、融资贵等问题没有根本改变。三季度，4万家规模以下工业企业调查问卷结果显示，认为原材料成本高是本季度面临突出问题的企业占47.8%，比二季度上升3.8个百分点，达到3年来的最高水平；规模以下工业企业发生的银行贷款年利息及费用率为6.06%，比二季度上升0.18个百分点。

（四）虽然地区发展协调性改善，但部分地区下行压力仍较大。

随着一系列重大决策部署陆续实施，我国区域发展协调性有所改善，中西部地区发展步伐加快。1—10月份，中、西部地区固定资产投资同比分别增长7.4%和9%，分别比全国快0.1和1.7个百分点；规模以上工业增加值分别增长7.8%和6.9%，分别比全国快1.1和0.2个百分点。但一些产业结构单一的地区转型升级任务艰巨，发展压力较大，主要指标与全国差距明显。1—10月份，辽宁、吉林规模以上工业增加值同比分别增长0.7%和5.3%，增速分别低于全国6和1.4个百分点；固定资产投资分别下降8.7%和6.4%，而全国为增长7.3%。此外，一些省区工业和投资下滑值得关注。1—10月份，甘肃规模以上工业增加值同比下降1.4%，降幅比前三季度扩大0.2个百分点；甘肃、内蒙古、天津投资分别下降40%、4.5%和5.6%。总的来看，东北、西北、华北等北方一些省份困难较多。

（五）虽然风险管控取得积极成效，但潜在问题仍较突出。

今年以来，随着供给侧结构性改革深入推进和企业利润大幅回升，规模以上工业企业资产负债率有所下降，总体杠杆率趋稳。但也要看到，房地产、财政、金融等重点领域还存在不少潜在的风险隐患。**从房地产看，**部分热点城市住房供求关系仍然紧张，房价上涨压力尚未根本缓解，而一些非重点城市商品房库存压力仍然较大。10月末，非重点城市商品房待售面积占全国比重为62%。**房地产“吸金”现象仍比较明显。**1—10月份，房地产开发企业贷款同比增长20.2%，增速比前三季度加快0.7个百分点。其中，银行贷款增长15.9%，加快0.2个百分点；非银行金融机构贷款增长45.6%，加快3.6个百分点。**从财政金融看，**一些市县财政收支矛盾突出，部分省份养老保险基金收支缺口较大。金融机构不良贷款有所上升，债券市场信用违约事件增加，跨市场跨业态跨区域的影子银行和违法犯罪风险突出。

三、深入学习贯彻党的十九大精神，努力实现更好结果更高质量的发展

针对经济运行存在的新情况、新问题，要加大改革创新力度，不断巩固经济持续向好的基础。下阶段，要以党的十九大精神为统领，以习近平新时代中国特色社会主义思想为指导，牢固树立“四个意识”，努力增强“四个自信”，坚决贯彻落实党中央国务院各项决策部署，按照新时代发展的新要求，保持宏观经济政策的连续性稳定性，确保经济运行在合理区间，实现供需动态平衡，要抓住世界经济上升周期和科技革命新机遇，坚持质量第一、效益优先，推动质量变革、效率变革、动力变革，努力实现更高质量、更有效率、更加公平、更可持续的发展。

（一）保持宏观政策连续性稳定性，着力促进经济运行在合理区间。我国经济稳中向好态势持续发展，表明今年以来采取的各项政策措施是有力有效的。要保持政策的连续性和稳定性，提高针对性和前瞻性，把握好力度节奏。要继续实施积极的财政政策和稳健的货币政策，落实好已出台的各项减税降费措施，继续完善营改增政策，帮助纳税人实现充分抵扣，研究出台支持小微企业发展的税收政策；密切监测市场流动性和预期变化，把握好保持流动性基本稳定和去杠杆间的平衡，综合运用多种货币政策工具满足实体经济发展需要。

（二）坚定不移推进供给侧结构性改革，着力实现供需动态平衡。深入推进“三去一降一补”五大重点任务，巩固扩大工作成果。坚定不移

去产能，针对市场供求关系变化，部分企业去产能意愿下降，要严格执行环保、安全等标准，坚决淘汰落后产能。因地制宜去库存，支持居民自住和进城务工人员的购房租房需求，重点解决三四线城市库存较多问题。积极稳妥去杠杆，大力发展股权融资。多措并举降成本，严厉查处行政审批中介、垄断环节违法违规收费行为。精准实施补短板，加大基础设施、民生等短板领域投入力度。在优化存量资源配置的同时，积极扩大优质增量供给，加快发展先进制造业和现代服务业，实现供需动态平衡。

（三）更好发挥创新引领作用，着力推动新旧动能接续转换。创新是引领发展的第一动力，是建设现代化经济体系的战略支撑。要持续推进大众创业万众创新，鼓励更多社会主体投身创业创新。瞄准世界科技前沿，强化基础研究，强化知识产权保护，实行更加积极的人才引进政策，在全社会营造有利于创业创新的良好氛围。加快实施“中国制造 2025”，推动互联网、大数据、人工智能和实体经济深度融合，促进产业迈向全球价值链中高端。抓紧向全国推广一批全面创新改革试验形成的人才引进、科技金融、军民融合等经验做法。

（四）全面振兴实体经济，着力提高供给体系质量。围绕服务实体经济全面提升金融服务效率和水平，畅通货币政策传导渠道，降低贷款中间环节费用，防范“以贷转存”、“存贷挂钩”等变相提高利率行为，切实引导实际利率下行。提高行政审批、验收等环节效率，清理规范涉企收费，制止乱摊派、乱收费等违规行为。阶段性降低企业社保缴费比例，完善最低工资调整机制。畅通物流大通道，完善城市物流配送体系，推广多式联运，降低企业物流成本。激发和保护企业家精神，弘扬工匠精神，加强标准建设，引导企业推进“品质革命”，推动“中国制造”加快走向“精品制造”。

（五）发挥消费和投资有效作用，着力增强发展内生动力。我国内需潜力很大，在扩大优质增量供给的同时，要适应人民群众日益增长的美好生活需要，有效扩大内需，关键是找准发力点。要围绕改善民生来扩大消费，着眼补短板、增后劲来增加投资，使扩内需更加有效、更可持续。要适应消费结构升级大趋势，培育壮大养老、健康、教育、文化、旅游、信息等消费，实施扩大消费专项行动。降低部分消费品进口关税，增设免税店。加快中央预算内投资执行进度，提高资金使用效率，进一步完善重大项目库建设，加快推进入库项目前期工作。落实好激发民间投资活力的政策措施，深化 PPP 模式，创新收益和分配机制。进一步放宽行业准入，鼓励社会资本进入养老、教育、医疗等社会领域。

（六）深化重点领域和关键环节改革，着力激发活力潜力。继续深化“放管服”改革，提高政府公共服务能力和水平，为企业创造更好的营商环境。推进财税体制改革，简化税制，健全地方税体系，规范地方政府举债行为。深化国有企业改革，发展混合所有制经济，进一步健全公司法人治理结构和灵活高效的市场化经营机制，培育具有全球竞争力的世界一流企业。全面实施市场准入负面清单制度，清理废除妨碍统一市场和公平竞争的各种规定和做法，使市场在资源配置中起决定性作用。

（七）把握机遇扩大开放，着力提升国际竞争新优势。要抓住世界经济回升、分工格局调整的新机遇，积极拓展外贸发展新领域，着力开拓国际新市场。加大力度培育外贸新业态，推动加工贸易转型升级，研究支持中西部承接加工贸易产业转移差异性政策。积极推进全国通关一体化，提高贸易便利化水平。打造国际化、法治化营商环境，大幅度放宽市场准入，扩大服务业对外开放，保护外商投资合法权益，在资质许可、政府采购等方面对内外资企业一视同仁。以“一带一路”建设为重点，坚持引进来和走出去并重，加快“一带一路”建设重点项目落地。加快自贸区建设，赋予自贸区更大改革自主权。

（八）抓重点补短板强弱项，着力打好防范化解重大风险、精准脱贫、污染防治攻坚战。加快金融机构盘活存量、处置不良资产，动态优化银行贷款结构，降低组合资产风险。扎实整治金融乱象，加大逃废债打击力度，重拳打击非法集资、组织传销等危害金融安全与社会稳定的犯罪行为。研究建立健全房地产长效机制，长短结合，标本兼治，从土地、财税、住房制度等深层次问题着手，促进房地产市场实现平稳健康发展。深入推进脱贫攻坚，坚持政府主导，坚持统筹发展，改善基础设施和公共服务，推动特色产业发展、劳务输出、教育和健康扶贫，增强扶贫对象和贫困地区自我发展能力。坚持绿水青山就是金山银山，强化节能减排，加大水、气、土壤污染综合治理，加强生态保护和修复，改革生态环境监管机制，强化督查巡查。

经济持续稳中向好 提质增效还需加力
——11 月份国民经济运行情况及政策建议

11 月份，产需总体稳定，就业持续向好，结构不断优化，国民经济继续稳中向好，显示出较强的稳定性和韧劲。但外部风险变数仍然较多，内部不平衡不充分问题突出，经济转向高质量发展面临挑战。下阶段，要坚决贯彻落实党的十九大精神，以习近平新时代中国特色社会主义思想为指导，坚持稳中求进工作总基调，坚持新发展理念，按照高质量发展和建设现代化经济体系的要求，抓住有利时机，加大改革创新力度，以供给侧结构性改革为主线，深入推动质量、效率、动力三大变革，科学统筹稳增长、促改革、调结构、惠民生、防风险，引导稳定预期，加强改善民生，促进经济社会持续健康发展。

一、经济运行总体平稳，向好态势持续发展

（一）粮食生产再获丰收，工业服务业平稳增长。

全国粮食产量 12358 亿斤，比上年增加 33 亿斤，增长 0.3%，是历史上第二高产年。其中，玉米产量 4318 亿斤，下降 1.7%；稻谷 4171 亿斤，增长 0.7%；小麦 2595 亿斤，增长 0.7%；其他粮食作物 1274 亿斤，

增长 4.8%。

11 月份，规模以上工业增加值同比增长 6.1%，增速比上月回落 0.1 个百分点。其中，制造业同比增长 6.8%，加快 0.1 个百分点；六大高耗能行业增长 2%，回落 0.9 个百分点。1—11 月份，规模以上工业增加值同比增长 6.6%，比 1—10 月份回落 0.1 个百分点，比上年同期加快 0.6 个百分点。

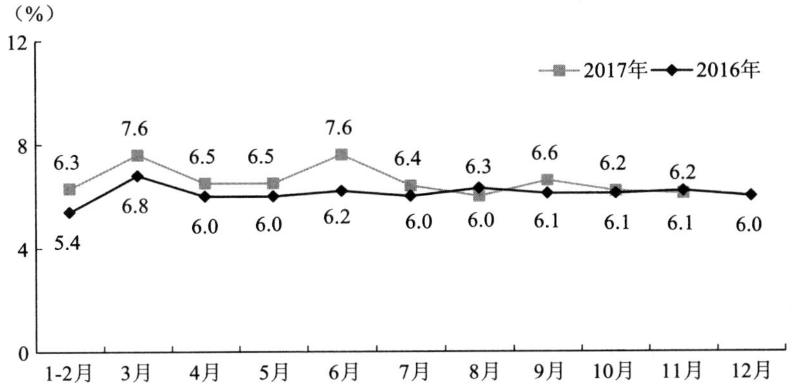

图 1　规模以上工业增加值当月增长速度

11 月份，服务业生产指数同比增长 7.8%，增速比上月回落 0.2 个百分点。1—11 月份，服务业生产指数同比增长 8.2%，增速与 1—10 月份持平。

（二）就业形势持续向好，物价涨幅有所回落。

1—11 月份，城镇新增就业人数 1280 万人，同比增加 31 万人，提前完成全年目标任务。

11 月份，居民消费价格同比上涨 1.7%，涨幅比上月回落 0.2 个百分点；环比与上月持平，上月为上涨 0.1%。其中，食品价格同比下降 1.1%，非食品价格上涨 2.5%；剔除食品和能源的核心 CPI 同比上涨 2.3%。1—11 月份，居民消费价格同比上涨 1.5%，涨幅与 1—10 月份持平。

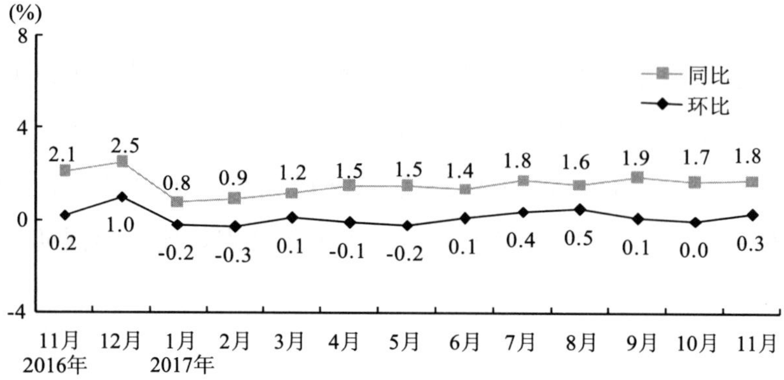

图 2 居民消费价格当月涨（跌）幅

11 月份，工业生产者出厂价格同比上涨 5.8%，涨幅比上月回落 1.1 个百分点，主要受翘尾因素减少影响；环比上涨 0.5%，涨幅比上月回落 0.2 个百分点。其中，生产资料价格同比上涨 7.5%，生活资料价格上涨 0.6%。1—11 月份，工业生产者出厂价格同比上涨 6.4%，涨幅比 1—10 月份回落 0.1 个百分点。

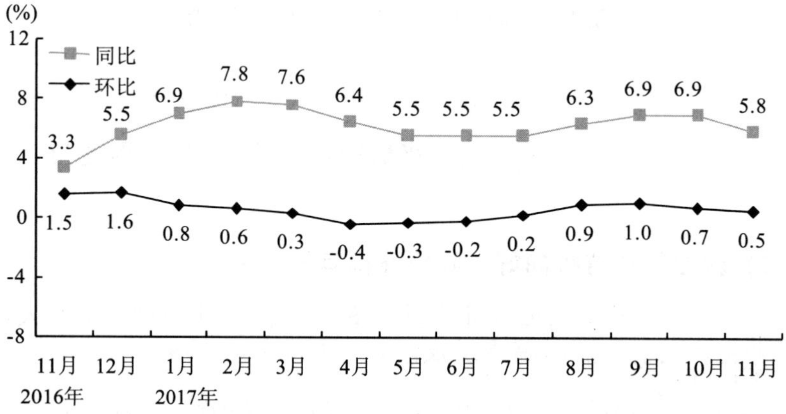

图 3 工业生产者出厂价格当月涨（跌）幅

（三）供给侧结构性改革不断深化，新动能加快成长。

去产能、去杠杆、降成本成效明显。钢铁、煤炭去产能年度目标任务进展顺利，“地条钢”产能出清。10 月末，规模以上工业企业资产负债率为 55.7%，比上年同期下降 0.5 个百分点。1—10 月份，规模以上工业企业每百元主营业务收入中的成本为 85.46 元，比上年同期减少 0.26

元。**去库存、补短板扎实推进。**11月末，商品房待售面积同比下降13.7%，降幅比上月末扩大0.4个百分点。1—11月份，生态保护和环境治理业、公共设施管理业、农业投资同比分别增长23.6%、23.3%和16.6%，分别快于全部投资16.4、16.1和9.4个百分点。**农业供给侧结构性改革持续深化。**在主要口粮作物播种面积基本稳定的同时，库存较多的玉米种植面积调减，杂粮和豆类播种面积增加。今年全国粮食播种面积16.83亿亩，比上年下降0.7%。其中，玉米播种面积下降3.6%，豆类播种面积增长6.7%。

创业创新蓬勃发展。1—11月份，全国新登记企业548.8万户，同比增长10.1%，日均新登记企业1.64万户。**新产业新产品不断壮大。**1—11月份，电子及通信设备制造业、航空航天器及设备制造业、医疗仪器设备及仪器仪表制造业增加值同比分别增长15.8%、12.6%和12.3%；工业机器人产量同比增长68.8%，新能源汽车增长46.5%，太阳能电池增长27.5%。**新业态新模式活力增强。**移动终端、数字消费、线上支付等技术日臻成熟有效带动了平台经济、智能经济发展。1—11月份，全国网上商品零售额同比增长27.6%，增速比社会消费品零售总额快17.3个百分点。“双11”当天通过移动端实现的交易额占比达83.4%，比上年同期提高2.7个百分点。1—11月份，预计完成快递业务量358.5亿件，同比增长28.5%。

（四）供求结构继续优化，区域发展协调性改善。

工业生产向价值链中高端发展。1—11月份，高技术产业、装备制造业增加值同比分别增长13.5%和11.4%，增速分别快于规模以上工业6.9和4.8个百分点。1—10月份，高技术制造业、工业战略性新兴产业营业收入同比分别增长13.6%和13.1%，增速分别快于规模以上工业1.2和0.7个百分点。**现代服务业发展势头强劲。**1—10月份，战略性新兴服务业、生产性服务业、科技服务业营业收入同比分别增长17.5%、14.9%和14.6%，分别快于全部规模以上服务业3.8、1.2和0.9个百分点。

消费结构持续升级。1—11月份，限额以上单位体育娱乐用品类、化妆品类、通讯器材类商品零售额同比分别增长17.3%、13.5%和11.5%，增速均快于限额以上单位商品零售额。1—11月份，非实物商品网上零售额同比增长50.7%，快于全部网上零售额18.3个百分点。**高端制造业和技改投资快速增长。**1—11月份，高技术制造业和装备制造业投资同比分别增长15.9%和8%，分别比制造业投资快11.8和3.9个百分点；制造业技改投资增长14.3%，比制造业投资快10.2个百分点。

东部增势稳定。1—11月份，东部地区规模以上工业增加值同比增长6.7%，固定资产投资增长8.1%，增速分别快于全国0.1和0.9个百分点。**中西部加快发展。**1—11月份，中、西部地区规模以上工业增加值同比分别增长7.8%和7.1%，增速分别快于全国1.2和0.5个百分点；西部地区固定资产投资增长9.3%，增速比1—10月份加快0.3个百分点，快于全国2.1个百分点。**东北经济有所回暖。**1—11月份，东北地区规模以上工业增加值同比增长2.2%，增速比1—10月份加快0.2个百分点；固定资产投资增长0.1%，1—10月份为下降3.2%。

（五）消费出口增长加快，投资增速趋稳。

11月份，社会消费品零售总额34108亿元，同比增长10.2%，增速比上月加快0.2个百分点，保持在10%以上的较快增长。分类型看，商品零售额同比增长10.2%，餐饮收入额增长10.0%。1—11月份，社会消费品零售总额同比增长10.3%，增速与1—10月份持平。

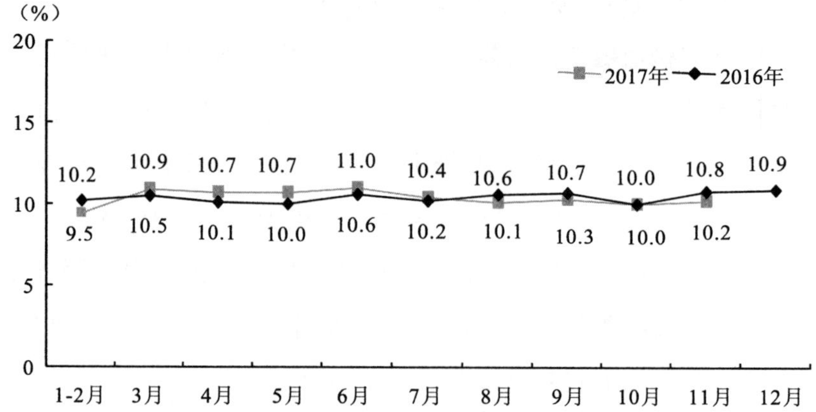

图4　社会消费品零售总额当月增长速度

11月份，货物进出口总额26049亿元，同比增长12.6%，增速比上月加快2.5个百分点。其中，出口增长10.3%；进口增长15.6%。我局统计的规模以上工业出口交货值同比增长11.8%，增速比上月加快4.3个百分点。11月份，进出口相抵贸易顺差为2636亿元，连续9个月保持顺差。**外汇储备连续增加。**11月末，外汇储备余额31193亿美元，比上月末增加101亿美元，连续10个月回升。

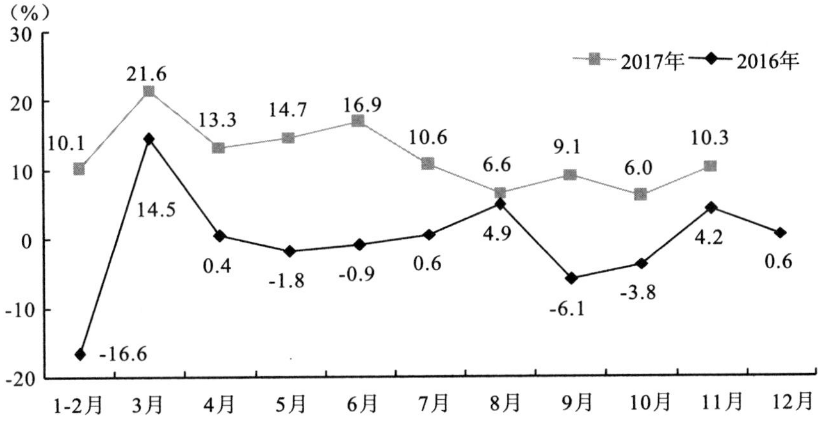

图5 出口总额当月增长速度（按人民币计价）

1—11月份，固定资产投资（不含农户）575057亿元，同比增长7.2%，增速比1—10月份回落0.1个百分点，回落幅度逐步收窄。其中基础设施投资同比增长20.1%，比1—10月份加快0.5个百分点；房地

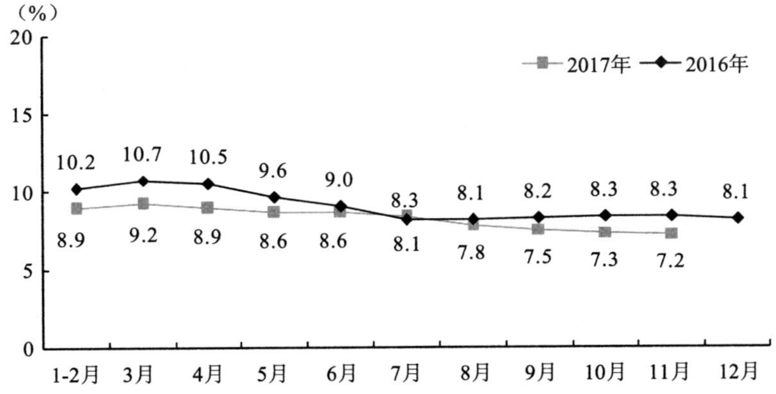

图6 固定资产投资（不含农户）累计增长速度

产开发投资增长7.5%，回落0.3个百分点；制造业投资增长4.1%，增速与1—10月份持平。从先行指标看，1—11月份新开工项目计划总投资同比增长6.2%，固定资产投资实际到位资金增长4.4%，增速分别比1—10月份加快2.4和0.8个百分点。

（六）经济效益明显提升，市场预期继续向好。

企业利润较快增长。1—10月份，规模以上工业企业利润同比增长23.3%，增速比前三季度加快0.5个百分点；规模以上服务业企业营业利润增长29%，增速比上年同期加快27.5个百分点。**资金周转加快。**10月末，规模以上工业企业应收账款平均回收期、产成品存货周转天数分别比上年同期减少1和0.6天。**经营效率提高。**1—10月份，规模以上工业企业每百元资产实现的主营业务收入同比增加4.6元，人均主营业务收入增加15.9万元。

制造业采购经理指数上升。11月份，制造业采购经理指数为51.8%，比上月上升0.2个百分点，今年以来连续处于51%以上的扩张区间。**非制造业商务活动指数处于较高景气区间。**11月份，非制造业商务活动指数为54.8%，比上月上升0.5个百分点，除8月份受高温洪涝影响略降至53.4%外，今年以来非制造业商务活动指数持续位于54%及以上的较高景气区间。

二、困难风险仍然较多，提质增效任重道远

尽管经济运行总体稳中向好，但也要看到，当前经济仍处于转变发展方式、优化经济结构、转换增长动力的攻关期，发展不平衡不充分问题突出，转向高质量发展仍面临较多挑战。

（一）外部风险变数较多。尽管世界经济复苏步伐加快，但国际竞争压力、贸易保护主义、宏观政策调整等引发的不稳定性、不确定性持续增大，对我影响不容忽视。**贸易保护主义势头不减。**发达国家逆全球化思潮和内顾倾向仍在上升，针对我国的贸易保护主义事件频发。11月30日，美国正式公布向WTO提交了拒绝中国在全球贸易规则下获得“市

场经济”待遇的要求，不利于我国扩大出口。**国际竞争性减税态势明显。**近期，美参众两院通过税改法案，美国企业所得税率有望大幅下调，将推动资金和制造业回流，英国、法国、德国和日本等国也在酝酿减税。在我国要素成本上升的背景下，这将对我国引进外资形成更大压力。**主要经济体货币政策收紧。**近期英国、韩国央行相继宣布加息，美联储加息步伐也可能加快，这可能引发全球资金跨境流动异常变化，导致国际金融市场波动。此外，朝鲜半岛局势不稳，中东地区紧张局势加剧，极端主义、民粹主义现象增多将持续影响全球经济复苏。

（二）能源生产和运输指标有所波动。随着供暖季来临，能源、运输需求上升，相关指标增长通常有所加快，但今年受一些地区限制煤炭使用、天然气供应设施不足等因素影响，能源生产和运输指标出现波动。**从能源生产看，**11 月份，电力热力生产和供应业增加值同比增长 3.5%，增速比上月回落 5.3 个百分点；原煤产量下降 2.7%，上月为增长 1.5%；发电量增长 2.4%，回落 0.1 个百分点。**从电力消费看，**11 月份，全行业用电同比增长 4.1%，增速比上月回落 0.3 个百分点。**从货运情况看，**11 月份，铁路货运量同比增长 0.9%，增速比上月回落 3.9 个百分点。能源、运输与生产生活密切相关，相关保障问题需要引起高度重视。

（三）有效投资依然乏力。市场供求关系改善、企业利润增加并没有完全激发出企业扩大投资的积极性，从当前和今后一段时间看，投资增长仍面临较多困难。**从制造业投资看，**去产能深入推进，钢铁、有色、船舶、煤炭、火电等产能过剩行业投资受到遏制，而纺织、化工、家电、造纸等传统行业企业创新能力不足，投资增长乏力。1—11 月份，制造业投资同比增长 4.1%，增速比前三季度回落 0.1 个百分点，比全部投资低 3.1 个百分点。**从民间投资看，**由于融资限制，以及工程招标、土地使用等环节存在“隐形门槛”等影响，民间投资活力依然不强。1—11 月份，民间投资同比增长 5.7%，增速比 1—10 月份回落 0.1 个百分点，比全部投资低 1.5 个百分点。

（四）实体经济成本上升压力加大。今年以来，在各项政策措施作用下，实体经济运行不断改善，但仍面临较大的成本上升压力。**原材料价格上涨压力较大。**11月份，工业生产者购进价格同比上涨7.1%，涨幅高于工业生产者出厂价格1.3个百分点，二者剪刀差持续较大。**融资成本仍然偏高。**虽然今年以来中小企业融资难的问题有所缓解，但融资过程中的担保、评估、登记等费用仍然较高，企业融资成本仍在上升。11月末，上海银行间同业拆借利率（SHIBOR，一年期）为4.63%，比上年同期上升1.48个百分点，比10月末上升0.21个百分点。1—10月份，规模以上工业企业利息支出由上年同期下降7.8%转为增长5.2%，财务费用由下降5.8%转为增长5.5%。**人工成本持续上升。**近年来我国城镇单位就业人员平均工资年均增速在10%以上。今年以来，至少有22个地区提高最低工资标准，企业经营压力加大。**要素成本居高难下。**企业普遍反映水电气等要素成本、物流成本、仓储成本、租金成本不断增加。1—10月份，社会物流总费用9.5万亿元，同比增长9.7%。

（五）地区分化问题依然突出。尽管区域发展协调性增强，但长期积累的结构性矛盾仍较突出，新情况新问题有所显现，部分地区发展压力较大。**经济结构单一、产业层次偏低、营商环境不佳的地区发展与全国有较大差距。**11月份，黑龙江规模以上工业增加值同比下降4.5%。1—11月份，辽宁、吉林固定资产投资同比分别下降3.6%和2.5%。**能源资源依赖度高、企业创新力不强的地区转型发展仍较困难。**11月份，甘肃规模以上工业增加值同比下降4.9%；山西、内蒙古规模以上工业增加值分别增长1.4%和0.7%，分别比全国低4.7和5.4个百分点。1—11月份，甘肃和内蒙古固定资产投资同比分别下降39.3%和6.7%。**优先生态环保、主动加大污染防治力度的地区短期调整压力显现。**11月份，河北规模以上工业增加值同比增长0.6%，低于全国5.5个百分点；天津规模以上工业增加值下降1.5%。1—11月份，天津固定资产投资同比下降1.4%。

（六）部分领域潜在风险尚存。从房地产看，部分热点城市房价上涨压力依然较大。10月份，15个热点城市中有3个城市新建商品住宅价格环比出现上涨，一些区域一二手房价出现倒挂现象，有效供应不足现象仍较突出。非重点城市和非住宅库存仍然较多。11月末，非重点城市商品房待售面积占全国比重为61.7%；全国办公楼待售面积同比增长3.2%，而全部商品房待售面积为下降13.7%。居民杠杆率有所上升。1—11月份，新增住户人民币贷款占全部新增贷款的比重比上年同期提高2.3个百分点。**从财政金融看**，11月份，全国一般公共预算收入同比下降1.4%，为今年以来首次下降。部分省份养老保险基金收支缺口较大，一些市县财政收支矛盾突出，保运转、保民生困难增加。银行业不良贷款规模仍在增加，跨市场跨区域交叉传染风险犹存，债券市场违约增多。此外，去产能过程中人员安置进展缓慢，部分重点人群失业率较高，也值得关注。

三、稳中求进，改革创新，推动经济实现高质量发展

新时代要有新气象，更要有新作为。面对外部竞争压力加大、挑战变数增多，国内发展不平衡不充分问题突出、潜在风险不容忽视的复杂局面，必须全面贯彻党的十九大精神，以习近平新时代中国特色社会主义思想为指导，坚持稳中求进工作总基调，保持宏观政策的连续性稳定性，把握好力度节奏，巩固扩大经济稳中向好态势。同时，要紧扣社会主要矛盾变化，按照高质量发展的要求，贯彻落实新发展理念，精心布局明年工作，抓住世界经济普遍复苏和科技革命突破增多的新机遇，坚持质量第一、效益优先，加快建设现代化经济体系，坚持以供给侧结构性改革为主线，推动质量变革、效率变革、动力变革，更好发挥中国经济的韧性、潜力和优势，努力实现更高质量、更有效率、更加公平、更可持续的发展。

（一）坚持稳中求进工作总基调，科学统筹稳增长、促改革、调结构、惠民生、防风险。稳中求进工作总基调是治国理政的重要原则，必须长期坚持。要保持宏观经济政策的连续性稳定性，继续实施积极的财政政策和稳健的货币政策，在区间调控的基础上加强定向调控、相机调

控，提高预见性、精准性和有效性。不断加强和改善宏观调控，科学统筹稳增长、促改革、调结构、惠民生、防风险各项工作，注重投资、消费、产业、区域和环保等政策的协调配合，确保经济运行在合理区间，为深层次改革与创新创造良好条件。

（二）坚持以供给侧结构性改革为主线，实现更高质量的供需动态平衡。深化供给侧结构性改革是建设现代化经济体系的首要任务，必须持之以恒加以推进。要以“三去一降一补”为重点，运用技术、环保、安全等市场化、法治化手段优化存量资源配置，减少低端无效供给，为优质先进产能腾出更大发展空间，积极扩大优质增量供给，让资源真正配置到需要加强的产业和部门。加快建设制造强国，发展先进制造业、现代服务业，推动产业发展迈向全球价值链中高端，更好地满足人民日益增长的美好生活需要。

（三）多措并举切实减轻企业负担，做优做强实体经济。建设现代化经济体系，必须把发展的着力点放在实体经济上，把提高供给体系质量作为主攻方向。要着力提升金融服务实体经济的效率和水平，发展中小银行和民营金融机构，加强对小微企业、“三农”和偏远地区的金融服务，清理规范中间业务环节，避免变相抬高实体经济融资成本。进一步提高行政审批、验收等环节效率，规范清理涉企收费，降低制度性交易成本。畅通物流大通道，完善城市物流配送体系，推广多式联运，降低企业物流成本。弘扬企业家精神和工匠精神，推广先进质量管理方法，建立优质制造标准体系。对接多样化消费升级需求，增品种、提品质、创品牌。

（四）加快建设创新型国家，不断增强经济创新力和竞争力。按照建设创新型国家的要求，推动大众创业万众创新向更高层次升级，鼓励更多社会主体投身创新创业，激发全社会创新活力和创造潜能。要抓住世界新一轮科技革命和产业变革的机遇，瞄准经济建设主战场和人民美好生活需求，补上基础研究、关键技术、体制机制、创新氛围方面的短板。深化科技体制改革，强化知识产权保护，健全技术入股、股权激励等收益分配机制，更好调动科技人才积极性。推动互联网、大数据、人工智能和实体经济深度融合，发展数字经济、共享经济。大力改造提升传统动能，在重塑产业链、供应链、价值链上做文章。

（五）抢抓机遇深化改革开放，着力激发活力潜力。应对国内外挑战的根本动力和出路，在于坚定不移地深化改革开放，以改革破除制约经济发展的体制机制障碍，以开放重塑国际竞争新优势。要充分预估美国税制改革的外溢效应，提前准备，早做预案，从战略高度谋划新一轮财税体制改革，在中央与地方财政关系、降低制造业税率、以个人所得税和房产税为代表的直接税等方面攻坚克难。持续深化“放管服”改革，完善事中事后监管，提高政府公共服务能力和水平。进一步放宽市场准入，优化营商环境，鼓励社会资本进入养老、教育、医疗等社会领域。提高境外投资便利化水平，引导和规范企业境外投资重点，支持有条件有能力的企业参与“一带一路”建设，带动国内优势产能、优质装备、适用技术输出。

（六）防范化解重大风险，坚决守住不发生系统性风险底线。积极稳妥推动经济去杠杆，特别要把国有企业降杠杆作为重中之重，同时处理好稳增长、防风险和去杠杆的关系，避免政策趋紧加剧企业融资难融资贵。加快金融机构盘活存量、处置不良资产，动态优化银行贷款结构，把发展直接融资放在重要位置，加快发展多层次资本市场。严控地方政府债务增量，终身问责，倒查责任。加强互联网金融监管，加强社会信用体系建设，坚决整治严重干扰金融市场秩序的行为。长短结合，标本兼治，既要完善短期调控政策，又要尽快研究建立促进房地产市场稳定发展的长效机制，从根本上解决居民住房问题。

（七）切实保障和改善民生，不断增强人民获得感、幸福感、安全感。在国内外形势错综复杂的情况下，更要优先保障和改善民生，以人民为中心，坚决兜牢民生底线。岁末年初，要高度关注并着力解决好劳资、取暖、育儿、养老、看病、住房等直接涉及群众切身利益的突出问题，及时回应社会关切，做好应对各种突发事件的预案。坚持就业优先战略，实施更加积极的就业政策，大规模开展职业技能培训，鼓励以创业带动就业。深入推进精准脱贫，瞄准特殊贫困人口精准帮扶，把扶贫和扶志、扶智结合起来，推动特色产业发展、劳务输出、教育和健康扶贫，激发贫困人口内生脱贫动力。切实践行绿水青山就是金山银山的理念，加大水、气、土壤污染综合治理，加强生态保护和修复，加快建设美丽中国。

新闻发布

Releases for Press Conference

国家统计局新闻发言人、总经济师盛来运介绍 2017 年 1—2 月份国民经济运行情况并答记者问

2017 年 3 月 14 日（星期二）上午 10 时，在国务院新闻办新闻发布厅举行新闻发布会，请国家统计局新闻发言人、总经济师盛来运介绍 2017 年 1—2 月份国民经济运行情况，并答记者问。

袭艳春： 女士们、先生们，上午好，欢迎大家出席国务院新闻办新闻发布会。现在正值两会期间，感谢大家百忙之中出席国新办的发布会。我们今天非常高兴为大家请到了大家的老朋友，同时也是国家统计局总经济师、新闻发言人盛来运先生。请他向大家介绍今年前两个月国民经济运行情况并回答大家的提问。下面先请盛来运先生作介绍。

盛来运： 谢谢主持人，大家上午好，有几个月没有跟大家见面，很高兴今天有这个机会跟大家发布 1—2 月份国民经济运行的主要数据。按照惯例，我还是先向大家发布主要指标的运行情况，然后回答大家的提问。

1—2 月份，在党中央国务院决策部署的正确指引下，经过全国人民共同努力，国民经济主要指标出现积极变化，发展态势继续改善，整体运行延续了去年下半年以来稳中向好的态势。

一、工业生产加快，结构继续优化

1—2 月份，全国规模以上工业增加值按可比价格计算同比增长 6.3%，增速比上年 12 月份加快 0.3 个百分点，比上年同期加快 0.9 个百分点。分经济类型看，国有控股企业增加值同比增长 5.4%，集体企业下降 0.1%，股份制企业增长 6.2%，外商及港澳台商投资企业增长 6.8%。分三大门类看，采矿业增加值同比下降 3.6%，制造业增长 6.9%，电力、热力、燃气及水生产和供应业增长 8.4%。工业结构继续优化，高技术产业和装备制造业增加值同比分别增长 12.6%和 11.9%，增速分别比规模以上工业快 6.3 和 5.6 个百分点。规模以上工业企业产销率达到 97.6%。从环比看，2 月份全国规模以上工业增加值比上月增长 0.6%。

二、服务业较快增长，继续保持在景气区间

1—2 月份，全国服务业生产指数同比增长 8.2%，增速比上年 12 月份加快 0.1 个百分点，比上年同期加快 0.1 个百分点，信息传输、软件和信息技术服务业，交通运输、仓储和邮政业表现强劲。2 月份，服务业商务活动指数为 53.2%，比上月回落 0.3 个百分点，比上年同月加快 1.0 个百分点，继续保持在 50%的临界值以上。其中，铁路运输业、电信广播电视和卫星传输服务、互联网及软件信息技术服务、货币金融服务、保险业等行业商务活动指数均持续位于 55.0%以上的较高景气区间。

三、固定资产投资增长稳中有升，民间投资增速加快

1—2 月份，全国固定资产投资（不含农户）41378 亿元，同比增长 8.9%，增速比上年全年加快 0.8 个百分点。其中，国有控股投资 14662 亿元，增长 14.4%；民间投资 24977 亿元，增长 6.7%，比上年全年加快 3.5 个百分点，为上年 3 月份以来的最快增速，占全部投资的比重为 60.4%。分产业看，第一产业投资 886 亿元，同比增长 19.1%；第二产业投资 14496 亿元，增长 2.9%，其中制造业投资 12160 亿元，增长

4.3%；第三产业投资25996亿元，增长12.2%，其中基础设施投资8315亿元，增长27.3%。高技术制造业投资同比增长18.4%，增速快于全部投资9.5个百分点。从环比看，2月份固定资产投资（不含农户）比上月增长0.77%。受资金匹配、前期工作准备等因素影响，1—2月份固定资产投资到位资金54575亿元，同比下降8.0%。新开工项目计划总投资20130亿元，同比下降8.3%。

四、房地产开发投资增速提高，土地购置面积增长由负转正

1—2月份，全国房地产开发投资9854亿元，同比增长8.9%，增速比上年全年加快2.0个百分点，比上年同期加快5.9个百分点，其中住宅投资增长9.0%。房屋新开工面积17238万平方米，同比增长10.4%，其中住宅新开工面积增长14.8%。全国商品房销售面积14054万平方米，同比增长25.1%，其中住宅销售面积增长23.7%。全国商品房销售额10806亿元，同比增长26.0%，其中住宅销售额增长22.7%。房地产开发企业土地购置面积2374万平方米，同比增长6.2%，上年全年为下降3.4%。2月末，全国商品房待售面积70555万平方米，比上年同期下降4.6%。1—2月份，房地产开发企业到位资金22880亿元，同比增长7.0%。1月份，15个一线和热点二线城市中，11个城市新建商品住宅价格环比下降，3个城市持平，1个城市涨幅回落。三、四线城市去库存力度加大，1—2月份非重点城市商品房销售面积同比增长35.9%，增速比上年全年加快14.0个百分点。

五、市场销售基本稳定，消费升级类商品和网上零售持续较快增长

1—2月份，社会消费品零售总额57960亿元，同比名义增长9.5%（扣除价格因素实际增长8.1%），增速比上年12月份回落1.4个百分点，比上年同期回落0.7个百分点。按经营单位所在地分，城镇消费品零售额49458亿元，同比增长9.2%；乡村消费品零售额8502亿元，增长

11.8%。按消费类型分，餐饮收入6251亿元，同比增长10.6%；商品零售51708亿元，增长9.4%，其中限额以上单位商品零售23186亿元，增长6.8%。消费升级类相关商品增势较好，体育娱乐用品类同比增长19.5%，文化办公用品类增长13.4%，通讯器材增长10.7%。受上年基数较高因素影响，汽车类零售额下降1.0%，扣除汽车影响，社会消费品零售总额增速与上年同期持平。从环比看，2月份社会消费品零售总额比上月增长0.95%。

1—2月份，全国网上零售额8580亿元，同比增长31.9%，比上年全年加快5.7个百分点。其中，实物商品网上零售额6419亿元，增长25.5%，占社会消费品零售总额的比重为11.1%，比上年同期提高1.6个百分点。

六、居民消费价格涨幅收窄，工业生产者价格涨幅扩大

1—2月份，全国居民消费价格同比上涨1.7%，涨幅比上年全年回落0.3个百分点，比上年同期回落0.3个百分点。分类别看，食品烟酒价格与上年同期持平，衣着上涨1.1%，居住上涨2.4%，生活用品及服务上涨0.5%，交通和通信上涨2.0%，教育文化和娱乐上涨2.6%，医疗保健上涨5.0%，其他用品和服务上涨3.9%。在食品烟酒价格中，粮食价格上涨1.2%，猪肉价格上涨2.9%，鲜菜价格下降14.0%。分月看，1月份居民消费价格同比上涨2.5%，环比上涨1.0%；2月份居民消费价格同比上涨0.8%，涨幅比1月份收窄1.7个百分点，环比下降0.2%。

1—2月份，全国工业生产者出厂价格同比上涨7.3%，上年全年和上年同期分别为下降1.4%和5.1%。分月看，1月份工业生产者出厂价格同比上涨6.9%，环比上涨0.8%；2月份工业生产者出厂价格同比上涨7.8%，涨幅比上月扩大0.9个百分点，环比上涨0.6%。1—2月份，工业生产者购进价格同比上涨9.1%。

七、进出口快速增长，机电产品出口增长较快

1—2 月份，进出口总额 38900 亿元，同比增长 20.6%，增速比上年 12 月份加快 15.7 个百分点。其中，出口 20918 亿元，增长 11.0%；进口 17982 亿元，增长 34.2%。进出口相抵，贸易顺差 2937 亿元。机电产品出口增长 13.8%，增速比上年 12 月加快 12.9 个百分点，占出口总额的比重为 58.4%。1—2 月份，规模以上工业企业实现出口交货值 17019 亿元，同比增长 8.8%，比上年 12 月份加快 4.9 个百分点。

总的来看，1—2 月份国民经济延续了去年下半年以来稳中向好发展态势，积极变化累积增多，发展态势持续改善，为推进全年经济社会发展目标任务打下了好的基础。同时应当看到，国际环境依然错综复杂，不稳定不确定因素仍然较多，国内改革发展任务仍十分艰巨，发展的内生动力仍需加强。下阶段，要更加紧密团结在以习近平同志为核心的党中央周围，深入贯彻落实中央经济工作会议精神和政府工作报告的决策部署，坚持稳中求进的工作总基调，坚持新发展理念，坚持以推进供给侧结构性改革为主线，适度扩大总需求，加强预期引导，深化创新驱动，不断巩固国民经济稳中向好的发展态势。

中央电视台记者：请问发言人，与去年 1—2 月份情况相比，今年的开局出现了哪些突出的变化？还有，您如何评价前两个月的经济运行形势？谢谢。

盛来运：谢谢你的提问。刚才我发布了 1—2 月份经济运行的主要指标数据，应该说多数指标表现比较积极，无论是跟去年的 1—2 月份还是跟去年年底 11、12 月份相比，多数指标都趋向改善，有些指标的表现好于预期。综合这些指标的情况来看，生产和需求略有回暖，总体运行延续了去年下半年以来稳中有进、稳中向好的态势。概括起来有三大方面的积极变化。

第一个变化，稳的基础在加强。大家知道实体经济是经济运行的根本和基础，从今年 1—2 月份主要指标情况来看，实体经济的活力在增

强，效益在好转，在供给侧结构性改革的深入推进下，市场环境趋向好转，供求关系有积极改善。主要表现在工业品出厂价格在恢复性上涨，有利于实体经济经营状况的改善，有利于实体经济利润的好转，所以很多企业感觉现在的日子比去年要好过。因为去年1—2月份的时候市场环境还是比较紧的，当时的工业品出厂价格下降5.1%，而今年1—2月份工业品出厂价格平均上涨7.3%，所以很多企业感觉到现在日子比原来好过多了。工业统计中间有几个数据可以反映这样一个基本面的变化。41个工业行业大类中32个行业都是在增长的，其中工业用电量，1—2月份增长了6.9%，去年同期工业用电量是负的。服务业的用电量是7.3%，也是明显提高。铁路货运量、电信、快递业务量都是大幅增长。由于工业经营状况的好转，所以投资的积极性也在回升，尤其是民间投资恢复性增长。1—2月份民间投资增长6.7%，比去年全年3.2%提高了3.5个百分点。

第二个变化，进的力度在加大。主要表现在供给侧结构性改革在深入推进，结构改革的效果在延伸、扩展。首先，供给侧结构性改革继续取得新的进展，“三去一降一补”在去年取得较好成绩的基础上，今年1—2月份成果继续显现，比如煤炭产量下降1.7%。去库存方面，商品房的待售面积1—2月份同比下降了4.6%，比去年年底下降的幅度有所扩大。因为企业的财务数据还没有拿到，但是从相关一些调查数据显示，央企的负债率、主营业务的成本都有些下降。短板领域的投资还是在继续加快的，所以“三去一降一补”继续取得新的成效。其次，大众创业、万众创新继续取得新的成绩。去年商事制度改革以来，日均新增1.5万家新登记企业，今年1—2月份有关部门的数据显示，全国新登记企业继续增长11.2%，达到日均新增1.2万家。规上工业调查显示，新动力还是在继续加快成长，规上工业高技术产业增加值增长12.6%，比去年12月份加快了0.4个百分点。网上零售额增长31.9%，比去年全年加快5.7个百分点。这些数据显示新产业、新业态、新动能还是在继续茁壮成长。同时，我们国家的三大战略在稳步推进，四大板块发展的协调性在增强。

第三个变化，好的势头在延伸。首先表现在宏观经济的运行态势在继续改善、继续向好。我们看待宏观经济运行态势主要有四大指标，增长、就业、通胀和国际收支。从增长的情况来看，1—2 月份规上工业增加值增长 6.3%，服务业生产指数增长 8.2%，都是在加快的，就业和物价总体上是比较稳定的，1—2 月份平均 CPI 是 1.7%，扣除能源和食品价格的核心 CPI 是 2.0%，相对来讲涨幅是比较温和的。就业又有新的增加，根据人社部的数据，今年 1—2 月份城镇新增就业 188 万人，比去年同期多增了 16 万人。31 个大城市城镇调查失业率的数据基本上在 5%左右，总体是比较稳定的。国际收支状况比去年年底、比去年同期都有明显的好转。1—2 月份进出口同比增长 20.6%，出口增长了 11%。四大指标运行情况是稳中向好。

由于实体经济在好转，结构改革在稳步推进，宏观经济运行态势良好，所以整个市场预期也是在继续改善。我们发布的制造业采购经理指数（PMI），2 月份是 51.6%，连续五个月在 51%以上。这跟去年 1—2 月份有明显的变化，那时候市场环境偏紧、企业利润下降，一些人感觉到经济会存在探底的风险，但是今年宏观状况明显改观，大家的信心在增强。

从这三大方面来看，稳的基础在加强，进的力度在加大，好的势头在延伸。概括来说，1—2 月份的国民经济运行态势延续了去年下半年以来稳中有进、稳中有好的发展态势。这充分说明党中央、国务院的一系列改革措施、一系列结构调整措施是正确的、有力的、有效的。当然，我们还是要保持清醒，因为从大的方面来讲，目前国际环境还是复杂多变，世界经济虽然总体上还是在复苏，但是不稳定性和不确定性依然较大。从国内来讲，经济运行中的结构性矛盾没有根本性缓解，而且内部的动力，包括稳中向好的基础还需要加强。所以下一步要继续坚持稳中求进的工作总基调，要认真贯彻落实中央经济工作会议和政府工作报告的决策部署，坚持以推进供给侧结构性改革为主线，适度扩大总需求，加强引导预期，深化创新驱动，努力巩固经济运行中出现的这些好的苗头、积极的变化，继续夯实稳中向好的基础。谢谢。

路透社记者：想问一下价格指数的一些趋势，最近几个月生产者价格指数与居民消费价格指数差距越来越大，这能说明最终的需求比较弱吗？还是说明大宗商品市场有一些投机的情况，还是什么其他的原因？还有接下来您觉得生产者价格指数有别的变化吗？生产者价格指数要放缓一点，还是CPI要上涨更快？谢谢。

盛来运：谢谢你的提问。这是一个很有意思的问题，因为2月份的价格走势，CPI和PPI这两个数据确实出现了明显的背离，2月份CPI同比上涨0.8%，环比下降0.2%，PPI同比上涨7.8%，环比上涨0.6%。CPI涨幅比1月份回落1.7个百分点，主要是春节因素造成的影响。去年春节正好是在2月份，居民消费价格基数比较高，今年春节是在1月底，2月份我们已经过完春节，再加上今年2月份气温比较高，所以一些食品价格，像蔬菜价格在回落，造成2月份居民消费价格的翘尾大幅减少，减少了1.5个百分点，所以居民消费价格同比涨幅回落得比较多。

但是我们看看1—2月份CPI平均水平，是1.7%，比去年全年只回落0.3个百分点。如果把食品价格和能源价格扣掉后的核心CPI，是上涨2.0%，这样看CPI回落的幅度是相对比较平缓。PPI为什么会继续往上涨，涨幅比较大，这也是翘尾因素的影响，因为上年的1—2月份工业生产者出厂价格下降5.1%。基数比较低，所以2月份PPI翘尾影响是6.4个百分点，这6.4个百分点占7.8%涨幅中的比重是82%，也就是说80%以上是翘尾因素的影响。新涨上来的原因主要是钢铁、煤炭、化工、石油这些原材料的上涨所贡献的。CPI和PPI这两个价格指数出现这样一种背离是有特殊原因的，这是我想讲的第一点。

第二，把这两个价格合在一起看，市场供求关系是在改善的。从工业领域来讲，工业品的价格之所以在上涨，除了刚才讲的那些原因以外，主要是供求关系发生了变化，价格最根本是供求关系的反映，所以工业领域由原来的通缩转变为恢复性的上涨，这本身就说明了市场供需关系在发生一些积极的变化。CPI和PPI结合在一起，总的物价是温和上涨，反映出总供给和总需求也是在改善的，总需求是在回暖的。

第三，从趋势角度来看，目前这种背离大家也不要担心，从后期来看，我们初步的判断，随着 PPI 翘尾因素的减少，再加上工业品供过于求的矛盾没有根本缓解。在这样一种大的环境下，PPI 的走势会趋于回落，很有可能 2 月份的 PPI 是今年的一个高点。从 CPI 的角度来讲，2 月份以后翘尾的影响在减少，新涨价因素再加上翘尾因素的减少，所以 CPI 在 2 月份以后还会温和上涨，所以这两个价格指数之间所谓的剪刀差会减少。但是总体来讲，物价走势相对是比较温和的，也不会出现大家所担心的通胀，因为现在的农产品的供应是充裕的，工业品供过于求的矛盾没有根本缓解，在这样一种大的环境之下，总体的物价形势走势应该是比较温和的。

新华社中国经济信息社记者：我有两个问题想请教，第一，我关注到民间投资前两个月的表现非常喜人，增长 6.7%，达到了上年 3 月份以来的最快增速，您能不能给我们介绍一下具体情况，以及民间投资未来的发展趋势会如何？第二，我注意到在今天您发布的内容中格外提到了服务业的较快增长，作为一个单独的环节，能不能给我们介绍一下为什么这样安排？另外，服务业今年的发展趋势如何？谢谢。

盛来运：民间投资在 1—2 月份出现了积极的变化，增长 6.7%，比去年全年提升了 3.5 个百分点，这是刚才我前面介绍的时候是经济活力增强的一个表现。为什么会好转，而且有不错的开局？主要原因有三方面。首先，政策效应在继续显现。大家知道，去年以来党中央、国务院在促进民间投资增长方面出台了一系列的政策措施，包括加大“放管服”的改革，同时还加大了对民间投资的督导检查，这些政策措施的效应在不断显现，所以很多领域原来民间投资进不去的，现在都在向民间投资资本开放。其次，市场环境在好转，这样有利于企业家加大投资，包括制造业投资、房地产投资，所以今年 1—2 月份这些领域的投资都有所回升，他们的大部分主体是民间投资、民间资本。第三，政府 PPP 项目的落地在加快，今年是“十三五”规划实施的重要一年，包括政府投资的项目落地也在加快，PPP经过近两年的准备，也是推出了一些不少的优惠条件，吸引了一些民间资本参与其中。这些因素共同促进了民间投资在好转、在回升，这个趋势我觉得还会延续下去，因为改革的力度是在拓展，市场环境的改善在延续。这是第一个问题。

第二个问题，关于服务业，我要多说两句。大家从新闻发布稿中看出来，我们今年第一次发布了服务业生产指数。为什么要推出这个指数？主要是考虑到要有一个综合指标来全面反映服务业的短期变化，更好地服务宏观决策，更好地服务企业决策，更好地满足社会各界观察中国服务业的发展状况和趋势。服务业在“十二五”期间发展加快，而且这几年服务业的占比已经超过50%，占据中国经济的半壁江山。2012年服务业增加值占GDP的比重第一次超过第二产业，2016年服务业增加值占GDP的比重是51.6%。中国的产业结构在积极转型，由工业主导向服务业主导转变的趋势非常明显，以前看工业脸色在行事，现在看服务业脸色行事。但是服务业统计调查难度比较大，点多面广、行业多、分散、变化又快，所以我们服务业的统计相对工业来讲是在持续完善过程之中的。

为了反映服务业这样一种变化的新趋势，国家统计局近几年加大了服务业统计改革的力度，我们先后建立了重点服务业的联网直报制度，还建立了规模以下服务业的抽样调查制度，但是一直缺少一个综合的指标来反映服务业的发展状况。国家统计局党组非常重视这个问题，从2013年开始我们就一直在研究建立一个综合指数，就是服务业生产指数来反映这个状况。经过过去这几年的探索，包括理论上的准备，包括实践上的准备，同时我们开了不少的专家座谈会。另外，政府也非常重视，我们建立了多部门的服务业统计联席会议制度，经过这么多准备，相关条件初步具备的情况之下，我们今年推出了服务业生产指数，应该说这是国家统计局顺应经济发展的新常态，更好地改善统计服务的一个重大的举措。当然这个指数在内部已经使用了一段时间，我们一直在内部作为分析服务业发展状况的一个指标，这是第一次正式推出来。

借此机会我还想强调两点，第一，怎么样用这个指数。大家一定要分清楚服务业生产指数与季度服务业增加值的区别，这两个指标既有联系又有区别。服务业生产指数是从总产出的角度反映服务业的报告期跟基期的变化情况，是没有扣除中间消耗的，但是增加值是扣除了中间消耗的，因为月度指标资料相对不是很完备，所以我们没有扣除中间消耗。

第二，两者之间的调查范围略有不同，也是受资料来源的限制，我们服务业生产指数调查中，如社会组织、公共管理、社会保障组织以及国际组织等两个门类是没有包括在服务业生产指数之内的，而增加值的核算中是全包括的。另外，还有三个门类中间有一些数据现在也没有包括进来，一是一产中的农林牧副渔的服务业，二是采矿业中的开采辅助活动，三是制造业中的设备修理，这些小的服务业的变化情况由于数据不完备没有包括在生产指数之内。而增加值是全口径的。在核算过程之中，大家可能会在个别月份感觉到，怎么服务业生产指数走势跟增加值的走势不一样，理论上来讲它们大致上是一样的，长期趋势肯定是一样的，但是短期会有波动。在这里面着重跟大家讲一下。

大家在使用这个指数的同时，也欢迎多提宝贵意见和建议。因为推出服务业生产指数本身就是探索，因为编制这个指数是有难度的，目前在国际上来讲，只有英国、瑞典、韩国等少数几个国家在测算和发布，包括美国都没有发布月度的服务业生产指数，说明技术上是有难度的，数据来源也是有难度的。对我们来讲，也是一个探索的过程、不断完善的过程。这次我们推出来的是一个总指数，分项的指数还在进一步测算之中。另外，我们还希望留更多的时间观察走势的稳定性。但是目标是很明确的，国家统计局既然推出来了，我们会加大服务业的统计制度改革创新的力度，来进一步完善这个指数，更好地服务决策，服务于社会公众。若你们有好的意见和建议，也欢迎及时跟统计局联系。

中央人民广播电台记者：我们看到在数据之中提到前两个月的全国房地产开发投资是 9854 亿元，同比增长 8.9%，而且增速也是比去年全年加快 2 个百分点，比上年同期加快 5.9 个百分点。商品房待售面积在下降，非重点城市的商品房销售面积增长了35.9%，是否意味着楼市有回暖的感觉呢？另外，您刚才提到服务业生产指数是第一次发布，但是此前我们有非制造业商务活动指数，这两个指数中间会不会有交叉，会不会重复？谢谢。

盛来运：我先回答你第二个问题，我刚才讲的服务业生产指数与第三产业增加值的指数的区别，你刚才提到它跟非制造业商务活动指数的关系，他们两个之间既有联系，又有区别。联系是共同来反映服务业的生产发展状况以及未来的前景，区别一个是先行指标，一个是事后指标。商务活动指数是一个先行指标，是个预期指标，反映下一个时期的服务业可能的走势状况，但是服务业生产指数是事后的统计，所以是一前一后。

第一个问题，关于房地产的相关情况，你列出了房地产投资和销售面积的一些变化情况，还有非重点城市的一些情况，观察得还是挺仔细的。这个指标，尤其房地产投资这个数据，是出乎不少人预期的，前面我谈到，之所以这个月有些指标表现好于预期，其中之一就是指这个指标。因为去年10月份开始的新一轮房地产调控，大家很担忧是不是会把房地产市场打压下去，会不会造成房地产投资的大幅下滑，进而影响经济增长。我看到一些报道，业内也是有不少担忧的。但是从1—2月份情况来看，应该说这个指标表现是好于预期的，房地产投资增长8.9%，不仅没有下行，而且还比去年年底加快了2个百分点。商品房销售面积增长25.1%，尽管跟去年同期比略有回落，但是比去年全年还是上升了2.6个百分点，尤其是非重点城市，也就是三四线城市商品房的销售面积大幅增长，这说明了什么呢？我觉得说明了去年10月份以来，新一轮房地产市场调控采取的因地制宜、分城施策的调控措施是正确的，而且成效是明显的，既维护了房地产的稳定发展，同时又使房地产去库存的进程没有受到影响。

从房价的角度来讲，这个月的房价18日发布，但是从1月份房价的情况来看，一二线城市的房价总体相对是趋稳的，回稳态势比较明显。1

月份15个一线和热点二线城市的房价，11个城市新建商品住宅价格环比是下降的，3个持平，1个涨幅回落。即使2月份的数据有所变化，这个趋稳的大势是没变的，这达到我们房地产调控的一个目标。第二，房地产投资继续保持稳定增长，支持经济的稳定发展。第三，三四线城市恰恰是库存比较大的，从1—2月份情况来看，三四线城市去库存的进程在加快。

所以说分城施策效果明显，我们希望这样一个好的势头延续下去。当然大家还是一定要牢记，中央经济工作会议明确指出“房子是用来住的，不是用来炒的”，这是一个根本的定位，所以一定要按照这个根本定位，要从土地、财政、金融、税收等各个方面进一步加大改革的力度，加快建立既符合中国国情又符合房地产市场规律的基础性制度安排和长效机制，再配合因城施策这样一个大政方针，加大落实力度，加强各个城市的主体责任，配合起来才能最终保障房地产市场长期的健康发展。谢谢你。

中华儿女报刊社、中华儿女幸福网记者：前两天部长通道上宁局长提到了2月份31个大城市城镇调查失业率在5%左右，我想请问全国的城镇调查失业率何时发布？这是第一个问题。第二个问题，去年深改组通过了《关于深化统计管理体制改革提高统计数据真实性的意见》，请介绍一下具体如何落实。谢谢。

盛来运：关于调查失业率发布的问题，大家知道就业问题越来越重要，就业是民生之本，中国政府高度关注就业情况。因为就业稳，人们的收入来源就有保障，消费预期就能稳定，所以就业稳是根本。为了更好地反映劳动力市场的变化情况和就业情况，国家统计局一直是在加大推进就业统计制度的改革与完善。前几年我们建立了31个大城市城镇调查失业率统计制度，从去年开始，我们增点、扩面、提质，建立了全国所有城市的劳动力调查制度，以反映全国及各个地方的就业和失业状况，但是这个调查是去年1月份刚刚启动，现在仅有一年的连续性的资料。尽管调查的主要结果以内部报告的形式提供给党中央、国务院和相关部门使用，但是要发布一个数据的话，一定要确保这个制度相对比较完整、比较稳定、比较科学。所以，要继续观察这项调查制度的有效性，在条件成熟的时候，经批准以后，国家统计局会尽快向社会发布。从目前的情况来看，调查失业率的结果还是能够比较好地反映劳动力市场供求变化以及就业状况的。

第二个问题，关于深化统计管理体制改革提高数据真实性意见，你关心有哪些有力的落实措施。全面深化统计管理体制改革提高数据真实性的意见是去年 10 月 11 日中央深化体制改革领导小组通过的，现在中办和国办已经以内部通知的形式下发各地执行，这本身就体现了党中央、国务院对统计工作的高度重视和殷切希望。意见所提出的指导原则，包括一些大的方针政策，是统计改革与发展的基本遵循，也为我们今后如何加快推进统计改革，如何进一步提高数据质量指明了方向。所以，整个统计系统现在正在深入学习，正在逐条贯彻落实基本要求。

意见里面涉及的措施有很多，每一条都很实，含金量很高。从大的方面来讲，主要有六个方面，我概括成“三健全、三加强”。

“三健全”：首先，意见提出要健全领导干部的政绩考核机制和问责制度，不仅是对统计系统干部提要求，也要加强地方领导干部对统计工作的领导，提出更高的要求，要防止干扰统计人员独立上报、独立调查权力的实施，而且要实行一票否决，要净化统计外部环境。所以宁局长在部长通道时用了一个词叫“党政同责”，也进一步体现了各级政府对统计工作的重视。第二，要健全统一领导、分级管理的统计管理体制。我们现在的管理体制是由中央政府统计、国家统计局统一领导，但是核算制度是分级核算，各地政府共同做好统计工作。意见提出来要进一步强化国家统计局统一组织协调地方统计工作的能力，要充分调动各级政府积极性，共同防止统计弄虚作假。第三，要健全数据质量的责任制。宁局长也讲到了，统计系统要建立起全员、全领域、全环节的数据质量控制体系和责任制。

“三加强”：第一，加强统计执法力度，加强统计执法队伍建设。经中央批准，在相关部门的支持下，国家统计局成立了统计执法监督局。要加大对各地统计违法案件的查处力度，力争做到有案必查、违法必究，相关实施制度正在与相关部门进一步落实。与此同时，还要建立统计上严重失信企业惩戒制度，如果企业上报数据中间弄虚作假，就要将这个企业拉入黑名单进行曝光，我们跟发改委、人民银行等 27 个相关部门已经达成了谅解备忘录，将来对失信的企业要给他曝光，相关的部委会根据自己的一些法律和纪律，对不诚实的企业进行惩处。第二，加强干部队伍建设，主要是对统计系统的。要把反对统计弄虚作假、防止统计弄虚作假的责任纳入依法行政的范畴，加强管理。第三，加强统计方法制度的改革与创新，落实好十八届三中全会所提出来的国民经济统一核算制度，编制资产负债表以及推进自然资源核算制度，这几大制度改革的方案要尽快推出、加以落实。同时要加快新经济统计制度的建立，因为现在新经济发展很快。还要继续利用大数据、互联网、云计算等新兴技术来提高统计生产力，变革统计生产流程，提高统计效率，提高数据质量。

总的来讲，大的方面我学习下来以后概括成这六个方面，可能不一定准，但是总的来讲《意见》中政策举措是比较务实的，我相信只要我们全力落实、全力抓好各项改革制度的建立，中国统计数据的质量会进一步提升。我们也欢迎各位媒体朋友多提宝贵意见，多给予监督和配合，也欢迎各位媒体朋友继续支持统计工作。谢谢！

袭艳春：非常感谢盛总，很精彩的回答。谢谢大家，今天的发布会到此结束，谢谢！

国家统计局新闻发言人、国民经济综合统计司副司长毛盛勇介绍 2017 年一季度国民经济运行情况并答记者问

2017 年 4 月 17 日（星期一）上午 10 时，在国务院新闻办新闻发布厅举行发布会，请国家统计局新闻发言人、国民经济综合统计司副司长毛盛勇介绍 2017 年一季度国民经济运行情况，并答记者问。

袭艳春：女士们、先生们，上午好，欢迎大家出席国务院新闻办新闻发布会。今天我们非常高兴地邀请到国家统计局新闻发言人毛盛勇先生，请他向大家介绍今年第一季度国民经济运行情况，并回答大家的提问。下面就先请毛盛勇先生作介绍。

毛盛勇：女士们、先生们，各位记者朋友，大家上午好！按照惯例，我先给大家介绍一下一季度国民经济运行的基本情况，然后回答大家的提问。

一季度国民经济运行开局良好。今年以来，在以习近平同志为核心的党中央坚强领导下，各地区、各部门认真贯彻落实党中央、国务院决策部署，坚持稳中求进工作总基调，以新发展理念引领经济发展新常态，深入推进供给侧结构性改革，国民经济延续了去年下半年以来稳中有进、稳中向好的发展态势，积极变化不断增加，主要指标好于预期，实现了良好开局，为完成全年发展预期目标打下了扎实基础。

初步核算，一季度国内生产总值180683亿元，按可比价格计算，同比增长6.9%。分产业看，第一产业增加值8654亿元，同比增长3.0%；第二产业增加值70005亿元，增长6.4%；第三产业增加值102024亿元，增长7.7%。从环比看，一季度国内生产总值增长1.3%。

一、种植结构优化调整，农业生产总体稳定

据全国11万农户种植意向调查显示，2017年全国稻谷意向种植面积减少0.3%，小麦减少0.8%，玉米减少4.0%，大豆增长8.1%，棉花减少0.7%。目前，全国冬小麦长势良好，一、二类苗播种面积比重达到84.8%。一季度，猪牛羊禽肉产量2249万吨，同比增长0.2%，其中猪肉产量1468万吨，增长0.2%。生猪存栏41095万头，同比增长0.1%；生猪出栏19149万头，增长0.2%。

二、工业增速明显加快，企业利润快速增长

一季度，全国规模以上工业增加值同比实际增长6.8%，增速比上年同期加快1.0个百分点，比上年全年加快0.8个百分点。分经济类型看，国有控股企业增加值增长6.2%，集体企业增长0.5%，股份制企业增长6.9%，外商及港澳台商投资企业增长6.9%。分三大门类看，采矿业增加值同比下降2.4%，制造业增长7.4%，电力、热力、燃气及水生产和供应业增长8.9%。工业结构继续优化，高技术产业和装备制造业增加值同比分别增长13.4%和12.0%，增速分别比规模以上工业快6.6和5.2个百分点，比上年全年快2.6和2.5个百分点。规模以上工业企业产销率达到97.2%。3月份，规模以上工业增加值同比增长7.6%，比1—2月份加快1.3个百分点，环比增长0.83%。

1—2月份，全国规模以上工业企业实现利润总额10157亿元，同比增长31.5%，比上年全年加快23.0个百分点。规模以上工业企业主营业务收入利润率为5.92%，比上年同期提高0.8个百分点。

三、服务业较快增长，景气度持续较高

一季度，全国服务业生产指数同比增长8.3%，增速比上年同期加快0.1个百分点。其中，信息传输、软件和信息技术服务业，交通运输、仓储和邮政业保持较快增长态势，批发零售业和住宿餐饮业增速明显回升。3月份，全国服务业生产指数同比增长8.3%，增速比1—2月份加快0.1个百分点，与上年同期持平。

3月份，服务业商务活动指数为54.2%，比上月提高1.0个百分点，比上年同月提高1.1个百分点，景气度持续较高。其中，零售业、航空运输业、邮政业、互联网及软件信息技术服务业、货币金融服务、资本市场服务和保险业等商务活动指数均位于55.0%以上的较高景气区间。

四、固定资产投资稳中有升，商品房待售面积继续减少

一季度，全国固定资产投资（不含农户）93777亿元，同比增长9.2%，增速比上年全年加快1.1个百分点，比今年1—2月份加快0.3个百分点。其中，国有控股投资33087亿元，增长13.6%；民间投资57313亿元，增长7.7%，比1—2月份加快1.0个百分点，占全部投资的比重为61.1%。分产业看，第一产业投资2335亿元，增长19.8%；第二产业投资35094亿元，增长4.2%，其中制造业投资29325亿元，增长5.8%；第三产业投资56349亿元，增长12.2%。基础设施投资18997亿元，增长23.5%。高技术产业投资增长22.6%，增速快于全部投资13.4个百分点。固定资产投资到位资金106081亿元，同比下降2.9%，降幅比1—2月份收窄5.1个百分点。新开工项目计划总投资62015亿元，同比下降6.5%。从环比看，3月份固定资产投资（不含农户）增长0.87%。

一季度，全国房地产开发投资19292亿元，同比增长9.1%，增速比上年全年加快2.2个百分点，比今年1—2月份加快0.2个百分点；其中，住宅投资增长11.2%。房屋新开工面积31560万平方米，同比增长11.6%，其中住宅新开工面积增长18.1%。全国商品房销售面积29035

万平方米，增长19.5%，其中住宅销售面积增长16.9%。全国商品房销售额23182亿元，增长25.1%，其中住宅销售额增长20.2%。房地产开发企业土地购置面积3782万平方米，同比增长5.7%。3月末，全国商品房待售面积68810万平方米，比2月末减少1745万平方米。一季度，房地产开发企业到位资金35666亿元，同比增长11.5%。

五、市场销售基本稳定，网上零售保持较快增长

一季度，社会消费品零售总额85823亿元，同比增长10.0%，增速比上年全年回落0.4个百分点。其中，限额以上单位消费品零售额37460亿元，增长7.9%。按经营单位所在地分，城镇消费品零售额73398亿元，增长9.7%；乡村消费品零售额12426亿元，增长11.9%。按消费类型分，餐饮收入9196亿元，增长10.8%；商品零售76627亿元，增长9.9%，其中限额以上单位商品零售35248亿元，增长7.9%。消费升级类商品增长较快，文化办公用品增长14.8%，通讯器材增长11.0%，体育娱乐用品类增长17.3%，家具增长12.6%，建筑及装潢材料增长14.8%。3月份，社会消费品零售总额同比增长10.9%，比1—2月份加快1.4个百分点，环比增长0.84%。

一季度，全国网上零售额14045亿元，同比增长32.1%。其中，实物商品网上零售额10674亿元，增长25.8%，占社会消费品零售总额的比重为12.4%，同比提高1.8个百分点。

六、进出口较快增长，外贸结构改善

一季度，进出口总额61986亿元，同比增长21.8%，上年全年为下降0.9%。其中，出口33268亿元，增长14.8%；进口28718亿元，增长31.1%。进出口相抵，顺差4549亿元。一般贸易进出口比重提升，一季度一般贸易进出口增长23.2%，占进出口总额的56.2%，比上年同期提高0.6个百分点。机电产品仍为出口主力，一季度机电产品出口增长15.1%，占出口总额的58.1%。对部分“一带一路”沿线国家进出口增

长，一季度我国对俄罗斯、巴基斯坦、波兰、哈萨克斯坦和印度等国进出口分别增长37%、18.7%、19%、69.3%和27.7%。3月份，进出口总额23142亿元，同比增长24.2%。其中，出口12393亿元，增长22.3%；进口10749亿元，增长26.3%。

一季度，规模以上工业企业实现出口交货值27946亿元，同比增长10.3%。3月份，规模以上工业企业实现出口交货值10737亿元，增长12.9%。

七、居民消费价格温和上涨，工业品价格涨势放缓

一季度，全国居民消费价格同比上涨1.4%，涨幅比上年同期回落0.7个百分点。其中，城市上涨1.5%，农村上涨1.1%。分类别看，食品烟酒价格同比下降0.8%，衣着上涨1.2%，居住上涨2.4%，生活用品及服务上涨0.6%，交通和通信上涨2.0%，教育文化和娱乐上涨2.5%，医疗保健上涨5.1%，其他用品和服务上涨3.6%。在食品烟酒价格中，粮食价格上涨1.3%，猪肉价格上涨0.9%，鲜菜价格下降18.8%。3月份，全国居民消费价格同比上涨0.9%，涨幅比2月份扩大0.1个百分点，环比下降0.3%。

一季度，工业生产者出厂价格同比上涨7.4%，上年同期为下降4.8%。3月份，工业生产者出厂价格同比上涨7.6%，涨幅比2月份回落0.2个百分点，环比上涨0.3%。一季度，工业生产者购进价格同比上涨9.4%；3月份同比上涨10.0%，环比上涨0.5%。

八、居民收入与经济增长同步，城乡收入差距继续缩小

一季度，全国居民人均可支配收入7184元，同比名义增长8.5%，扣除价格因素实际增长7.0%，收入增速比GDP增速高0.1个百分点。按常住地分，城镇居民人均可支配收入9986元，扣除价格因素实际增长6.3%；农村居民人均可支配收入3880元，扣除价格因素实际增长7.2%。城乡居民人均收入倍差2.57，比上年同期缩小0.02。全国居民人

均可支配收入中位数 6067 元，同比名义增长 6.7%。全国居民人均消费支出 4796 元，同比名义增长 7.7%，扣除价格因素实际增长 6.2%。2 月末，外出务工农村劳动力总量 17253 万人，比上年同期增加 454 万人，增长 2.7%。外出务工农村劳动力月均收入 3483 元，增长 6.4%。

九、供给侧结构性改革深入推进，经济结构持续优化

“三去一降一补”取得新进展。一季度，规模以上工业产能利用率为 75.8%，比上年四季度提高 2.0 个百分点。原煤产量同比下降 0.3%。3 月末，商品房待售面积同比下降 6.4%，降幅比上年末扩大 3.2 个百分点。工业企业资产负债率及成本下降，2 月末规模以上工业企业资产负债率为 56.2%，同比下降 0.6 个百分点；1—2 月份规模以上工业企业每百元主营业务收入中的成本为 84.91 元，同比减少 0.28 元。短板领域投资加快，一季度生态保护和环境治理业、公共设施管理业、农业、水利管理业投资分别增长 48.1%、27.4%、24.6%和 18.3%，分别快于全部投资 38.9、18.2、15.4 和 9.1 个百分点。

产业结构继续优化，一季度第三产业增加值占国内生产总值的比重为 56.5%，高于第二产业 17.8 个百分点。需求结构继续改善，一季度最终消费支出对国内生产总值增长的贡献率为 77.2%。新动能快速成长，一季度战略性新兴产业增加值同比增长 10.3%，增速比规模以上工业高 3.5 个百分点。节能降耗稳步推进，一季度单位国内生产总值能耗同比下降 3.8%。

总的来看，一季度国民经济保持了稳中向好发展势头，经济增速略有回升，结构调整持续推进，创新发展步伐加快，民生改善扎实有效，积极因素累积增多，经济运行开局良好。但也要看到，国际环境仍然错综复杂，国内结构性矛盾还比较突出，巩固持续向好态势尚需进一步努力。下阶段，要紧密团结在以习近平同志为核心的党中央周围，切实贯彻落实中央经济工作会议精神和政府工作报告部署，坚持稳中求进工作总基调，贯彻落实新发展理念，以推进供给侧结构性改革为主线，适度扩大总需求，有效引导社会预期，深化创新驱动发展，撸起袖子加油干，促进经济持续向好，实现平稳健康发展。

袭艳春：感谢毛盛勇先生的介绍。下面进入答问环节。按照惯例，提问前还是请通报一下所在的新闻机构。请提问。

中央电视台记者：从您刚才发布的数据看，一季度的经济开局良好，不少指标增长很快，尤其是工业、GDP 等数据，甚至超出了市场的预期。请问是哪些因素支撑了这些指标的较快增长？另外，您如何看待一季度我国经济的整体表现？谢谢。

毛盛勇：谢谢。您提到的是两个问题，我先回答您的第二个问题，怎么看待当前经济运行的情况。然后再回答第一个问题，支撑条件。

从刚才我介绍的情况可以看出，今年一季度，中国经济延续了稳中向好的发展态势，主要指标好于预期，实现了良好开局，为实现全年发展预期目标并在实际工作中争取更好成绩打下了扎实基础。如果用宏观经济的四个指标来概括的话，中国经济当前呈现出经济增速回升、价格总体平稳、就业规模扩大和国际收支改善的良好格局。

一、经济增速回升。一季度 GDP 同比增长 6.9%，比上年同期加快了 0.2 个百分点，比上年四季度加快了 0.1 个百分点。特别是规模以上工业增加值的增速，一季度是 6.8%，比上年同期加快了 1 个百分点，其中 3 月份增长了 7.6%。工业增加值的增速是一个不变价的增速，也就是扣掉了价格因素以后的实际增速。我们知道，当前工业品的价格上涨比较快，如果把价格因素考虑进去，工业现价增加值的增速应该是两位数。另外，服务业增加值增速也比去年同期略有加快。

二、物价总体平稳。一季度 CPI（居民消费价格）同比上涨 1.4%，如果扣除食品和能源之后的核心 CPI 上涨 2%，居民消费价格呈现温和上涨的态势。工业生产者出厂价格一季度同比上涨 7.4%，3 月份同比上涨 7.6%，是什么概念呢？PPI 同比涨幅从去年 9 月份开始转正以后，涨幅持续扩大了 5 个月，今年 2 月份上涨 7.8%。PPI 上涨多主要是有翘尾因素，是恢复性上涨，3 月份在 2 月份的基础上有所回落。所以说，PPI 月度同比涨幅回落。这两个价格放在一起，价格运行总体平稳。

三、就业规模扩大。一季度城镇新增就业334万人，比去年同期多增了16万人。从调查失业率来看，3月末，全国城镇调查失业率和大城市城镇调查失业率比2月末都有回落，特别是大城市城镇调查失业率低于5%。这两个调查失业率都位于一个比较低的水平。2月末，农村外出务工劳动力比去年同期增长2.7%。还有根据调查，市场求人倍率，也就是说空置岗位和求职人数之比为1.13，比上年同期也略有提高。这说明市场就业环境比较好。

四、国际收支改善。从经常项目来看，一季度货物贸易顺差超过了4500亿人民币。如果考虑到服务的进出口，加在一起，经常项目仍然是保持顺差的。从资本项目来看，跨境资本的流动也出现积极变化，人民币汇率和外汇储备总体稳定。

所以，综合宏观经济经常用的四大指标来看，当前中国经济运行稳中向好。

再回答你刚才提出的第一个问题，哪些因素支撑了一季度经济增速的回升。主要有三个因素：

第一，第二产业特别是工业的支撑力提升。去年以来，随着供给侧结构性改革扎实推进，市场的供求关系明显改善，企业的信心也在不断增强。从PMI和非制造业商务活动指数等一些先行指标可以看出来，企业信心总体在增强。企业的利润增长比较快，特别是1—2月份，规模以上工业企业的利润同比增长了31.5%，企业业绩好了，就会扩大生产，所以工业生产在加快，为整个经济增长做出了较大贡献。一季度第二产业增加值同比增长了6.4%，比上年同期提高了0.5个百分点。第二产业对GDP增长贡献率是36.1%，比上年同期提高了1.1个百分点。这是第二产业特别是工业的支撑力提升。

第二，消费的基础性作用增强。一是一季度居民收入实际增长7.0%，比上年同期加快了0.5个百分点。我们知道，收入增长了，消费增长就有前提和保障。二是从一些数据来看，我国居民消费结构升级步伐在加快。整体消费当中，服务消费的比重在提高，服务消费的增速在加快，还有实物消费中的一些品质消费也在加快，所以说消费升级的态势明显。三是大众创业万众创新蓬勃发展，催生了很多新的消费模式和业态，带动了新兴消费的发展，也带动了新动能的成长。这些因素结合在一起，今年一季度消费对经济增长的贡献达到77.2%，比上年同期加快了2.2个百分点。

第三，出口贡献由负转正。一季度货物贸易顺差超过4500亿人民币，但是和去年同期比是下降了35.5%，可能大家会有疑问，怎么下降了还变成正的贡献呢？我们讲，GDP核算当中要对这些数据进行调整，要用不变价计算增速，也就是说要把出口和进口价格因素剔除掉。顺差下降35.5%是现价。一季度出口的价格指数是5.4%，进口的价格指数是14.4%，如果把价格因素剔除掉，再把服务贸易考虑进来，全口径的货物和服务贸易顺差和去年相比是增长的。货物和服务贸易净出口对经济增长的贡献是4.2%，去年同期是负11.5%，所以说出口贡献由负转正。

这三大主要力量支撑了一季度经济增速加快，有所回升。谢谢。

路透社记者：请问一季度资本形成的贡献率是多少？现在我们消费有77.2%的贡献率，但是也有一些经济学家认为，现在经济增长驱动力还是来自于基建投资、房地产，您怎么解释这个问题？谢谢。

毛盛勇：哪些力量推动了经济的增长，这个问题大家都很关注。

一是从产业结构来看。第一，可能大家感觉工业增速很快，是不是主要由工业拉动的？是不是传统工业利润好了，就是靠传统工业拉动经济增长？如果从三次产业结构来看，贡献最大的是第三产业，第三产业的贡献超过了60%，达到61.7%。所以第三产业仍然是推动经济增长的最大力量。

第二，从工业内部来看。工业内部传统行业也在增长，但是增长比较平稳。比如像采矿业，增加值速度还是负的，但是跟去年同期比，降幅在收窄。其它传统行业也在增长，但是平稳增长，比去年同期有所加快。增长更好的是一些先进制造业，比如像高技术产业，一季度增长了

13.4%，装备制造业增长了12%。所以说，工业内部也是一些先进的制造业增长速度更快，传统行业仍是平稳的增长。

第三，即使是传统的一些行业，我觉得跟过去也不能同日而语。现在一些传统行业，比如钢铁、有色、平板玻璃，这些行业在这几年供给侧结构性改革的推动下，淘汰落后产能，提高产品的工艺、技术和装备水平，这些产品的竞争力、品质、工艺水平等都已经和过去不一样了。从这个角度来讲，随着经济增长，发展路径发生了很大的变化，经济整体在加快向中高端迈进。这是第一点。

二是从需求的角度来看，消费仍然是最大的贡献。消费对经济增长的贡献一季度是77.2%，而且比上年同期提高了2.2个百分点。资本的贡献可以减一下，用100%减去77.2%，再减去4.2%，是18.6%，资本的贡献率明显下降了。从数据上来看，你说现在整个经济增速回升是靠基建等资本推动的？可能还说不过去。实际上我们消费在加快发展，服务业也在加快发展。这是我们现在发展阶段的必然反映。谢谢。

英国金融时报记者：从去年10月份以来，政府提出了一个很清楚的政策，就是挤出房地产泡沫。我们看到刚刚出来的数据，9.1%的房地产开发投资增速比去年同期高了很多，我想知道，您认为这个速度是不是可以持续？收紧政策是不是需要再进一步收紧？

毛盛勇：谢谢你的提问。大家对房地产非常关心。关于房地产调控，第一，对房地产的根本定位是很清晰的，“房子是用来住的，不是用来炒的”，这是一个基本定位，房地产逐步要回归消费属性，回归居住功能。第二，为了实现这个目标，要建立促进房地产平稳健康发展的长效机制，包括从税收、财政、土地供给等方面，要建立一整套制度安排。第三，房地产市场本身的地域性非常强，有的地方，特别是一线城市和一些热点城市，房价上涨的压力比较大。很多三四线城市库存又比较高，因此在调控当中要坚持因地制宜、因城施策，发挥地方政府的主体责任。

去年9月30日以后，部分地区针对房价上涨较快的情况，相继出台了一些调控政策，今年3月份，有些地方房价又出现了反弹，为了抑制房价的过快上涨，防止炒房和防范风险，又进一步增加了一些调控措施。因为新一轮调控措施是3月17日以后陆陆续续出台的，对于房价，还有其他房地产方面指标的影响，有可能在4月份乃至以后陆续有所显现。

你关心调控后房地产投资情况。一季度房地产投资增长9.1%，比1—2月份加快了0.2个百分点，比去年全年加快了2.2个百分点。我想有两个原因，一是去年房地产成交面积涨幅很大，包括房价也涨得比较高。因为房地产投资有周期性，企业对房地产投资有一定的滞后性。今年一季度，商品房销售面积同比增长19.5%，尽管在去年的高位上有所回落，但这个速度仍然不低，对企业来讲还是有投资的动力。二是从房地产企业到位资金的情况来看，一季度增长速度还不错。但是下一个阶段，房地产投资的走势会怎么样？要从两个角度来看。一是去年房地产成交面积增长非常快，基数非常高，今年一季度已经开始出现回落了，下一阶段成交面积增速有所放缓的可能性比较大，这样可能会在一定程度上影响企业投资的积极性。二是现在一些热点城市有计划地加大了土地的供应，从另一方面也有利于推动房地产投资的增加。我觉得房地产投资下一步增速还需要继续观察。谢谢。

中国新闻社记者：一季度GDP增速6.9%是比较亮眼的，最近世界银行发了一份报告，预测中国2017年的经济增速是6.5%，2018年是6.3%。这份报告认为，中国经济随着向消费和服务业转型的过程中会逐步放缓步伐。想请问一下您如何看待未来的经济增长前景？谢谢。

毛盛勇：谢谢你的提问。你说的这个报告我也注意到了，有一些国际组织和研究机构经常会对全球经济的增速，包括中国等一些主要经济体的增长情况进行预测。当然，他们也经常根据不断变化的情况做一些调整。

国内最近也有些学者和媒体的观点，有的表示乐观，悲观的情绪也有。下一阶段GDP的增速到底是多少，我们也不好做预测，我们也很少做预测。但是我觉得下一阶段和中长期中国经济运行有两个基本特点是比较清晰的，也是不容忽视的。

第一，中国经济运行的稳定性在增强。为什么这么说呢？经济稳定运行，一般来说增长速度要稳、就业要稳、物价要稳、收入要稳，这是几个“稳”。你刚才提到的更多的是关心速度稳。中国 2015 年经济增速是 6.9%，2016 年是 6.7%，今年一季度是 6.9%。去年各个季度之间，包括今年的一季度，经济增速在季度之间波动性非常小，这实际上也说明整个经济增长越来越平稳。当然，我们说经济增长速度稳，不是说速度就不能有一点点波动，每个季度都一样，也不是说经济好就是说一定是要逐季走高，这样不现实，也不符合规律，还要看就业、物价、经济结构和质量效益等。

但是经济增长在这样一个速度下，我们的就业形势非常好，不仅仅今年一季度好，最近这几年，每年城镇新增就业都是超过 1300 万，城镇调查失业率都稳定在 5%左右的较低水平，城乡居民收入也都保持比较快的增长。所以中央讲，经济运行要保持在合理区间，上限是物价涨幅要可控，下限是就业要有保障、收入要有增长，经济增长速度在这个区间高一点、低一点都是可以接受的。今年政府工作报告提出来，经济增长速度预期目标是 6.5%左右，当然在实际工作中要争取更好的成绩。

所以说，中国经济当前增长的稳定性在增强，这是一个基本判断。是什么原因呢？经过这么多年的发展，产业结构发生了一个比较大的变化。从一二三产业比重来看，三产的比重已经超过 50%，2016 年是 51.6%，而且服务业运行比较平稳，发展态势比较好，增速也比较高，成为经济稳定运行的压舱石、稳定器。从需求的角度来看，消费的贡献率在稳步提升，超过 60%，消费又成为经济稳定运行的强大支撑，所以中国经济稳定运行的态势是非常明显的。所以你说下个季度，比如一季度是 6.9%，未来几个季度到底是多少，这不是最主要的，上升 0.1、0.2 更好，下降 0.1、0.2 也不是什么大事。但是有一点可以肯定，中国经济的稳定性在增强，稳中向好有支撑，这是一个基本事实。

第二，中国经济未来中长期发展潜力巨大。中国现在还是一个发展中的大国，人均 GDP 也就 8000 美元，经济长期向好的基本面没有变，也不会变。新型城镇化、新型工业化、农业现代化和信息化，“四化”同步、协调发展的空间还很大，经济发展的潜力大、韧性足、回旋余地广。从这些角度来看，经济发展的空间还很广阔。要素支撑也一样，经过近40年的高速发展，积累了非常雄厚的物质资本。人力资本也越来越丰富，再加上党中央国务院扎实推进供给侧结构性改革，深入推进重要领域和关键环节的改革，人才红利和改革红利将源源不断释放。中国经济从中长期来看发展潜力是巨大的。谢谢。

美国国际市场新闻社记者：我的问题是，1－2月份工业企业利润好于同期，同比增长31.5％，实际上我们听说有一些企业反映目前资金成本在增加，同时包括员工的工资也在增加，再加上税收，我相信这个数字应该是毛利，不是纯利润，加上税收之后，企业剩的钱并不是很多。如果这个现象是事实的话，下一步企业的投资可能是未知数。您能不能就这个问题作个发言？

毛盛勇：第一，1－2月份全国规模以上工业企业的利润增长了31.5％，这是一个基本情况。增长31.5％主要是三个原因，一是主要工业品价格上涨比较快，2月份PPI上涨了7.8％，价格涨得比较快；二是工业品产量有所增加；三是企业利润率也有所上升。31.5％这样一个高的速度，客观地说，还有去年同期基数比较低的原因。下一步，企业利润的增速有可能会逐渐回归到正常合理的水平，但是应该还有条件保持比较快的增长。

第二个问题，讲企业的成本。我们也通过各种渠道，包括调查、调研，也看到企业的一些反映。总的来看，最近这几年，国家推行了一系列减税降费政策，包括“营改增”，减轻企业的税费负担，做了很多降成本的工作，去年累计为企业减轻负担接近1万亿，营改增这一项就降低企业负担5000亿。所以降成本这项工作在最近这几年取得了实实在在的成效。但是我们也要看到，企业的成本总体来讲还是比较高，企业面临着一些压力，特别是现在整体需求还不是特别强劲的情况下，企业的负担还不轻。所以，下一步还要进一步加快推进减税降费工作，切切实实地降低制度性的交易成本，为企业减负，让企业轻装上阵，为企业营造更加良好的市场环境。谢谢。

中央人民广播电台记者：我们注意到，民间投资一季度是57313亿元，增长7.7%，比前两个月加快了1个百分点。请问您，从现在来看，民间投资的整体势头是否已经出现了回暖？另外，从现在来看，民间投资是实体经济的反映，实体经济是不是也在逐步向好？谢谢。

毛盛勇：谢谢你的提问。两个问题，第一个问题，民间投资下一步的走势。第二个问题，实体经济发展情况。

一季度，民间投资增速比1—2月份加快了1个百分点，增长了7.7%；制造业投资一季度增长5.8%，比1—2月份加快了1.5个百分点。为什么我们比较注重看民间投资和制造业投资，因为制造业投资更多是私营企业为主，更多反映了市场内生动力和市场活力。从去年9月份以后，制造业投资和民间投资就一直保持着持续回升的态势。

去年针对民间投资水平比较低、下降比较快的情况，国务院专门进行了研究，而且下发了文件，派出了督导组到各个地方督导。从那以后，民间投资得到了各个地方的高度重视。民间投资从去年9月份到现在一直呈现回升态势。从目前的情况来看，回升的态势是有基础的。为什么这么说？第一，市场的供求关系在趋好，市场活力有所改善，为民营企业的投资和发展创造了比较好的条件。

第二，现在包括各方面的政策支持，对民营企业提供了更多的空间，包括“放管服”的改革、市场准入、PPP项目的加快推进，有利于带动民间投资的发展。所以，从下一个阶段来看，民间投资还有条件延续这种回升的态势。

至于你说的实体经济，振兴实体经济是今年我们国家深化供给侧结构性改革四大重点任务之一。实体经济包括制造业，也包括服务业。从目前整个经济发展的势头来看，已经体现出了实体经济的好转。下一步，随着政策扶持力度的加大，包括资源更多地从虚拟经济流向实体经济，下一步更多的资金、更多的资源会脱虚向实，增加对实体经济的支持力度，再加上政策的引导，实体经济有条件实现更好的发展。谢谢。

新华社中国经济信息社记者：我想问一个有关于雄安新区的问题。可以说，4 月 1 日雄安新区的新闻出来以后，社会普遍关注。随着雄安新区建设的开展，是不是对投资等有一定的拉动作用？谢谢。

毛盛勇：谢谢你的提问。雄安新区是当前全国人民包括世界人民都高度关注的一件大事。建设雄安新区是党中央国务院疏解北京非首都功能、推进京津冀协同发展的一个重大战略部署，是千年大计、国家大事，对推动经济社会的发展肯定是有巨大的推动作用。第一，从当前来看，提振了各方面的信心。第二，从实际增长的角度来讲，拓展了区域发展的空间。下一步，随着规划的出台，雄安新区的建设将有步骤、有计划地推进，对许多行业、产业，包括人才都会产生强劲的需求，为各类市场主体提供了许多创业干事的平台和机会。

袭艳春：今天发布会到此结束，非常感谢毛盛勇先生精彩的答问。也谢谢大家！

国家统计局新闻发言人、国民经济综合统计司司长邢志宏介绍 2017 年 4 月份国民经济运行情况并答记者问

2017 年 5 月 15 日（星期一）上午 10 时，在国务院新闻办新闻发布厅举行新闻发布会，请国家统计局新闻发言人、国民经济综合统计司司长邢志宏介绍 2017 年 4 月份国民经济运行情况，并答记者问。

胡凯红： 女士们、先生们，上午好，欢迎大家出席国务院新闻办今天举办的新闻发布会。今天我们很高兴请来了国家统计局新闻发言人、国民经济综合统计司司长邢志宏先生，请他向大家介绍 2017 年 4 月份国民经济运行情况，并回答大家的提问。邢司长也是国家统计局新任的新闻发言人，将来他会在这个地方经常和大家见面。下面先请邢司长作介绍。

邢志宏： 谢谢主持人的介绍。女士们、先生们、朋友们，大家上午好。今天很高兴参加这场新闻发布会。为了进一步加强信息公开和新闻发布的工作，国家统计局充实了新闻发言人团队的力量，原有的发言人当中，大家很熟悉的盛来运同志因为担任了国家统计局的党组成员、总经济师，不再任新闻发言人。现在国家统计局总共有三位新闻发言人，除了我，还有毛盛勇同志，还有一位是刘爱华同志，近期也将跟大家见面，今后我们三位共同为大家提供服务。在这里，我再一次代表国家统

计局向大家长期以来对统计工作的关心和支持表示感谢。按照安排，首先我介绍4月份国民经济运行情况，然后再回答大家的提问。

4月份国民经济继续保持稳中向好态势。4月份，各地区各部门认真贯彻落实党中央国务院决策部署，国民经济继续保持总体平稳、稳中向好的发展态势。生产领域稳定增长，市场需求不断扩大，就业形势持续向好，消费物价温和上涨，供给侧结构性改革深入推进，新旧动能加快转换，经济运行质量效益进一步改善。

一、工业稳定增长，企业利润增长较快

4月份，全国规模以上工业增加值同比实际增长6.5%，增速比上月回落1.1个百分点，比上年同月加快0.5个百分点。分经济类型看，国有控股企业增加值同比增长5.6%，集体企业增长1.9%，股份制企业增长6.9%，外商及港澳台商投资企业增长5.5%。分三大门类看，采矿业增加值同比下降0.4%，制造业增长6.9%，电力、热力、燃气及水生产和供应业增长7.8%。工业结构继续优化，高技术产业和装备制造业增加值同比分别增长12.3%和10.3%，增速分别比规模以上工业快5.8和3.8个百分点。规模以上工业企业产销率达到97.6%。从环比看，4月份全国规模以上工业增加值比上月增长0.56%。1—4月份，全国规模以上工业增加值同比增长6.7%。

1—3月份，全国规模以上工业企业实现利润总额17043亿元，同比增长28.3%。规模以上工业企业每百元主营业务收入中的成本为85.25元，同比减少0.15元；主营业务收入利润率为6.13%，同比提高0.68个百分点。3月末，规模以上工业企业资产负债率为56.2%，同比下降0.7个百分点。

二、服务业保持较快增长，景气继续扩张

4月份，全国服务业生产指数同比增长8.1%，增速比上月回落0.2个百分点，今年以来一直保持在8%以上较高水平。1—4月份，全国服

务业生产指数同比增长 8.2%。其中，信息传输、软件和信息技术服务业，交通运输、仓储和邮政业，租赁和商务服务业保持较快增长态势。

4 月份，服务业商务活动指数为 52.6%，比上月回落 1.6 个百分点，比上年同月提高 0.1 个百分点，继续保持在 50%的临界值以上。其中，零售业、铁路运输业、航空运输业、邮政业、住宿业、电信广播电视和卫星传输服务、互联网及软件信息技术服务等行业商务活动指数均位于 55%及以上的较高景气区间。

三、固定资产投资增速平稳，基础设施投资增长较快

1—4 月份，全国固定资产投资（不含农户）144327 亿元，同比增长 8.9%，增速比 1—3 月份回落 0.3 个百分点。其中，国有控股投资 51476 亿元，增长 13.8%；民间投资 88053 亿元，增长 6.9%，占全部投资的比重为 61.0%。分产业看，第一产业投资 3931 亿元，同比增长 19.1%；第二产业投资 54596 亿元，增长 3.5%，其中制造业投资 45379 亿元，增长 4.9%；第三产业投资 85801 亿元，增长 12.1%。基础设施投资 29789 亿元，增长 23.3%。高技术制造业投资增长 22.6%，增速快于全部投资 13.7 个百分点。固定资产投资到位资金 155793 亿元，同比下降 1.4%。新开工项目计划总投资 107911 亿元，同比下降 5.9%。从环比看，4 月份全国固定资产投资（不含农户）比上月增长 0.71%。

四、房地产开发投资继续增加，商品房待售面积进一步减少

1—4 月份，全国房地产开发投资 27732 亿元，同比增长 9.3%，增速比 1—3 月份加快 0.2 个百分点，其中住宅投资增长 10.6%。房屋新开工面积 48240 万平方米，同比增长 11.1%，其中住宅新开工面积增长 17.5%。全国商品房销售面积 41655 万平方米，同比增长 15.7%，其中住宅销售面积增长 13.0%。全国商品房销售额 33223 亿元，同比增长 20.1%，其中住宅销售额增长 16.1%。房地产开发企业土地购置面积 5528 万平方米，同比增长 8.1%。4 月末，全国商品房待售面积 67469 万

平方米，比3月末减少1341万平方米。1—4月份，房地产开发企业到位资金47221亿元，同比增长11.4%。

五、市场销售稳定增长，网上零售比重提升

4月份，社会消费品零售总额27278亿元，同比增长10.7%，增速比上月回落0.2个百分点，比上年同月加快0.6个百分点。按经营单位所在地分，城镇消费品零售额23483亿元，同比增长10.4%；乡村消费品零售额3795亿元，增长12.6%。按消费类型分，餐饮收入2886亿元，同比增长11.1%；商品零售24393亿元，增长10.6%，其中限额以上单位商品零售11532亿元，增长9.3%。从环比看，4月份社会消费品零售总额比上月增长0.79%。1—4月份，社会消费品零售总额同比增长10.2%。

1—4月份，全国网上零售额19180亿元，同比增长32.0%。其中，实物商品网上零售额14617亿元，增长25.9%，占社会消费品零售总额的比重为12.9%，比上年同期提高1.8个百分点。

六、居民消费价格温和上涨，工业生产者价格涨势放缓

4月份，全国居民消费价格同比上涨1.2%，涨幅比上月扩大0.3个百分点。分类别看，食品烟酒价格同比下降1.8%，衣着上涨1.3%，居住上涨2.4%，生活用品及服务上涨0.8%，交通和通信上涨1.8%，教育文化和娱乐上涨2.6%，医疗保健上涨5.7%，其他用品和服务上涨3.4%。在食品烟酒价格中，粮食价格上涨1.5%，猪肉价格下降8.1%，鲜菜价格下降21.6%。4月份，居民消费价格环比上涨0.1%。1—4月份，全国居民消费价格同比上涨1.4%。

4月份，全国工业生产者出厂价格同比上涨6.4%，涨幅比上月回落1.2个百分点，环比下降0.4%。1—4月份，全国工业生产者出厂价格同比上涨7.2%。4月份，全国工业生产者购进价格同比上涨9.0%，环比下降0.3%。1—4月份，全国工业生产者购进价格同比上涨9.3%。

七、进出口较快增长，机电产品出口份额较高

4月份，进出口总额22205亿元，同比增长16.2%。其中，出口12414亿元，增长14.3%；进口9791亿元，增长18.6%。进出口相抵，贸易顺差2623亿元。1—4月份，进出口总额84205亿元，同比增长20.3%。其中，出口45678亿元，增长14.7%，机电产品出口占出口总额的57.7%；进口38527亿元，增长27.8%。

4月份，规模以上工业企业实现出口交货值10192亿元，同比增长10.8%。1—4月份，规模以上工业企业实现出口交货值38306亿元，同比增长10.3%。

总的来看，4月份经济运行延续了稳中向好的态势，积极因素继续增加。但也要看到，国内外环境依然复杂多变，结构性矛盾尚未根本缓解，一些新情况新问题需要密切关注。下阶段，要在以习近平同志为核心的党中央坚强领导下，坚持稳中求进工作总基调，坚持以供给侧结构性改革为主线，继续适度扩大总需求，大力深化创新驱动，注重加强预期引导，全面做好稳增长、促改革、调结构、惠民生、防风险各项工作，确保经济平稳健康发展。

中央电视台记者：有两个问题想问邢司长，4月份宏观经济形势的主要特征是什么？您如何评价4月份主要的宏观经济形势？谢谢。

邢志宏：谢谢你的提问。应该说，4月份国民经济延续了总体平稳、稳中向好的发展态势。我把当前经济运行的特点从两个方面向大家介绍一下。

第一，稳的主基调没有改变。4月份虽然有部分经济指标当月增速出现了回落，但是国民经济总体延续了稳中向好的态势，稳的主基调没有改变。主要体现在以下几个方面：一是经济增长稳定。4月份，工业同比增长6.5%，延续了6%以上的较快增长，在2015年以来各月当中属于较快的增速。服务业生产指数同比增长8.1%，今年以来服务业生产指数一直保持在8%以上的较高增长水平。二是就业稳定向好。4月份全国城镇

调查失业率和31个大城市的城镇调查失业率都比3月末有所下降，特别是31个大城市的城镇调查失业率，从去年9月份以来基本上都稳定在5%以下。1—4月份全国新增城镇就业人员达到了465万人，同比多增了22万人。三是物价总体平稳。4月份居民消费价格同比上涨了1.2%，涨幅比3月份提高了0.3个百分点。1—4月份居民消费价格同比增长1.4%，继续保持了平稳态势。四是国际收支状况比较稳定。4月份外贸顺差继续增加，进出口相抵，整个外贸顺差是2623亿元，同比扩大了0.6%。人民币汇率和外汇储备比较稳定，4月末人民币兑美元的汇率是1：6.89，人民币汇率比上个月上升了0.09%。外汇储备连续三个月上升，4月份达到了30295亿美元。经济增长、物价水平、就业状况、国际收支，这是我们判断宏观经济运行的四大重要指标，从4月份这四大重要指标的表现来看，可以说中国经济继续稳定运行在合理区间，稳的主基调没有变。

第二，进的力度在加大，好的因素持续增加。主要表现在以下几个方面：一是“三去一降一补”扎实推进，政策效应进一步显现。在去产能方面，1—4月份钢材产量同比增长了1.7%，增长速度比一季度回落了0.4个百分点。水泥和原煤产量分别增长了0.7%和2.5%，都在较低的增长水平上。大家都知道，今年政府工作报告提出了去产能的任务，钢材去产能的目标是5000万吨，煤炭去产能的任务是1.5亿吨，截止到目前，钢材的去产能已经完成了3170万吨，煤炭去产能完成了6897万吨，完成进度分别达到了63.4%和46%。去库存方面，4月末全国商品房待售面积同比下降了7.2%，降幅比3月末扩大了0.8个百分点，其中住宅待售面积同比下降了16.2%，降幅比3月末又扩大了1.2个百分点。去杠杆方面，3月份规模以上工业企业的资产负债率是56.2%，同比下降了0.7个百分点。降成本方面，1—3月份规模以上工业企业每百元主营业收入中的成本为85.25元，同比下降了0.15元。在补短板方面，1—4月份生态保护和环境治理业的投资同比增长了50.4%，公共设施管理业的投资同比增长28.4%，水利管理、交通运输仓储和邮政业的投资分别增长了16.1%和16.7%，可以说短板领域的投资力度在进一步加大。

二是结构调整持续推进，转型升级势头良好。从产业结构看，服务业的增势要好于工业。4月份，服务业生产指数同比增长8.1%，这个增长速度高于工业增速1.6个百分点，服务业在经济当中的主导作用进一步增强；工业继续向中高端迈进。1—4月份，高技术产业和装备制造业增加值同比分别增长了13.1%和11.5%，增长幅度要高于规模以上工业增速6.4和4.8个百分点。从需求结构来看，发展型的消费增势强劲，1—4月份中西药品类、体育娱乐用品类、文化办公用品类的销售额都保持了两位数的增长，分别增长11.2%、15.1%和12%，明显高于限额以上单位消费品零售总额增速。同时产业投资结构进一步优化，1—4月份固定资产投资中高技术产业的投资和服务业的投资分别增长了22.6%和12.1%，这两个产业的投资增速分别高于固定资产投资增速13.7和3.2个百分点。与此同时，高耗能制造业的投资持续负增长，1—4月份高耗能制造业同比下降了1.7%，降幅仍然在继续扩大。

三是创新引领作用提升，新动能持续发展壮大，创业创新势头良好。4月份全国新登记企业55.6万户，同比增长了9.2%，平均每天新登记的企业达到1.85万户。新业态、新模式能快速成长，1—4月份，全国网上商品和服务的零售额同比增长了32%，其中网上商品零售额增长了25.9%，网上服务的零售额增长了55.9%，目前网上商品零售额占社会消费品零售额的比重已经达到了12.9%，同比提高了1.8个百分点。在电商的快速发展带动下，快递业务量也在快速增长，1—4月份预计增长31.1%。新产品、新服务蓬勃发展。在经济发展的过程中，我们也注意到，一些技术水平比较高、资源节约、绿色低碳，符合转型升级方向的产品在大幅增长，1—4月份，工业机器人的产量同比增长了51.7%，SUV汽车产量增长21.7%，太阳能电池增长18.2%，智能手机产量增长10.9%。另外，大家在生产生活当中能感受到共享单车、在线教育、智慧医疗等一些新的服务方兴未艾，极大地活跃了我们社会经济生活。

综合以上这几方面的情况来看，可以说4月份经济运行当中“稳”

是主基调，“进”是关键词，“好”是总态势。下一阶段，我们要认真贯彻党中央、国务院的决策部署，继续坚持稳中求进的工作总基调，坚持以新发展理念引领新常态，坚持以供给侧结构性改革为主线，狠抓创新驱动，加快新旧动能的转化，进一步巩固目前经济稳中有进、稳中向好的发展态势。谢谢。

经济日报记者：前几天我们发布了4月份的CPI跟PPI的数据，CPI上涨了1.2%，PPI上涨6.4%，现在社会上普遍认为目前中国经济应该是没有通胀压力了，我想请邢司长再点评一下下一步的物价走势。

邢志宏：谢谢你的提问。刚才我在介绍情况的时候已经讲到了，今年消费物价总体情况是比较平稳的。1—4月份居民消费价格同比上涨了1.4%，大家也都注意到了，2、3月份当月CPI同比上涨幅度都在1%以下，这在近几年当中都是比较低的幅度。当前价格涨幅比较低主要是食品价格同比要低于上年同期，今年以来整体天气条件比较好，蔬菜这样一些农产品的供应都十分充分。4月份食品价格同比下降了3.5%，食品消费是比较稳定的，价格的变动更多取决于供应的情况。当前食品价格同比下降，主要是供应情况比较好，供应比较充分。扣掉食品和能源，4月份核心CPI同比上涨了2.1%，这样一个2%的CPI的涨幅跟往年相比也是基本相当的，属于温和性的上涨。所以，当前消费价格是一个温和上涨的态势。除了食品领域以外，非食品的价格涨幅还略高于上年，这反映了整个社会消费的需求还是比较活跃的，消费品市场是比较活跃的，这是消费价格的情况。

从PPI来看，4月份当月PPI同比上涨了6.4%，涨幅比3月份回落了1.2个百分点，1—4月份PPI同比上涨了7.2%，近两个月PPI的同比涨幅都在回落，呈现回落趋稳的态势。去年在部分上游行业的带动下，PPI上涨的幅度是比较大的。现在PPI回落，主要是少数上游行业价格的涨幅在回落趋稳。我们看整个工业领域，多数行业的价格还是保持了一个温和上涨的态势，工业领域整体供求关系在继续好转，市场需求在进一步扩大，反映在PPI上，4月份40个工业行业当中，有34个行业的价格比上年同期上涨，而且上涨面比 3 月份进一步扩大。

应该说，当前少数上游行业的价格涨幅回落也是符合预期的。去年原材料能源行业的价格上涨幅度确实比较大，这是在国际大宗商品市场价格上涨和国内加大对过剩行业产能调整的总背景下出现的情况。经过一段时间的上涨，现在这些行业的价格都达到了一个相对较高的水平。如果我们从 4 月份几个重点行业的价格来看，钢材同比涨幅在 20%以上，煤炭行业的同比涨幅在 40%以上。从技术面的角度来讲，在经过了一段时间的快速上涨以后，回调也是一种正常的要求。从基本面来看，这些原材料能源行业，无论是从需求角度还是供给角度，也很难继续支持它的过快上涨。现在价格相对回落，表明市场预期也是在趋于平稳的，上游行业价格的回落趋稳，实际上对于下游工业行业是一件好事。去年由于上游行业过快上涨，给中下游行业的生产成本带来了比较大的压力，目前上游行业价格在下降，中下游行业市场需求能继续保持回暖的态势，同时成本的压力也可以减轻，这对整个工业来说是一个比较积极的变化。谢谢。

美国国际市场新闻社记者：前几天汽车工业协会发了数据，说现在汽车终端市场需求比较乏力，汽车的产销结束增长，比上个月小幅下降。另外我们看到社会消费品零售总额增速比上个月回落，请问您觉得原因是什么，是不是因为由于房地产方面，房价涨了，房租也涨了，居民消费的选择性会不会下降？谢谢。

邢志宏：你这个问题涉及到当前社会消费品零售额的发展态势，另一个涉及到汽车消费的问题。我先介绍一下社会消费品零售额的发展情况。应该说，今年社会消费品零售额继续保持了快速增长，1—4 月份社会消费品零售额同比增长 10.2%，比一季度还加快了 0.2 个百分点，当月的社会消费品零售额同比增长了 10.7%，这个增幅要高于去年同期。社会消费品零售额的增长表明消费需求在进一步扩大，居民消费结构转型升级的势头在进一步延续。同时，新的商业模式和新的消费业态也促进了消费需求的进一步增长。

在整个社会消费品零售额当中，我们可以看到两个重要的方面，一是新业态的发展非常迅速。刚才我已经介绍到，在整个社会消费者零售额当中，网上零售增长幅度非常高，1—4月份网上商品零售额同比增长了25.9%，继续呈现加快增长的态势。同时，消费向中高端升级的态势也是比较明显的，发展类的消费、享受类的消费增长是比较迅速的。这从我刚才介绍的中西药品类、文化办公用品类和体育娱乐用品类的增长，都可以看到积极的态势。另外，1—4月份与居住密切相关的建筑装潢类的销售依然保持着较快增长。所以现在整个社会消费品零售的市场是比较活跃的。

刚才问到汽车的情况，4月份汽车类零售额同比增长了6.8%，增幅比上个月回落了1.8个百分点。在去年较快增长的基础上，这仍然是一个不俗的表现。汽车销售也在从政策引导向市场导向的模式转变，去年汽车销售在很大程度上是由于小排量汽车购置税的优惠政策所带来的，今年国家延续了小排量汽车的购置税优惠政策，但是在优惠幅度上做了一些调整，目的就是使它从政策引导的快速增长逐步向自发增长转变，应该说现在的增长态势还是比较稳定的。谢谢。

中国国际广播电台记者：请问邢司长，您刚才也提到4月份经济运行部分指标有所回落，这是不是意味着我们面临的经济下行的压力在进一步扩大？另外，对于全年的经济走势您作何判断？谢谢。

邢志宏：你刚才谈到了部分指标的当月增速有所回落，实际上这主要是由于受到了今年五一小长假提前、工作日同比减少一天的影响。如果我们把4月份这些指标的增长情况跟1—2月份和去年各月的情况做一个比较，就能够发现相关指标的表现并不弱。以工业为例，4月份工业增长6.5%，增速比3月份回落了1.1个百分点，但是比1—2月份加快了0.2个百分点，比去年同期提高了0.5个百分点。在2015年以来各月增速当中，6.5%的增速属于较高的水平。

另外，从相关指标的累计数据来看，当月增速的回落没有影响累计增速稳定发展的趋势，1—4月份相关指标的累计增速基本上都延续了一季度以来的增长态势。还是以工业为例，1—4 月份工业累计增速达到了 6.7%，仅仅比一季度微幅回落了 0.1 个百分点，可以说基本是持平的。如果看社会消费品零售额，尽管当月的增速比 3 月份回落了 0.2 个百分点，但是累计的 1—4 月份社会消费品零售额的增速是 10.2%，还比一季度提高了 0.2 个百分点。所以，无论是从变动的幅度，还是从变动的原因来看，这都不属于一个趋势性的变化，这是在合理范围内、预期范围内的一种小的波动。可以说，国民经济当中主要经济指标稳定增长的态势没有改变。

第二，我回答一下下一步经济增长的态势。可以说，在供给侧结构性改革和创新驱动发展战略的深入推进下，我国经济运行当中积极的因素在不断累积，向好的条件稳步增强。今年以来，经济运行在供求关系、质量效益、市场预期和微观主体的活力方面继续呈现了很多积极的变化，这就使得我国当前稳中向好的发展态势有了可持续性。

一是从供求关系来看。尽管 PPI 的同比涨幅最近两个月有所回落，但是多数行业的供求关系改善势头在进一步延续，市场需求继续扩大。40 个工业行业当中，4 月份有 34 个行业的价格要高于上年同期，上涨面在进一步扩大。同时从工业生产的数据当中也发现，4 月份 596 种工业产品当中，419 种产品的产量比去年同期增长，增长面达到 70.3%。更为难能可贵的是，产销率 4 月份达到 97.6%，同比提高了 0.1 个百分点，这就反映我们整个市场的供求关系继续呈现改善的趋势。当前供求关系的改善还有更加难能可贵的地方，那就是这种改善是在供给侧结构性改革和新旧动能转换的背景下实现的，也就是说，是通过新的需求催生新的供给，新的供给创造新的需求，在供求两个方面的结构都在优化的前提下出现的供求关系改善，不仅仅是一个周期性因素影响的结果。

二是质量效益在持续改善。我现在只拿到一季度的效益数据，一季度规模以上工业企业的利润同比增长了 28.3%，这样一个增幅要比去年全年提高了近 20 个百分点。同时，规模以上服务业企业的营业利润也同比增长了 24.1%，增幅比去年同期提高了 7.9 个百分点。规模以上工业企业3月份主营收入利润率达到了6.47%，比去年同期提高了0.49个百分点，这反映企业的盈利能力在增强。

三是市场预期在持续向好。4月份已经发布的制造业采购经理人指数是51.2%，比上个月虽然略有回落，但是它是连续九个月保持在扩张区间。非制造业商务活动指数是54%，连续七个月保持在54%及以上的较高景气区间，同时消费者的信心指数达到了113.4%，也是近一年多来比较高的水平。

四是微观主体的活力普遍增强。我讲它的普遍性，可以从小微工业企业的调查中看到有关情况。一季度规模以下小微工业企业调查表明，小微工业企业产品的订单在持续增加，去产能、去库存的效果十分显著。目前小微工业企业反映资金正常或者充裕的比例已经达到了70%以上，这是2012年以来一个比较高的水平，小微工业企业的景气达到了近两年来的一个高点。同时，从企业效益情况来看，一季度在整体规模以上工业经济效益快速增长的同时，私营企业实现的利润总额也同比增长了15.9%，而且这个增长的幅度比1—2月份还加快了一个百分点，比去年同期高出近10个百分点。制造业PMI4月份的调查显示，尽管大中型企业的PMI比3月份略有回落，但是小型企业的PMI比上个月提高了1.4个百分点，连续两个月上升，也是达到了近两年来的一个高点，达到了50%的临界值。这就说明当前经济总体平稳、稳中向好的态势有着更加广泛、深入的基础。

所以，综合以上情况来看，当前经济总体平稳、稳中向好的态势是能够持续的。大家也都看到，目前世界经济也延续了去年末以来的积极变化，主要经济体和新兴经济体的情况都出现了好转，可以说内外的条件都有利于稳中向好的发展态势延续下去。我最近注意到，4月份国际货币基金组织在发布的相关报告当中，已经把中国2017年和2018年的GDP预测值分别调高了0.1和0.2个百分点，这说明国际上对中国经济增长的态势也很有信心。谢谢。

新华社中国经济信息社记者：我想请问两个问题，刚才在您发布的内容中提到，4月份经济运行延续了稳中向好的态势，但是一些新情况、新问题需要密切关注，您是否能给我们介绍一下这些新情况、新问题具体是指哪些内容？第二个问题有关于房地产投资的，我注意到在1—4月份全国固定资产投资同比增速比1—3月份回落了0.3个百分点，但是全国房地产开发的投资同比增长9.3%，比1—3月份加快了0.2个百分点，在现在一线还有热点二线城市频繁出台调控政策措施的情况下，房地产开发投资依然增速加快，能不能给我们介绍一下原因？谢谢。

邢志宏：我先回答你的第一个问题，经济运行当中的一些新情况和新问题。大家也都知道，在经济发展新常态时期，在速度换挡、结构优化、动能转换的关键时期，经济上行的动力和经济下行的压力是并存的，一些长期积累的结构性矛盾依然是存在的，部分产业产能过剩的问题还是比较突出的。特别是原材料能源行业价格持续向上缺乏足够的支撑，因为这些行业依然处在产能过剩的阶段，去产能的问题、去产能的压力还是比较大的。同时，我们也能够看到地区之间的发展也还是不平衡的，比方说东北地区，由于产业结构单一，重化工产业的比重比较高，尽管整体经济稳中向好，但是它的增长速度相对来讲还是比较低的。4月份，东北地区的规模以上工业增加值的增长速度只有1.6%，尽管它的增长幅度比一季度提高了，但是跟全国工业增长的幅度相比还是比较低的。

另外，我们注意到，民间投资的增长动力还需要进一步增强。1—4月份民间投资增长了6.9%，尽管这个增长幅度比去年全年提高了3.7个百分点，比去年同期也提高了1.7个百分点，但是比上个月又出现了回落，而且它的增长幅度依然低于全国固定资产投资的增速。去年国家出台了一系列促进民间投资健康发展的政策措施，国务院出台了26条支持民间投资的政策，进一步放宽民间投资的市场准入，出台了支持民间投资进入水利、铁路等领域的重大政策，完善产权保护的制度，但是这些政策、制度还需要加大落实到位的力度，简政放权的改革还需要进一步深入。同时，我们还需要不断从融资环境、信用体系这些方面给民间投资营造更好的发展环境，激发内在动力，来促进有效投资的快速增长。

关于第二个问题，房地产投资。房地产投资确实还保持了一个比较平稳的增长态势，我想这是跟去年的一个延续效应分不开的，去年全国的商品房销售面积增长了 22.5%，使得房地产市场出现了比较强的景气局面，很多房地产企业加大了投资力度，很多在建项目仍在进行，投资项目有周期性，一旦开工了以后需要延续一时间。所以，目前房地产投资的增长可以说是这种周期性的延续。另外，房地产现在正在进行分类调控，一线城市为了抑制房价过快上涨，也加大了土地和房屋的供应力度。所以，房地产投资的增加是在这么多的原因和背景下出现的。关于它的后续走势，我们也会进一步观察。谢谢。

胡凯红：今天发布会到此结束，谢谢邢司长，谢谢各位。

国家统计局新闻发言人、国民经济综合统计司副司长刘爱华介绍 2017 年 5 月份国民经济运行情况并答记者问

2017 年 6 月 14 日（星期三）上午 10 时，在国务院新闻办新闻发布厅举行新闻发布会，请国家统计局新闻发言人、国民经济综合统计司副司长刘爱华介绍 2017 年 5 月份国民经济运行情况并答记者问。

袭艳春：女士们、先生们，上午好。欢迎大家出席国务院新闻办新闻发布会。今天我非常高兴给大家介绍一位新发言人，国家统计局新闻发言人刘爱华女士。请她向大家介绍 2017 年 5 月份国民经济运行情况，并回答大家的提问。下面，就先请刘爱华女士作介绍。

刘爱华：谢谢主持人。女士们、先生们，各位媒体的朋友们，大家上午好。非常高兴能够在这里跟大家见面，这是我第一次新闻发布，这对我来说是一项全新的工作，我今后一定会在这个岗位上全力以赴，努力和我的其他各位同事一起，为大家提供更好的数据发布和解读服务，同时也希望得到大家的支持。下面按照惯例，首先介绍一下 5 月份主要国民经济指标的运行情况。

5 月份经济运行总体平稳、稳中向好。5 月份，在以习近平同志为核心的党中央坚强领导下，各地区各部门认真贯彻落实党中央国务院决策部署，坚定不移地推进供给侧结构性改革，深入实施创新驱动发展战略，

国民经济延续了总体平稳、稳中向好的发展态势，供给和需求稳定增长，就业形势持续向好，消费物价温和上涨，企业效益继续改善，经济结构不断优化，经济发展的协调性和稳定性增强。

一、工业增速稳定，企业效益改善

5月份，全国规模以上工业增加值同比实际增长6.5%，增速与上月持平，比上年同月加快0.5个百分点。分经济类型看，国有控股企业增加值同比增长6.2%，集体企业增长3.2%，股份制企业增长6.8%，外商及港澳台商投资企业增长5.9%。分三大门类看，采矿业增加值同比增长0.5%，制造业增长6.9%，电力、热力、燃气及水生产和供应业增长6.4%。高技术产业和装备制造业增加值同比分别增长11.3%和10.3%，增速分别比规模以上工业快4.8和3.8个百分点。规模以上工业企业产销率达到97.7%。从环比看，5月份全国规模以上工业增加值比上月增长0.51%。1—5月份，全国规模以上工业增加值同比增长6.7%。5月份，制造业采购经理指数为51.2%，与上月持平，连续10个月处于荣枯线以上。

1—4月份，全国规模以上工业企业实现利润总额22780亿元，同比增长24.4%。规模以上工业企业每百元主营业务收入中的成本为85.51元，同比减少0.06元；主营业务收入利润率为6.04%，同比提高0.53个百分点。4月末，规模以上工业企业资产负债率为56.2%，同比下降0.6个百分点。

二、服务业保持较快增长，商务活动指数提高

5月份，全国服务业生产指数同比增长8.1%，增速与上月持平，继续保持在8%以上的较高水平。1—5月份，全国服务业生产指数同比增长8.2%，与1—4月份持平。其中，交通运输、仓储和邮政业，信息传输、软件和信息技术服务业保持较快增长态势。

5月份，服务业商务活动指数为53.5%，比上月提高0.9个百分点，

比上年同月提高 1.5 个百分点。其中，零售业、铁路运输业、航空运输业、邮政业、电信广播电视和卫星传输服务等行业商务活动指数均位于 59%以上的较高景气区间。从需求和预期看，服务业新订单指数和业务活动预期指数分别为 50.3%和 59.2%，分别比上月提高 0.6 和 0.4 个百分点。

三、投资增速小幅回落，投资结构继续改善

1—5 月份，全国固定资产投资（不含农户）203718 亿元，同比增长 8.6%，增速比 1—4 月份回落 0.3 个百分点。其中，国有控股投资 72912 亿元，增长 12.6%；民间投资 124329 亿元，增长 6.8%，占全部投资的比重为 61.0%。分产业看，第一产业投资 5938 亿元，同比增长 16.9%；第二产业投资 77572 亿元，增长 3.6%，其中制造业投资 64183 亿元，增长 5.1%，比 1—4 月份加快 0.2 个百分点；第三产业投资 120208 亿元，增长 11.6%。基础设施投资 42306 亿元，增长 20.9%。高技术制造业投资增长 22.5%，增速快于全部投资 13.9 个百分点。固定资产投资到位资金 212281 亿元，同比下降 0.1%，降幅比 1—4 月份收窄 1.3 个百分点。新开工项目计划总投资 162529 亿元，同比下降 5.6%，收窄 0.3 个百分点。从环比看，5 月份全国固定资产投资（不含农户）比上月增长 0.72%。

四、房地产开发投资增速放缓，商品房待售面积继续减少

1—5 月份，全国房地产开发投资 37595 亿元，同比增长 8.8%，增速比 1—4 月份回落 0.5 个百分点，比上年同期加快 1.8 个百分点，其中住宅投资增长 10.0%。房屋新开工面积 65179 万平方米，同比增长 9.5%，其中住宅新开工面积增长 15.1%。全国商品房销售面积 54820 万平方米，同比增长 14.3%，其中住宅销售面积增长 11.9%。全国商品房销售额 43632 亿元，同比增长 18.6%，其中住宅销售额增长 15.3%。房地产开发企业土地购置面积 7580 万平方米，同比增长 5.3%。5 月末，全国商

品房待售面积66018万平方米，比4月末减少1452万平方米。1—5月份，房地产开发企业到位资金58989亿元，同比增长9.9%。

五、市场销售较快增长，网上零售增势强劲

5月份，社会消费品零售总额29459亿元，同比增长10.7%，增速与上月持平，比上年同月加快0.7个百分点。按经营单位所在地分，城镇消费品零售额25360亿元，同比增长10.4%；乡村消费品零售额4099亿元，增长12.7%。按消费类型分，餐饮收入3211亿元，同比增长11.6%；商品零售26248亿元，增长10.6%，其中限额以上单位商品零售12158亿元，增长9.2%。从环比看，5月份社会消费品零售总额比上月增长0.86%。1—5月份，社会消费品零售总额同比增长10.3%。

1—5月份，全国网上零售额24663亿元，同比增长32.5%，比1—4月份加快0.5个百分点。其中，实物商品网上零售额18798亿元，增长26.5%，占社会消费品零售总额的比重为13.2%，比上年同期提高1.9个百分点。

六、居民消费价格温和上涨，工业生产者价格涨幅回落

5月份，全国居民消费价格同比上涨1.5%，涨幅比上月扩大0.3个百分点。分类别看，食品烟酒价格同比下降0.5%，衣着上涨1.3%，居住上涨2.5%，生活用品及服务上涨1.0%，交通和通信上涨1.1%，教育文化和娱乐上涨2.6%，医疗保健上涨5.9%，其他用品和服务上涨2.9%。在食品烟酒价格中，粮食价格上涨1.4%，猪肉价格下降12.8%，鲜菜价格下降6.3%。5月份，居民消费价格环比下降0.1%。1—5月份，全国居民消费价格同比上涨1.4%。

5月份，全国工业生产者出厂价格同比上涨5.5%，涨幅比上月回落0.9个百分点，环比下降0.3%。1—5月份，全国工业生产者出厂价格同比上涨6.8%。5月份，全国工业生产者购进价格同比上涨8.0%，环比下降0.3%。1—5月份，全国工业生产者购进价格同比上涨9.0%。

七、进出口增速加快，一般贸易比重提高

5 月份，进出口总额 23462 亿元，同比增长 18.3%，增速比上月加快 2.1 个百分点。其中，出口 13139 亿元，增长 15.5%，加快 1.2 个百分点；进口 10323 亿元，增长 22.1%，加快 3.5 个百分点。进出口相抵，贸易顺差 2816 亿元。1—5 月份，进出口总额 107635 亿元，同比增长 19.8%。其中，出口 58787 亿元，增长 14.8%；进口 48848 亿元，增长 26.5%。一般贸易进出口增长 21%，占进出口总额的 56.8%，比上年同期提高 0.6 个百分点。

5 月份，规模以上工业企业实现出口交货值 10700 亿元，同比增长 10.7%。1—5 月份，规模以上工业企业实现出口交货值 49136 亿元，同比增长 10.4%。

总的来看，5 月份国民经济延续了稳中有进、稳中向好的发展态势，结构在改革中优化，动能在创新中成长，质量在转型中升级。但也要看到，国际国内不稳定不确定因素依然存在，结构性矛盾依然突出，转型升级任重道远。下阶段，要更加紧密地团结在以习近平同志为核心的党中央周围，坚持稳中求进工作总基调，坚持以新发展理念引领新常态，坚持以提高发展质量和效益为中心，深入推进供给侧结构性改革，适度扩大总需求，强化创新驱动，引导形成良好发展预期，统筹做好稳增长、促改革、调结构、惠民生、防风险各项工作，促进经济持续健康发展和社会和谐稳定。

中央电视台记者：从刚才的数据来看，与 4 月份相比，5 月份的数据出现了哪些变化？您如何评价 5 月份整体经济运行情况？谢谢。

刘爱华：5 月份整体经济运行情况可以用八个字来概括，就是总体平稳、稳中向好。具体来说，有四个方面的特征：

一是生产和需求稳定。5 月份，规模以上工业增加值同比增长 6.5%，服务业生产指数增长 8.1%，和 4 月份都是持平的。从供给端来看，生产保持了非常稳定的局面。从需求侧来看，5 月份社会消费品零售

总额增长 10.7%，1—5 月份投资增长 8.6%，可以说“一平”、还有一个“略微放缓”。因为 1—4 月份投资增长 8.9%。所以，内需作为一个拉动经济增长的主引擎的作用，还是保持了一个比较平稳的状态。外需方面，5 月的外贸继续回升向好，出口增长 15.5%，比上个月加快了 1.2 个百分点。总体来看，内需和外需保持协调推动，经济增长比较稳定。

二是就业持续向好。从就业的情况看，从有关部门的统计来看，前 5 个月城镇新增就业实现了 599 万人，比去年同期增长了 22 万人，而且如果和年初政府工作报告制定的 1100 万的目标来比，已经完成了 54.4%，也就是说，目前刚过去 5 个月，时间还没有过半，但是就业的计划目标已经完成了超过一半，所以说就业非常稳定。另外从我局统计的全国城镇调查失业率和 31 个大城市的城镇调查失业率这两个指标来看，5 月都在 5%以下。总体来说，就业确实保持了持续向好的态势。

三是物价涨幅比较温和。5 月份 CPI 同比上涨了 1.5%，比上月上升了 0.3 个百分点，而且去掉能源和食品的价格之后的核心 CPI 上涨 2.1%，应该说是一个温和上涨。

四是国际收支改善。刚才我在介绍中说到，5 月份外贸出口有所加快，进口也有所加快，贸易顺差是 2816 亿元，虽然同比是有所收窄的，但是总体上保持了顺差。从人民币的汇率来看，到 5 月末，人民币兑美元汇率是 6.8633，比 4 月末上升了 0.43%，保持基本稳定。另外，外汇储备连续 4 个月回升，5 月末是 30536 亿美元，总体上也保持 3 万亿美元以上。无论是货物贸易的顺差，还是人民币汇率平稳，再有外汇储备连续 4 个月的回升，总体上构成了国际收支改善的基本格局。

从这四个特点来看，经济运行保持稳定。大家很关注，为什么 5 月份出现了平稳运行态势，我想可能有几个方面的原因：

第一个原因，实体经济趋好。在去年以来的供给侧结构性改革的持续作用下，实体经济总体趋好。今年“三去一降一补”在持续深入推进，钢铁、煤炭去产能任务分别完成了 60%和 40%以上。

去库存方面，商品房待售面积 5 月末同比下降 8.5%，降幅比上月扩大 1.3 个百分点。去杠杆方面，微观企业杠杆率也在持续下降，4 月末，规模以上工业企业的资产负债率是 56.2%，同比下降 0.6 个百分点。

降成本方面，继续有所进展。1—4 月份，规模以上工业企业每百元主营业务收入中的成本是 85.51 元，比上年同期下降了 0.06 元。

补短板方面，比如生态环境保护投资、公共设施管理投资，都保持了比较快的增长。

在“三去一降一补”深入推进的情况下，今年以来实体经济继续呈现了稳中趋好的态势。比如从工业企业的生产经营状况持续改善。5 月份规模以上工业增加值增长 6.5%，比去年同月有所回升。企业盈利状况也在改善，1—4 月份，规模以上工业企业实现利润同比增长了 24.4%。总体来说，实体经济确实在趋好。

第二个原因，今年以来坚持稳中求进的工作总基调，经济增长内生动力持续释放。5 月社会消费品零售总额同比增长 10.7%，是比较快的一个速度。在规模不断扩大的同时，消费结构也在持续改善，消费升级类的产品销售情况比较好，比如体育娱乐用品类保持了两位数的增长。1—5 月份固定资产投资同比增长了 8.6%，速度略有放缓，但是结构在改善。高技术制造业投资增长了 22.5%，这个增速快于全国投资 13.9 个百分点，同时高耗能投资增速下降。投资在当期是需求，下一期就形成产能，高技术投资持续加快，为下一期新兴动能不断巩固扩大奠定了非常好的基础，注入了非常好的活力。

另外还有一个因素，创新驱动发展战略深入实施，大众创业、万众创新也在持续推进，新动能快速发展。5 月份高技术产业增加值增长比较快，当月是增长 11.3%，装备制造业增长 10.3%，都高于规上工业增加值增速。另外，网上商品零售额增长继续加快，1—5 月份，实物商品网上零售额增长了 26.5%，比上个月加快了 0.6 个百分点，如果加上服务，全部网上零售额增长更快，为 32.5%。从这几个方面来看，新动能在不断发展壮大。在新常态下，增速换档主要还是看动能转换和结构调整是不是能够跟上，如果动能转换更快一些，加速实现的话，那么增速换挡能够更加平稳，整体稳中向好的态势也就能够持续。

5 月数据表现比较平稳，还有一个就是外部环境的改善，大家可能也从各种信息源了解到，目前世界经济温和复苏，积极因素在增加，主要的经济体像美国、欧盟、日本等经济增速都是比预期的要好，就业等方面都有一些新的亮点。金砖国家和其他发展中经济体也有一些好的表现。所以，总体来看，国际经济也是总体向好的，表现在数据上，5 月我国出口是加快的，规模以上工业出口交货值增长 10.7%，也是一个比较快的增速。所以，方方面面的因素归结到一起，5 月份经济继续保持总体平稳、稳中向好的发展态势，而且前 5 月份的发展状况为完成年发展目标，在实际工作中争取更好的结果奠定了一个更加稳固的基础。

中央人民广播电台记者：我们看到 5 月份的主要指标是总体平稳的，但是有专家对中国经济的整体走势有一定的担心，特别是在中国经济一季度见底之后，有人认为已经放缓，未来外贸和房地产市场能否延续相对强劲的走势，总体经济是否会再次探底？谢谢。

刘爱华：你关心的这个问题，是关于整个中国经济走势的问题。目前来说，经济呈现总体平稳、稳中向好的态势，下一阶段还是可以保持这种态势。为什么这么说？因为不仅和当前的一些因素相关，还与中国经济目前所处的发展阶段和中长期的很多因素相关。从这些基本因素来看，目前经济增长都是在向好的方向前进。

具体来说，第一，是产业支撑或者说产业发展的基础更加稳固了。今年以来，三次产业协调并进，在结构调整中继续稳步发展、升级。首先看服务业，服务业现在可以说是牢牢地站稳了半壁江山，一季度服务业增加值占 GDP 的比重 56.5%，比去年的 51.6%的比重又有所提高。服务业有它自身的发展规律，服务业当期表现出的一些特点，比如在生活性服务业方面，现代服务业方面，还有幸福产业方面，发展势头非常好，大家对医疗、健康、养老这些领域越来越关注，而且需求越来越多，服务业本身又和民生相关度比较高，表现出稳定发展的特点。所以，在服务业在整个经济的比重提高的时候，整个经济的稳定性也是在提高的。

其次，从工业内部结构看，高技术产业、装备制造业、新产品都增长比较快，也对整体增长起到非常有力的支撑作用。很多符合产业发展方向、消费升级方向的产品产量增长比较快，比如工业机器人 1—5 月份增长了 50.4%，SUV 增长 20.8%，增长非常快。总体来说，推动了工业转型升级不断加速。还有随着去产能的进展，传统行业调整也不断地往前推进。农业形势也是比较稳定，比如蔬菜、肉产品、禽类产品供应充足。一、二、三产协调推进，促进整个经济增长稳定性不断增强。

第二，短期内看还要看需求，发展的动力也在增强。比如刚才说到的消费，今年以来一直保持稳中有升的发展态势，这不是偶然的，是在一个消费转型升级的大背景之下发生的。因为现在人均国民收入已经到了 8000 美元以上，和中等收入国家的平均水平非常接近了。在这个阶段，消费规模不断扩大、消费结构不断升级，而且这两者是互相促进的，在结构升级的同时扩大了消费总量，而且也有居民收入不断增长的支撑。再有，目前到了一个消费升级的阶段，大家对个性化以及比较注重个人体验的产品的需求是在不断地增加。在供给侧结构性改革的推进下，服务和产品的供给质量都在提升，比如共享经济、分享经济等新业态都在快速发展。供给质量的提升，能够更好地满足消费需求。所以，消费能力相对增强，再加上消费环境的改善、供给能力的提升，消费规模持续扩大、消费稳中有升的态势是可以持续的。

从投资来看，从中长期来看，工业化、城镇化进程还没有结束，我国城镇化率目前是 57.35%，发达国家经济体大概在 80%左右的城镇化水平，我们离这个距离还有相当的距离要走。一般的研究认为，在 50% 到 80%之间上升过程中，也是经济快速增长的阶段。在这种大背景下，投资还是有非常大的空间和潜力的，比如在产业升级方面、基础设施提升方面都有非常大的空间和潜力。今年以来，实体经济改善尤其企业效益改善，提高了企业的投资能力和投资预期。可以说，内需增长的潜力和空间非常大，关键是要找准发力点，继续落实党中央、国务院出台的各项措施，让民间投资增速走出比较低的状态，把投资领域的空间、潜力释放出来。

第三，发展的信心在不断增强。5月份制造业采购经理人指数是51.2%，与4月份持平，连续10个月在景气区间，企业生产预期和信心不断地改善。在PMI里，中小型企业，尤其是小型企业的信心在不断改善，小型企业PMI5月是51%，比上个月上升了1个百分点，近年来首次上升到了景气区间，说明企业经营状况的改善从上游行业逐渐向下游行业扩展，小企业的信心也在逐渐恢复中。非制造业商务活动指数5月份为54.5%，连续8个月在54%以上的较高景气区间运行。因此，无论制造业还是非制造业，企业的信心都在整体增强。

第四，发展的环境改善。从国内看，供求关系不断改善。PPI，也就是工业生产者出厂价格涨幅虽然最近几个月有所回落，但是行业面是在扩张的。5月份PPI中，40个行业里有34个行业同比价格在上涨，这说明企业的供求改善面是在扩大的。从国际看，世界经济和贸易都出现了积极变化，而且在不断累积增多，虽然还有一些不稳定、不确定因素，但总体来看明显比前期改善。所以，无论从国内市场环境看，还是国际环境看，整体环境可以说是稳中向好的。

刚才说到这四个方面，产业支撑、发展动力、发展信心、发展环境，这些方面都说明目前稳中向好态势是能够延续，各种支撑因素都是在不断地增强，我们完全有能力、有信心、有条件把稳中向好的态势巩固、持续下去。谢谢。

国际市场新闻社记者：1—5月份固定资产投资为什么增速比1—4月份回落0.3个百分点？谢谢。

刘爱华：在比较平稳的总格局下，1—5月份投资增速出现了小幅放缓，但如果从结构上看，制造业投资增速是小幅加快的，1—5月比1—4月加快了0.2个点，5月当月增长5.9%，比上个月加快了2.7百分点。基础设施投资高位有所回落，但仍然保持了20.9%的增长。房地产投资增速也出现了小幅回落，1—5月增长了8.8%，比1—4月回落0.5个百分点。

如果从一些基础条件支撑来看，新开工项目计划总投资降幅是在收窄的，1—5 月同比下降 5.6%，比 1—4 月收窄了 0.3 个百分点，趋势是在往好的方向走。固定资产投资到位资金 1—5 月下降 0.1%，降幅比 1—4 月收窄 1.3 个百分点。这两个支撑在改善、降幅都在收窄，但是整体来说支撑力度还是不够。所以，前 5 个月的投资出现了一些小幅波动，但是怎么看这个速度呢？应该说今年 1—5 月 8.6%的增速跟去年全年 8.1%的增速相比，还是在往上走的。而且基础设施投资增速回落，因为去年是“十三五”开局第一年，去年大项目比较多，今年年初保持在 20%以上的增长，也是多年少见的，所以去年的基数较高，对当期的增速会有一些影响。但是，从另外一个角度来说，投资 8.6%的增长水平是不低的，还有资金面和新开工项目情况在陆续好转。总体来说，投资平稳增长势头应该还是可以延续下去的。谢谢。

凤凰卫视记者：我有两个问题。第一，是您刚才讲到了对后面的经济增长态势的预估，但是我们想问，很多分析说是因为投资增速包括一些投资者指数下降，大家都认为，可能今年经济同比增速的高点已经大概率出现了，也就是三四季度可能经济是会往下走的，想请您评论一下。第二，我们注意到，对 5 月份经济的评价有一句话叫做“经济发展的协调性和稳定性增强”，如果没有记错，之前没有在官方文件里看到类似的表述，想请您进一步解读一下，它大概体现什么关键核心的意思？谢谢。

刘爱华：第一个问题，因为投资增速放缓，所以大家对下一期尤其三四季度的经济走势有一些疑问。刚才我说到，投资总体趋势上看增速比去年全年加快。基础设施投资增速高位放缓，应该说有一些特殊的原因，但随着下一期力度的加大，资金链、项目储备的增加，投资能够保持平稳增长势头。目前投资更要关注有效性，过去投资高速增长的时候，有一些重复性、无效性的投资，目前更要关注投资的有效性。从刚才谈到的一些情况来看，投资结构是在明显改善的，高技术产业投资有 20%以上的增长，还有服务业投资增长 11.6%，都比整体投资增速快，投资的质量明显提升。在各方面支撑下，投资增速保持平稳增长，投资质量明显提升。从这个角度来看，稳中向好的态势可以持续。

第二个问题，关于经济增长的稳定性和协调性在提升。稳定性，无论这个月的数据，还是从近两年的数据来看，比如GDP增速已经连续七个季度在6.7%到6.9%窄幅区间波动，从数据上证明了经济稳定性是在提升的。从产业结构来看，服务业比重在上升；从需求来看，消费的贡献率也在提升，今年一季度最终消费对经济增长的贡献率是77.2%，去年全年是64.6%，在逐渐提升。另外，从发展质量看，一季度单位GDP能耗同比下降了3.8%。应该说稳定性取决于方方面面，不管从产业结构还是需求结构，能够让整体经济保持稳定的经济成份在提升，奠定了经济增长稳定的基础。协调性也和这个相关。从产业来看，服务业快速增长的同时，工业也不慢，都是比去年同期加快。从需求看，内需的主引擎作用在持续发挥，消费需求的贡献更大，投资的结构和质量在不断改善。当然，我们也不能否认，在协调性和稳定性不断增强的同时，国内长期以来积累的一些结构性矛盾仍然存在，还需要在结构调整方面、动能转换方面下更大力气，把更多力气放在经济结构调整和提高发展质量效益上，经济发展的稳定性和持续性将能够更加巩固。

中国新闻社记者：请问一个关于就业的问题。您刚才介绍到，5月份的就业形势比较好，完成全年的目标已经超过一半，但是您同时也提到，当前去产能是继续推进的，工业的增速相比今年3月份的高点其实有小幅下滑。在这个背景下，就业向好是怎么样保持住的？眼下刚好又是毕业时节，大中专毕业生的就业形势怎么样，请您介绍一下。谢谢。

刘爱华：这是我提到的5月份经济运行四个特点中的一大亮点。当前，去产能和产业结构调整均在持续推进，为什么就业能够持续向好？我觉得要回答这个问题，可能不仅要看当期，还得从一个比较大的背景上来看。

第一，虽然经济增速近两年略有放缓，但是经济增量在不断扩大。按照2015年不变价格计算的话，2016年GDP的增量大概是4.6万亿，在劳动生产率年度之间变化不大的情况下，由于GDP增量的扩大，其所吸收的就业也是在增加的。

第二，产业结构调整带来的就业弹性增加，也就是刚才说到的服务业比重持续上升。一般来说，服务业中很多行业都有劳动密集型的特点，需要消耗更多的人力，能够吸收更多的就业。所以，三产比重提高在促进整体经济增速稳定的同时，对就业的拉动在持续增强。

第三，就业好和近年来“大众创业、万众创新”的不断推进有关。因为我们在生活中都会感觉到，目前互联网的技术发展不断加快，互联网经济和传统行业结合起来又派生出很多新的业态和模式，所以目前的灵活就业在明显增加，比如随处可见的快递业，都保持40%以上的增速，其带来的就业量可想而知。

第四，和目前党中央、国务院采取的就业优先的战略以及更加重视就业的政策有很大关系。针对去产能行业人员转岗和大学毕业生就业遇到困难，政府采取了很多措施。针对去产能行业人员，去年中央有一个1000亿的专项奖补资金，专门用于去产能行业职工的安置工作；针对大学生也推出了就业促进计划。

在上述因素的共同推进下，就业确实保持了较好的发展态势。但同时也要关注就业的结构性矛盾，关注短期内面临就业困难群体的就业情况。比如您提到的大学生就业问题，今年高校毕业生人数大概是795万，创历史新高。大学生在进入就业市场的时候，可能会面临一些困难，但是也有有利因素。一方面，宏观经济稳中向好，企业效益逐步改善，可以为大学毕业生就业提供相对有利的宏观环境；另一方面，党中央、国务院采取了各种促进就业的有利措施。目前5月份刚刚结束，大学毕业生还处在找工作过程中，所以具体的大学生就业情况还没有掌握。另外，今年我们在月度劳动力调查中会更留意这方面的情况。谢谢。

新华社中国经济信息社记者： 请问两个问题，第一个问题是关于工业的。我们知道，PPI已经连续三个月回落。从您刚才发布的数据来看，1—4月份全国规模以上工业企业实现利润总额比1—3月份放缓了3.9个百分点，可是5月份和1—5月份规上工业增加值的数据都保持了稳定，所以我想请您分析一下未来工业的发展态势。第二个问题是关于投资的。从各项数据来看，无论是民间投资，还是基础设施投资、房地产投资，都出现了回落，但是制造业投资可以说是一枝独秀，增速加快了0.2个百分点，请您分析一下制造业投资能够加快的原因。谢谢。

刘爱华： 关于第一个问题，您认为工业增加值的走势和工业企业利润走势似乎出现了一些小的反差。首先要明确一个概念，就是工业企业利润是现价指标，而工业增加值是一个不变价衡量的指标，两者之间存在价格因素的差异。

在供给侧结构性改革的推进下，今年以来工业生产经营状况不断改善，规模以上工业增加值保持了稳定增长。5月份规模以上工业增加值同比增长6.5%，1—5月份累计增长6.7%。尽管近几年规模以上工业企业利润增速在比较高的水平，1—4月份规模以上工业企业利润比上年同期增长24.4%，但增速在逐月回落。所以，大家对利润是不是应该同步往上走有疑问。

利润的回落究竟是什么原因？实际上还是因为价格因素的影响，简单来说，利润的形成就是收入扣掉成本，也就涉及到工业生产者出厂价格指数和工业生产者购进价格指数。从近期这两个价格指数的变动看，两者之间的差距在加大，工业生产者出厂价格回落得更多一些，工业生产者购进价格回落得稍微慢一些。这是导致利润增速有所回落的主要原因。总之，价格的变动会带来利润增速的变动。但是，当前规上工业企业利润增速确实是较快的增速，而且当前的工业生产也比较稳定。

第二个问题是关于制造业投资的加快。1—5月份制造业投资比1—4月份小幅加快了0.2个百分点。尽管近期制造业投资增速有所波动，但是从去年以来的趋势看，制造业投资在略微加快。这一变化是怎么来的？主要和您刚才说到的企业效益改善有关。企业效益改善，意味着企业投资能力增强。与此同时，企业投资的意愿也在逐渐恢复，5月份制造业PMI以及企业的生产经营活动预期指数都在景气区间内。所以，制造业投资增速加快和投资能力、投资意愿的恢复有很大的关系。谢谢。

袭艳春：感谢爱华同志非常精彩的答问。爱华司长对情况非常了解，希望和大家分享的信息也很多。我们将来还会继续组织相关方面的发布，也欢迎大家继续出席相关的发布会。今天的发布会到此结束。谢谢。

国家统计局新闻发言人、国民经济综合统计司司长邢志宏介绍2017年上半年国民经济运行情况并答记者问

2017年7月17日（星期一）上午10时，在国务院新闻办新闻发布厅举行新闻发布会，请国家统计局新闻发言人、国民经济综合统计司司长邢志宏介绍2017年上半年国民经济运行情况，并答记者问。

袭艳春：女士们、先生们，上午好，欢迎大家出席国务院新闻办新闻发布会。今天我们非常高兴地邀请到国家统计局新闻发言人、国民经济综合统计司司长邢志宏先生，请他向大家介绍2017年上半年国民经济运行情况并回答记者朋友们的提问。下面先请邢志宏先生作介绍。

邢志宏：谢谢主持人。女士们、先生们，各位新闻界的朋友，大家上午好，很高兴又同大家见面。按照惯例，我先介绍上半年经济运行的基本情况，之后回答大家的问题。

上半年国民经济稳中向好态势更趋明显。上半年，在以习近平同志为核心的党中央坚强领导下，各地区各部门认真贯彻党中央、国务院决策部署，坚持稳中求进工作总基调，坚持以新发展理念引领经济发展新常态，坚持以推进供给侧结构性改革为主线，坚持以提高质量效益为中心，深化改革创新，狠抓政策落实，经济运行保持在合理区间，稳中向好态势趋于明显，呈现增长平稳、就业向好、物价稳定、收入增加、结

构优化的良好格局，经济发展的稳定性、协调性和可持续性增强。

初步核算，上半年国内生产总值381490亿元，按可比价格计算，同比增长6.9%。分季度看，一季度同比增长6.9%，二季度增长6.9%。分产业看，第一产业增加值21987亿元，同比增长3.5%；第二产业增加值152987亿元，增长6.4%；第三产业增加值206516亿元，增长7.7%。从环比看，二季度国内生产总值增长1.7%。

一、农业生产形势较好，夏粮再获丰收

全国夏粮总产量14052万吨，比上年增加131万吨，增长0.9%。上半年，猪牛羊禽肉产量3892万吨，同比增长1.0%，增速比一季度加快0.8个百分点，其中猪肉产量2493万吨，增长0.8%，加快0.6个百分点。生猪存栏40350万头，同比增长0.4%；生猪出栏32183万头，增长0.7%。

二、工业生产加快，企业利润快速增长

上半年，全国规模以上工业增加值同比实际增长6.9%，增速比一季度加快0.1个百分点，比上年同期加快0.9个百分点。分经济类型看，国有控股企业增加值增长6.2%，集体企业增长1.9%，股份制企业增长7.1%，外商及港澳台商投资企业增长6.7%。分三大门类看，采矿业增加值同比下降1.0%，制造业增长7.4%，电力、热力、燃气及水生产和供应业增长8.1%。制造业加快向中高端迈进，上半年高技术产业和装备制造业增加值同比分别增长13.1%和11.5%，分别比规模以上工业快6.2和4.6个百分点，占规模以上工业比重分别为12.2%和32.2%。规模以上工业企业产销率达到97.5%。6月份，规模以上工业增加值同比增长7.6%，比上月加快1.1个百分点，环比增长0.81%。

1—5月份，全国规模以上工业企业实现利润总额29048亿元，同比增长22.7%，比上年同期加快16.3个百分点。规模以上工业企业主营业务收入利润率为6.05%，比上年同期提高0.45个百分点。

三、服务业较快增长，景气度持续提高

上半年，全国服务业生产指数同比增长8.3%，增速与一季度持平，比上年同期加快0.1个百分点。其中，交通运输、仓储和邮政业，信息传输、软件和信息技术服务业，租赁和商务服务业增长较快。6月份，全国服务业生产指数同比增长8.6%，比上月加快0.5个百分点，比上年同月加快0.6个百分点。

6月份，服务业商务活动指数为53.8%，比上月提高0.3个百分点，比上年同月提高1.6个百分点。生产性服务业和物流业商务活动指数均升至59.0%以上，航空运输业、邮政业、电信广播电视和卫星传输服务、互联网及软件信息技术服务、货币金融服务、保险业等行业商务活动指数均位于60.0%以上的高位景气区间。从市场需求和预期看，服务业新订单指数和业务活动预期指数分别为50.7%和60.0%，分别比上月提高0.4和0.8个百分点。

四、投资增速稳中略缓，制造业投资和民间投资增速回升

上半年，全国固定资产投资（不含农户）280605亿元，同比增长8.6%，增速比一季度回落0.6个百分点。其中，国有控股投资102022亿元，增长12.0%；民间投资170239亿元，增长7.2%，比1—5月份加快0.4个百分点，比上年同期加快4.4个百分点，占全部投资的比重为60.7%。分产业看，第一产业投资8694亿元，增长16.5%；第二产业投资105807亿元，增长4.0%，其中制造业投资86809亿元，增长5.5%，比1—5月份加快0.4个百分点，增速连续两个月回升，比上年同期加快2.2个百分点；第三产业投资166104亿元，增长11.3%。基础设施投资59422亿元，增长21.1%，比1—5月份加快0.2个百分点，比上年同期加快0.2个百分点。高技术产业投资快速增长，高技术制造业和高技术服务业投资同比分别增长21.5%和22.3%，分别快于全部投资12.9和13.7个百分点。固定资产投资到位资金286275亿元，同比增长1.4%，

增速由负转正。新开工项目计划总投资 237258 亿元，同比下降 1.2%，降幅比 1—5 月份收窄 4.4 个百分点。从环比看，6 月份固定资产投资（不含农户）比上月增长 0.73%。

五、房地产开发投资增速放缓，商品房待售面积继续减少

上半年，全国房地产开发投资 50610 亿元，同比增长 8.5%，增速比一季度回落 0.6 个百分点；其中，住宅投资增长 10.2%。房屋新开工面积 85720 万平方米，同比增长 10.6%，其中住宅新开工面积增长 14.9%。全国商品房销售面积 74662 万平方米，增长 16.1%，其中住宅销售面积增长 13.5%。全国商品房销售额 59152 亿元，增长 21.5%，其中住宅销售额增长 17.9%。房地产开发企业土地购置面积 10341 万平方米，同比增长 8.8%。6 月末，全国商品房待售面积 64577 万平方米，比上月末减少 1441 万平方米。上半年，房地产开发企业到位资金 75765 亿元，同比增长 11.2%。

六、市场销售增长加快，网上零售增势强劲

上半年，社会消费品零售总额 172369 亿元，同比增长 10.4%，增速比一季度加快 0.4 个百分点，比上年同期加快 0.1 个百分点。其中，限额以上单位消费品零售额 76953 亿元，增长 8.7%。按经营单位所在地分，城镇消费品零售额 147786 亿元，增长 10.1%；乡村消费品零售额 24583 亿元，增长 12.3%。按消费类型分，餐饮收入 18546 亿元，增长 11.2%；商品零售 153822 亿元，增长 10.3%，其中限额以上单位商品零售 72420 亿元，增长 8.8%。消费升级类商品销售增长较快，文化办公用品增长 11.8%，体育娱乐用品增长 17.1%，家具增长 13.4%，建筑及装潢材料增长 13.9%。6 月份，社会消费品零售总额同比增长 11.0%，比上月加快 0.3 个百分点，环比增长 0.93%。

上半年，全国网上零售额 31073 亿元，同比增长 33.4%，比一季度加快 1.3 个百分点。其中，实物商品网上零售额 23747 亿元，增长

28.6%，占社会消费品零售总额的比重为13.8%，同比提高2.2个百分点。

七、进出口快速增长，外贸结构改善

上半年，进出口总额131412亿元，同比增长19.6%。其中，出口72097亿元，增长15.0%；进口59315亿元，增长25.7%。进出口相抵，顺差12782亿元。一般贸易进出口比重提升，上半年一般贸易进出口增长20.5%，占进出口总额的56.7%，比上年同期提高0.4个百分点。机电产品仍为出口主力，上半年机电产品出口增长14.6%，占出口总额的57.2%。对部分“一带一路”沿线国家进出口增长，上半年我国对俄罗斯、巴基斯坦、波兰、哈萨克斯坦等国进出口分别增长33.1%、14.5%、24.6%和46.8%。6月份，进出口总额24043亿元，同比增长19.8%。其中，出口13493亿元，增长17.3%；进口10550亿元，增长23.1%。

上半年，规模以上工业企业实现出口交货值61030亿元，同比增长10.9%，比一季度加快0.6个百分点。6月份，规模以上工业企业实现出口交货值11723亿元，增长11.7%。

八、居民消费价格涨势温和，工业品价格涨势放缓

上半年，全国居民消费价格同比上涨1.4%，涨幅与一季度持平。其中，城市上涨1.5%，农村上涨1.0%。分类别看，食品烟酒价格同比下降0.8%，衣着上涨1.3%，居住上涨2.4%，生活用品及服务上涨0.8%，交通和通信上涨1.5%，教育文化和娱乐上涨2.5%，医疗保健上涨5.4%，其他用品和服务上涨3.3%。在食品烟酒价格中，粮食价格上涨1.4%，猪肉价格下降6.1%，鲜菜价格下降14.7%。6月份，全国居民消费价格同比上涨1.5%，涨幅与上月持平，环比下降0.2%。

上半年，全国工业生产者出厂价格同比上涨6.6%，涨幅比一季度回落0.8个百分点。6月份，全国工业生产者出厂价格同比上涨5.5%，涨幅与上月持平，环比下降0.2%。上半年，全国工业生产者购进价格同比

上涨8.7%；6月份同比上涨7.3%，环比下降0.4%。

九、城乡居民收入较快增长，城乡收入差距继续缩小

上半年，全国居民人均可支配收入12932元，同比名义增长8.8%，扣除价格因素实际增长7.3%，增速比一季度加快0.3个百分点，比上年同期加快0.8个百分点。按常住地分，城镇居民人均可支配收入18322元，扣除价格因素实际增长6.5%；农村居民人均可支配收入6562元，扣除价格因素实际增长7.4%。城乡居民人均收入倍差2.79，比上年同期缩小0.01。全国居民人均可支配收入中位数11238元，同比名义增长7.0%。全国居民人均消费支出8834元，同比名义增长7.6%，扣除价格因素实际增长6.1%。二季度末，外出务工农村劳动力总量17873万人，比上年同期增加364万人，增长2.1%。二季度，外出务工农村劳动力月均收入3405元，增长6.3%。

十、"三去一降一补"扎实推进，政策成效持续显现

过剩产能有序化解，上半年全国工业产能利用率为76.4%，比上年同期提高3.4个百分点。房地产去库存效果继续显现，6月末商品房待售面积同比下降9.6%，降幅比3月末扩大3.2个百分点。企业杠杆率下降，5月末规模以上工业企业资产负债率为56.1%，同比下降0.7个百分点。企业成本继续降低，1—5月份规模以上工业企业每百元主营业务收入中的成本为85.62元，同比减少0.04元。短板领域得到加强，上半年生态保护和环境治理业、水利管理业、交通运输仓储和邮政业、教育投资同比分别增长46.0%、17.5%、14.7%和17.8%，均明显快于同期固定资产投资增速。

总的来看，上半年国民经济延续了稳中有进、稳中向好的发展态势，为完成全年预期目标并取得更好结果奠定了扎实基础。但也要看到，国际上不稳定不确定因素依然较多，国内长期积累的结构性矛盾依然突出。下阶段，要更加紧密地团结在以习近平同志为核心的党中央周围，坚持

稳中求进工作总基调，以推进供给侧结构性改革为主线，以提高发展质量和效益为中心，适度扩大总需求，合理引导社会预期，深化创新驱动发展，加快新旧动能转换，促进经济转型升级，不断巩固稳中向好基础，力争更好实现全年经济发展预期目标。谢谢！

袭艳春：感谢邢志宏先生的介绍。下面进入答问环节，今天现场来了很多外国媒体记者，我们安排了全场同声传译。按照惯例，提问前请通报一下所在的新闻机构。

中央电视台记者：从您刚才的介绍来看，我国的二季度经济依然保持了不错的增速，为什么能够保持这样的增速呢？您如何评价今年上半年我国国民经济运行情况？谢谢。

邢志宏：谢谢你的提问。今年上半年，我国经济延续了去年以来稳中有进、稳中向好的发展态势，经济领域出现了更多的积极变化，可以说支撑经济保持中高速增长和迈向中高端水平的有利因素进一步增多，稳中向好的发展态势更加明显。概括上半年经济运行的特点，可以有两句话：一是稳的格局更加巩固，二是好的态势更加明显。

稳的格局更加巩固，主要体现在经济继续运行在合理区间。一是经济增速平稳，上半年我国经济保持中高速增长，GDP 同比增长 6.9%，与一季度持平，经济增速连续八个季度保持在 6.7%—6.9%的区间。

二是就业形势持续向好。上半年城镇新增就业 735 万人，同比多增了 18 万人，完成了年度目标的 66.8%。城镇调查失业率总体走低。根据国家统计局的调查，6 月份全国城镇调查失业率已经连续两个月保持在 5%以下。31 个大城市的城镇调查失业率连续四个月低于 5%。农村外出务工劳动力继续增加。刚才我已经介绍二季度末农村外出务工劳动力同比增加了 364 万人，增长 2.1%。

三是物价形势总体稳定。上半年全国居民消费价格同比上涨了 1.4%，与一季度基本持平；扣除食品和能源的核心 CPI 基本稳定，上半年核心 CPI 同比上涨 2.1%。

四是国际收支继续改善。货物贸易继续保持顺差。上半年货物贸易的进出口相抵，实现了顺差1.28万亿元。人民币小幅升值，外汇储备连续回升。6月末人民币汇率的中间价是1美元兑6.77元人民币，比3月末升值了1.84%。外汇储备6月份达到30568亿美元，连续五个月回升。

综合宏观经济四大方面的主要指标来看，我国上半年的经济运行呈现了增长平稳、就业向好、物价稳定、国际收支改善的良好格局，经济增长的稳定性明显增强。

好的态势更加明显，主要体现在三个方面：一是结构在改革中优化。供给侧结构性改革的深入推进，使产需结构进一步优化。今年以来，服务业主导经济增长的特征更加明显，上半年服务业的增速快于二产增速1.3个百分点，服务业占经济的比重达到了54.1%，高于二产14个百分点。制造业向中高端迈进，高技术制造业和装备制造业上半年同比分别增长13.1%和11.5%，增速分别高于规模以上工业6.2和4.6个百分点，占规模以上工业的比重达到了12.2%和32.2%。在需求方面，居民消费加快转型升级，高技术产业投资快速增长，消费结构和投资结构也在调整优化。

二是动能在转换中增强。放管服改革的深入推进，使创业创新环境持续优化。今年以来，市场主体竞相成长，1—5月份全国新登记注册的企业同比增长了14.7%，日均新登记注册企业1.56万户。新主体和新技术的发展有效地带动了新产业、新业态和新模式的成长，经济发展当中的新动能不断地壮大。上半年全国实物商品网上零售额同比增长了28.6%，增速快于全国社会消费品零售额18.2个百分点，占社会消费品零售总额的比重达到13.8%，同比提高了2.2个百分点。战略性新兴产业同比增长了10.8%，增速高于规模以上工业3.9个百分点。经济当中的新的力量在不断地增强。

三是质量在转型中提升。在经济保持中高速增长的同时，质量和效益进一步提高。今年的企业效益明显改善，1—5月份规模以上工业企业的利润同比增长了22.7%，增速高于去年同期16.3个百分点。1—5月份规模以上工业企业主营业务收入的利润率达到了6.05%，同比提高

0.45个百分点。规模以上服务业企业的营业利润也保持了两位数增长，居民收入增速继续快于经济增长。上半年全国居民人均可支配收入实际增长7.3%，高于去年同期0.8个百分点，比同期的经济增速快出了0.4个百分点。

财政方面，虽然企业减税降费的力度比较大，但由于经济稳中向好，企业效益改善，税基在继续扩大，这样上半年一般公共预算收入同比增长了9.8%，增速同比提高了2.7个百分点。

综合上面这些情况，今年上半年我国经济稳中向好的发展态势更趋明显，为完成全年主要经济预期目标打下了坚实的基础。成绩来之不易，这是党中央、国务院一系列政策措施持续发力，特别是供给侧结构性改革深入实施所取得的结果，也是全国上下贯彻新发展理念，团结奋进、攻坚克难所取得的结果。

下一阶段，我们要更加紧密团结在以习近平同志为核心的党中央周围，坚定不移地推进供给侧结构性改革，持之以恒地强化创新驱动，全面做好稳增长、促改革、调结构、惠民生、防风险的各项工作，力促经济持续平稳健康发展。谢谢。

凤凰卫视记者：我们关注到，二季度包括6月份的数据表现得还是非常好的。前一段时间发布了一些数据，我们也听到经济学家的分析，但还是有些不一致的声音，认为经济已经筑底，甚至是进入新的上升通道，有一些意见还是认为下半年还是有回调的压力，想问一下您的判断是怎样的。特别是房地产投资在调控滞后的影响下，下半年会不会对经济带来一定的压力？谢谢。

邢志宏：你这个问题主要是关于下一步经济走势的问题。可以说，在供给侧结构性改革深入实施、创新驱动发展战略加快推进的大背景下，下半年我国经济运行当中积极变化还会继续增加，稳中向好的发展态势将会得到进一步巩固和扩大。

我认为，主要有以下几点因素：第一，实体经济发展趋好，经济发展的基础在不断地巩固。“三去一降一补”扎实推进，明显地促进了供求关系的改善。去年 9 月份工业生产者出厂价格结束了连续 54 个月的负增长，工业领域走出通缩以来，企业经营和预期明显地改善，工业生产形势比较稳定。去年 3 月份以后，规模以上工业的增长基本都保持在 6%以上，今年工业增加值增长幅度同比又有所提高。工业生产的稳定，效益的改善，预期的改善，又带动了工业投资的增加。上半年，制造业的投资增长了 5.5%，同比提高了 2.2 个百分点，其中技术改造的投资增长了 11.8%，占制造业投资的 45.6%，这就为今后工业的稳定增长打下了更好的基础。服务业发展的势头也很好。今年以来，服务业生产指数一直保持在 8%以上的较高水平。制造业和服务业良性互动，一些生产性服务业增势非常好。现在信息服务业、商务服务业、物流服务业的增长都呈加快之势。

第二，需求在稳步扩大，经济增长的动力在不断增强。这几年我们一直坚持扩大内需，把它作为战略基点，大力培育经济增长的内生动力，推动供给结构和需求结构相适应，推动消费升级和有效投资相促进，城乡区域发展相协调，内需在经济增长当中的作用进一步增强。今年以来，消费增长稳健，上半年最终消费支出对经济增长的贡献率为 63.4%，稳居“三驾马车”之首。投资积极跟进，围绕补短板、强基础，加力增效，对经济增长发挥了关键性作用。同时外需明显回稳向好，上半年出口增长了 15%，所以现在是内外需求联动，经济增长的动力格局在进一步改善。

第三，微观主体的活力增强，经济增长的活力进一步提升。国家统计局对 4 万家小微工业企业进行了调查，二季度小微工业企业的景气指数达到 96.5%，比一季度提高了 3.4 个百分点，达到了两年来的最高。小微企业的活跃不是偶然的，大家也都知道，小微企业量大面广，是经济建设和发展当中一支非常广泛的力量。目前整体市场形势好转，特别是在放管服改革的助力下，小微企业的活力明显增强。在调查当中，75.4%的工业小微企业的设备利用率要高于或者处于正常水平，72.7%的小微企业反映产品订货量高于和处于正常水平，这个比例连续 6 个季度在提高。同时，PMI 制造业采购经理指数的结果也反映，到 6 月份，小型企业的 PMI 连续两个月保持在扩张区间。可以说，小微企业的活跃反映了我们经济增长的包容性增强，经济增长的基础更加广泛深入。

第四，市场预期向好，经济发展的信心持续提升。6 月份，制造业采购经理指数是 51.7%，比上个月又提高了 0.5 个百分点，已经连续 11 个月保持在扩张区间。非制造业商务活动指数达到了 54.9%，比上个月提高了 0.4 个百分点，连续 9 个月保持在 54%以上的较高景气区间。同时 6 月份消费者信心指数达到了 113.3，也是近年来的较高水平。我们也注意到，近期国际货币基金组织、OECD 等一些国际组织调高了中国经济增长率的预期。

综合以上的情况，可以说经济稳中向好的发展态势将会进一步巩固和扩大。谢谢。

路透社记者：想问一下，我们最近修订国民经济核算体系对上半年或者二季度的经济增长有没有什么影响？另外，可以给一下资本形成和进出口对经济增长的贡献吗？谢谢。

邢志宏：谢谢你的提问。感谢你对统计工作的关注。最近国务院正式批复了国家统计局关于实施新国民经济核算体系，也就是 2016 版本的申请。下一步，我们将会组织实施新国民经济核算体系。可以确切地讲，目前这项工作还没有正式实施，所以它没有影响到目前关于经济增长速度和经济规模的测算。借此机会，我就新的国民经济核算体系再补充一点情况。

国民经济核算体系是一套全面、科学、系统地反映经济运行过程的标准和规范。我国在 90 年代就开始向国际接轨，制定了当时的国民经济核算体系。这些年来，国民经济核算体系不断完善，为我们真实准确地反映中国经济的规模、速度、结构提供了重要的基础。2009 年联合国等五大国际组织推出了新的国民经济核算体系标准，这个标准叫国民账户体系 2008。目前，国外很多国家都已经开始实施这个新的国民经济核算体系。为了和国际标准相衔接，同时为了更准确真实地反映我国经济发展的新情况，提高核算科学水平，提高核算质量。国家统计局对新的国民经济核算国际标准进行了深入研究，结合中国的实际，推出了国民经济核算体系2016。在这个标准当中，引入了一些新的概念，拓展了原来的核算范围，也修订了一些指标，同时细化了标准，改进了核算方法。但是这个核算体系非常庞大，是一个系统性的工程，是一个循序渐进的工程。有些比较成熟的，我们已经采取了行动，比如说R&D，就是研发支出的核算方法，我们已经在去年做了改进，今年又进一步在地区层面对研发支出的核算进行了完善。但是还有很多项目需要逐步创造条件来加以推进。总之，我们会按照国务院批复的新方案积极努力，使中国的国民经济核算水平不断地提高。

刚才你问到了上半年三大需求的贡献率，上半年最终消费支出的贡献率是63.4%，资本形成总额的贡献率是32.7%，货物和服务净出口的贡献率是3.9%。从数据当中能够看到，内需这一块的贡献率96.1%，比上个季度还提高了0.3个百分点。消费需求是我们经济增长最主要的引擎，反映了消费在经济增长当中的基础性作用。谢谢。

日本经济新闻记者：目前金融市场的利率上升，房地产贷款的利率也上升，这对下半年的经济周期有哪些影响？谢谢。

邢志宏：这涉及到货币市场的一些情况，应该说关于货币政策中央经济工作会议和今年的政府工作报告都非常明确，我们国家保持政策的连续性和稳定性，继续实施积极的财政政策和稳健的货币政策。货币政策要保持稳健中性，也就是说，它要为经济保持在合理区间提供必要的流动性支持，为供给侧结构性改革创造良好的金融环境。同时货币政策要防止实施过松，产生加杠杆效应，放大资产泡沫，给中国经济带来风险。

关于目前利率的情况和货币供应的情况，前一阶段我也注意到，人民银行相关负责人的介绍，6月末M2增长了9.4%，增速有点回落。从人民银行的介绍来看，主要还是受到金融系统降低内部杠杆的影响，特别是现在同业理财，包括表外活动在放缓，但是6月末人民币贷款余额依然增长了12.9%，这是一个适度增长。同时在整个经济发展过程当中，中央银行还通过多种货币政策供给工具，提供了不同期限的流动性，为市场维护了流动性的基本稳定，为实体经济提供了重要支持。金融体系改革力度也很大，将会不断地完善货币政策的传导机制建设，使市场利率稳定下来，保持经济平稳健康发展。谢谢。

中国新闻社记者：上半年国民经济稳中向好的态势更趋明显，但是想问一下CPI的涨幅比较低，PPI出现了高位回落是什么原因？谢谢。

邢志宏：谢谢你的提问。我们经常讲，物价是供求关系的综合反映，实际上今年供求格局积极变化，供求关系明显改善，在价格统计指标上也是有所反映的。一是从居民消费价格指数来看，今年居民消费价格指数总体偏低，主要还是受到了食品价格下降的影响，特别是猪肉、鲜菜、鸡蛋在内，上半年一直在走低，猪肉和鲜菜从2月份开始连续5个月走低，鸡蛋是从去年开始已经连续8个月在走低，最近才刚刚有一些新变化。这三项就把CPI拉低了0.7个百分点。

大家也知道，食品消费在居民当中是比较稳定的，弹性也比较小，所以食品价格的下降主要还是供应增加的结果。今年总体上，猪肉、鲜菜和鸡蛋等食品供应情况比较好，导致这次食品价格的回落。但是如果我们看上半年非食品领域的价格是比上年同期上涨了2.3%，这个涨幅比去年同期提高了1.2个百分点。其中工业消费品价格同比上涨了1.9%，去年同期工业消费品价格是同比下降0.3%，服务性的项目价格今年上半年是上涨了2.9%，比去年同期也提高了0.9个百分点。这两项数据反映出工业消费领域和服务性消费领域的市场需求明显上升。这两项数据也跟我们目前工业生产领域和服务业发展领域出现的积极变化是一致的。

另外，从PPI也就是工业生产者出厂价格指数的情况来看，PPI的涨幅最近几个月在逐步回落，主要是受到了原材料价格变动的影响。去年以煤炭、钢铁、有色、石油为代表的一系列原材料价格上涨比较快，涨势比较猛，到今年2月份达到了一个高点，之后就出现了高位回落和调整的态势。比如石油开采业的价格，从一季度的上涨70%左右降到二季度的上涨25%左右，涨幅回落明显。再如钢铁业也就是黑色金属冶炼和压延加工业，一季度价格上涨30%以上，二季度为21%左右。这些行业价格涨幅回落的幅度比较大，对于PPI的变动产生了比较明显的影响。但是与此同时，我们也注意到工业领域多数行业的价格依然在上涨。二季度统计的40个工业行业中，有34个行业的价格同比上涨，上涨面还比一季度有所扩大。同时，在原材料行业价格涨幅回落的同时，我们也注意到装备制造业、消费品制造业等行业的价格变动趋势相反，同比涨幅继续扩大，二季度有25个相关行业的价格涨幅比一季度扩大。这反映了我们当前整个工业领域的景气在从上游向中下游扩散，这对工业领域的发展来讲是一个非常积极的变化。谢谢。

日本朝日电视台记者：现在很多城市实施房地产限购政策，上半年的房地产开发投资增速也是放缓，您怎么看待下半年的房地产投资的走势，对GDP的影响是多大？

邢志宏：谢谢你的提问。从去年以来，中国开始了新一轮的房地产调控，有两个重点，一是抓一线和二线热点城市的控房价、防风险的工作，第二是抓三四线城市的房地产去库存工作。这一轮调控跟以往的调控在方式上是不同的，采取了分类指导、因城施策的方针，在这种情况之下，房地产投资增速虽然有所回落，但是回落的幅度并不大。

1—6月份住宅投资增长10.2%，增幅比1—5月份略微加快0.2个百分点。为什么出现这样的情况？我刚才讲是因为因城施策，分类指导的方针。全国非重点城市商品房销售面积上半年增长24.5%，继续保持在20%以上的增长水平。销售增速的回落主要是一线城市和热点二线城市，但是一线和热点二线城市在调控方式上也不仅仅是在限购、限贷、限售，为了解决供求矛盾，还加大了土地和房屋的供应，这就使得房地产投资的变动幅度没有以往那么大。总的来看，房地产开发投资增速可能会是一种缓中趋稳的走势，对经济的影响需要随着房地产形势的进一步发展来进行测算。谢谢。

中央人民广播电台记者：刚才您提到从CPI的构成来说，一段时间以来，尤其是上半年的数据显示，食品价格增长比较平稳，应该说还是略有回落。但是服务业价格上涨明显，也导致CPI出现结构分化，请问您怎么看待这种变化，是否意味着消费升级脚步在提升？现在服务业价格在持续上升，会对CPI未来的走势会带来哪些影响，会不会为实现全年所定的预期目标带来一定压力？谢谢。

邢志宏：可以肯定地说，实现今年全年CPI的预期目标是没有问题的。我刚才介绍到，服务价格是在上涨，主要是因为服务业领域的居民消费需求旺盛，这已经是一个长期的现象。服务价格的涨势基本上还是比较平稳的，保持在2%多些的涨幅。有一些长期性的因素在支撑着增长，除了消费升级的影响以外，还有人工成本不断上升，使得服务性价格上涨的幅度大于其他领域。但是从整体价格变动情况来看，工业品总体上还是供过于求的态势，食品领域价格在调控下会比较稳定，服务价格总体上呈现平稳走势，所以整体的CPI会继续保持温和上涨的态势。实际上扣除掉食品和能源价格以后，核心CPI也比较平稳。所以，物价形势会保持稳定。谢谢。

袭艳春：再次感谢邢志宏先生的介绍，也谢谢大家。今天的新闻发布会到此结束。

国家统计局新闻发言人、国民经济综合统计司副司长毛盛勇介绍 2017 年 7 月份国民经济运行情况并答记者问

8 月 14 日上午 10 时，在国务院新闻办新闻发布厅举行新闻发布会，请国家统计局新闻发言人、国民经济综合统计司副司长毛盛勇介绍 2017 年 7 月份国民经济运行情况，并答记者问。

胡凯红：女士们、先生们，上午好，欢迎大家出席国务院新闻办今天举办的新闻发布会。今天我们请来了国家统计局的新闻发言人毛盛勇先生。请他向大家介绍 2017 年 7 月份的国民经济运行情况，并回答大家提问。下面先请毛司长作介绍。

毛盛勇：女士们、先生们，各位记者朋友，大家上午好。按照惯例，我先给大家通报 7 月份国民经济运行的基本情况，然后再回答大家的提问。

7 月份经济运行总体平稳向好势头持续发展。7 月份，各地区各部门认真贯彻落实党中央国务院决策部署，经济稳中向好、结构调整深化的发展态势进一步延续。经济运行保持在合理区间，生产需求平稳增长，就业物价形势稳定，供给侧结构性改革成效突出，转型升级和新动能成长步伐稳健，市场预期持续向好，经济运行的质量和效益继续改善。

一、工业增长基本稳定，企业效益明显改善

7月份，全国规模以上工业增加值同比实际增长6.4%，增速比上月回落1.2个百分点，比上年同月加快0.4个百分点。分经济类型看，国有控股企业增加值同比增长6.7%，集体企业下降3.6%，股份制企业增长6.7%，外商及港澳台商投资企业增长6.7%。分三大门类看，采矿业增加值同比下降1.3%，制造业增长6.7%，电力、热力、燃气及水生产和供应业增长9.8%。高技术产业和装备制造业增加值同比分别增长12.1%和10.7%，增速分别比规模以上工业快5.7和4.3个百分点。规模以上工业企业产销率达到97.9%。从环比看，7月份全国规模以上工业增加值比上月增长0.41%。1—7月份，全国规模以上工业增加值同比增长6.8%。7月份，制造业采购经理指数为51.4%，连续12个月处于扩张区间。

1—6月份，全国规模以上工业企业实现利润总额36338亿元，同比增长22.0%。规模以上工业企业每百元主营业务收入中的成本为85.69元，同比减少0.02元；主营业务收入利润率为6.11%，同比提高0.42个百分点。6月末，规模以上工业企业资产负债率为55.9%，同比下降0.8个百分点。

二、服务业保持较快增长，商务活动指数持续向好

7月份，全国服务业生产指数同比增长8.3%，增速比上月回落0.3个百分点，比上年同月加快0.5个百分点。1—7月份，全国服务业生产指数同比增长8.3%，比上年同期加快0.1个百分点。其中，信息传输、软件和信息技术服务业，交通运输、仓储和邮政业，租赁和商务服务业保持两位数增长。1—6月份，规模以上服务业企业营业收入同比增长13.2%，比上年同期加快3.4个百分点。

7月份，服务业商务活动指数为53.1%，比上年同月提高0.5个百分点。其中，航空运输业、邮政业、电信广播电视和卫星传输、互联网

及软件信息技术服务等行业商务活动指数均连续位于60.0%以上的高位景气区间。从市场预期看，服务业业务活动预期指数为60.4%，比上月提高0.4个百分点，连续3个月提高。

三、固定资产投资平稳增长，基础设施建设继续加强

1—7月份，全国固定资产投资（不含农户）337409亿元，同比增长8.3%，增速比1—6月份回落0.3个百分点，比上年同期加快0.2个百分点。其中，国有控股投资123013亿元，增长11.7%；民间投资204640亿元，增长6.9%，占全部投资的比重为60.7%。分产业看，第一产业投资10677亿元，同比增长14.4%；第二产业投资127150亿元，增长3.4%，其中制造业投资104389亿元，增长4.8%；第三产业投资199583亿元，增长11.3%。基础设施投资72058亿元，同比增长20.9%。高技术制造业投资增长20.7%，增速快于全部投资12.4个百分点。固定资产投资到位资金341073亿元，同比增长1.5%，比1—6月份加快0.1个百分点。新开工项目计划总投资286883亿元，同比增长1.9%，增速由负转正。从环比看，7月份全国固定资产投资（不含农户）比上月增长0.61%。

四、房地产开发投资增速回落，商品房待售面积减少

1—7月份，全国房地产开发投资59761亿元，同比增长7.9%，增速比1—6月份回落0.6个百分点，其中住宅投资增长10.0%。房屋新开工面积100371万平方米，同比增长8.0%，其中住宅新开工面积增长11.9%。全国商品房销售面积86351万平方米，同比增长14.0%，其中住宅销售面积增长11.5%。全国商品房销售额68461亿元，同比增长18.9%，其中住宅销售额增长15.9%。房地产开发企业土地购置面积12410万平方米，同比增长11.1%。7月末，全国商品房待售面积63496万平方米，比6月末减少1081万平方米。1—7月份，房地产开发企业到位资金87664亿元，同比增长9.7%。

五、市场销售增长较快，网上零售增势强劲

7月份，社会消费品零售总额29610亿元，同比增长10.4%，增速比上月回落0.6个百分点，比上年同月加快0.2个百分点。按经营单位所在地分，城镇消费品零售额25474亿元，同比增长10.2%；乡村消费品零售额4136亿元，增长11.7%。按消费类型分，餐饮收入3204亿元，增长11.1%；商品零售26406亿元，增长10.3%，其中限额以上单位商品零售12004亿元，增长8.6%。消费升级类商品销售增长较快，体育娱乐用品类、家用电器和音像器材类商品分别增长26.6%和13.1%。从环比看，7月份社会消费品零售总额比上月增长0.73%。1—7月份，社会消费品零售总额同比增长10.4%。

1—7月份，全国网上零售额36617亿元，同比增长33.7%，比1—6月份加快0.3个百分点。其中，实物商品网上零售额27820亿元，增长28.9%，占社会消费品零售总额的比重为13.8%，比上年同期提高2.2个百分点。

六、居民消费价格温和上涨，工业生产者价格涨势趋稳

7月份，全国居民消费价格同比上涨1.4%，涨幅比上月回落0.1个百分点。分类别看，食品烟酒价格同比下降0.1%，衣着上涨1.4%，居住上涨2.5%，生活用品及服务上涨1.1%，交通和通信下降0.2%，教育文化和娱乐上涨2.5%，医疗保健上涨5.5%，其他用品和服务上涨1.3%。在食品烟酒价格中，粮食价格上涨1.6%，猪肉价格下降15.5%，鲜菜价格上涨9.1%。7月份，全国居民消费价格环比上涨0.1%。1—7月份，全国居民消费价格同比上涨1.4%。

7月份，全国工业生产者出厂价格同比上涨5.5%，涨幅与上月持平，环比上涨0.2%。1—7月份，全国工业生产者出厂价格同比上涨6.4%。7月份，全国工业生产者购进价格同比上涨7.0%，环比持平。1—7月份，全国工业生产者购进价格同比上涨8.5%。

七、进出口快速增长，一般贸易比重提高

7月份，进出口总额23223亿元，同比增长12.7%。其中，出口13217亿元，增长11.2%；进口10005亿元，增长14.7%。进出口相抵，贸易顺差3212亿元。1—7月份，进出口总额154627亿元，同比增长18.5%。其中，出口85306亿元，增长14.4%；进口69321亿元，增长24.0%。1—7月份，一般贸易进出口增长19.1%，占进出口总额的56.7%，比上年同期提高0.3个百分点。机电产品出口增长14.2%，占出口总额的57.1%。

7月份，规模以上工业企业实现出口交货值10621亿元，同比增长8.6%。1—7月份，规模以上工业企业实现出口交货值71672亿元，同比增长10.5%。

总的来看，7月份国民经济运行总体平稳，向好势头持续发展，结构调整不断深化。但也要看到，国际环境依然复杂多变，国内结构性矛盾仍较突出，隐忧仍然不少。下阶段，要更加紧密地团结在以习近平同志为核心的党中央周围，坚持稳中求进工作总基调，贯彻落实新发展理念，坚持以供给侧结构性改革为主线，适度扩大总需求，加强预期引导，深化创新驱动，确保经济平稳健康发展，确保供给侧结构性改革得到深化，确保守住不发生系统性金融风险的底线，保持社会和谐稳定。

胡凯红：谢谢毛司长，下面开始提问。

中央电视台记者：从您刚才发布的数据来看，有些指标比如像进出口、价格等表现不错，但是工业、投资的指标比6月份有一些回落，您也谈到今年是供给侧结构性改革的深化之年，习近平总书记提出要处理好加法和减法的关系，所谓减法就是减少低端供给和无效供给，加法是扩大有效供给和中高端供给。结合您刚才发布的7月份的国民经济运行数据，您如何看待当前的经济形势？是否能够从加法和减法的维度来体现出中国经济正在经历结构性的变化？谢谢。

毛盛勇：谢谢你的提问。正如你所说，今年是供给侧结构性改革的

深化之年。供给侧结构性改革有四大任务，“三去一降一补”在扎实推进，农业供给侧结构性改革成效突出，实体经济发展日益向好，房地产过热的局面有所降温。随着供给侧结构性改革成效不断显现，经济结构在调整中不断优化，供给质量在不断提升，中国经济呈现出总体平稳、稳中有进、稳中向好的发展态势。

从7月份国民经济运行的情况来看，当前中国经济稳中向好的态势在持续发展，势头不减，可以从以下几个方面来看：

第一，主要指标增长平稳。从生产角度来看，1—7月份，规模以上工业增加值的增速同比增长了6.8%，比上年同期大幅加快了0.8个百分点。7月份当月增长6.4%，比上年同月加快了0.4个百分点。1—7月份，服务业生产指数上涨8.3%，和1—6月份持平。7月份当月是8.3%，比上年同月上升0.5个百分点。从需求侧来看，社会消费品零售总额1—7月份同比增长10.4%，和上半年持平。7月份当月增长10.4%，比上年同期加快了0.2个百分点。固定资产投资1—7月份同比增长8.3%，比上半年略微放缓了0.3个百分点，但比上年同期加快了0.2个百分点。进出口总额，包括出口和进口，7月份继续呈现两位数以上的增长，而且明显好于上年同期。所以，主要指标增长情况和上半年基本持平，而且明显好于上年同期。

第二，就业形势稳中向好。7月份，全国大城市调查失业率继续低于5%，维持在一个比较低的水平，全国城镇调查失业率为5.1%左右，低于上年同期。7月份是大学生毕业季，今年高校毕业生接近800万人，比上年多30万人，所以就业能保证这样一种情况是非常不容易的。从1—7月份来看，全国城镇新增就业855万人，比上年同期增加了20万人。全国企业职工7月份周平均劳动时间比上月提高了0.11个小时，连续3个月增加，这说明就业的质量在不断改善。

第三，物价形势总体平稳。从消费领域来看，7月份环比上涨0.1%，同比上涨1.4%，5月份和6月份同比均上涨1.5%，消费价格运行比较平稳。从生产领域看，PPI7月份环比上涨0.2%，同比上涨

5.5%，5、6月份同比均上涨5.5%，这说明工业品价格也呈现出趋稳的态势。生产领域、消费领域的价格都比较平稳，这说明整个市场的供求关系在不断改善，不断优化，趋于平衡。

第四，质量效益持续提升。上半年规模以上工业企业利润同比增长22%，比去年同期大幅提升了15.8个百分点，而且6月份又比5月份更好。上半年，全国居民人均可支配收入实际增长7.3%，比GDP增速要快。从财政收入来看，7月份，全国一般公共预算收入同比增长10%，其中税收收入增长11.2%，比6月份加快。“三个收入”增长都比较快。生态环境也在不断改善。上半年万元GDP能耗下降3.9%，6月份，全国338个地级以上城市PM2.5的浓度同比下降3.3%，这说明整个生态环境在持续改善。

第五，市场信心不断增强。从几个先行指标看，7月份制造业采购经理人指数PMI是51.4%，今年以来各个月均稳定在51%—52%之间的扩张区间。7月份非制造业商务活动指数为54.5%，今年以来各个月均保持在54%以上的较高扩张区间。从消费者信心指数来看，7月份是114.6，比上月又提高了1.3。7月份外贸出口先导指数，也比上个月提高了0.4。

近期一些国际机构都纷纷调高了对中国经济今年和明年的增长预期，这说明不管是从生产者角度看还是从消费者角度看，不管是从国内还是从国际看，对中国经济下一步的走势都是看好的，都是有信心的。

综合上述情况，从增长指标、质量效益指标、民生领域指标、先行指标来看，中国经济总体平稳、稳中有进、稳中向好的势头在延续。

中国国际电视台CGTN记者：现在市场上有一种声音，很多人认为今年中国经济下半年会面临很大的下行风险。从刚刚公布的数据来看，很多数据出现了回落，可不可以说今年的经济基本上是前高后低的态势呢？谢谢。

毛盛勇：判断经济运行的走势，要全面地、多个维度地看，这样的话会更加客观、更加科学。也就是说，既要看经济增速，也要看结构变化、质量效益，更要看民生领域一些指标变化情况。如果从经济增速来看，近年来中国经济增长的平稳性在不断增强。过去8个季度，中国GDP增速基本都稳定运行在6.7%—6.9%之间。

中国经济增速日趋平稳，我想这不是一个偶然现象，实际上是中国经济发展阶段的必然反映，也是中国经济结构调整深化的必然结果。经济运行有内在的一些规律和惯性，按照这样的规律和惯性，下半年中国经济能够延续总体平稳的态势。

短期从三大需求角度来看，在经济收入增长较快和消费结构升级步伐加快的情况下，消费有条件继续保持较快的增长速度；在国内市场供求不断改善，世界经济呈现复苏，而且企业的盈利能力不断提升的情况下，投资也有条件保持总体平稳；在一系列稳外贸的政策效应不断显现，同时世界经济也呈现出比较明显的复苏态势，我国出口产品的竞争力不断增强的情况下，出口有望延续回稳向好的态势。所以从三大需求的角度来看，支撑下半年经济稳定增长是有条件的。

退一步来说，即使是下半年经济增速或者GDP增速放缓了0.1个或者0.2个百分点，这实际上也是一种合理、正常的小幅波动。这样一个速度拿到世界上去，在全球主要经济体中仍然是名列前茅的。所以，从这个角度来说，经济走势谈不上什么高低之分。

更重要的是近年来，包括今年以来，中国经济呈现出比较明显的结构优化调整的态势，经济运行的质量和效益不断提升，就业、收入、物价等民生指标也不断改善，经济发展呈现了总体平稳、稳中向好的态势。全年经济运行的基本走势，如果用一个词来概括，我觉得最好的应该是稳中向好。

这里我想强调一点，近年来中国经济一直稳定运行在合理区间，也就是说我们的物价可控制，居民能增收，就业有保证，生态在改善，在这样一个区间里，经济工作的着力点和主要精力应该是放在推进结构调整和转型升级上。当前，中国经济总体平稳、稳中向好，这是深化供给侧结构性改革，推进重点领域和关键环节改革的一个重要窗口期。中国经济不仅要追求有“块头”，还得要有“肌肉”，要强健。从这个角度来说，我们更多的关注点要放在中国经济的提质、增效、升级上来，这点更为重要。谢谢。

凤凰卫视记者：刚才您讲到，对全年的经济预判相对是乐观的。我们也确确实实看到这个月的数据包括前7个月的数据很多都在回落，能否解释一下这个回落为什么会出现？这种趋势能不能遏制住？谢谢。

毛盛勇：谢谢你的提问。关于你刚刚讲的主要指标回落，我先讲工业，再讲投资。

第一，工业总体来讲是运行平稳的，为什么这么说？1—7月份，全国规模以上工业增加值的增速是6.8%，比上年同期加快0.8个百分点，幅度不小，比上半年低0.1个百分点，是基本持平的。7月当月增长6.4%，比上年同期加快0.4个百分点。去年3月份以后，每个月规上工业增加值增速基本稳定在6.0%以上的速度，16个月中只有今年3月份、6月份高于7%，其他多数月份都在6.0%—6.5%之间，所以今年7月份6.4%实际上是一个比较合理、比较好的水平。

第二，工业内部升级态势比较明显。7月份，高技术产业增加值的增速是12.1%，装备制造业增加值的增速是10.7%，分别比规模以上工业增加值的增速要高5.7%和4.3个百分点，所以说制造业加快向中高端迈进的趋势比较明显。

第三，7月份规模以上工业增速比6月份有所放缓，主要原因有三个：一是今年7月份全国大面积的高温天气，根据国家气象局的数据，今年7月份全国平均气温是1961年以来同期最高，而且高温天数也是1961年以来的最多，高温酷暑之下，停产检修的企业比上年明显增加。二是今年部分南方地区洪涝灾害比较严重，也一定程度上对工业生产带来了一些影响。三是按照新发展理念的要求，一些地区加大了淘汰一些环保不达标的过剩产能的力度。

第四，中国工业稳中向好的运行态势不会改变。当前，市场供求关系在不断优化，世界经济也呈现出一定的复苏态势，产品价格总体比较稳定，企业盈利能力比较强。所以，下半年工业稳定增长、稳中向好是有条件的，趋势不会改变。

关于投资，我觉得总体是平稳的。一是今年1—7月份固定资产投资增长8.3%，和上半年比，确实放缓了0.3个百分点，但是和上年同期比还是加快了0.2个百分点。二是投资内部也呈现了明显的结构优化的趋势。制造业投资里，传统的制造业投资增速在放缓，但是高技术产业的投资、装备制造业投资都是以比较高的速度在推进。基础设施投资里，环保领域投资大幅增长40%以上，比上年同期加快了13个百分点以上。所以投资速度比较平稳，投资内部结构在继续优化。

1—7月份投资和1—6月份相比有所放缓的主要原因主要是因为气侯原因，天气热和洪涝灾害较重，很多投资项目都是在户外进行，所以项目施工进度受到一定程度影响，但是投资有条件延续总体平稳的趋势。

中央人民广播电台记者：我们注意到，近一段时间新增房贷占新增贷款的比重在不断回调，但是我们看到今天发布的数据当中，全国商品房销售面积同比在增长，包括7月待售面积比6月末有所减少。这样一种变化是怎么出现的，这跟新增房贷的占比回落矛盾吗？下一步，房地产市场还会进一步优化吗？谢谢。

毛盛勇：大家对房地产市场的情况都比较关注。第一，经过这一轮的房地产调控，房地产市场过热的局面应该说是降温了，表现在什么地方呢，一线城市和热点二线城市房价过快上涨的局面得到了控制，投机性、投资性的购房需求大幅减少，三四线城市房地产去库存工作也在有效推进。你刚刚讲到的房地产商品房销售面积1—7月份增长14.0%，比上半年在放缓。房地产开发投资1—7月份增长7.9%，比上半年也有所放缓，但比去年同期有所提高。所以，通过调控，房地产市场应该说是降温了。

第二，尽管商品房销售面积在放缓，但仍然保持了10%以上两位数的增长，房地产开发投资尽管增速小幅回落，但和去年同期比还是比较高的。所以，我们觉得房地产市场尽管有所降温，但总体运行还是比较平稳的。

当前，有些地方按照中央提出来的“房子是用来住的，不是用来炒的”这个基本定位，结合当地的实际，纷纷推出一些房地产市场制度建设的新举措，这是加快推进房地产市场长效机制建设的有益尝试。随着制度建设的不断完善，房地产市场平稳健康运行的态势会得到加强。

香港商报记者：近日，学界对中国经济新周期的判断有不同的观点。您判断中国经济是否已进入新周期？另外判断的标准是什么，新周期有什么样的特点？谢谢。

毛盛勇：所谓新周期的争论，我也注意到，这实际上是一个学术上的争论。从我个人来讲，对这些概念，包括这些概念的理解，没有多少研究。但我想，实际上核心的问题有两个，就是怎么看当前中国经济和下一步的走势。关于这方面，有三句话可以和大家一起分享。

第一，中国经济当前总体平稳、稳中有进、稳中向好。第二，从下半年来讲，中国经济稳中向好的态势能够延续下去，势头不会变。第三，从未来中长期来看，从发展空间和潜力、增长韧性、要素供给条件、改革创新红利不断释放等多个角度来看，中长期中国经济有条件保持中高速增长，迈向中高端水平。

路透社记者：我的问题是关于就业市场和劳动力方面的。今年以来，中国去产能的力度在不断加大，这明显就意味着会有更少的劳工需求，而且企业破产数量也是非常高的，但是在官方的就业数字方面并没有体现这一点。所以，经济的某些领域、某些产业是否承受了比较大的就业压力？谢谢。

毛盛勇：谢谢你的提问。从当前中国经济的运行情况来看，一个很大的亮点就是就业形势总体平稳，而且稳中向好。近期，大城市城镇调查失业率连续几个月都稳定在5%以下的较低水平，全国的城镇调查失业率前几个月也在5%以下，这个月是5.1%左右，但跟去年同期相比还是回落的。所以，从调查失业率的数据来看，就业应该说是很不错的。城镇新增就业1—7月份增加了855万人，比上年同期多了20万人。

就业形势稳中向好，而且是在我们加快推进淘汰落后产能，淘汰僵尸企业，化解过剩产能的情况下取得的，这中间有很重要的因素。

第一是新动能加快成长。近年来，中国经济发展进入新常态，新旧动能加快转换，传统行业的过剩产能在逐步化解，同时我们也在不断培育新动能。制造业领域中，新兴制造业在加快成长；服务业领域中，新兴的服务业在不断成长。随着“放管服”改革不断深化以后，大量的新企业不断产生，1—7月份日均新登记企业高达1.6万户，还有很多新产业、新业态、新商业模式在不断增长。新动能的成长创造新的就业岗位，增加的就业容量与化解过剩产能带来的需要安置的职工数量相比，还是在不断增加的。

第二是服务业比重持续提升。从产业结构上来讲，服务业增加值的比重在持续提高，服务业发展速度比较快，而服务业是就业的蓄水池，对就业的吸纳能力比较强。我们也看到，尽管跟过去相比，整个经济增长速度还保持在中高速的水平，但是就业有增无减，总量还在不断扩大。

第三，现在灵活就业、自主创业、弹性就业的情况也有所增加。大众创业、万众创新蓬勃发展为上述各种就业提供了良好的发展条件。谢谢。

新华社中国经济信息社记者：我的问题还是有关于房地产的。我观察到1—7月份数据当中，有一项是房地产开发企业土地购置面积，实际上从1—6月份的8.8%，涨到了1—7月份11.1%，这个数据在房地产一系列指标当中是上涨的态势。另外，关于房地产方面，近期在社会上有一种讨论，就是一二线城市提高了首套房贷利率水平，认为这与目前的房地产调控方向不大相符，所以请问您对这个问题有什么看法？

毛盛勇：房地产市场有一些分化，一二线城市房价上涨的压力比较大，很多三四线城市特别是县级城市库存比较高，因此调控中强调要因地制宜、因城施策，分类调控。当前，房地产的调控成效在不断显现。房价过快上涨的情况得到了遏制。商品房去库存在加快推进，7月末商品房待售面积同比下降11%，比6月末扩大了1.4个百分点；房地产的投资增速也有所回落；商品房成交面积也有所放缓。所以从这些指标来看，房地产过热的局面得到了一定程度的降温。

但是，房地产市场尽管有所降温，但运行总体还是比较平稳的，房地产投资增速尽管有所回落，但和去年同期相比，还是加快 2.6 个百分点。另外，1—7 月份商品房销售面积比上半年有所回落，但仍然保持两位数的增长，特别是非重点城市增长幅度超过 20%。所以，房地产市场尽管有所降温，但下一步还有条件保持比较平稳运行。

另外，房地产市场降温并不必然拖累经济增长。今年上半年，GDP 增长速度是 6.9%。从产业支撑的角度来讲主要是服务业，支撑服务业主要的力量又是新兴服务业。房地产对经济增长的贡献率，今年上半年是 6.2%，而上年同期是 8.2%。所以今年上半年和去年同期比，在房地产对经济增长的贡献率下降 2 个百分点的情况下，经济增长速度还提高了 0.2 个百分点，这说明房地产市场的降温或者适度降温，并不必然会下拉经济增长速度。

胡凯红：今天发布会到此结束。

国家统计局新闻发言人、国民经济综合统计司副司长刘爱华介绍 2017 年 8 月份国民经济运行情况并答记者问

2017 年 9 月 14 日（星期四），在国务院新闻办新闻发布厅举行新闻发布会，请国家统计局新闻发言人刘爱华介绍 2017 年 8 月份国民经济运行情况，并答记者问。

袭艳春：女士们、先生们，上午好，欢迎大家出席国务院新闻办新闻发布会。今天我们非常高兴地邀请到国家统计局新闻发言人刘爱华女士，请她为大家介绍和解读 2017 年 8 月份国民经济运行情况，并回答大家的提问。下面就先请刘爱华女士作介绍。

刘爱华：谢谢主持人。女士们、先生们，各位媒体朋友，大家上午好。按惯例，我首先向大家介绍一下 8 月份国民经济的基本运行情况，然后再回答大家的提问。

8 月份，国民经济保持稳中有进、稳中向好发展态势。8 月份，各地区各部门认真贯彻落实党中央国务院决策部署，坚持稳中求进工作总基调，坚定不移推进供给侧结构性改革，经济运行总体平稳，结构调整继续深化，新兴动能不断壮大，质量效益稳步提升，国民经济保持稳中有进、稳中向好发展态势。

一、工业生产总体稳定，企业效益持续改善

8月份，全国规模以上工业增加值同比实际增长6.0%，增速比上月回落0.4个百分点；环比增长0.46%，比上月加快0.05个百分点。分经济类型看，国有控股企业增加值同比增长7.8%，集体企业下降2.1%，股份制企业增长5.8%，外商及港澳台商投资企业增长7.9%。分三大门类看，采矿业增加值同比下降3.4%；制造业增长6.9%，增速比上月加快0.2个百分点；电力、热力、燃气及水生产和供应业增长8.7%。规模以上工业企业产销率达到98.5%。1—8月份，全国规模以上工业增加值同比增长6.7%。8月份，制造业采购经理指数为51.7%，比上月提高0.3个百分点，连续13个月处于景气区间。

1—7月份，全国规模以上工业企业实现利润总额42481亿元，同比增长21.2%。主营业务收入利润率为6.09%，同比提高0.41个百分点。

二、服务业较快增长，商务活动指数持续处于景气区间

8月份，全国服务业生产指数同比增长8.3%，增速与上月持平，比上年同月加快0.9个百分点。其中，信息传输、软件和信息技术服务业，租赁和商务服务业保持两位数增长。1—8月份，全国服务业生产指数同比增长8.3%，比上年同期加快0.2个百分点。1—7月份，规模以上服务业企业营业收入同比增长13.4%，比上半年加快0.2个百分点；规模以上服务业企业营业利润同比增长22.6%，比上半年加快6.6个百分点。

8月份，服务业商务活动指数为52.6%，持续处于景气区间。其中，航空运输业、邮政业、电信广播电视和卫星传输、互联网及软件信息技术服务等行业商务活动指数均连续位于60.0%以上的高位景气区间。从市场需求看，服务业新订单指数为50.3%，比上月加快0.1个百分点，连续4个月位于景气区间。

三、固定资产投资增速有所回落，投资结构继续优化

1—8月份，全国固定资产投资（不含农户）394150亿元，同比增长

7.8%，增速比1—7月份回落0.5个百分点。其中，国有控股投资143827亿元，增长11.2%；民间投资239148亿元，增长6.4%，占全部投资的比重为60.7%。分产业看，第一产业投资12702亿元，同比增长12.2%；第二产业投资148229亿元，增长3.2%，其中制造业投资121680亿元，增长4.5%；第三产业投资233220亿元，增长10.6%。基础设施投资84748亿元，同比增长19.8%。高技术制造业投资增长19.5%，增速快于全部投资11.7个百分点。高耗能制造业投资同比下降1.6%。固定资产投资到位资金396207亿元，同比增长2.8%，比1—7月份加快1.3个百分点。新开工项目计划总投资330118亿元，同比增长2.2%，比1—7月份加快0.3个百分点。从环比看，8月份全国固定资产投资（不含农户）比上月增长0.57%。

四、房地产开发投资增长平稳，商品房待售面积继续减少

1—8月份，全国房地产开发投资69494亿元，同比增长7.9%，增速与1—7月份持平，其中住宅投资增长10.1%。房屋新开工面积114996万平方米，同比增长7.6%，其中住宅新开工面积增长11.6%。全国商品房销售面积98539万平方米，同比增长12.7%，其中住宅销售面积增长10.3%。全国商品房销售额78096亿元，同比增长17.2%，其中住宅销售额增长14.2%。房地产开发企业土地购置面积14229万平方米，同比增长10.1%。8月末，全国商品房待售面积62352万平方米，比7月末减少1144万平方米。1—8月份，房地产开发企业到位资金99804亿元，同比增长9.0%。

五、市场销售保持较快增长，网上零售增势强劲

8月份，社会消费品零售总额30330亿元，同比增长10.1%，增速比上月回落0.3个百分点；环比增长0.76%，比上月加快0.05个百分点。按经营单位所在地分，城镇消费品零售额26169亿元，同比增长9.9%；乡村消费品零售额4161亿元，增长11.5%。按消费类型分，餐饮收入

3360 亿元，增长 10.7%；商品零售 26970 亿元，增长 10.1%，其中限额以上单位商品零售 12400 亿元，增长 7.5%。消费升级类商品销售增长较快，体育娱乐用品类、通讯器材类商品同比分别增长 14.9%和 12.2%。1—8 月份，社会消费品零售总额同比增长 10.4%，增速与 1—7 月份持平。

1—8 月份，全国网上零售额 42511 亿元，同比增长 34.3%，比 1—7 月份加快 0.6 个百分点。其中，实物商品网上零售额 32101 亿元，增长 29.2%，占社会消费品零售总额的比重为 13.8%，比上年同期提高 2.2 个百分点；非实物商品网上零售额 10411 亿元，增长 52.9%。

六、居民消费价格涨势温和，工业生产价格涨幅有所扩大

8 月份，全国居民消费价格同比上涨 1.8%，涨幅比上月扩大 0.4 个百分点。分类别看，食品烟酒价格同比上涨 0.4%，衣着上涨 1.3%，居住上涨 2.7%，生活用品及服务上涨 1.3%，交通和通信上涨 0.7%，教育文化和娱乐上涨 2.5%，医疗保健上涨 5.9%，其他用品和服务上涨 1.4%。在食品烟酒价格中，粮食价格上涨 1.6%，猪肉价格下降 13.4%，鲜菜价格上涨 9.7%。8 月份，全国居民消费价格环比上涨 0.4%。1—8 月份，全国居民消费价格同比上涨 1.5%。

8 月份，全国工业生产者出厂价格同比上涨 6.3%，涨幅比上月扩大 0.8 个百分点，环比上涨 0.9%。1—8 月份，全国工业生产者出厂价格同比上涨 6.4%。8 月份，全国工业生产者购进价格同比上涨 7.7%，环比上涨 0.8%。1—8 月份，全国工业生产者购进价格同比上涨 8.4%。

七、进出口较快增长，一般贸易和机电产品出口比重提高

8 月份，进出口总额 24064 亿元，同比增长 10.1%。其中，出口 13464 亿元，增长 6.9%；进口 10600 亿元，增长 14.4%。进出口相抵，贸易顺差 2865 亿元。1—8 月份，进出口总额 178338 亿元，同比增长 17.1%。其中，出口 98518 亿元，增长 13.0%；进口 79820 亿元，增长

22.5%。1—8月份，一般贸易进出口增长17.9%，占进出口总额的56.7%，比上年同期提高0.4个百分点。机电产品出口增长13.4%，占出口总额的57.1%，比上年同期提高0.3个百分点。

8月份，规模以上工业企业实现出口交货值10895亿元，同比增长8.2%。1—8月份，规模以上工业企业实现出口交货值82674亿元，同比增长10.3%。

八、供给侧结构性改革扎实推进，转型升级成效突出

“三去一降一补”取得新进展。去产能、去库存加快推进。截至7月末，钢铁去产能进展顺利，“地条钢”依法取缔；煤炭去产能1.28亿吨，完成全年目标任务的85%。8月末，商品房待售面积同比下降12.0%，降幅比上月末扩大1.0个百分点。企业资产负债率、生产成本继续下降。7月末，规模以上工业企业资产负债率为55.8%，比上年同期下降0.7个百分点。1—7月份，规模以上工业企业每百元主营业务收入中的成本为85.72元，比上年同期减少0.04元。短板领域投资快速增长，1—8月份生态保护和环境治理业、公共设施管理业、道路运输业、水利管理业、农业投资同比分别增长28.2%、24.3%、24.1%、17.6%和16.1%。

产业结构调整和新动能成长取得新成效。技术含量高、资源消耗少、符合转型升级方向的新产业新产品快速增长。8月份，高技术产业和装备制造业增加值同比分别增长12.9%和11.6%，增速分别比上月加快0.8和0.9个百分点，分别比规模以上工业快6.9和5.6个百分点。1—8月份，工业机器人产量同比增长63.0%，新能源汽车增长25.4%，运动型多用途乘用车（SUV）增长17.2%。新兴服务业、生产性服务业快速发展。1—7月份，规模以上战略性新兴服务业、生产性服务业营业收入同比分别增长16.8%和14.5%。

总的来看，8月份国民经济继续保持了稳中有进、稳中向好发展态势，呈现增长平稳、结构优化、质量提升的良好格局。但也要看到，国际环境不稳定不确定因素仍然较多，国内经济正处在结构调整的过关期，

仍面临不少隐忧和挑战。下阶段，要更加紧密地团结在以习近平同志为核心的党中央周围，坚持稳中求进工作总基调，坚持以新发展理念引领新常态，坚持以供给侧结构性改革为主线，适度扩大总需求，深化创新驱动，加强预期引导，以改革增动力激活力，以创新促发展助转型，着力提质量增效益，着力强实体防风险，巩固稳定发展基础。

情况我就介绍到这里，下面我愿意回答大家的提问。谢谢。

袭艳春：感谢刘爱华女士的介绍，下面进入答问环节，按照惯例，提问前还是请通报一下所在的新闻机构，请大家提问。

中央电视台记者：您刚才介绍，8月份的部分经济指标仍然在回落，这也会让大家有些担心，请问您怎么评价整个8月份的经济运行情况？谢谢。

刘爱华：谢谢你的提问。从8月份主要经济指标运行情况看，8月份总体经济延续了稳中有进、稳中向好的发展态势。具体有五个方面的特征：

第一，增长平稳。从主要的增长指标来看，1—8月份规模以上工业增加值同比增长6.7%，增速比去年同期加快了0.7个百分点，8月当月同比增长6.0%，保持较快增长。从服务业生产指数来看，1—8月份服务业生产指数8.3%，比去年同期加快了0.2个百分点，8月当月8.3%，比去年同月加快0.9个百分点。从需求方面来看，1—8月份社会消费品零售总额同比增长10.4%，增速比去年同期加快0.1个百分点。投资增长基本平稳，1—8月份固定资产投资同比增长7.8%，补短板领域投资保持较快增长。进出口继续保持了两位数的增长。

第二，就业向好。8月份，城镇调查失业率保持在一个比较稳定的水平。31个大城市的城镇调查失业率稳定在5%以下，比上个月还略有回落。工业企业周平均工作时间与上个月相比还略有增加，增加了0.07小时。从相关部门数据来看，1—8月份城镇新增就业974万人，同比增加了26万人。

第三，物价温和。8月份，居民消费价格同比上涨1.8%，环比上涨

0.4%，这个涨幅无论与近几年的同期相比，还是与国际上一些主要经济体相比，都处于一个比较温和的水平。

第四，结构优化。从产业结构方面看，工业领域高技术产业继续保持了较快增长。8月份高技术产业增加值同比增长12.9%，增速比上月加快0.8个百分点。装备制造业增长11.6%，加快0.9个百分点。同时高耗能制造业增长有所减缓，8月份当月高耗能制造业增长2.9%，增速放缓0.4个百分点。从需求结构看，消费升级类产品增长比较快，8月份，体育娱乐用品类同比增长14.9%，通讯器材类同比增长了12.2%，增速都在两位数以上。投资结构优化态势更加明显，一方面，高技术领域投资增长比较快，1—8月份高技术制造业投资同比增长19.5%，增速接近20%。另一方面，传统行业转型升级继续加大力度。1—8月份，制造业技改投资同比增长11.4%，比上个月有所加快。再有，基础设施投资、短板领域投资继续保持比较快增长。1—8月份，基础设施投资同比增长19.8%；短板领域的投资，像生态环保业、公共设施业、道路运输业的投资都增长20%以上。

第五，质量提升。1—7月份，规模以上工业企业利润继续改善。1—7月份，规模以上工业企业利润同比增长21.2%，比上年同期加快14.3个百分点。服务业营业利润继续保持较快增长，1—7月份服务业营业利润同比增长22.6%，比上半年加快6.6个百分点。财政收入保持了较快增速，1—8月份一般公共预算收入同比增长9.8%，比上半年继续有所加快。

从增长、就业、物价、结构优化、质量效益这五个方面的指标来看，1—8月份经济增长继续保持在合理区间，结构调整不断深化，质量效益持续提高，经济运行继续保持了稳中有进、稳中向好的发展态势。

凤凰卫视记者：我们关注到PPI的数据，PPI前三个月持平，8月份上升到6.3%，想问在几大指标都在增幅回落的情况下，包括刚才提到的投资、消费、进出口都回落的情况下，您怎么看PPI的回升？谢谢。

刘爱华：谢谢你的提问。8月份，PPI同比上涨6.3%，涨幅比上个月有所扩大；环比来看，涨幅也有所扩大。为什么这个月涨幅有所扩大？我想主要有两个方面的原因。第一，国内供给侧结构性改革持续推进。从 PPI 的内部结构来看，PPI 上涨实际上是结构性的上涨。8 月份，PPI 上涨主要还是来自于生产资料方面，生活资料方面增速相对比较平稳。第二，国际大宗商品价格变动带来影响。有关国际组织数据显示，8 月份很多上游产品价格都出现了上涨，这主要还是由于近期世界经济持续复苏、市场需求稳步扩大，对原材料的需求扩大引起的。8 月份国际能源价格上涨 4.4%，金属和矿产价格上涨 8.2%，原材料价格上涨 2.3%，国际大宗商品都有不同程度的上涨，这种输入性影响不可忽视。

从下个阶段来看，既有推动 PPI 上行的因素，也有下拉的因素。上行的因素包括刚才提到的供给侧结构性改革持续推进和国际大宗商品价格的持续上升。但也有一定的下拉因素，去年 9 月份 PPI 同比首次转正，同比基数会出现一个比较大的提升，对 PPI 同比涨幅也会有一定的影响。所以总体来看，PPI 的走势还要继续观察。谢谢。

经济日报记者：进入下半年以来，生产消费投资等数据都是在回落的，现在有一种说法，认为供给侧结构性改革带来的红利正在衰减，请问发言人对这种观点怎么评价？另外，随着我们改革的持续推进，下一步经济走势会是什么样的状态？谢谢。

刘爱华：谢谢你的提问。总体来看，这个月个别数据确实出现了一些放缓，但是我们观察经济要从多角度、多维度进行观察，短期的波动经常会受到一些非经济的因素，比如气候、基数等方面的影响，它不一定能够代表整体的趋势。比如说最近两个月，7 月份和 8 月份，大家都知道的高温多雨天气对一些指标都造成了一定影响。在高温多雨的情况下，不少工业企业停产检修，正常的生产经营受到一定的影响，对工业生产的同比增速也会造成一定的影响。再有，居民消费价格环比涨幅扩大，也同样受到这个因素的影响。比如说鲜菜，由于高温多雨天气，储存成本上升，造成价格上涨。所以，我们判断经济形势，不光要看同比增速，也要看环比增速，还要看累计的增速。整体来看，8 月份经济运行的基本面没有发生大的变化，生产需求比较稳定，经济结构调整继续推进，质量效益继续提高，稳中有进、稳中向好的态势没有发生变化。

在基本面没有发生变化的情况下，下半年经济仍有望延续目前的发展势头，主要有三个方面的支撑因素：

第一，基础趋稳。今年以来，在供给侧结构性改革持续推进下，企业生产经营效益持续改善，居民收入稳步提高，财政收入也较往年增速加快。这三个经济主体的收入都是近年来表现最好的，这个局面应该说是非常难得。微观基础趋好为宏观经济稳中向好奠定了稳固基础。从短期决定经济增长的需求方面来讲，消费需求方面，今年上半年全国居民收入实际增长 7.3%，增速比去年同期加快了 0.8 个百分点，是近年来比较高的速度；居民收入增长较快，就会助推消费升级。再加上供给方面的质量和水平都在稳步提高，所以消费有条件保持比较快的增长。从投资来看，由于企业效益在不断提升，再加上市场需求稳步扩大，有助于增强企业投资能力、扩大企业投资空间。从外需来看，目前世界经济持续复苏，再加上我国出口产品竞争力不断提高，保持外需的回稳向好有较好基础。所以，从三大需求来讲，目前需求稳步扩大的基础越来越稳固。

第二，活力增强。在双创推动下，今年以来新主体继续大量涌现，8 月份新登记企业日均达到 1.7 万户，在去年快速增长的基础上继续增加。另外新产业新模式快速发展，1—8 月份，全国网上商品零售额中，实物商品网上零售额同比增长 29.2%，非实物商品网上零售额增长 52.9%。这些新动能的成长也为经济增长注入了新的动力和活力，使下阶段经济增长走得更稳、更好。

第三，预期向好。8 月份，制造业采购经理指数 51.7%，连续 13 个月位于临界点以上；非制造业商务活动指数是 53.4%，持续处于比较高的景气区间；消费者信心指数也处于多年来较高水平。最近，国际社会对中国经济发展的信心越来越强，很多国际机构陆续上调了对我国经济增长的预期。

从以上这三个方面看，第一基础更稳，第二活力增强，第三预期向好，短期经济增长的基本面没有发生变化，稳中有进、稳中向好的态势能够得到延续。

日本经济新闻记者：工业生产增速连续两个月放缓，除了天气的因素以外，你认为还有哪些原因？还有目前一些地方政府加大环保监管力度，对工业生产有哪些影响？

刘爱华：首先，要对工业生产的水平有个总体判断，那就是，虽然工业生产有所放缓，但不管同比、环比来看，目前的增长应该说是比较稳定的增长。从1—8月份累计来看，规模以上工业增加值同比增长6.7%，比去年同期有较大幅度提升。从环比来看，8月工业生产环比增长0.46%，比7月加快0.05个百分点。8月份规模以上工业增加值同比增长6%，继续稳定在6%以上的水平。

第二，之所以7、8月份工业生产连续放缓，一方面有高温多雨天气的影响，高温多雨的气候确实对工业生产和经营造成了一定的负面影响。因为今年8月份的平均气温比常年平均气温高了0.6℃，降雨量是1961年以来同期第三高，天气异常对企业生产造成了一定的影响，停产检修的工业企业有所增加。另一方面，和结构调整有较大关系。8月份，高耗能制造业增加值增长2.9%，比上个月回落0.4个百分点。而转型升级步伐比较快的行业保持加快增长态势，制造业增加值同比增长6.9%，比上个月加快0.2个百分点；高技术产业增加值增长12.9%，加快0.8个百分点；装备制造业增加值增长11.6%，加快0.9个百分点。从这几个方面来看，工业转型升级的步伐加快。高耗能制造业增长的回落，体现了各个地区、各个部门加大了对新发展理念的贯彻和落实的力度，体现了创新和绿色发展的理念。这些理念的贯彻落实，不但对短期增长带来质量的提升，也增强了对中长期经济增长的可持续性。所以，综合来看，目前工业转型升级步伐加快，这种步伐的加快，能够推动中国经济运行得更稳，走得更远。谢谢。

路透社记者：最近人民币汇率出现比较大的升值，这对中国的出口和宏观经济会有什么样的影响？谢谢。

刘爱华： 谢谢你的提问。人民币汇率升值从根本上来讲是反映了中国经济稳中有进、稳中向好的基本面，反映了国内国外对我国经济基本面的认可和信心的增强。从人民币汇率未来的走势来看，中国经济仍然有望保持稳中有进、稳中向好的发展态势，基本面继续向好，支撑中国经济保持中高速增长、迈向中高端水平的积极因素不断积累增多，人民币汇率在这种基本面的支撑下有望继续保持在一个合理适度的水平。谢谢。

中央人民广播电台记者： 我有两个问题。第一个问题是，前 8 个月房地产开发投资增长是比较平稳的，不管是房屋新开工面积还是销售数据同比都在继续增长，您认为下半年这种情况是否会保持？另外有人认为，“金九银十”今年会是最惨淡的一年，您怎么看这种说法？第二个问题，我们也看到 PPI、CPI 环比同比都是上涨的，这是否意味着通胀压力还是存在的？您认为下半年 CPI 走势会维持什么样的状态？谢谢。

刘爱华： 谢谢你的提问。先回答你的第一个问题。第一个问题是关于房地产市场的，房地产市场经过去年以来的调控，效果不断显现，表现在两个方面。第一，热点城市房价过快上涨的势头得到了抑制。从 7 月份 70 个大中城市的房价数据来看，15 个一线城市和热点二线城市新建商品住宅价格同比涨幅均比上月回落，回落幅度在 0.8 到 4.9 个百分点之间。第二，去库存进度加快。8 月末，商品房待售面积同比下降 12%，降幅比上月末扩大 1 个百分点。

目前房地产销售还是保持了较快增长，1—8 月份全国商品房销售面积同比增长 12.7%。同时，1—8 月份房地产开发投资增长 7.9%，增速比较平稳。另外，从供给方来看，近期一些部门出台的政策，包括租赁住房试点等，将会扩大商品房的供应，并分流一部分需求。所以，总体来看，在各地区、各部门的探索努力下，房地产市场有望保持一个平稳健康发展态势。

第二个问题，关于 CPI 的走势。8 月 CPI 同比上涨 1.8%，环比上涨

0.4%。实际上，这个月CPI涨幅的扩大主要反映了季节性因素的影响。当月，CPI环比上涨主要是食品上涨带来的。根据我们的测算，食品价格对CPI环比涨幅大概影响了0.24个百分点，非食品价格环比上涨0.2%，实际上与上个月保持一个相当的水平。食品价格的上涨则主要是由于蛋、鲜菜、猪肉、鸡肉这四类食品价格的上涨带来的。高温天气是鸡蛋产量减少的主要原因，鸡蛋价格环比上涨16.2%；高温多雨和强对流天气导致鲜菜储运成本增加，鲜菜价格环比上涨8.5%；鸡肉和猪肉价格分别上涨3.0%和1.3%。上述四项合计影响CPI上涨约0.32个百分点。

你关心CPI的下一步走势，从目前来看，1—8月份CPI累计涨幅只有1.5%。而且，食品供应目前比较充足，今年夏粮和早稻合计起来比去年有所增产，秋粮目前生长形势比较良好，总体来看农产品供应比较充足，食品涨幅不会发生大的跃升。再有，1—8月份工业消费品价格累计上涨0.6%，属于比较低位的上涨。服务价格水平涨幅大一些，为2.9%；但是，在供给侧结构性改革持续推进下，服务供给的质量和水平逐步提升，服务类价格也不会出现大的上涨。所以总体来看，全年完成物价的预期目标是没有问题的。谢谢。

袭艳春：这次发布会到此结束，再次感谢刘爱华女士，也谢谢大家。

国家统计局局长宁吉喆介绍党的十八大以来经济领域发展成就并答记者问

2017 年 10 月 10 日（星期二）上午 10 时，在国务院新闻办新闻发布厅举行新闻发布会，请国家发展改革委副主任兼国家统计局局长宁吉喆介绍党的十八大以来经济领域进展成就，并答记者问。

胡凯红： 女士们、先生们，上午好。欢迎大家出席国务院新闻办举办的新闻发布会。党的十八大以来，中国经济社会发展取得了辉煌成就。这方面情况大家很关心，今天很高兴请来了国家统计局局长宁吉喆先生，请他给大家介绍十八大以来中国经济社会发展情况，并就大家感兴趣的问题回答提问。下面先请宁局长作介绍。

宁吉喆： 党的十八大以来，面对世情国情深刻变化，在以习近平同志为核心的党中央坚强领导下，全国各族人民高举中国特色社会主义伟大旗帜，统筹推进“五位一体”总体布局和协调推进“四个全面”战略布局，牢固树立和贯彻落实新发展理念，适应把握引领经济发展新常态，坚持稳中求进工作总基调，按照党中央、国务院决策部署，同心戮力，迎难而上，开拓创新，砥砺前行，我国经济社会发展取得新的辉煌成就，决胜全面建成小康社会夺取新的重大胜利，中国特色社会主义伟大事业开创新的发展境界，为实现“两个一百年”奋斗目标和中华民族伟大复兴的中国梦打下了坚实基础。

一、经济运行保持在合理区间，综合国力和国际影响力显著增强

经济保持中高速增长。2013－2016 年，国内生产总值年均增长 7.2%，高于同期世界 2.6%和发展中经济体 4%的平均增长水平，平均每年增量 44413 亿元（按 2015 年不变价计算）。今年上半年，国民经济运行稳中有进、稳中向好，国内生产总值同比增长 6.9%，增速连续 8 个季度稳定在 6.7%—6.9%的区间。

就业持续扩大。2013—2016 年，城镇新增就业连续四年保持在 1300 万人以上，今年 1—8 月份，城镇新增就业 974 万人。2013－2016 年，31 个大城市城镇调查失业率基本稳定在 5%左右，今年 9 月份为 4.83%，为 2012 年以来最低。2013－2016 年，农民工总量年均增长 1.8%，今年二季度末农村外出务工劳动力同比增长 2.1%。

价格形势稳定。2013－2016 年，居民消费价格年均上涨 2.0%。今年 1—8 月份，居民消费价格同比上涨 1.5%。过去几年，7.2%的年均经济增长速度、2%的通胀率、5%左右的调查失业率，较高增速、较多就业、较低物价搭配的运行格局难能可贵，在世界范围内一枝独秀。

综合实力不断增强。2016 年，国内生产总值达到 74 万亿元，按不变价计算为 2012 年的 1.32 倍；一般公共预算收入接近 16 万亿元，为 2012 年的 1.36 倍；谷物、肉类、花生、钢铁、汽车等多种工农业产品产量居世界首位；高速铁路里程 2.3 万公里，位居世界第一；2016 年年末国家外汇储备超过 3 万亿美元，今年 8 月末达 3.09 万亿美元，继续保持世界首位。2016 年，人均国民总收入（GNI）达到 8260 美元，在世界银行公布的 216 个国家（地区）人均 GNI 排名中，我国由 2012 年的第 112 位上升到 2016 年的第 93 位。

国际影响力大幅提升。2016 年，我国国内生产总值折合 11.2 万亿美

元，占世界经济总量的14.8%，比2012年提高3.4个百分点，稳居世界第二位。2013—2016年，我国对世界经济增长的平均贡献率达到30%左右，超过美国、欧元区和日本贡献率的总和，居世界第一位。

二、创新驱动发展战略深入实施，新旧动能加快转换

科技创新取得重大突破。国家对科技创新的支持力度加大。2016年，研究与试验发展（R&D）经费支出15677亿元，比2012年增长52.2%，与国内生产总值之比为2.11%，比2012年提高0.2个百分点。量子通信、高速铁路、载人航天、探月工程、射电望远镜、大飞机、载人深潜、超级计算机等一批具有标志性意义的科技成果涌现。

大众创业万众创新蔚然成风。随着商事制度改革和“放管服”改革的持续深化，集众智汇众力的乘数效应不断显现。2014—2016年，全国新登记市场主体超过4400万户，其中新登记企业1362万户，年均增长30%。今年1—8月份，全国新登记企业399万户，其中8月份日均新登记企业1.7万户。专利申请量和授权量大幅增长。2016年，受理境内外专利申请量和授予专利权量分别比2012年增长69.0%和39.7%。

发展迈向中高端水平。在新动能快速成长壮大的同时，传统产业改造步伐加快。2015—2016年，实物商品网上零售额年均增长28.6%，比社会消费品零售总额快18.1个百分点。今年1—8月份，实物商品网上零售额同比增长29.2%，比社会消费品零售总额快18.8个百分点。2016年，快递业务量313亿件，比2012年增长4.5倍，年均增长53.2%。今年1—8月份，快递业务量同比增长30.2%。平台经济、分享经济、协同经济等新模式广泛渗透，线上线下融合、跨境电商、智慧家庭、智能交流等新业态方兴未艾。“中国制造2025”“互联网＋”等规划和行动有效实施，2013—2016年，工业技术改造投资年均增长13%，其中制造业技术改造投资年均增长14.3%。

三、供给侧结构性改革扎实推进，转型升级步伐加快

供给侧结构性改革成效显著。去产能进展顺利。2016年，钢铁、煤

炭产能分别退出 6500 万吨以上和 2.9 亿吨以上，超额完成年度目标任务。今年 1—7 月，钢铁去产能已完成预定目标任务；煤炭去产能 1.28 亿吨，完成全年目标任务的 85%。去库存成效明显。2016 年末，全国商品房待售面积同比下降 3.2%，其中住宅待售面积下降 11.0%。今年 8 月末，商品房待售面积同比下降 12%。去杠杆步伐稳健。2016 年末，规模以上工业企业资产负债率为 55.8%，比上年末下降 0.4 个百分点。今年 8 月末，规模以上工业企业资产负债率比上年同期下降 0.7 个百分点。降成本效果显现。2016 年，规模以上工业企业每百元主营业务收入中的成本为 85.52 元，比上年下降 0.1 元。今年 1—8 月份，规模以上工业企业每百元主营业务收入中的成本比上年同期下降 0.12 元。补短板亮点突出。生态环保、农业、水利、战略性新兴产业等领域投资快速增长，办了一批当前急需又利长远的大事。今年 1—8 月份，生态保护和环境治理业、公共设施管理业、农业投资同比分别增长 28.2%、24.3%和 16.1%。农业供给侧结构性改革稳步推进。2016 年粮食产量为 61625 万吨，连续 4 年稳定在 1.2 万亿斤的新台阶上，生产布局向优势地区集中。

服务业已占国民经济半壁江山。2016 年，第三产业增加值占国内生产总值比重为 51.6%，比 2012 年提高 6.3 个百分点；今年上半年，第三产业增加值占国内生产总值的比重为 54.1%。2013—2016 年，服务业增加值年均增长 8.0%，比国内生产总值增速高 0.8 个百分点；今年上半年，服务业增加值同比增长 7.7%。

“中国制造 2025”深入实施，高技术产业和装备制造业持续快速发展。2013—2016 年，装备制造业和高技术产业增加值年均分别实际增长 9.4%和 11.3%，快于规模以上工业 1.9 和 3.8 个百分点；今年 1—8 月份，装备制造业和高技术产业增加值同比分别增长 11.4%和 13.0%，快于规模以上工业 4.7 和 6.3 个百分点。

消费成为经济增长主要驱动力。2013—2016 年，最终消费对经济增长的年均贡献率为 55%，高于资本形成贡献率 8.5 个百分点。今年上半年，最终消费对经济增长的贡献率为 63.4%。2016 年，最终消费占国内生产总值比率为53.6%，比2012年提高3.5个百分点；资本形成率为44.2%，下降3个百分点，消费和投资比例关系趋于合理。内需是经济发展主要支撑力，经济增长靠的是内需拉动，经济总量中内需占大头。

城乡区域协调发展呈现新面貌。2016年末我国常住人口城镇化率为57.35%，比2012年末提高4.78个百分点。城乡基本公共服务均等化水平稳步提高，城乡差距继续缩小，2016年城乡居民收入倍差比2012年缩小0.16，今年上半年城乡居民收入倍差比上年同期缩小0.01。西部大开发、东北振兴、中部崛起、东部率先“四大板块”战略新举措不断推出，“一带一路”建设、京津冀协同发展、长江经济带三大战略扎实推进，雄安新区规划设立，一批国家和区域中心城市快速发展，新的增长极、增长带正在逐步形成。2013—2016年，东部、中部、西部和东北地区经济平均增长8.2%、8.7%、9.2%和5.3%，人均地区生产总值最高和最低省份之比从4.38：1缩小为4.28：1。

四、节能环保力度不断加大，生态建设进一步加强

节能和新能源发展取得新成绩。2016年，单位国内生产总值能耗、用水量分别比2012年下降17.9%和25.3%。今年上半年，单位国内生产总值能耗同比下降3.9%。2016年末，核电发电装机容量3364万千瓦，比2012年增长167.6%；并网风电14747万千瓦，增长140.1%；并网太阳能发电7631万千瓦，增长21.4倍。

环保治污工作明显加强。2015年，全国化学需氧量排放量比2012年下降8.3%，氨氮排放量下降9.3%，二氧化硫排放量下降12.2%，氮氧化物排放量下降20.8%。2016年，在监测的338个城市中，空气质量达标的城市占24.9%，比上年提高3.3个百分点；细颗粒物（PM2.5）浓度为47微克/立方米，比上年下降6.0%。今年1—8月份，全国338个地级及以上城市PM2.5浓度同比下降2.3%。近岸海域海水水质监测点中，2016年达到国家一、二类海水水质标准的监测点占73.4%，比2012年提高4.0个百分点；四类、劣四类海水占16.3%，比2012年下降7.6

个百分点。

生态环境治理成效显现。2016 年，全国完成造林面积 720 万公顷，比 2012 年增长 28.7％；新增水土流失治理面积 562 万公顷，比 2012 年增长 28.6％。2016 年末，城市生活垃圾无害化处理率为 96.6％，提高 11.8 个百分点；城市建成区绿地率为 36.4％，提高 0.7 个百分点，城市环境综合治理能力不断提高。

五、“引进来”“走出去”并行扩大，对外开放水平持续提升

进出口贸易由量的扩张转向质的提升。2016 年，我国货物进出口总额 24.3 万亿元，占世界贸易总额的比重保持在 11％以上。货物贸易方式不断优化，一般贸易进出口占比由 2012 年的 52.0％上升到 2016 年的 55.1％，今年 1—8 月份进一步上升至 56.8％。2016 年，服务进出口总额 6575 亿美元，比 2012 年增长 36.8％，年均增长 8.1％，位居世界第二位。高附加值领域服务出口增长势头强劲，2016 年信息服务、广告服务出口分别增长 40.4％和 38.1％。

双向投资达到新水平。2013－2016 年，我国累计实际使用外商直接投资 4894 亿美元，年均增长 3.1％；累计非金融类对外直接投资 4915 亿美元，年均增长 21.6％。吸收外资质量提高。2016 年服务业实际使用外资 5716 亿元，比上年增长 8.3％，其中高技术服务业实际使用外资增长 86.1％。

全方位开放拓展新空间。2016 年，我国与“一带一路”沿线国家进出口总额 6.3 万亿元，占我国贸易总额比重达 25.7％。今年 1—8 月份，我国对俄罗斯、印度、马来西亚等“一带一路”沿线国家出口同比分别增长 24.1％、23.7％和 17.3％。截至 2016 年末，我国企业在沿线国家建立初具规模的境外经贸合作区 56 个，累计投资超过 185 亿美元。今年 1—8 月份，我国企业对沿线 52 个国家新增投资达 85.5 亿美元，占对外投资总额的比重为 12.4％，比上年同期提高 4.3 个百分点。一批重大工程和国际产能合作项目落地，高铁、核电“走出去”迈出坚实步伐，自由

贸易区建设不断加快。

六、民生改善成效卓著，发展成果惠及全民

居民生活水平不断提高。2016年，全国居民人均可支配收入23821元，比2012年增加7311元，年均实际增长7.4%。2017年上半年居民人均可支配收入同比实际增长7.3%，超过国内生产总值增速0.4个百分点，超过人均国内生产总值增速0.9个百分点。消费升级步伐加快。2016年，全国居民恩格尔系数为30.1%，比2012年下降2.9个百分点，接近联合国划分的20%至30%的富足标准；交通通信、教育文化娱乐、医疗保健支出占居民消费支出的比重分别比2012年提高2.0、0.7和1.3个百分点。

精准扶贫精准脱贫成效显著。按每人每年2300元（2010年不变价）的农村贫困标准计算，2016年农村贫困人口4335万人，比2012年减少5564万人；贫困发生率下降到4.5%，比2012年下降5.7个百分点。2013－2016年，贫困地区农村居民人均可支配收入年均实际增长10.7%，比全国农村居民收入快2.7个百分点，贫困地区农民收入增长快于全国。

社会保障体系建立健全。2016年末，参加基本养老、城镇基本医疗、失业、工伤和生育保险人数分别比2012年末增加9980、20750、2864、2879和3022万人。城乡居民基本医疗保险制度整合取得实质性进展，2016年个人卫生支出占卫生总费用的比重下降到30%以下，基本医保总体实现全覆盖，覆盖城乡居民的社会保障体系基本建成。

社会事业全面进步。居民受教育程度不断提高，我国15岁及以上人口平均受教育年限由2010年的9.05年提高到2015年的9.42年。医疗卫生条件不断改善，居民平均预期寿命由2010年的74.83岁提高到2015年的76.34岁，婴儿死亡率由2012年的10.3‰下降到2016年的7.5‰，孕产妇死亡率由24.5/10万下降到19.9/10万。文化、体育事业加快发展。

综合来看，党的十八大以来，在以习近平同志为核心的党中央坚强

领导下，全国上下创新进取，砥砺奋进，在全面建成小康社会和迈向中华民族伟大复兴的征程中再创新功，辉煌成就举世瞩目。下阶段，要更加紧密地团结在以习近平同志为核心的党中央周围，高举中国特色社会主义伟大旗帜，牢固树立中国特色社会主义道路自信、理论自信、制度自信、文化自信，振奋精神，再接再厉，深入推进伟大斗争、伟大工程、伟大事业，为实现“两个一百年”奋斗目标、实现中华民族伟大复兴的中国梦继续奋斗。

胡凯红：谢谢宁局长系统、详细的介绍。下面开始提问，提问之前请通报你所代表的新闻机构。

中央电视台记者：十八大以来，中国经济步入新常态，宁局长介绍了这五年来我国社会经济发展取得的进展。您能否概括一下这五年经济领域取得的最重要的成就有哪些？谢谢。

宁吉喆：过去五年的成就，我刚才已经从五大发展理念的角度介绍了。如果要再概括一下的话，就是经济发展新常态特征更加明显。经济发展新常态的特征，一是速度变化，经济增长从过去的高速增长到目前的中高速增长。实际上，我国当前的经济增速，在世界上也属于高速增长。过去四年我国经济平均增长 7.2%，这个增长率在世界主要经济体当中是最高的。印度作为世界上大的新兴经济体，这几年的增长也是在 7%左右，今年上半年降到 6%以下。我国 11.2 万亿美元这么大规模的一个经济体，仍然保持 7%左右的中高速增长，这是新常态特征的一个重要方面。

新常态的第二个特征，是结构优化。从投资和消费的比例关系看，消费已经成为经济增长的主要驱动力，近几年来，消费对经济增长的贡献率在 50%以上。虽然投资在经济增长中仍然起着关键作用，但消费对增长起着基础性作用，是主要驱动力。这是结构优化的一个方面。

在产业结构方面，在农业基础得到加强的同时，工业水平上升了，服务业成为最大的产业。过去五年，服务业增加值在 GDP 中的比重从过去不到 50%上升到 50%以上，沿海一些地区像北京、上海还要高一些。

工业的升级主要反映在高技术产业、战略性新兴产业和装备制造业的持续快速增长。在过去五年中，这些行业连续保持接近10%甚至超过10%的速度，而且这两年增速还有所加快，这反映了新动能加快成长，工业发展水平在提高。

从内外需方面看，内需一直是中国经济增长的重要支撑。过去几年，国际经济形势依然不乐观，还没有走出国际金融危机的阴影，在这种情况下，中国经济主要是靠内需拉动。2013－2016年，内需对经济增长的贡献率年均超过100%，今年上半年达96%。

新常态的第三个特征就是动能转化。近几年来，工业技术改造、制造业技术改造投资增速快于整体投资，说明技术改造步伐在加快，反映企业为适应市场需求通过改造升级提升了自身素质。尤其是新动能加快成长，所谓新动能，即新产业、新业态、新商业模式。新产业，如高技术产业和战略性新兴产业等保持着快速增长，在大众创业、万众创新推动下，不断地推出新产品和新服务。所谓新业态，比如共享经济、分享经济、网上零售，这是国内广大人民群众十分关心的，也是世界上感受到的中国经济活力所在。有很多新的业态随着“互联网＋”和现代信息技术的应用推广在日益茁壮成长。所谓新商业模式，不仅存在于个体工商户、个人灵活就业领域，而且在大中型企业里面。比如海尔的“人单合一”模式，用互联网平台适应现在消费和使用的要求来进行生产和经营。这些新的模式发展很快。

国家统计局对“三新”进行了初步测算。2015年，“三新”经济增加值相当于全国GDP的14.8%，沿海地区的比重还要高一些，比如上海、广东、深圳等。2015年，全国经济新动能发展指数为129%，2016年的相关数据我们正在抓紧统计，总的趋势比上年还要好。

总之，无论从速度变化看，还是从结构优化看，从动能转化看，我国经济发展新常态的特征更加明显，我国经济保持中高速增长，迈向中高端水平，也为广大人民群众带来就业、带来收入，为国家增强了综合实力。谢谢。

中国国际电视台记者：我们也注意到，自十八大以来，中国经济面临着复杂的外部环境，内部也有很多自身矛盾，但即使在这种情况下，中国的经济依然取得巨大的成就，您认为这其中扮演主要角色的因素是什么？为什么？谢谢。

宁吉喆：过去五年，中国经济面对复杂的国际国内环境，能够取得辉煌的成就，首先得益于以习近平同志为核心的党中央的坚强领导。党对经济社会发展工作的领导，是中国特色社会主义最突出的特点之一。无论遇到什么困难和问题，党中央、国务院第一时间加强调查研究、深入基层，了解国内外情况，作出正确的决策，领导全国人民共同努力，克服困难，实现了经济持续健康发展、结构调整转型升级的好成绩。

第二，新发展理念引领新常态。过去五年，全国上下按照党中央、国务院的要求，用新的发展理念引领经济社会发展实践，创新、协调、绿色、开放、共享的新发展理念把握了中国发展的阶段性特征，有利于化解存在的各种矛盾和问题，使我们发展不仅当前有实力，未来还有后劲。

第三，供给侧结构性改革的深入推进和适度扩大总需求相结合。坚定不移推动供给侧结构性改革。一些领域和行业落后的、过剩的产能制约了发展，不仅制约了这些行业发展，也影响了整个宏观经济的供求平衡。抓住供给侧结构性改革这个主线，去产能、去库存、去杠杆，降成本、补短板，不仅改变了一些行业的供求状况，而且对整个经济供求平衡大有裨益。与此同时，中国的内需潜力还是很大的，改善供给质量，调整供给结构，与持续扩大国内消费需求和投资需求相结合，既保持了宏观经济的平衡，又改善了经济的结构。

第四，以改革开放破解发展中存在的难题。以习近平同志为核心的党中央对改革亲自领导，作出重要决策，一系列重大改革部署不仅解决了一些当前阻碍增长发展的矛盾，而且为中国经济更长远的发展开辟了道路。在开放方面，坚持和平发展、互利共赢，特别是“一带一路”倡议得到了世界上许多国家的认同和反应，大家共商、共建、共享，推进政策沟通、贸易畅通、资金融通、设施联通和民心相通，改善了我们发展的国际环境。这几点是我们过去五年取得成就的主要原因。

路透社记者：第一个问题，关于经济发展中的薄弱环节，也就是中小企业的发展。有数据表明，现在中小企业发展举步维艰，而大企业却在不断地扩张，您认为造成这个薄弱环节的原因是什么？您是否认为这会导致未来更严重的经济问题？或者您对大企业在经济运行当中扮演重要角色保持信心？第二个问题，现在有迹象表明，8、9 月份中国经济增速放缓，政府是否会面临这样的选择，是继续支持增长还是继续控制信贷？政府是否有勇气让经济增速跌至 6.5%以下？因为这可能是控制信贷所必要的手段。

宁吉喆：中小企业是中国经济的重要组成部分。在我们整个市场主体中，从数量上看，中小企业包括“微”型企业占到 90%以上。中小企业提供的就业岗位和税收等都在经济中占有很大比重。所以，中国政府始终关心中小企业发展，特别是党的十八大以来，针对中小企业存在的薄弱环节方面，出台了一系列有效的政策措施，促进了中小企业发展。今年以来，每天新登记 1.6 万户企业，8 月份是 1.7 万户企业，这里面 90%以上是中小企业，跟刚才我讲的比例大致是一样的。中国经济的活力潜力很大一部分也在中小企业和个体工商户中，很多大企业和“独角兽”企业，前几年或十几年还只是中小企业。

中小企业在发展中确实存在一些困难，为了解决这个问题，9 月份李克强总理主持国务院常务会，专门研究进一步支持中小企业的措施。在过去一两年，按照党中央、国务院的要求，中国大的银行都成立了普惠金融部，就是支持中小微企业、“三农”等的融资需求。包括这两天市场上反应热烈的定向降准，就是定向支持普惠金融、中小企业，只要支持普惠金融达到一定比例的，明年 1 月 1 日可以适当降准。相信中小企业靠自己的努力、创新，再加上政府的支持，随着市场环境的进一步改善，改革的深入，开放的扩大，中小企业必将会产生新的“独角兽”、新的有活力和有实力的大企业。

关于中国经济发展的问题。政府工作报告提出今年中国经济增长的预期目标是6.5%左右。上半年经济增长6.9%，从目前已经得到的数据看，1—8月份规模以上工业企业的利润比上年同期增长21.6%，增速比上月加快。利润是硬指标，反映了企业经营状况的好转。另外，国家统计局9月30日公布的9月份中国制造业采购经理指数是52.4%，为2012年5月份以来最高。制造业的景气指数和各分项指数，总体显示出景气的一面、繁荣的一面。同时，非制造业商务活动指数达到了55.4%，是2014年6月份以来最高水平。7、8月份规上工业增加值增长数据是扣除了价格因素的实际增速，如果加上价格因素，名义增速还是较高的。看经济既要看实际增长，也要看名义增长。举例来说，内蒙古今年1—6月份工业名义增长20%，扣除价格以后，实际增长在5%左右，但是利润、税收是以名义增速衡量的，所以经济基本面是很好的。可以这么说，今年中国经济实现6.5%左右的预期发展目标是没有任何问题的，中国经济稳中向好的趋势没有改变，全年可能还会有更好一点的结果。

党中央、国务院已经明确，保持经济运行在合理区间，在看经济增长速度的同时，还要看就业、物价、环保等其他方面。近几年来，就业形势非常好，物价低于预期水平，生态环境在改善。综合起来看，实现今年经济社会发展的主要目标完全是有信心、有条件、有能力的。谢谢。

彭博社记者：我有三个问题。第一个问题，关于去产能。在去产能方面，治理污染企业可能会对经济发展带来什么样的影响？比如会造成多少人的失业，会对GDP的增长造成多大的消极影响？第二个问题，习近平主席在今年3月份提出，要提供准确的统计数据。请问国家统计局对于在改善数据准确性的工作上作了哪些努力？第三个问题，统计局如何利用更好的指标衡量新经济的增长？您刚才提到了创新是推动经济增长的一个重要的新动能，诸如中国的百度和阿里巴巴等技术公司，也正在开发一些经济指数来衡量经济的增长，请问国家统计局是如何与这些技术企业合作，利用网络数据更好地衡量经济增长？谢谢。

宁吉喆：这三个问题都很重要。关于去产能，总理在政府工作报告中明确钢铁、煤炭、火电去产能的目标。现在看，在各地区、各部门的努力下都进展顺利，全年的目标任务有望如期完成。总的看去产能是在市场化、法治化的条件下进行的。那些过剩的、落后的产能，包括违反环保法律的产能都在采取法治化、市场化的手段，有条不紊地进行化解和淘汰。因为去产能是今年经济发展的重点任务之一，今年设置经济社会发展的预期目标时，已经考虑了市场化、法治化去产能的因素。正像我前面说的，不仅不会影响经济发展目标的实现，还会有利于改善市场经济环境，改善民生所依赖的生态环境。

至于说去产能的具体单位，确实是有一个职工再就业的问题。党中央、国务院高度重视，为妥善安置职工，政府财政要给予补助，这也是履行政府职责的一个重要方面。据我们了解的情况，大多数的企业，因为生产经营多元化和过去计划经济时期不一样，内部是十分灵活的，比如钢铁企业内部也有服务业、研发、流通、营销等部门。据了解，河北的一些钢铁企业职工都顺利转岗，转到本企业的服务行业去了。另外，在全国兴起了创新创业，也吸纳了大批在去产能当中转岗的职工。所以在去年、今年去产能力度加大的情况下，调查失业率还是在5%上下。随着双创的进一步开展，就业的门路还会更宽，去年100多万人已经顺利转岗，今年也完全可以解决。

第二个问题，国家统计局如何提高统计数据的质量、数据的真实性。我们按照习近平总书记的重要讲话指示批示，按照李克强总理和张高丽副总理的要求，采取了一系列措施，提高数据的真实性，坚决遏制个别单位、个别地方存在的数据不实问题。我们已经初步建立了保证数据质量的责任制和问责制，这个责任制和问责制不仅是地方统计局局长要负责、要问责，而且地方的负责人对统计数据真实性也要负责要问责，这套制度已经建立起来了。同时我们加大执法监督。可能你也注意到，今年8月1日开始，新修订的统计法实施条例开始执行了，同时国家统计局专门成立了执法监督局，有报必查，有错必究，对数据不实或者统计做假实行零容忍，有一例查一例。

同时，我们还要提高统计数据的科学性。随着经济社会发展出现很多新的现象，我们要把它调查清楚。当然，也还存在着一些统计数据摸不上来的问题，这就涉及到你讲的问题，我们要抓紧按照互联网思维、采用大数据、云计算技术，把新动能、新产业的统计建立健全起来，这也是提高统计数据质量的重要方面。

我们在统计“十三五”规划当中明确提出建立统计云，就是把互联网、云计算、大数据这些技术应用到统计当中来，在这方面正在积极有序推进。一些大的互联网公司在生产经营当中积累了不少统计数据，政府部门也积累了一些统计数据，按照国务院的要求，部门之间的统计数据要共享，按照政务公开的要求向社会开放，这一点已经在紧锣密鼓推进。国家统计局也不例外，要进一步加大对数据公开、共享的力度。我们也跟你提到的阿里巴巴、山东浪潮等企业建立了合作研究的机制。国家统计局自 2013 年以来，已经和这些企业建立了合作研究关系，一起探索互联网、云计算、大数据形势下，把统计数据搞得更加真实、准确、完整、及时，这方面的工作都在推进当中。你有什么好的建议，我们愿意继续汲取。讲到发展指数，我刚才介绍的是国家统计局建立的经济发展新动能指数，具有科学性和权威性，我们也在和一些院校及企业合作，多角度地观察中国“三新”经济的发展。谢谢。

中央人民广播电台记者：就业是民生之本。十八大以来，我国就业市场面临诸多挑战，比如高校毕业生数量连创新高，大量去产能的职工需要转岗安置等等。面对这么大的就业压力，我们看到刚刚发布的材料中有一些比较宏观的就业数字，请问您如何评价这五年来就业表现？您如何看待未来几年的就业形势？谢谢。

宁吉喆：就业不仅是反映民生的重要指标，也是宏观经济的重要指标。我们发展经济、促进生产目的就是为了增加就业、增加收入、改善消费、增进民生福祉，所以就业是最重要的指标。目前反映就业的主要是三个指标：

一是城镇新增就业人数。这个指标过去四年，2013 至 2016 年平均每年都在1300万人以上，各年制定的预期目标，从900万至1000万，今年是1100万，都完成了。

二是城镇登记失业率的指标。在城镇中，居民失业了要到政府的劳动部门登记，或者到基层单位登记，这个指标一开始在4.1%左右，今年降到了4%以下。

三是国家统计局正在试行的、与国际接轨的调查失业率指标。调查失业率是用抽样调查的方法选取样本，是调查得来，不是各单位层层上报全面汇总得来的。国家统计局按照现在的制度，每个月都要换一定比例的样本，保证符合抽样调查的科学原理。该指标是和国际上接轨的一个指标。

过去几年就业压力非常大，不仅有城镇新成长的劳动力，还有你刚才提到的大学毕业生这两年都在700万人左右。在党中央、国务院的领导下，各级政府都是把就业作为头等大事，实施就业优先的战略，采取了积极的就业计划、规划、政策，特别针对大学生采取了一系列就业创业的政策措施，现在看很有成效。从统计局调查的数据来看，每年在5—8月青年人的失业率，特别大专及以上调查失业率会上升一些，到了9月份以后，又往下走。从教育部监测的应届大学生就业率来看，大学生就业还是解决得比较好的。这里面一个重要的原因，就是跟创业创新的政策措施有关系。在四年前，自主创业的比例仅为1%左右。现在这个指标在一些区域都有超过10%的，年轻人自主创业的热情还是很高的，虽然比美国还是稍微低一些，但是前景非常好。我们的年轻人自主创业创新的意识在进一步加强，社会又提供了良好的环境支持，包括刚才讲的对小微企业给予支持，这都有利于创业就业。我相信，今后几年大学生就业还会增加，我们对就业的形势仍然是看好的。当然，这里面最重要的因素是，中国经济的中长期发展的基本面没有变，经济发展了，生产增加了，就业增加就有一个重要的基础，所有以上因素结合在一起，中国的就业问题完全能够解决好。谢谢。

北京电视台记者：我的问题是关于房地产市场。我们知道，2016年底，中央经济工作会议确定了“房子是用来住的，不是用来炒的”定位，之后全国各大城市都推出了一系列房地产调控措施。北京等一些城市前一段推出了共有产权房，并且提出“新北京人”的概念，其中新北京人可以分到一半以上的房源。请您评价一下十八大以来，房地产市场去库存的效果以及这一系列调控措施的效果？您觉得这些调控措施对于在未来房地产市场发展的意义在哪里？谢谢。

宁吉喆：你的问题里已经把答案说了，就是房地产调控要因地制宜，因城施策。房地产市场这几年一个突出的特点，就是分化的现象比较突出，一些一线城市和热点的二线城市房价涨得快。因为土地有限，人口又集聚，经济也集聚，当然还有一些非理性的因素，像投机投资的因素在里面起作用，所以大家看到了涨价现象。同时，在三四线城市，因为过去住宅建设得比较多，存在着较大库存，国家在供给侧结构性改革中也提出去库存，其中包括房地产去库存。所以，针对分化的形势，对大城市特别是一线城市和热点二线城市，房价只要涨得过快的，政府就会因地制宜、因城施策，从需求和供给等方面采取措施，现在来看效果还是好的。像北京、上海提出共有产权住房，还有一些租售并举的政策，这些政策对需求方面和供给方面进行了合理调节。同时，三四线城市房地产去库存也采取了一些重要政策，比如在棚户区改造中，增加货币化的购买比例，可以消化一些中小户型、中低价位的商品房，针对三四线城市就很有效果。我刚才公布的全国商品房待售面积已经同比连续下降，就反映了全国一年多来去库存的效果，特别是三四线城市和一些县城去库存进展更大。我们从上述两方面都看到了成果。正像你刚才提到的总书记关于“房子是用来住的，不是用来炒的”的定位，住房的基本属性是消费，国家反对房地产投机的取向不会变，但对于居民正常的住房供求要因地制宜、因城施策解决。我相信房地产调控政策会继续发挥效果，特别是将会逐步建立房地产调控的长效机制。谢谢。

北京周报记者：十八大以来，中国在绿色发展上取得了显著成果。未来是否考虑结合“一带一路”与更多的沿线国家在绿色发展方面有更多的交流与合作？

宁吉喆：绿色发展也是我们新发展理念的一个关键内容。党的十八大以来，党中央把生态文明建设和经济建设、政治建设、文化建设、社会建设并列为五大建设，同时又提出了绿色发展的新理念。所以，我们取得了一系列的成就。你的问题其实是围绕我们怎么和“一带一路”沿线国家、其他国家一起携手来发展绿色经济。人类只有一个地球，我们要保护地球，这是全人类的共同任务。中国作为一个世界经济大国，在推动本国绿色发展的同时，也跟其他国家就生态保护、污染治理、气候变化应对等加强联系。特别是“一带一路”政策对接方面，比如“一带一路”构想和其他国家发展规划构想的对接中，绿色发展就作为一个指导原则，我们和国外的产能合作都符合国际环保标准，才能够与其他国家互利共赢、互惠合作。我们落后的产能就地淘汰在本国，当然我们也不允许洋垃圾污染我们，这在国际交往中都是很明确的。我们在国外合作建设的基本设施和制造业工厂都是符合环境标准的，这是全世界的共识，也是我们坚守的理念。

现在中国领导人走到每一个国家，跟当地的中资企业开座谈会时都会提到要履行社会责任，其中社会责任很重要的就是要依法依规，特别是依照当地的法规，包括环境的标准行事。虽然各国环保标准不一，但无论走到哪个国家，中国企业都要依据当地的环保标准开展经济活动。

胡凯红：今天发布会到此结束，谢谢宁局长，谢谢各位。

国家统计局新闻发言人、国民经济综合统计司司长邢志宏介绍2017年前三季度国民经济运行情况并答记者问

2017年10月19日（星期四）上午10时，在国务院新闻办新闻发布厅举行新闻发布会，请国家统计局新闻发言人、国民经济综合统计司司长邢志宏介绍2017年前三季度国民经济运行情况，并答记者问。

胡凯红：女士们、先生们，大家上午好，欢迎大家出席国务院新闻办今天举办的新闻发布会。今天我们很高兴请来了国家统计局新闻发言人、国民经济综合统计司司长邢志宏先生，请他向大家介绍今年前三季度的国民经济运行情况，并就大家关心的问题回答提问。下面先请邢司长作介绍。

邢志宏：谢谢主持人。女士们、先生们，大家上午好，很高兴又和大家见面了，下面按照惯例，我先向大家通报前三季度国民经济的运行情况，之后再回答各位记者朋友的提问。

前三季度国民经济稳中向好态势持续发展。今年以来，在以习近平同志为核心的党中央坚强领导下，各地区各部门深入贯彻落实新发展理念，坚持稳中求进工作总基调，以供给侧结构性改革为主线，适度扩大总需求，深化改革创新，振兴实体经济，防范化解风险，强化预期引导，前三季度国民经济运行总体平稳，结构不断优化，新兴动能加快成长，

质量效益明显提高，稳中向好态势持续发展。

初步核算，前三季度国内生产总值593288亿元，按可比价格计算，同比增长6.9%，增速与上半年持平，比上年同期加快0.2个百分点。分产业看，第一产业增加值41229亿元，同比增长3.7%；第二产业增加值238109亿元，增长6.3%；第三产业增加值313951亿元，增长7.8%。三季度，国内生产总值同比增长6.8%，经济连续9个季度运行在6.7—6.9%的区间，保持中高速增长。

一、粮食生产形势较好，畜牧业稳定增长

全国夏粮总产量14052万吨，比上年增加131万吨，增长0.9%；早稻总产量3174万吨，比上年减少104万吨，下降3.2%；秋粮有望获得好收成。前三季度，猪牛羊禽肉产量5877万吨，同比增长0.8%，其中猪肉产量3717万吨，增长0.7%。生猪存栏42797万头，同比下降0.8%；生猪出栏48224万头，增长0.6%。

二、工业生产加快发展，结构优化效益提升

前三季度，全国规模以上工业增加值同比实际增长6.7%，增速比上年同期加快0.7个百分点。分经济类型看，国有控股企业增加值增长6.8%，集体企业增长0.3%，股份制企业增长6.8%，外商及港澳台商投资企业增长7.1%。分三大门类看，采矿业增加值同比下降1.6%，制造业增长7.3%，电力、热力、燃气及水生产和供应业增长8.4%。工业向中高端迈进，前三季度高技术制造业和装备制造业增加值同比分别增长13.4%和11.6%，分别快于规模以上工业6.7和4.9个百分点。前三季度，规模以上工业企业产销率达到97.8%。9月份，规模以上工业增加值同比增长6.6%，比上月加快0.6个百分点，环比增长0.56%。9月份，制造业采购经理指数为52.4%，比上月提高0.7个百分点，达到2012年5月份以来的最高点。

1—8月份，全国规模以上工业企业实现利润总额49214亿元，同比

增长 21.6%；规模以上工业企业主营业务收入利润率为 6.13%，比上年同期提高 0.45 个百分点。8 月份，规模以上工业企业实现利润总额同比增长 24%，比上月加快 7.5 个百分点。

三、服务业保持较快发展，商务活动指数继续提高

前三季度，全国服务业生产指数同比增长 8.3%，增速比上年同期加快 0.2 个百分点。其中，交通运输、仓储和邮政业，信息传输、软件和信息技术服务业，租赁和商务服务业增长较快。9 月份，全国服务业生产指数同比增长 8.3%，增速与上月持平，比上年同月加快 0.2 个百分点。1—8 月份，规模以上服务业企业营业收入同比增长 13.5%，比上年同期加快 3.4 个百分点；规模以上服务业企业营业利润同比增长 22.8%，同比加快 22.4 个百分点。

9 月份，服务业商务活动指数为 54.4%，比上月提高 1.8 个百分点，比上年同月提高 2.1 个百分点。批发业、电信广播电视和卫星传输服务业、互联网及软件信息技术服务业、货币金融服务、资本市场服务、保险业等行业商务活动指数均位于 60.0%以上的高位景气区间。服务业新订单指数为 51.5%，业务活动预期指数为 60.8%，分别比上月提高 1.2 和 0.7 个百分点。

四、固定资产投资稳中略缓，投资结构调整优化

前三季度，全国固定资产投资（不含农户）458478 亿元，同比增长 7.5%，增速比上年同期回落 0.7 个百分点。其中，国有控股投资 168164 亿元，增长 11.0%；民间投资 277520 亿元，增长 6.0%，占全部投资的比重为 60.5%。分产业看，第一产业投资 14973 亿元，增长 11.8%；第二产业投资 171787 亿元，增长 2.6%，其中制造业投资 140819 亿元，增长 4.2%；第三产业投资 271718 亿元，增长 10.5%。基础设施投资 99652 亿元，增长 19.8%，比上年同期加快 0.4 个百分点。高端制造业和企业技术改造投资较快增长，高耗能行业投资增长放缓。前三季度，高

技术制造业、装备制造业和制造业技术改造投资同比分别增长18.4%、8.3%和12.1%，高耗能制造业投资同比下降1.9%。固定资产投资到位资金457007亿元，同比增长3.3%，增速比上半年加快1.9个百分点。新开工项目计划总投资376347亿元，同比增长2.4%。从环比看，9月份固定资产投资（不含农户）比上月增长0.56%。

五、房地产开发投资平稳增长，商品房待售面积继续减少

前三季度，全国房地产开发投资80644亿元，同比增长8.1%，增速比上年同期加快2.3个百分点。其中，住宅投资增长10.4%。房屋新开工面积131033万平方米，同比增长6.8%，其中住宅新开工面积增长11.1%。全国商品房销售面积116006万平方米，增长10.3%，其中住宅销售面积增长7.6%。全国商品房销售额91904亿元，增长14.6%，其中住宅销售额增长11.4%。房地产开发企业土地购置面积16733万平方米，同比增长12.2%。9月末，全国商品房待售面积61140万平方米，比上月末减少1212万平方米。前三季度，房地产开发企业到位资金113095亿元，同比增长8.0%。

六、市场销售继续较快增长，网上零售增势强劲

前三季度，社会消费品零售总额263178亿元，同比增长10.4%，增速与上年同期持平。其中，限额以上单位消费品零售额117751亿元，增长8.5%。按经营单位所在地分，城镇消费品零售额225592亿元，增长10.1%；乡村消费品零售额37586亿元，增长12.1%。按消费类型分，餐饮收入28427亿元，增长11.0%；商品零售234751亿元，增长10.3%，其中限额以上单位商品零售110717亿元，增长8.5%。消费升级类商品销售增长较快，体育娱乐用品类增长17.4%，化妆品类增长12.1%，建筑及装潢材料类增长12.6%。9月份，社会消费品零售总额同比增长10.3%，比上月加快0.2个百分点，环比增长0.90%。

前三季度，全国网上零售额48787亿元，同比增长34.2%，比上年

同期加快8.1个百分点。其中，实物商品网上零售额36826亿元，增长29.1%，占社会消费品零售总额的比重为14.0%，同比提高2.3个百分点；非实物商品网上零售额11961亿元，增长52.8%。

七、进出口快速增长，外贸结构继续改善

前三季度，进出口总额202930亿元，同比增长16.6%。其中，出口111630亿元，增长12.4%；进口91299亿元，增长22.3%。进出口相抵，顺差20331亿元。一般贸易进出口比重提升，前三季度一般贸易进出口增长18.1%，占进出口总额的56.6%，比上年同期提高0.7个百分点。机电产品仍为出口主力，前三季度机电产品出口增长13.0%，占出口总额的57.5%。与部分"一带一路"沿线国家进出口快速增长，前三季度我国对俄罗斯、波兰和哈萨克斯坦等国进出口分别增长27.7%、24.8%和41.1%。9月份，进出口总额24589亿元，同比增长13.6%。其中，出口13260亿元，增长9.0%；进口11330亿元，增长19.5%。

前三季度，规模以上工业企业实现出口交货值94270亿元，同比增长10.7%。9月份，规模以上工业企业实现出口交货值11906亿元，增长9.8%。

八、居民消费价格温和上涨，工业品价格波动上升

前三季度，全国居民消费价格同比上涨1.5%。其中，城市上涨1.6%，农村上涨1.1%。分类别看，食品烟酒价格同比下降0.6%，衣着上涨1.3%，居住上涨2.5%，生活用品及服务上涨0.9%，交通和通信上涨1.1%，教育文化和娱乐上涨2.5%，医疗保健上涨5.7%，其他用品和服务上涨2.6%。在食品烟酒价格中，粮食价格上涨1.5%，猪肉价格下降8.7%，鲜菜价格下降8.8%。9月份，全国居民消费价格同比上涨1.6%，涨幅比上月回落0.2个百分点，环比上涨0.5%。

前三季度，全国工业生产者出厂价格同比上涨6.5%。9月份，全国工业生产者出厂价格同比上涨6.9%，涨幅比上月扩大0.6个百分点，环

比上涨1.0%。前三季度，全国工业生产者购进价格同比上涨8.4%；9月份同比上涨8.5%，环比上涨1.2%。

九、居民收入增幅加快，城乡收入差距继续缩小

前三季度，全国居民人均可支配收入19342元，同比名义增长9.1%；扣除价格因素实际增长7.5%，增速比上年同期加快1.2个百分点。按常住地分，城镇居民人均可支配收入27430元，扣除价格因素实际增长6.6%；农村居民人均可支配收入9778元，扣除价格因素实际增长7.5%。城乡居民人均收入倍差2.81，比上年同期缩小0.01。全国居民人均可支配收入中位数16780元，同比名义增长7.4%。全国居民人均消费支出13162元，同比名义增长7.5%，扣除价格因素实际增长5.9%。三季度末，外出务工农村劳动力总量17969万人，比上年同期增加320万人，增长1.8%。三季度，外出务工农村劳动力月均收入3459元，增长7.0%。

十、供给侧结构性改革取得新进展，转型升级迈出新步伐

“三去一降一补”进展顺利。去产能加快推进，前三季度全国工业产能利用率为76.6%，比上年同期提高3.5个百分点。去库存成效突出，9月末商品房待售面积同比下降12.2%。去杠杆和降成本效果继续显现，8月末规模以上工业企业资产负债率为55.7%，比上年同期下降0.7个百分点；1—8月份规模以上工业企业每百元主营业务收入中的成本为85.68元，比上年同期减少0.12元。短板领域投资快速增长，前三季度生态保护和环境治理业、公共设施管理业、农业投资同比分别增长25.0%、23.7%和16.2%，分别快于全部投资17.5、16.2和8.7个百分点。

服务业主导作用增强，前三季度第三产业增加值占国内生产总值的比重为52.9%，比第二产业高12.8个百分点。消费成为经济增长主要驱动力，前三季度最终消费支出对国内生产总值增长的贡献率为64.5%，比上年同期提高2.8个百分点。新动能加快成长，前三季度工业战略性新兴产业增加值同比增长11.3%，比规模以上工业快4.6个百分点。绿色发展稳步推进，前三季度单位国内生产总值能耗同比下降 3.8%。

总的来看，前三季度国民经济稳中有进、稳中向好的态势持续发展，支撑经济保持中高速增长和迈向中高端水平的有利条件不断积累增多，发展的包容性和获得感明显增强，为更好地实现全年经济发展预期目标奠定了扎实基础。但也要看到，国际环境依然复杂多变，国内经济仍处在结构调整的过关期，持续向好基础尚需进一步巩固。下阶段，要以党的十九大精神为统领，深入贯彻落实党中央、国务院决策部署，狠抓政策落实改革落地，全面做好稳增长、促改革、调结构、惠民生、防风险各项工作，促进经济持续健康发展和社会和谐稳定。

胡凯红：谢谢邢司长，下面开始提问，提问之前通报一下所代表的新闻机构。

中央电视台记者：我们刚才看到，三季度无论是 GDP 还是投资、还是工业增加值，与第二季度相比都有放缓趋势，请您帮我们评价一下三季度经济运行情况，谢谢。

邢志宏：前三季度国民经济运行总体平稳，经济结构不断优化，新旧动能加快转换，质量效益明显提升，经济发展的稳定性、协调性和可持续性增强，稳中有进、稳中向好的态势在持续发展。

一是经济运行在合理区间，稳的格局更加巩固。从宏观经济主要指标来看，前三季度我国经济运行呈现了增长平稳、就业扩大、物价稳定、国际收支改善的良好运行的格局。经济运行总体平稳，前三季度国内生产总值同比增长 6.9%，这个增速与上半年持平，比年同期加快了 0.2 个百分点，其中三季度国内生产总值同比增长 6.8%，经济连续九个季度运行在 6.7%—6.9%的区间，发展的韧性明显增强。

就业形势持续向好。今年经济增长比较平稳，经济增量继续扩大，经济结构的调整使吸纳就业的能力明显增强，大众创业、万众创新持续推进，积极就业政策效应不断显现，就业成为我国经济运行当中一个突出的亮点。前三季度全国城镇新增就业 1097 万人，比上年同期增加了 30 万人，全年 1100 万的新增城镇就业目标即将提前完成，从统计部门掌握的数据来看，前三季度城镇调查失业率也比较低。31 个大城市的城镇调查失业率已经连续七个月保持在 5%以下，9 月份 31 个大城市城镇调查失业率仅仅为 4.83%，这是 2012 年以来的一个低点。刚才我还介绍到农村的外出务工劳动力也在加快增长。

物价形势比较稳定。前三季度居民消费价格同比上涨 1.5%，涨幅比上年同期回落了 0.5 个百分点。今年物价涨幅在这几年当中属于比较低的一年，物价涨幅比较低，主要是因为食品价格同比下降，蔬菜、猪肉等食品供应比较充足，前三季度食品价格同比下降了 1.7%。扣除食品和能源以后的核心 CPI 的同比涨幅是 2.1%，也属于温和上涨。

国际收支在明显改善。今年以来我国进出口都保持了快速增长，经常项目保持顺差，人民币汇率基本稳定，外汇储备连续八个月在增加。

二是经济结构调整优化，发展的协调性增强。从产业结构来看，服务业的主导作用进一步增强，工业向中高端迈进，服务业在 2012 年就成为了我国国民经济的第一大产业，今年以来继续保持全面快速的发展态势。前三季度服务业增加值同比增长了 7.8%，比第二产业快 1.5 个百分点，服务业对经济增长的贡献率达到了 58.8%，比上年同期提高了 0.3 个百分点。工业向中高端迈进，工业领域当中，高技术制造业、装备制造业呈现加快增长的态势，目前高技术制造业增加值占规模以上工业的比重已经达到了 12%以上，装备制造业占工业比重达到了 32%以上，可以说工业技术含量和发展水平在进一步提升。

从需求结构来看，消费的贡献更加突出，投资结构持续优化。前三季度最终消费支出对经济增长的贡献率达到了 64.5%，比上年同期提高了 2.8 个百分点，比资本形成的贡献率高出了 31.7 个百分点，继续保持第一驱动力的作用。投资结构继续优化，投资着力增强经济发展后劲，补短板、调结构、强弱项，对经济增长的关键性作用也得到了有效的发挥。

从区域结构来看，三大战略深入实施，四大板块良性互动，区域协同发展的效应在进一步增强。东部地区转型升级继续走在前列，新的动能加快聚集；中西部地区承接了东部地区的产业转移和技术转移，后发优势突出，主要经济指标的增速快于全国。中部地区和西部地区前三季度的规模以上工业增加值增速分别比全国高1.2和0.2个百分点。固定资产投资增速，西部地区要快于全国1.9个百分点。前三季度，东北地区也出现了企稳向好的态势，工业增长1.6%，去年同期下降3.1%，已经实现了由负转正。

三是新旧动能加快转换，活力潜力持续释放。新产业、新产品在快速成长。前三季度战略性新兴产业同比增长11.3%，增速快于规模以上工业4.6个百分点。在服务业当中，信息传输、软件和信息技术服务业，租赁和商务服务业指数增长速度分别达到了29.4%和11.4%。前三季度新的产品在高速增长，工业当中，民用无人机产量同比增长了一倍，工业机器人产量增长69.4%，新能源汽车增长30.8%，集成电路、太阳能电池等产品的产量增长幅度也都在20%以上。

新业态和新商业模式也在蓬勃发展。前三季度，实物商品网上零售额同比增长29.1%，继续保持了强劲的增势，增速比上年同期加快了4个百分点，实物商品网上零售额占社会消费品零售总额的比重已经达到了14%，比上年同期提高了2.3个百分点。数字经济、平台经济、共享经济广泛渗透，新的服务不断涌现。

四是质量效益明显提升，发展的可持续性增强。从居民收入来看，前三季度居民收入同比增长7.5%，增幅比上年同期加快了1.2个百分点，继续快于GDP和人均GDP的增长速度。企业利润增长也比较快，今年以来，规模以上工业企业利润增速一直保持在20%以上，1—8月份规模以上工业企业的利润同比增长了21.6%，增速比上年同期加快了13.2个百分点。规模以上服务业企业的利润增长也达到了22.8%，比上半年加快了6.8个百分点。财政收入的增长态势也好于上年，前三季度全国一般预算收入增长了9.7%，比上年同期加快了3.8个百分点。企业、居民收入还有政府的财政增长都在加快。今年是整个经济发展当中，各类经济主体获得感比较强的一年。

绿色发展也取得了新的进展。资源、能源的利用率明显提高，前三季度万元GDP能耗同比下降了3.8%，全年目标是下降3.4%，同时环境治理也在大力地推进。

总的来看，可以说今年我国经济运行稳的格局更加巩固，新的动能更加有力，好的态势更加明显，经济发展的包容性和获得感明显增强，为全年完成目标奠定了扎实的基础。谢谢。

中国国际广播电台记者：从数据上看，三季度的经济增长有所放缓，未来房地产市场会继续降温，金融风险防控也仍将持续，消费刺激政策效应会递减，您认为经济走势是否会发生变化，当前经济增长的内生动力是否充足？谢谢。

邢志宏：谢谢你的问题。从前三季度的经济发展情况来看，支撑我国经济保持中高速增长和迈向中高端水平的有利因素在不断积累增多，所以下一阶段中国经济稳中有进、稳中向好的态势还将持续发展，可以说全年有望更好实现预期发展目标。

一是供给侧结构性改革深入推进，实体经济持续向好，发展的基础在夯实加强。今年以来我国供给侧结构性改革深入推进，在“三去一降一补”的基础上，又进一步拓展新领域、丰富新内涵，推动实体经济更好地适应市场需求的变化。三次产业都是在调整中发展，在转型中升级，整个供给体系的质量和效率稳步提升。

农业生产的形势比较好，农业的生产结构和区域布局更趋合理，粮食生产全年有望丰收。农业向绿色、优质、可持续，更好地满足质的需求加快转变。

工业经济稳定增长，工业的供求关系明显改善，市场价格保持回升，企业效益明显增强。前三季度，41个工业行业当中，有36个工业行业保持了增长，增长面达到了87.8%。如果从产品产量来看，我们统计的570多种工业主要产品当中，产品产量增长面达到了76.3%。所以工业的景气在持续扩张。

服务业也保持了平稳较快的增长态势。三季度，服务业生产指数各月都保持在8.3%的较快增长水平。现在以互联网+为代表的新动能对服务业的影响十分显著，从1—8月份的数据来看，服务业当中互联网相关的服务业营业收入增长了40%以上，软件和信息服务业的营业收入增长了20%以上。同时在消费升级和工业升级的带动下，生产性服务业和生活性服务业都呈现了较快的增长态势。

二是创新驱动发展的战略大力实施，创业创新蓬勃发展，发展新动能在迅速增强。各地区、各部门深入实施创新驱动的发展战略，加大简政放权、放管结合、优化服务的力度，不断推动大众创业、万众创新，有效地激发了市场活力和社会的创造力。主要表现在新的主体在快速成长。前三季度，我国新登记的企业达到了451万户，同比增长了12.5%，日均登记企业达到了1.65万户，超过了去年的水平，去年全国日均登记企业是1.5万户。其中，制造业的新登记企业达到了39万户，同比增长了21.7%，并且新登记企业的活跃度保持了70%的比较高的水平。

新的科技成果不断涌现。今年，我国“复兴号”的动车组投入了运行，世界上首台光量子计算机问世，我们在全球率先稳定实现了开采可燃冰，标志着我国科技创新取得了重大突破。前三季度我国的专利申请量达到了248万件，世界知识产权组织今年发布了2017年全球的创新指数的排名，其中中国的排名在22位，比2012年上升了12位，居中等收入经济体的首位。

三是加强和改善宏观调控，需求潜力持续释放，市场的信心和发展的预期进一步提升。今年以来，我国继续坚持积极的财政政策、稳健的货币政策，宏观调控在区间调控的基础上，注重定向调控、相机调控，适度扩大总需求。在促进消费稳定增长的同时，注重发挥有效投资的关键性作用，巩固外贸回稳向好的态势，形成了内外需求联动发展的良好格局，对经济增长都带来了积极的影响，有力地提振市场信心，改善了发展预期。

从消费来看，社会消费品零售额一直保持在两位数的增长，居民消费的升级态势在继续加快，消费的政策在不断地完善。同时前三季度居民收入增长在加快，这都为消费的进一步扩大提供了有力支撑。

从投资来看，因为企业效益在明显改善，市场的需求在稳步扩张，所以企业的投资能力在增强，企业的投资空间也在扩大。

从外需来看，世界经济稳步复苏，国际市场需求回暖，同时我国的出口产品竞争力不断提高，所以我国出口将继续保持回稳向好的态势。

综上所述，在一系列有利因素的促进下，我国经济稳中有进、稳中向好的态势将持续发展，全年有望更好地实现预期发展的目标。谢谢。

英国金融时报记者：想问一下，现在基础设施投资在整个固定资产投资的占比处在历史的高点。有分析认为，中国现在的经济太过度地依赖基础设施投资，想问一下你们怎么评论？

邢志宏：从三大需求来看，我国经济当中，消费需求是经济增长的第一拉动力，可以说消费驱动经济增长的模式在进一步巩固。

当前，投资主要是着力增强发展后劲，围绕补短板、调结构、促创新、惠民生，开展了很多有效的投资，所以中国的基础设施建设发展是比较快的，建设成就有目共睹。比如我国的高铁建设，现在总长度已经达到了2.3万公里，位列世界第一，占全世界的60%以上；我国的高速公路建设也取得了飞速进步。尽管如此，我国的基础设施仍然存在薄弱环节，所以今年以来基础设施建设继续保持了较快的增长，基础设施建设更多投在了生态保护、环境治理、道路建设、公共设施的改造提升等方面，前三季度，这些领域的投资增长都在20%左右。此外，针对民生领域中的短板，今年相关领域建设的力度在进一步加快，前三季度，文化、教育、卫生、体育等民生领域的投资增长也都在20%以上。

在基础设施建设加快推进的同时，投资在产业领域也发生了积极的变化。高端产业的投资在加快推进，前三季度，高技术制造业投资增长18.4%，增速比上年同期提高了6.7个百分点；装备制造业投资增长了8.3%，其中像电子、仪器仪表这样一些重要行业的投资增长也都在20%以上。传统产业的改造提升力度在持续加大，工业投资当中，技改投资的比重达到了43.7%，技改投资前三季度增速达到了12.8%。

所以，投资对经济补短板、调结构、促创新、惠民生都发挥着关键性的作用，投资的领域是比较宽的。未来，高端产业投资和传统产业投资的改造提升等方面都有很大的空间和潜力，当然基础设施投资仍会继续保持较快增长。谢谢。

路透社记者：请问，房地产调控，对债务风险的治理和金融去杠杆，会不会对未来的经济发展产生一些影响？另外，您刚才提到 GDP 的贡献率，我想问一下资本形成对前三季度 GDP 增长的贡献率是多少，还有进出口的贡献率。还有，现在有没有折年率的 GDP 的季度环比增长率？谢谢。

邢志宏：我先把你关心的数字介绍一下。前三季度，最终消费支出对经济增长的贡献率是 64.5%，资本形成总额对经济增长的贡献率是 32.8%，货物与服务净出口对经济增长的贡献率是 2.7%。从数据当中我们可以看到，最终消费支出加上资本形成总额，这两块也是我们的内需，对整个经济增长的贡献率达到了 97.3%，所以内需始终是我们经济增长中扩大需求的战略基点。

刚才你还问到了房地产和债务风险的问题，应该说在房地产方面，去年以来国家采取了一系列因地制宜、因城施策的房地产调控政策，房地产调控效果明显。一线城市房价经过调控以后，现在市场预期比较稳定，投资投机性的需求得到了有力遏制。从 8 月份我们监测的数据来看，15 个一线和二线的热点城市新建商品住宅价格环比都在下降和持平，同比涨幅已经多个月在回落。70 个大中城市中，北上广深四个一线城市同比涨幅连续 11 个月回落；二线城市新建商品住宅价格同比涨幅连续 9 个月回落。

另一方面，房地产调控着力加大对三四线城市去库存的力度，取得了积极的进展。9 月末，全国商品房待售面积同比下降了 12.2%，主要是在三四线城市去库存收到积极效果。在房地产调控过程当中，由于采取了因城施策、因地制宜的办法，而不是一刀切的调控，在调控方式上，也不是一味地限制需求，特别是针对一线城市住房供求矛盾比较突出的问题，国家鼓励在供求矛盾突出的地方，通过加大住宅土地的供应来解决房地产的问题。所以，前三季度房地产投资增长是比较平稳的，对经济的发展依然起到了积极的作用，同时房地产的风险也得到了有效的化解。

金融方面，按照全国金融工作会议的要求，金融系统积极防范和化解金融风险，加强风险源头的管控，整治金融领域的乱象，已取得了积极的成效。同时在金融调控过程当中，特别注意保持货币政策的稳健中性，保持合理适度的流动性，对实体经济的支持没有减少，而是在进一步的加强。

所以，上述两个领域所做的相关工作使我们经济发展的基础更加稳健。当前，社会资金存在的一些问题得到了化解，呈现出资金脱虚向实的积极的变化。谢谢。

中国新闻社记者：我想问一个关于消费的问题，今年以来消费一直保持平稳较快的增长，您刚刚也介绍了前三季度最终消费支出对经济增长贡献率超过了64%，消费对经济的拉动作用可以说是越来越大，我想请问一下您如何看待这种态势?

邢志宏：谢谢你的提问。可以说中国经济发展进入新常态以来，我们国家一直坚持稳中求进的工作总基调，创新宏观调控，坚定不移地推进供给侧结构性改革，同时适度扩大总需求，深入发掘内需的潜力，特别是消费需求的潜力，使我们整个经济增长从过去过度依赖投资和出口向消费投资出口协调拉动的局面转变。

从2014年到2016年，消费连续三年已经成为我们国家经济增长的第一拉动力。今年以来，消费增长态势比较好，消费对经济增长的贡献更加突出。前三季度，社会消费品零售总额增长10.4%，两位数的增长与上半年和去年同期都持平；特别是9月份增长10.3%，比上月加快0.2个百分点。去年的9月份有中秋节的影响，基数是比较高的，但今年9月份社会消费品零售总额的增速还比上个月加快了。现在，居民消费的持续升级，新的商业模式快速兴起，加上消费政策的不断完善和消费环境的不断改善，都有效地激发了消费的潜力。

从消费品类来看，升级类的商品销售增长是比较快的。前三季度，增长最快的是体育娱乐用品，零售增长幅度达到了17.4%，其次家具类增长达到了13.3%，另外就像化妆品类、建筑及装潢材料类、中西药品类、医疗保健类等商品零售增长也都在12%以上。

从消费形态来看，服务型消费的空间是比较大的。根据相关部门的统计，今年暑期电影票房同比增长了30%，最近连续三个季度中国居民出游的意愿都保持在80%以上。城乡住户调查统计资料也显示，居民消费支出当中，居住类、教育文化娱乐类、医疗保健类的消费都是两位数的增长，而且比重在不断地提升。

从消费模式来看，现在网络销售增势强劲，前三季度实物商品网上零售额同比增长29.1%，非实物商品网上零售额增长更快，达到52.8%。原先有一段时间，出现了线上取代线下、线上挤占线下的问题，实体零售业一度感觉到一些冲击，随着经济稳中向好，市场需求的进一步活跃，今年以来实体零售增长也出现了好的局面。当然实体零售也是在线上线下加速融合、相互促进中不断转型，实体零售业态零售额增长速度比上年同期提高了1.5个百分点，其中像百货店、专业店的零售额增速分别比去年同期加快了3.3和2.5个百分点。

前三季度最终消费支出对经济增长的贡献率达到了64.5%，比上年同期还提高了，消费驱动的经济增长模式更加巩固。在三驾马车当中，消费的规模最大；而且跟出口、投资相比较，消费的波动性小，能够有效地引导投资、带动生产。所以，消费驱动的经济增长模式对于我们经济稳定发展、经济韧性增强都具有重要的意义。

中国青年报记者：我看到一个变化，今年以来，在居民消费价格领域，医疗保健价格涨幅一直维持在5%左右，而去年一直维持在3%，这样的情况是怎么样形成的，能不能帮我们分析一下，谢谢。

邢志宏：在居民消费价格当中，今年食品的价格比去年同期是下降的，但是服务的价格继续保持稳步上涨的态势。一方面表明服务领域的消费是比较活跃的，另一方面也跟我们稳步推进加快公共服务领域、公用事业领域的价格改革有关。

从医疗价格情况来看，这两方面的因素都存在。现在，居民对医疗保健类的商品需求在不断地增加，相关产品都非常受欢迎，需求的增长带动了这些领域商品价格的上涨。另外，部分领域的价格关系在理顺，比方说现在调整了公立医院医疗服务的价格，医事服务费有所提高，但是，因为我们还有较为完善的医保制度，所以这些服务价格的上涨并没有影响居民的生活。谢谢。

胡凯红：今天发布会到此结束，谢谢邢司长，谢谢各位。

国家统计局新闻发言人、国民经济综合统计司副司长刘爱华介绍 2017 年 10 月份国民经济运行情况并答记者问

2017 年 11 月 14 日（星期二）上午 10 时，在国务院新闻办新闻发布厅举行新闻发布会，请国家统计局新闻发言人、国民经济综合统计司副司长刘爱华介绍 2017 年 10 月份国民经济运行情况，并答记者问。

袭艳春： 女士们、先生们，上午好。欢迎大家出席国务院新闻办新闻发布会。今天非常高兴邀请到国家统计局新闻发言人刘爱华女士，请她向大家介绍今年 10 月份国民经济运行情况，并回答大家提问，下面先请刘爱华女士作介绍。

刘爱华： 各位媒体朋友，大家好。首先我介绍 10 月份国民经济运行的基本情况。

10 月份国民经济继续保持稳中向好发展态势。10 月份，在党的十九大胜利召开鼓舞下，各地区各部门认真贯彻落实党中央国务院决策部署，统筹推进改革开放和经济社会发展各项工作，经济运行总体平稳，结构调整深入推进，新旧动能加快转换，质量效益不断提高，人民生活继续改善，国民经济稳中有进、稳中提质，继续保持稳中向好的发展态势。

一、工业生产总体平稳，企业效益持续改善

10 月份，全国规模以上工业增加值同比实际增长 6.2%，增速比上

月回落0.4个百分点，比上年同月加快0.1个百分点。分经济类型看，国有控股企业增加值同比增长6.6%，集体企业增长3.6%，股份制企业增长6.1%，外商及港澳台商投资企业增长6.5%。分三大门类看，采矿业增加值同比下降1.3%，制造业增长6.7%，电力、热力、燃气及水生产和供应业增长9.2%。规模以上工业企业产销率达到97.8%。1—10月份，全国规模以上工业增加值同比增长6.7%，增速与1—9月份持平，比上年同期加快0.7个百分点。

1—9月份，全国规模以上工业企业实现利润总额55846亿元，同比增长22.8%，增速比1—8月份加快1.2个百分点，比上年同期加快14.4个百分点。规模以上工业企业主营业务收入利润率为6.17%，比上年同期提高0.51个百分点。

二、服务业保持较快增长，商务活动景气持续扩张

10月份，全国服务业生产指数同比增长8.0%，增速比上月回落0.3个百分点，比上年同月加快0.2个百分点。其中，信息传输、软件和信息技术服务业，租赁和商务服务业保持两位数增长。1—10月份，全国服务业生产指数同比增长8.2%，比上年同期加快0.1个百分点。1—9月份，规模以上服务业企业营业收入同比增长13.6%，比1—8月份加快0.1个百分点；规模以上服务业企业营业利润同比增长31.4%，比1—8月份加快8.6个百分点。

10月份，服务业商务活动指数为53.5%，持续处于景气区间。其中，住宿业、零售业、航空运输业、邮政快递业、电信广播电视和卫星传输服务、互联网及软件信息技术服务等行业商务活动指数均位于55.0%以上的较高景气区间。从市场需求看，服务业新订单指数为50.5%，连续6个月位于景气区间。

三、固定资产投资总体稳定，投资结构继续优化

1—10月份，全国固定资产投资（不含农户）517818亿元，同比增

长7.3%，增速比1—9月份回落0.2个百分点。其中，国有控股投资189881亿元，增长10.9%；民间投资313734亿元，增长5.8%，占全部投资的比重为60.6%。分产业看，第一产业投资17096亿元，同比增长13.1%；第二产业投资193533亿元，增长2.7%，其中制造业投资158856亿元，增长4.1%；第三产业投资307189亿元，增长10%。投资结构调整优化。基础设施投资113103亿元，同比增长19.6%。高技术制造业投资增长16.8%，增速快于全部投资9.5个百分点。高耗能制造业投资同比下降2.2%。固定资产投资到位资金514597亿元，同比增长3.6%，比1—9月份加快0.3个百分点。新开工项目计划总投资426541亿元，同比增长3.8%，比1—9月份加快1.4个百分点。

四、房地产开发投资增速略有回落，商品房待售面积持续减少

1—10月份，全国房地产开发投资90544亿元，同比增长7.8%，增速比1—9月份回落0.3个百分点，其中住宅投资增长9.9%。房屋新开工面积145127万平方米，同比增长5.6%，其中住宅新开工面积增长9.6%。全国商品房销售面积130254万平方米，同比增长8.2%，其中住宅销售面积增长5.6%。全国商品房销售额102990亿元，同比增长12.6%，其中住宅销售额增长9.6%。房地产开发企业土地购置面积19048万平方米，同比增长12.9%。10月末，全国商品房待售面积60258万平方米，比9月末减少882万平方米。1—10月份，房地产开发企业到位资金125941亿元，同比增长7.4%。

五、市场销售平稳较快增长，网上零售增势强劲

10月份，社会消费品零售总额34241亿元，同比增长10.0%，增速比上月回落0.3个百分点，与上年同月持平。按经营单位所在地分，城镇消费品零售额29537亿元，同比增长9.8%；乡村消费品零售额4704亿元，增长11.3%。按消费类型分，餐饮收入3852亿元，增长10.3%；商品零售30389亿元，增长10.0%。消费升级类商品快速增长，10月份，

限额以上单位体育娱乐用品类、化妆品类商品零售额同比分别增长19.6%和16.1%。1—10月份，社会消费品零售总额同比增长10.3%，增速与上年同期持平。

1—10月份，全国网上零售额55350亿元，同比增长34.0%，比上年同期加快8.3个百分点。其中，实物商品网上零售额41782亿元，增长28.8%，占社会消费品零售总额的比重为14.0%，比上年同期提高2.2个百分点；非实物商品网上零售额13568亿元，增长52.7%。

六、居民消费价格温和上涨，工业生产价格涨势稳定

10月份，全国居民消费价格同比上涨1.9%，涨幅比上月扩大0.3个百分点。分类别看，食品烟酒价格同比上涨0.3%，衣着上涨1.2%，居住上涨2.8%，生活用品及服务上涨1.5%，交通和通信上涨0.8%，教育文化和娱乐上涨2.3%，医疗保健上涨7.2%，其他用品和服务上涨1.8%。在食品烟酒价格中，粮食价格上涨1.6%，猪肉价格下降10.1%，鲜菜价格上涨0.3%。10月份，全国居民消费价格环比上涨0.1%。1—10月份，全国居民消费价格同比上涨1.5%。

10月份，全国工业生产者出厂价格同比上涨6.9%，涨幅与上月持平，环比上涨0.7%。1—10月份，全国工业生产者出厂价格同比上涨6.5%。10月份，全国工业生产者购进价格同比上涨8.4%，环比上涨0.9%。1—10月份，全国工业生产者购进价格同比上涨8.4%。

七、进出口较快增长，一般贸易和机电产品出口比重提高

10月份，进出口总额22425亿元，同比增长10.2%。其中，出口12485亿元，增长6.1%；进口9940亿元，增长15.9%。进出口相抵，贸易顺差2545亿元。1—10月份，进出口总额225225亿元，同比增长15.9%。其中，出口124085亿元，增长11.7%；进口101140亿元，增长21.5%。1—10月份，一般贸易进出口增长18.0%，占进出口总额的56.5%，比上年同期提高1.0个百分点。机电产品出口增长12.4%，占

出口总额的57.7%，比上年同期提高0.4个百分点。

10月份，规模以上工业企业实现出口交货值11181亿元，同比增长7.5%。1—10月份，规模以上工业企业实现出口交货值105018亿元，同比增长10.5%。

八、供给侧结构性改革不断深化，转型升级成效突出

“三去一降一补”取得新进展。去产能、去库存成效突出。钢铁、煤炭去产能年度目标已超额完成，1.4亿吨“地条钢”产能出清。10月末，商品房待售面积同比下降13.3%，降幅比上月末扩大1.1个百分点。去杠杆、降成本稳步推进。9月末，规模以上工业企业资产负债率为55.7%，比上年同期下降0.6个百分点。前三季度，规模以上工业企业每百元主营业务收入中的成本为85.56元，比上年同期减少0.23元。短板领域得到加强。1—10月份，生态保护和环境治理业、公共设施管理业、农业投资同比分别增长24.1%、23.4%和17.6%，分别快于全部投资16.8、16.1和10.3个百分点。

新兴动能持续快速成长。1—10月份，高技术产业和装备制造业增加值同比分别增长13.4%和11.5%，分别比规模以上工业快6.7和4.8个百分点，工业机器人产量同比增长68.9%，新能源汽车增长36.7%，运动型多用途乘用车（SUV）增长14.1%；前三季度，战略性新兴服务业、生产性服务业和科技服务业营业收入同比分别增长17.5%、14.8%和14.6%。

总的来看，国民经济稳中有进、稳中提质，稳中向好的态势持续发展，为更好地实现全年经济发展预期目标奠定了扎实基础。但也要看到，我国正处在转变发展方式、优化经济结构、转换增长动力的攻关期，经济发展不平衡不充分问题依然突出。下阶段，要以党的十九大精神为统领，以习近平新时代中国特色社会主义思想为指导，牢固树立“四个意识”和“四个自信”，贯彻落实新发展理念，建设现代化经济体系，坚持质量第一、效益优先，以供给侧结构性改革为主线，深化创新驱动，推

动质量变革、效率变革、动力变革，打好抓重点补短板强弱项攻坚战，努力实现更高质量、更有效率、更加公平、更可持续的发展。

袭艳春：下面进入答问环节，今天参加的外国媒体比较多，所以我们安排了全程的英文同传。下面开始提问，提问前请通报所在的新闻机构。

中央电视台记者：10月份指标都在回落，为何还说国民经济保持稳中向好的态势，你如何看待10月份数据表现？

刘爱华：从刚才介绍的主要情况看，一些数据月度之间出现了小波动，但是总体上、多维度观察，国民经济运行保持了总体平稳、稳中向好的发展态势，主要表现在四个方面：

第一，生产需求总体保持比较稳定，大部分的生产需求指标月度之间波动比较小，增长水平大都好于上年同期。从生产方面看，10月份规模以上工业增加值同比增长6.2%，比去年同月加快0.1个百分点；服务业生产指数当月同比增长8.0%，比上年同月加快0.2个百分点。从需求方面来看，10月份社会消费品零售总额同比增长10%，与上年同月持平；1—10月份固定资产投资增速比1—9月份略有回落，回落0.2个百分点，但投资在优化供给结构方面的作用在持续发挥。从出口看，10月份出口同比增长6.1%，而上年同月出口下降了3.8%。

第二，就业持续向好。就业是民生之本，从宏观经济形势来看，就业是否充分也是判断整体经济是否平稳和健康的重要指标。从国家统计局监测的10月份城镇调查失业率来看，无论是全国城镇调查失业率还是31个大城市城镇调查失业率，都双双降到5%以下。31个大城市城镇调查失业率连续8个月保持在5%以下，同时企业用工时间继续保持比较高的水平。从就业总量来看，全国城镇新增就业1—10月份完成了1191万人，已经超额完成了年初的预定目标1100万人。所以，不管是从失业率还是从就业总量来看，今年以来就业形势确实是经济运行中的最大亮点，主要归功于大众创业、万众创新的蓬勃发展，也归功于产业结构升级尤其是服务业吸纳就业能力的持续增强。

第三，物价总体稳定。物价是代表市场供求的综合性指标。从10月份居民消费价格指数看，CPI上涨1.9%，在经济增速保持较快的水平下，价格保持在2%以下的涨幅是非常理想的水平。10月份工业生产者出厂价格上涨6.9%，涨幅与上月持平。这两个价格指数表明，目前市场供求关系确实是在持续改善的。

第四，经济运行质量效益稳步提升。从前三季度看，规模以上工业企业实现利润同比增长22.8%，比去年同期加快14.4个百分点；服务业实现利润前三季度同比增长31.4%，也是比较高水平的增长。从企业的经营效益来看，今年以来持续提升，前三季度规模以上工业企业每百元资产实现的主营业务收入同比提高4.8元，人均主营业务收入同比提高16万元，包括产成品的周转天数等效益指标都表明，微观企业的经营效率也是在提高的。

从上面四个方面来看，生产需求保持稳定、就业持续向好、物价总体稳定、质量效益稳步提升，经济运行始终保持在合理区间，国民经济稳中有进、稳中提质，稳中向好的发展态势持续发展，为更好地完成全年预期目标打下了坚实的基础。

日本经济新闻记者：目前金融市场利率都上升比较快，这对以后的中国经济有哪些影响?

刘爱华：从我们观测到的一些指标看，不管是央行的利率还是上海银行间同业拆放利率等指标来看，以及我们调研中了解到的中小企业情况来看，目前利率水平变动不是很大。从中小企业反映的情况来看，融资难、融资贵的问题虽然还是困扰着很多中小企业，但也有一些缓解。这和今年以来金融系统按照中央金融工作会议的精神，增强了金融对实体经济的支持力度有很大关系。

中新社记者：10月份有些指标数据在回落，这种经济增速的回落是趋势性的，还是属于短期波动?

刘爱华：这个月很多指标的增速与上月相比出现了波动。如果观察时间放得更长一点，把这些指标与上年同期或者在季度之间进行对比，可以看到当前的月度波动都是在合理范围内，波动的区间也比较小。您关心的下一步经济运行走势究竟会怎么样，从目前的情况看，前10个月的国民经济运行总体保持平稳态势。目前支持经济继续保持稳中向好的因素在累积增多，主要表现在供给、需求和预期三方面。

第一，供给质量持续改善。在供给侧结构性改革的推动下，今年以来供给体系的质量持续改善。

一是先进的制造业和现代服务业为代表的先进产能加快发展。1—10月份高技术制造业增加值比上年同期增长13.4%，增速比规模以上工业快6.7个百分点，在所有行业里面处于较快增速。现代服务业增速更快，发展势头更加良好。前三季度，战略性新兴服务业营业收入比上年同期增长17.5%。二是低端落后产能陆续退出。1—10月份六大高耗能行业增加值比上年同期增长3%，增速持续回落。落后产能也在逐渐退出，今年的煤炭和钢铁的去产能任务已经超额完成，1.4亿吨地条钢产能出清。三是优质的供给在加快增长。1—10月份，高技术制造业投资比上年同期增长16.8%，远高于整体投资增长水平；高技术服务业投资增长14%；传统产业的改造升级也在加速，制造业技改投资1—10月份比上年同期增长13.4%。

从这三个方面看，先进产能在加快，落后产能逐渐退出，关系到下一步发展的优质供给也在较快增长，可以说供给体系的适应性和灵活性在不断地提升，供给体系的质量不断提高。这是去年以来供给侧结构性改革持续推进的重要成果。这种供给体系的改善为我们下一步激发需求的潜力打下了非常好的基础。

第二，在供给体系质量持续改善的基础上，需求潜力逐渐释放。今年以来，一方面各地区各部门不断完善消费政策，促进消费稳定增长，另一方面注重发挥投资对优化供给结构的关键性作用，同时巩固外贸回稳的良好态势，形成了内外需求联动的良好格局。

从消费来看，今年3月份以来，各月社会消费品零售总额保持了10%以上的较快增长速度，消费升级态势比较明显。从未来消费潜力来看，前三季度城乡居民收入加快增长，消费环境、支持消费的政策不断完善，总体上看消费完全有条件延续目前总量扩张、结构升级的发展态势。从投资来看，今年以来投资增速比较平稳。从企业效益来看，前三季度以来，工业企业利润增长20%以上，服务业利润增长30%以上，意味着企业投资能力逐渐增强。新开工计划总投资和固定资产投资到位资金等投资先行指标，增长在逐月加快，支持投资较快增长的条件在逐渐增多。从外需来看，今年以来世界经济复苏步伐逐渐加快，国际市场需求回暖。BDI（波罗的海干散货指数）10月末回升到1500点以上，创出了近两年的新高，外部环境整体改善，加上我国出口企业的竞争力在逐步提高，对我们抓住世界经济的上升周期扩大出口，总体是有利的。

总之，从消费、投资、出口来看，需求的潜力在持续释放。

第三，市场预期持续向好。十九大的胜利召开使国内外对中国经济发展的信心得到很大提升。10月份中国制造业采购经理指数是51.6%，已经连续15个月保持在临界点以上，也就是处于扩张区间。10月份非制造业商务活动指数是54.3%，连续处于较高的景气区间。PMI指标含义更多是与上期比较，只要是在50%以上的区间，就意味着各方面的预期仍然在继续扩张。

因此不管从供给还是从需求，从发展动力还是从发展信心，从宏观到微观等各个方面来看，支持经济下一步继续保持稳中向好的条件和基础越来越稳固，我们有信心、有条件继续保持中国经济稳中向好的发展态势。

美国国际市场新闻社记者：给明年经济做个展望，目前大家的观点比较有分歧，而且市场的预期相对比较谨慎，有人预计明年GDP是6.4%，但有一些比较乐观的预计为6.7%或6.9%，大家认为取决于新的领导班子明年的经济政策是怎样的。经济政策浮出水面之前，您认为仅仅从经济周期上来判断，包括房地产周期也好，或者基础设施投资，你对明年是怎么看的?

刘爱华：今年以来，不管是从供给方面、短期需求方面来看，还是市场预期方面，明年完全有可能保持平稳增长。关于平稳增长的内涵，党的十九大报告也提到，目前中国经济的发展已经从过去的高速增长阶段，转向高质量发展阶段。高质量发展内涵非常丰富，不仅仅局限于增速的变化，更多地扩展到经济发展的质量、结构调整的推进、新旧动能转换的程度、发展方式的变化、总体质量效益的提高以及生态发展等，内涵较以往更加丰富。因此，我们对明年经济的判断也不能就增速谈增速，从经济发展的更大逻辑来讲，中国经济中长期发展的前景和潜力都有非常坚实的基础。明年经济保持稳中向好的态势是完全有可能、有条件的。

新华社中国经济信息社记者：房价调控以来，一二线城市房价环比停涨，但是也有报道称三四线城市涨得很厉害，对于三四线城市的房地产调控未来还有哪些举措？您对这个问题怎么看？

刘爱华：从国家统计局监测的数据来看，自去年四季度“因城施策、因地制宜”的房地产调控政策实施以来，70 个大中城市的 15 个热点城市的房价同比和环比涨幅都出现了回落，9 月份的环比全部下降或者持平；同时，同比涨幅多个月持续回落。三四线城市出现类似特点，环比涨幅也在回落。这体现了去年以来房地产调控取得的成效。

下一步房地产市场的发展，一方面要看到目前房地产去库存确实取得了比较大的成果。10 月末全国商品房待售面积下降 10%以上，房地产投资销售保持平稳增长态势。十九大报告指出，要坚持房子是用来住的，不是用来炒的定位。加快建立多主体供给、多渠道保障、租购并举的住房制度，按照这个定位，很多城市加大了对共有产权住房、租赁住房的试点。今年以来，北京、上海的保障性住房建设占比有较大的提升。房地产市场供给的改善和投机性需求的抑制，将推动房地产市场保持持续健康发展。

经济日报记者：前三季度服务业企业利润同比增长 31.4%，比上个月又上了一个新台阶，规模以上服务企业利润快速增长背后的支撑因素都有什么？

刘爱华：服务业企业营业利润近几年一直保持比较快的增长，今年的表现更突出，高于规模以上工业利润的增速。服务业利润的较快增长有多方面的因素。

一方面，服务业的需求扩张非常快。大家可以感受到，不管从统计数字还是生活中服务业发展都比较快，宏观上来看，第三产业增加值占GDP的比重持续提升，自2012年超过第二产业，到2015年比重超过50%，占据半壁江山，服务业在需求扩张的支持下增长速度非常快。

另一方面，价格也是一个因素。从CPI看，10月份食品价格同比下降0.4%，主要还是非食品价格涨得比较快；非食品中工业消费品价格涨幅比较平稳，主要是服务价格相对上涨较多。这从侧面反映，市场对服务需求比较大。

总之，从需求扩张到价格因素，对服务业企业利润的增长都有贡献。

路透社记者：近一段去杠杆尤其是金融去杠杆以及房地产调控对经济有什么样的影响？去杠杆会不会由金融行业逐渐转向对实体经济的去杠杆？

刘爱华：去杠杆是今年“三去一降一补”重点任务之一。国家统计局监测的主要是微观企业的杠杆率。从最新数据来看，前三季度规模以上工业企业的资产负债率为55.7%，比上年同期下降了0.6个百分点。由此判断，微观工业企业的杠杆率在逐步下行。一方面是今年以来企业效益的好转对资产负债率的下降有贡献，另一方面也和很多降成本的措施分不开，同时也和金融系统加大对实体经济的支持力度分不开。总体来看，工业企业的杠杆率是在下行的。

袭艳春：今天发布会到此结束，再次感谢刘爱华女士，也谢谢大家！

国家统计局新闻发言人、国民经济综合统计司副司长毛盛勇介绍2017年11月份国民经济运行情况并答记者问

2017年12月14日（星期四）上午10时，在国务院新闻办新闻发布厅举行新闻发布会，请国家统计局新闻发言人、国民经济综合统计司副司长毛盛勇介绍2017年11月份国民经济运行情况，并答记者问。

袭艳春：女士们、先生们，上午好，欢迎大家出席国务院新闻办新闻发布会。今天我们非常高兴邀请到国家统计局新闻发言人毛盛勇先生，请他向大家介绍2017年11月份国民经济运行情况，并回答大家的提问。下面先请毛司长做介绍。

毛盛勇：女士们、先生们，各位记者朋友，大家上午好。下面我先给大家介绍一下11月份国民经济运行的基本情况，然后回答大家的提问。

11月份，各地区各部门认真学习贯彻党的十九大精神，以习近平新时代中国特色社会主义思想为指导，深化供给侧结构性改革，国民经济继续保持稳中向好发展态势，生产需求平稳增长，就业物价总体稳定，经济结构不断优化，质量效益持续提升。

一、工业生产平稳增长，企业效益增长较快

11月份，全国规模以上工业增加值同比实际增长6.1%，增速比上

月回落 0.1 个百分点。分经济类型看，国有控股企业增加值同比增长 6.3%，集体企业下降 0.7%，股份制企业增长 6.2%，外商及港澳台商投资企业增长 6.8%。分三大门类看，采矿业增加值同比下降 1.7%，制造业增长 6.8%，电力、热力、燃气及水生产和供应业增长 4.5%。规模以上工业企业产销率达到 97.8%。11 月份，中国制造业采购经理指数（PMI）为 51.8%，比上月上升 0.2 个百分点。1—11 月份，全国规模以上工业增加值同比增长 6.6%，增速比 1—10 月份回落 0.1 个百分点，比上年同期加快 0.6 个百分点。

1—10 月份，全国规模以上工业企业实现利润总额 62451 亿元，同比增长 23.3%，增速比 1—9 月份加快 0.5 个百分点，比上年同期加快 14.7 个百分点。规模以上工业企业主营业务收入利润率为 6.24%，比上年同期提高 0.55 个百分点。

二、服务业持续较快增长，商务活动指数继续提高

11 月份，全国服务业生产指数同比增长 7.8%，增速比上月回落 0.2 个百分点。其中，信息传输、软件和信息技术服务业，租赁和商务服务业保持两位数增长。1—11 月份，全国服务业生产指数同比增长 8.2%，增速与 1—10 月份持平，比上年同期加快 0.1 个百分点。1—10 月份，规模以上服务业企业营业收入同比增长 13.7%，比上年同期加快 3.1 个百分点；规模以上服务业企业营业利润同比增长 29.0%，比上年同期加快 27.5 个百分点。

11 月份，服务业商务活动指数为 53.6%，持续处于景气区间。其中，批发业、零售业、航空运输业、装卸搬运及仓储业、邮政快递业、电信广播电视和卫星传输服务业、互联网及软件信息技术服务业、保险业等行业商务活动指数均位于 55.0%以上的较高景气区间。从市场需求看，服务业新订单指数为 51.2%，连续 7 个月位于景气区间。

三、固定资产投资缓中趋稳，投资结构调整优化

1—11 月份，全国固定资产投资（不含农户）575057 亿元，同比增

长7.2%，增速比1—10月份回落0.1个百分点。其中，国有控股投资211295亿元，增长11.0%；民间投资348143亿元，增长5.7%，占全部投资的比重为60.5%。分产业看，第一产业投资18979亿元，同比增长11.4%；第二产业投资214618亿元，增长2.6%，其中制造业投资176299亿元，增长4.1%；第三产业投资341460亿元，增长10.1%，占全部投资比重达到59.4%，比上年同期提高了1.6个百分点。制造业投资结构明显优化。高技术制造业投资同比增长15.9%，占制造业投资的比重为13.4%，比上年同期提高1.4个百分点；制造业技术改造投资增长14.3%，占制造业投资比重为48.1%，比上年同期提高4.3个百分点；高耗能制造业投资下降2.3%。基础设施投资126720亿元，同比增长20.1%，比1—10月份加快0.5个百分点。固定资产投资到位资金570615亿元，同比增长4.4%，比1—10月份加快0.8个百分点。新开工项目计划总投资478557亿元，同比增长6.2%，比1—10月份加快2.4个百分点。

四、房地产开发投资增速小幅回落，商品房待售面积持续减少

1—11月份，全国房地产开发投资100387亿元，同比增长7.5%，增速比1—10月份回落0.3个百分点，其中住宅投资增长9.7%。房屋新开工面积161679万平方米，同比增长6.9%，其中住宅新开工面积增长10.8%。全国商品房销售面积146568万平方米，同比增长7.9%，其中住宅销售面积增长5.4%。全国商品房销售额115481亿元，同比增长12.7%，其中住宅销售额增长9.9%。房地产开发企业土地购置面积22158万平方米，同比增长16.3%。11月末，全国商品房待售面积59606万平方米，比10月末减少653万平方米。1—11月份，房地产开发企业到位资金139489亿元，同比增长7.7%。

五、市场销售增长加快，网上零售增势强劲

11月份，社会消费品零售总额34108亿元，同比增长10.2%，增速

比上月加快0.2个百分点。按经营单位所在地分，城镇消费品零售额29407亿元，同比增长9.9%；乡村消费品零售额4701亿元，增长11.7%。按消费类型分，餐饮收入3675亿元，增长10.0%；商品零售30433亿元，增长10.2%。消费升级类商品快速增长，11月份，限额以上单位体育娱乐用品类、化妆品类商品零售额同比分别增长15.4%和21.4%。1—11月份，社会消费品零售总额同比增长10.3%，比上年同期回落0.1个百分点。

1—11月份，全国网上零售额64306亿元，同比增长32.4%，比上年同期加快6.2个百分点。其中，实物商品网上零售额49144亿元，增长27.6%，占社会消费品零售总额的比重为14.8%，比上年同期提高2.3个百分点；非实物商品网上零售额15163亿元，增长50.7%。

六、居民消费价格涨势温和，工业生产价格涨幅回落

11月份，全国居民消费价格同比上涨1.7%，涨幅比上月回落0.2个百分点。分类别看，食品烟酒价格同比下降0.2%，衣着上涨1.2%，居住上涨2.8%，生活用品及服务上涨1.5%，交通和通信上涨1.3%，教育文化和娱乐上涨2.0%，医疗保健上涨7.0%，其他用品和服务上涨1.7%。在食品烟酒价格中，粮食价格同比上涨1.5%，猪肉价格下降9.0%，鲜菜价格下降9.5%。11月份，全国居民消费价格环比与上月持平。1—11月份，全国居民消费价格同比上涨1.5%。

11月份，全国工业生产者出厂价格同比上涨5.8%，涨幅比上月回落1.1个百分点，环比上涨0.5%。1—11月份，全国工业生产者出厂价格同比上涨6.4%。11月份，全国工业生产者购进价格同比上涨7.1%，环比上涨0.6%。1—11月份，全国工业生产者购进价格同比上涨8.3%。

七、进出口快速增长，出口结构继续优化

11月份，进出口总额26049亿元，同比增长12.6%。其中，出口14342亿元，增长10.3%；进口11706亿元，增长15.6%。进出口相抵，

贸易顺差2636亿元。1—11月份，进出口总额251369亿元，同比增长15.6%。其中，出口138509亿元，增长11.6%；进口112860亿元，增长20.9%。1—11月份，一般贸易进出口增长18.1%，占进出口总额的56.4%，比上年同期提高1.2个百分点。机电产品出口增长12.6%，占出口总额的58.1%，比上年同期提高0.5个百分点。

11月份，规模以上工业企业实现出口交货值11942亿元，同比增长11.8%。1—11月份，规模以上工业企业实现出口交货值114399亿元，同比增长11.1%。

八、供给侧结构性改革不断深化，新兴动能快速成长

去产能、去库存、降成本成效明显。钢铁、煤炭去产能年度目标已超额完成。11月末，商品房待售面积同比下降13.7%，降幅比上月末扩大0.4个百分点。1—10月份，规模以上工业企业每百元主营业务收入中的成本为85.46元，比上年同期减少0.26元。去杠杆、补短板扎实推进。10月末，规模以上工业企业资产负债率为55.7%，比上年同期下降0.5个百分点。1—11月份，生态保护和环境治理业、公共设施管理业、农业投资同比分别增长23.6%、23.3%和16.6%，分别快于全部投资16.4、16.1和9.4个百分点。农业供给侧结构性改革持续深化。今年在保持主要口粮作物播种面积基本稳定的同时，调减库存较多的玉米种植，增加杂粮和豆类播种面积。全国粮食在种植结构调整优化基础上再获丰收，今年粮食总产量12358亿斤，比上年增加33亿斤。

新动能、新产业持续壮大。1—11月份，高技术产业和装备制造业增加值同比分别增长13.5%和11.4%，增速分别比规模以上工业快6.9和4.8个百分点，工业机器人产量同比增长68.8%，新能源汽车增长46.5%；1—10月份，战略性新兴服务业、生产性服务业和科技服务业营业收入同比分别增长17.5%、14.9%和14.6%，分别快于全部规模以上服务业3.8、1.2和0.9个百分点。

总的来看，11月份国民经济保持稳中向好的发展态势，显示出较强

的稳定性和韧劲。但也要看到，外部风险变数依然较多，向高质量发展的挑战依然较大。下阶段，要全面贯彻党的十九大精神，以习近平新时代中国特色社会主义思想为指导，坚持稳中求进工作总基调，坚持新发展理念，按照建设现代化经济体系和高质量发展的要求，深化供给侧结构性改革，统筹做好稳增长、促改革、调结构、惠民生、防风险各项工作，促进经济社会持续健康发展。

袭艳春：感谢毛盛勇先生的介绍，现在进入答问环节。

中央电视台记者：从毛盛勇先生刚才发布的数据来看，有些指标在好转，有些指标在回落，和社会的预期不尽一致。您怎么看待11月份整个经济的表现？谢谢。

毛盛勇：关于11月份或者当前的经济形势，我想用三句话进行概括。

第一，经济平稳运行韧性很强，11月份生产需求总体平稳，物价涨幅比上月有所回落。进口和出口都保持两位数增长，特别是进口和出口的金额是今年以来单月的最高值，进出口形势持续向好。从就业来看，1—11月份城镇新增就业1280万人，比上年同期增加了31万人，提前完成了全年的目标任务；全国城镇调查失业率和31个大城市城镇调查失业率都保持在4.9%左右的较低水平，所以就业比较充分。主要经济增长指标在去年同期基数比较高、近期国际上不确定性增多的情况下，特别是扎实推进结构调整、污染防治的情况下，取得这样的效果，这充分说明中国经济的韧性很强。

第二，经济结构优化亮点较多。从产业来看，工业或者说制造业向产业价值链的中高端迈进，1—11月份高技术产业、装备制造业增加值的增速分别在13.5%和11.4%以上，继续保持较快的增长。现代服务业也在加快增长，呈现出良好的发展势头。比如像生产性服务业、科技服务业都保持比较快的增长速度。从需求来看，社会消费品零售总额继续保持两位数的增长，实物网上商品零售增长速度达27.6%，特别是非实物商品网上零售额增长超过了50%，消费呈现加快升级的势头。投资结构也在不断优化，尽管投资增速缓中趋稳，但是民生类、技术创新类、高技术领域和短板领域的投资增长速度一直都比较快。从区域来看，中西部地区增长较快，中西部地区的工业增加值增速和固定资产投资的增速都呈现出加快，或者增速明显高于全国水平。东北地区企稳向好，东北地区工业增加值增速也在加快，固定资产投资由负转正，说明区域发展的协调性在增强。

第三，经济提质增效态势良好。企业效益保持较快增长，1—10月份，规模以上工业企业利润同比增长了23.3%，比1—9月份加快了0.5个百分点；规模以上服务业企业利润增速高达29%，所以企业的利润非常好。微观杠杆率持续降低，10月末规模以上工业企业的资产负债率为55.7%，比上年同期下降了0.5个百分点。绿色发展扎实推进，11月份六大高耗能行业的工业增加值增速在继续回落，比上个月回落0.9个百分点，而且保持在比较低的水平。六大高耗能行业投资的增长速度是下降的，而且降幅在扩大，节能降耗或者绿色发展在持续推进。

总的来看，不管是从增长指标、民生领域的指标，还是结构、质量、效益的指标来看，中国经济当前延续着稳中向好的发展态势，并且在向高质量发展迈进。谢谢。

日本经济新闻记者：关于基础设施投资的问题，基础设施投资的增速近期在放缓，但是11月的增速加快了，而且幅度也比较大。这是什么原因造成的？谢谢。

毛盛勇：1—11月份，基础设施的投资增速比1—10月份有所加快，应该说有几方面的原因：第一，财政收入较快增长，今年以来，全国财政收入增长保持比较快的速度。第二，用于补短板、惠民生、增后劲的基础设施投资持续较快增长。第三，民间投资总体呈现回稳上升的发展态势。客观来看，这些领域投资的增加，有利于改善基础设施促进贫困地区的精准脱贫，有利于扩大消费，既有利于当前补短板、调结构、惠民生，也有利于促进长期经济发展。

经济日报记者：我们注意到近一个时期以来，固定资产投资增速持续回落，想问一下原因是什么？这种态势是否还会延续？是否会拖累明年的经济增长？谢谢。

毛盛勇：固定资产投资的变化情况社会广泛关注，我想从几方面作些回答：

第一，近期固定资产投资增速呈现缓中趋稳的态势。近年来固定资产投资增速确实有所放缓。一方面，整个固定资产投资的规模越来越大。2016 年全国固定资产投资大数是 60 万亿；投资规模要保持高增长，难度也会越来越大。另一方面，现在中国经济处于结构调整、新旧动能加快转换的关键时期：传统行业产能过剩的矛盾还没有得到根本缓解，同时新兴行业尽管发展速度很快，但占比还比较小。总的来说，在这样一个规模基础上，投资还能有 7%以上的增长速度，还是不错的。

第二，投资结构在持续优化。刚才我已经介绍了，尽管投资增速缓中趋稳，但短板领域、创新领域和民生等领域的投资一直保持比较快的增长。1—11 月份，社会领域投资增长 17%，制造业技术改造的投资、高技术产业的投资，分别增长在 14%和 15%以上；第三产业投资也增长 10.1%。以上情况显示投资结构在不断优化。

第三，消费日益成为经济增长的主要拉动力。随着我国经济发展阶段的变化，消费对经济增长的贡献不断在提升。最近几年，消费对经济增长的贡献一直在 60%以上，今年前三季度的贡献率是 64.5%。这显示过去经济增长更多依靠投资和出口拉动为主，逐步转向更多地依靠消费拉动，这也说明经济增长的动力格局发生了重大变化。今年前三季度，固定资产投资的增速是 7.5%，与上年同期相比回落了 0.7 个百分点，但 GDP 的增速与去年同期相比还加快了 0.2 个百分点。这说明随着经济增长动力格局的变化，投资的适度放缓不一定会下拉经济增长速度。

第四，投资将在提升供给质量上发挥关键作用。消费日益成为经济增长的主拉动力，但并不是否定投资的重要性。今天的投资就是明天的供给，如果今天增加投资，意味着明天就会增加供给，或者增加供给的数量，或者提升供给的质量。我们现在投资的结构在不断地优化，投资的效率在提升，实际上就是提升未来的供给质量。从这个角度来讲，投资不是铺摊子，而是要上水平，更多要满足消费升级的需求，更多地满足人民日益增长的美好生活的需要。

第五，回应你刚才问到的最后一个问题。未来中国投资的发展空间仍然巨大。十九大报告提出，我国现在发展不平衡不充分的矛盾仍然比较突出，现在工业化、城镇化还没有完成，基础设施、公共服务，特别是创新领域、技术进步和转型升级等很多领域，还需要有大量投资，特别是随着新动能的加快成长，未来的投资还有很大的潜力和空间。谢谢。

路透社记者：市场普遍担心去杠杆和对房地产的调控可能会对经济造成一些影响，希望您能展望一下明年经济前景会怎么样。谢谢。

毛盛勇：从当前的房地产市场主要数据来看，一是10月份全国70个大中城市，绝大部分城市房价的环比增速是持平或者回落的，同比涨幅都在回落，说明整个房价总体比较平稳。二是三四线城市的去库存在扎实推进，而且成效比较明显。三是1—11月份全国房地产开发投资增长速度尽管比1—10月份有所回落，增长了7.5%，但这个增速比上年同期还是有所回升。四是1—11月份全国商品房销售面积增长了7.9%，这个速度尽管有所放缓，但是在去年20%以上的高增长基数基础上实现的。

整体来看，一方面热点城市或者说主要城市的房价上涨局面得到了控制，另一方面，商品房成交、投资保持一定增长，说明房地产市场当前运行总体是比较平稳的，说明调控取得了成效，风险也得到了初步控制。

下一步要加快房地产市场制度改革，加快推进长效机制的建设，特别是要从税收、土地、金融等方面综合施策，更好地实现“房子是用来住的，不是用来炒的”这样一个定位。

关于明年的经济形势，当前中国经济形势运行总体平稳、稳中向好的态势明年还能够延续下去。我认为有以下支撑：

第一，从世界经济来看，尽管有一些不确定性，但是世界经济复苏的态势比较明朗，而且这种复苏是一种全面复苏，发达经济体和新兴经济体都呈现复苏态势。二是全球贸易增长速度超过了经济增长的速度，昨天联合国也发布了一个报告，预计 2017 年全球经济增长速度是 3%，比去年提高了 0.6 个百分点，说明全球经济整体是在复苏，全球贸易也在比较快地增长，这是一个好的外部环境。

第二，从内部来看，消费能够延续规模持续较快增长、结构升级步伐继续加快、对增长的贡献持续提升的良好态势，加上今年城乡居民收入增长也比较好，所以明年消费应该能延续比较好的增长。从投资来看，当前投资呈现出缓中趋稳的态势。明年总的来看，制造业在加快振兴，制造业投资有可能会继续回升，基础设施保持相对平稳，房地产投资也不会有大的起落，所以整个投资应该还能够保持总体平稳的发展态势。

从以上角度来看，明年的经济增长有一个比较好的需求支撑，能够延续今年总体平稳、稳中向好的发展态势。当然，更重要的是，按照十九大的要求和精神，明年要把更多精力和工作的重心放在推进结构调整和转型升级上，朝着高质量的发展更加努力。谢谢。

中国信息报社记者：我们注意到发布的材料里，1—10 月份规模以上的服务业企业营业收入和营业利润同比增长都比较快，特别是营业利润的同比大幅增长 29%，比去年同期加快了 27.5 个百分点，请问原因是什么？谢谢。

毛盛勇：中国经济进入新的发展阶段以后，整个服务业呈现较快发展的势头，因此服务业的利润，特别是规模以上的服务业利润保持比较快的增长。第一，整个经济的基本面稳中向好，经济保持比较快的增长。第二，经济进入新的发展阶段以后，对服务业的需求增长较快。第三，一些重点行业发展比较快，比如交通运输、物流、信息服务等现代服务业增长比较快，所以也带动了利润的增长。

我给大家通报一下，在党中央、国务院的高度重视下，经过各方面的共同努力，第三次全国农业普查的前期工作基本告一段落，普查成果近期将会以公报和解读的形式陆续公布，敬请大家关注。有关农业普查的大量基础数据，我们也将会采取多种形式加以开发利用，更好地服务党政部门决策，更好地服务社会公众。谢谢。

美国国际市场新闻社记者： 刚才说外部因素不稳定可能会增加，我们都知道，现在美国正在辩论税改的问题，还有一些逆全球化的势力在抬头，这对中国经济明年的增长会有什么隐患？谢谢。

毛盛勇： 美国是世界上最大的发达国家，美国一些政策的调整，不仅会影响自身经济，对其他的国家也会产生一定的外溢影响。近期美国相继缩表、税改，昨天年内第三次调高了联邦基金利率，这些政策对全球都会有一定的影响。

你谈到的税改，这几年中国一直在大力推行降税减费，为企业减负累计 2 万亿元，有效支撑了实体经济的发展。但是现在市场竞争激烈，企业还是感觉到税收、费用包括各方面的成本负担还比较重，从这个角度来讲，中国也还有进一步推进减税降费的必要。

中国经济韧性很强。从明年来看尽管有一定的外部不确定性影响，包括你刚才讲到的贸易保护主义的抬头以及贸易摩擦等因素，但总的来讲，世界经济的复苏态势还是比较明朗的，不出大的意外，外部环境还是会朝着有利于增长、有利于贸易扩大的方向前进，所以明年中国经济有条件保持稳中向好的发展态势。谢谢。

袭艳春： 感谢毛司长非常精彩的答问，也谢谢大家。今天的发布会到此结束。

国家统计局局长宁吉喆介绍 2017 年全年国民经济运行情况并答记者问

2018 年 1 月 18 日（星期四）下午 3 时在国务院新闻办新闻发布厅举行新闻发布会，请国家发展改革委副主任兼国家统计局局长宁吉喆，国家统计局新闻发言人、国民经济综合统计司司长邢志宏介绍 2017 年国民经济运行情况，并答记者问。

胡凯红：女士们、先生们，大家下午好！欢迎大家出席国务院新闻办今天下午举办的新闻发布会。中国经济形势一直受到大家的关心关注，一年来中国经济的成绩单怎么样，大家很关心。今天我们请到国家统计局局长宁吉喆先生，请他向大家介绍 2017 年中国的国民经济运行情况，并就大家感兴趣的问题回答提问，出席今天发布会的还有国家统计局新闻发言人、综合司司长邢志宏先生。首先请宁吉喆局长向大家作介绍。

宁吉喆：记者朋友们，大家下午好。下面就 2017 年国民经济运行情况向大家作介绍。

2017 年经济运行稳中向好、好于预期。2017 年，在以习近平同志为核心的党中央坚强领导下，各地区各部门全面贯彻落实党中央、国务院决策部署，坚持稳中求进工作总基调，贯彻新发展理念，以供给侧结构性改革为主线，推动结构优化、动力转换和质量提升，国民经济稳中向好、好于预期，经济活力、动力和潜力不断释放，稳定性、协调性和可持续性明显增强，实现了平稳健康发展。

初步核算，全年国内生产总值827122亿元，按可比价格计算，比上年增长6.9%。分季度看，一季度同比增长6.9%，二季度增长6.9%，三季度增长6.8%，四季度增长6.8%。分产业看，第一产业增加值65468亿元，比上年增长3.9%；第二产业增加值334623亿元，增长6.1%；第三产业增加值427032亿元，增长8.0%。

一、粮食生产再获丰收，畜牧业稳定增长

全年全国粮食总产量61791万吨，比上年增加166万吨，增长0.3%。其中，夏粮产量14031万吨，增长0.8%；早稻产量3174万吨，下降3.2%；秋粮产量44585万吨，增长0.4%。棉花产量549万吨，增长2.7%。全年猪牛羊禽肉产量8431万吨，比上年增长0.8%。其中，猪肉产量5340万吨，增长0.8%；牛肉产量726万吨，增长1.3%；羊肉产量468万吨，增长1.8%；禽肉产量1897万吨，增长0.5%。生猪存栏43325万头，比上年下降0.4%；生猪出栏68861万头，增长0.5%。

二、工业生产增长加快，企业利润较快增长

全年全国规模以上工业增加值比上年实际增长6.6%，增速比上年加快0.6个百分点。分经济类型看，国有控股企业增加值增长6.5%，集体企业增长0.6%，股份制企业增长6.6%，外商及港澳台商投资企业增长6.9%。分三大门类看，采矿业增加值下降1.5%，制造业增长7.2%，电力、热力、燃气及水生产和供应业增长8.1%。高技术产业和装备制造业增加值分别比上年增长13.4%和11.3%，增速分别比规模以上工业快6.8和4.7个百分点。全年规模以上工业企业产销率达到98.1%。规模以上工业企业实现出口交货值123230亿元，比上年增长10.7%。12月份，规模以上工业增加值同比增长6.2%，环比增长0.52%。

1—11月份，全国规模以上工业企业实现利润总额68750亿元，同比增长21.9%，比上年同期加快12.5个百分点。规模以上工业企业主营业务收入利润率为6.36%，比上年同期提高0.54个百分点。

三、服务业保持较快发展，商务活动指数持续处于景气区间

全年全国服务业生产指数比上年增长 8.2%，增速比上年加快 0.1 个百分点。12 月份，全国服务业生产指数同比增长 7.9%，比上月加快 0.1 个百分点。1—11 月份，规模以上服务业企业营业收入同比增长 13.9%，比上年同期加快 2.5 个百分点；规模以上服务业企业营业利润增长 30.4%，加快 28.2 个百分点；战略性新兴服务业、生产性服务业、科技服务业营业收入同比分别增长 18.0%、15.0%和 15.1%。

12 月份，服务业商务活动指数为 53.4%。邮政快递、电信广播电视和卫星传输服务、互联网软件信息技术服务、银行、保险等行业商务活动指数均位于 57.0%以上的较高景气区间。从市场需求看，服务业新订单指数为 50.9%，连续 8 个月位于景气区间。从市场预期看，服务业业务活动预期指数为 60.3%，连续 7 个月保持在高位景气区间。

四、投资结构不断优化，商品房待售面积继续减少

全年全国固定资产投资（不含农户，下同）631684 亿元，比上年增长 7.2%，增速比上年回落 0.9 个百分点。其中，国有控股投资 232887 亿元，增长 10.1%；民间投资 381510 亿元，增长 6.0%，比上年加快 2.8 个百分点，占全部投资的比重为 60.4%。分产业看，第一产业投资 20892 亿元，增长 11.8%；第二产业投资 235751 亿元，增长 3.2%，其中制造业投资 193616 亿元，增长 4.8%；第三产业投资 375040 亿元，增长 9.5%。基础设施投资 140005 亿元，增长 19.0%，比上年加快 1.6 个百分点。高技术制造业、装备制造业投资比上年分别增长 17.0%和 8.6%，分别加快 2.8 和 4.2 个百分点；高耗能制造业投资比上年下降 1.8%。固定资产投资到位资金 629815 亿元，比上年增长 4.8%。新开工项目计划总投资 519093 亿元，增长 6.2%。1—12 月份固定资产投资与 1—11 月同比持平，12 月固定资产投资与上月环比增长 0.53%。

全年全国房地产开发投资 109799 亿元，比上年增长 7.0%，增速比

上年加快0.1个百分点，其中住宅投资增长9.4%。房屋新开工面积178654万平方米，增长7.0%，其中住宅新开工面积增长10.5%。全国商品房销售面积169408万平方米，增长7.7%，其中住宅销售面积增长5.3%。全国商品房销售额133701亿元，增长13.7%，其中住宅销售额增长11.3%。房地产开发企业土地购置面积25508万平方米，增长15.8%。12月末，全国商品房待售面积58923万平方米，比上年末下降15.3%。全年房地产开发企业到位资金156053亿元，增长8.2%。

五、市场销售平稳较快增长，消费升级态势明显

全年社会消费品零售总额366262亿元，比上年增长10.2%，增速比上年回落0.2个百分点。其中，限额以上单位消费品零售额160613亿元，增长8.1%。按经营单位所在地分，城镇消费品零售额314290亿元，增长10.0%；乡村消费品零售额51972亿元，增长11.8%。按消费类型分，餐饮收入39644亿元，增长10.7%；商品零售326618亿元，增长10.2%，其中限额以上单位商品零售150861亿元，增长8.2%。消费升级类商品较快增长，通讯器材、体育娱乐用品及化妆品类商品分别增长11.7%、15.6%和13.5%。12月份，社会消费品零售总额同比增长9.4%，环比增长0.7%。

全年全国网上零售额71751亿元，比上年增长32.2%，增速比上年加快6.0个百分点。其中，实物商品网上零售额54806亿元，增长28.0%，占社会消费品零售总额的比重为15.0%，比上年提高2.4个百分点；非实物商品网上零售额16945亿元，增长48.1%。

六、进出口规模进一步扩大，贸易结构继续优化

全年进出口总额277921亿元，比上年增长14.2%，扭转了连续两年下降的局面。其中，出口153318亿元，增长10.8%；进口124603亿元，增长18.7%。进出口相抵，顺差28716亿元。一般贸易进出口增长16.8%，占进出口总值的比重为56.4%，比上年提高1.3个百分点。机

电产品出口增长12.1%，占出口总额的58.4%，比上年提高0.7个百分点。12月份，进出口总额27065亿元，同比增长4.5%。其中，出口15342亿元，增长7.4%；进口11722亿元，增长0.9%。

七、居民消费价格涨势温和，工业生产者价格由降转升

全年居民消费价格比上年上涨1.6%，涨幅比上年回落0.4个百分点。其中，城市上涨1.7%，农村上涨1.3%。分类别看，食品烟酒价格下降0.4%，衣着上涨1.3%，居住上涨2.6%，生活用品及服务上涨1.1%，交通和通信上涨1.1%，教育文化和娱乐上涨2.4%，医疗保健上涨6.0%，其他用品和服务上涨2.4%。在食品烟酒价格中，粮食价格上涨1.5%，猪肉价格下降8.8%，鲜菜价格下降8.1%。12月份，居民消费价格同比上涨1.8%，环比上涨0.3%。全年工业生产者出厂价格比上年上涨6.3%，结束了自2012年以来连续5年下降的态势；12月份同比上涨4.9%，环比上涨0.8%。全年工业生产者购进价格比上年上涨8.1%，12月份同比上涨5.9%，环比上涨0.8%。

八、居民收入增长加快，农村居民收入增长快于城镇

全年全国居民人均可支配收入25974元，比上年名义增长9.0%；扣除价格因素实际增长7.3%，比上年加快1.0个百分点。按常住地分，城镇居民人均可支配收入36396元，扣除价格因素实际增长6.5%；农村居民人均可支配收入13432元，扣除价格因素实际增长7.3%。城乡居民人均收入倍差2.71，比上年缩小0.01。全国居民人均可支配收入中位数22408元，比上年名义增长7.3%。按全国居民五等份收入分组，低收入组人均可支配收入5958元，中等偏下收入组人均可支配收入13843元，中等收入组人均可支配收入22495元，中等偏上收入组人均可支配收入34547元，高收入组人均可支配收入64934元。全年全国居民人均消费支出18322元，比上年名义增长7.1%，扣除价格因素实际增长5.4%。全年农民工总量28652万人，比上年增加481万人，增长1.7%。其中，本

地农民工11467万人，增长2.0%；外出农民工17185万人，增长1.5%。农民工月均收入水平3485元，比上年增长6.4%。

九、供给侧结构性改革深入推进，转型升级取得新成效

“三去一降一补”扎实推进。钢铁、煤炭年度去产能任务圆满完成。全国工业产能利用率为77.0%，创5年新高。商品房库存水平持续下降，12月末商品房待售面积比上年末减少10616万平方米。工业企业杠杆率不断降低，11月末规模以上工业企业资产负债率为55.8%，比上年同期下降0.5个百分点。企业成本继续下降，1—11月份规模以上工业企业每百元主营业务收入中的成本为85.26元，比上年同期减少0.28元。短板领域投资加快，全年生态保护和环境治理业、水利管理业、农业投资分别比上年增长23.9%、16.4%和16.4%，分别快于全部投资16.7、9.2和9.2个百分点。

创新发展持续发力，新动能继续较快增长。全年全国新登记企业607.4万户，比上年增长9.9%，日均新登记企业1.66万户。航空航天、人工智能、深海探测、生物医药等领域涌现出一批重大科技成果。新产业新产品蓬勃发展，工业战略性新兴产业增加值比上年增长11.0%，增速比规模以上工业快4.4个百分点；工业机器人产量比上年增长68.1%，新能源汽车增长51.1%。经济结构继续优化。全年第三产业增加值对国内生产总值增长的贡献率为58.8%，比上年提高1.3个百分点；消费是经济增长主动力，最终消费支出对国内生产总值增长的贡献率为58.8%，高于资本形成总额26.7个百分点。绿色发展扎实推进，万元国内生产总值能耗比上年下降3.7%。

十、人口总量平稳增长，城镇化率持续提高

年末中国大陆总人口（包括31个省、自治区、直辖市和中国人民解放军现役军人，不包括香港、澳门特别行政区和台湾省以及海外华侨人数）139008万人，比上年末增加737万人。全年出生人口1723万人，人

口出生率为12.43‰；死亡人口986万人，人口死亡率为7.11‰；人口自然增长率为5.32‰。从性别结构看，男性人口71137万人，女性人口67871万人，总人口性别比为104.81（以女性为100）。从年龄构成看，16至59周岁的劳动年龄人口为90199万人，占总人口的比重为64.9%；60周岁及以上人口24090万人，占总人口的17.3%，其中65周岁及以上人口15831万人，占总人口的11.4%。从城乡结构看，城镇常住人口81347万人，比上年末增加2049万人；乡村常住人口57661万人，减少1312万人；城镇人口占总人口比重（城镇化率）为58.52%，比上年末提高1.17个百分点。全国人户分离人口（即居住地和户口登记地不在同一个乡镇街道且离开户口登记地半年以上的人口）2.91亿人，比上年末减少98万人；其中流动人口2.44亿人，比上年末减少82万人。年末全国就业人员77640万人，其中城镇就业人员42462万人。

总的来看，2017年国民经济延续了稳中有进、稳中向好的发展态势，整体形势好于预期，决胜全面小康迈出坚实步伐。同时也要看到，经济运行中仍存在不少困难和挑战，提质增效任重道远。下阶段，我们要更加紧密地团结在以习近平同志为核心的党中央周围，以习近平新时代中国特色社会主义思想为指导，深入贯彻党的十九大和中央经济工作会议精神，坚持稳中求进工作总基调，坚持新发展理念，紧扣我国社会主要矛盾变化，按照高质量发展的要求，统筹推进“五位一体”总体布局和协调推进“四个全面”战略布局，坚持深化供给侧结构性改革，统筹推进稳增长、促改革、调结构、惠民生、防风险各项工作，坚决打好防范化解重大风险、精准脱贫、污染防治三大攻坚战，促进经济社会持续健康发展。

中央电视台记者：2017年国民经济稳中向好，好于预期，您怎么来看它体现在哪些方面，怎么评价2017年经济运行情况？

宁吉喆：2017年国民经济稳中向好，好于预期主要表现在以下几个方面：

一是经济运行保持在合理区间，四大宏观指标都是稳中向好，好于预期。2017年GDP实际增长6.9%，城镇新增就业人数超过1300万。国家统计局还准备在今年迟些时候对外正式公布城镇调查失业率，12月城镇调查失业率低于5%，是4.98%。从物价看，全年CPI上涨1.6%，也好于预期。从国际收支看，国家外汇储备年末近31400亿美元。

二是供给侧结构性改革取得重要进展。“三去一降一补”五大重点任务完成情况较好。去产能方面，政府工作报告提出的钢铁去产能5000万吨左右、煤炭去产能1.5亿吨以上，煤电的5000万千瓦去产能任务已经完成。去杠杆方面，从微观杠杆率看，2017年11月末规模以上工业企业资产负债率同比下降了0.5个百分点。去库存方面，2017年末全国商品房待售面积比2016年末减少了1.1亿平方米，比2015年末减少了1.3亿平方米。粮食去库存也都取得了明显进展。降成本方面，2016年各种减税降费达到1万亿元，2017年继续减少了1万亿。按照国家统计局调查数据，2017年1—11月份规模以上工业企业每百元主营业务收入中的成本同比下降0.28元。补短板方面，体现在农业投资、水利管理业投资均达到16.4%的增速，生态保护和环境治理业投资增长达到23.9%，有力弥补了长期以来的欠帐问题。

三是新旧动能的转换加快进行。我们曾经提过“四新”（新技术、新产业、新业态、新模式），还有新产品、新动能，“六新”在过去一年蓬勃发展。新技术方面，C919大飞机、复兴号动车组、量子通信和卫星、深海探测等一系列重大科技成果在去年涌现出来。新产品方面，需求非常旺盛的工业机器人、新能源汽车产量增长都在50%以上。新产业方面，战略性新兴产业、高技术产业、装备制造业增加值增长都在10%以上。新业态方面，实物商品网上零售额增长28%，非实物商品网上零售增长更快，快递业务量保持了近30%的增长。新模式方面，无论是分享经济、共享经济还是数字经济、平台经济正在迅速成长，成为经济发展的新动能。大众创业、万众创新热潮涌动，放管服改革深入推进，企业等市场主体的积极性得到了充分调动。2017年日均新登记企业1.66万户，有力支撑了就业和创新发展。

四是经济增长的质量和效益得到提升。可以从一系列指标来观察：企业效益指标看，2017 年 1—11 月份规模以上工业企业利润同比增长 21.9%，规模以上服务业企业利润增长 30.4%，企业盈利能力增强；从财政状况看，财政收入增长 7%—8%，超出年初政府工作报告中的预算要求。从经济增长质量看，微观的商品质量、服务质量、工程质量均在提升，居民就业持续向好，收入加快增长，经济增长质量还反映在生态环境进一步改善。经过各方面的努力，去年全国 338 个地级及以上城市 PM2.5 浓度下降了，北京下降的还要多一些。宏观上反映节能减排的全国单位 GDP 能耗，2017 年下降 3.7%，年度目标是下降 3.4%以上。所以经济增长的质量和效益都在改善。

五是民生保障继续改善。2017 年全国城乡居民人均可支配收入实际增长 7.3%，跑赢了人均 GDP 增长。恩格尔系数从 2016 年的 30.1%降到 2017 年的 29.3%，反映出居民消费结构在改善。600 万套棚户区住房改造已经完成，居民的生活条件改善。旅游方面，出境旅游人数达到 1.29 亿人次；文化方面，文化及相关产业企业营业收入增长 10%以上，电影票房突破 500 亿元；体育方面，全民健身比例达到 50%左右，马拉松比赛在全国也是很火；教育方面，2017 年高校毕业生 795 多万人，全世界在校大学生的 20%以上在中国。全民医保体系基本建立，建成世界上最大的一张医保网。

六是经济结构发生了重大变革。从产业结构看，已经从过去的主要依靠工业拉动转为工业、服务业共同拉动。2017 年服务业增加值占 GDP 比重为 51.6%，对经济增长贡献率为 58.8%，服务业已经成为经济增长的主要拉动力，与工业一起共同支撑中国经济发展。从需求结构看，已经从主要依靠投资拉动转为投资和消费共同拉动。2017 年，最终消费支出对经济增长的贡献率达到 58.8%，比资本形成总额高 26.7 个百分点，消费和投资共同支撑中国经济发展也是一个大变革。还有一个重要变化，就是经济发展从过去主要由出口拉动，转为出口、进口共同拉动。去年，出口增长 10.8%，进口增长将近 20%。中国的发展不仅让中国人民受益，对世界经济增长的贡献率也在提升。根据测算，中国对世界经济增长的贡献率在30%以上。2017年我国经济总量达到82.7万亿元人民币，相当于12万亿美元，过去一年经济增量超过8万亿元人民币，折合约1.2万亿美元，相当于2016年排在全球第14位国家的经济总量。

彭博新闻社记者：有新闻报道说天津滨海新区在当地GDP数字的报送上存在一些不准确性，另外内蒙古对工业上报也不准确，我想问还有其他类似事件吗？中国将如何惩罚这些地方政府，因为没有如实上报经济数据、有失准确。在地方债务的问题上，中国政府又将采取哪些措施呢？谢谢。

宁吉喆：这个问题不仅是媒体关心的问题，也是国家统计局十分关心的问题。近年来，各地区、各部门深入贯彻中央《关于深化统计管理体制改革提高统计数据真实性的意见》，认真执行国务院颁布的《统计法实施条例》，做了大量工作，重点是提高统计数据质量。应该说，国家统计数据的质量、地方统计数据的质量都在不断提高。而且，国家的统计数据不会因为少数地方、企业、单位的数据真实性存在一定问题而受影响。上世纪90年代以来，中国核算体系由物质产品平衡表体系转为国民经济核算体系，实行的是分级核算制度。目前国家统计局在核算全国数据时，工业主要采用联网直报数据，农业采用抽样调查，服务业近年来更多运用电子政务、电子商务等多种数据核算。

地方数据加总超过全国总量，这是在分级核算下的问题，经过近几年努力这个差距虽然在缩小，但是仍然还有。比如，2016年地方加总的地区生产总值就比全国数据高出3.6万亿元。党中央、国务院已经明确了核算制度改革的重要目标，就是要实行地区生产总值统一核算，时间表、任务书都已经确定了，2019年要实现地区生产总值统一核算。我们要加倍努力，把统计核算改革任务如期完成。你提到的是一些地方的数据，不影响全国统计数据的真实可靠性。

另一方面，中国统计是依法依规的。对于历史上可能存在数据不实的地方、企业和单位，国家统计局要求依法依规地发现问题、核实问题、解决问题，包括修订和公布数据也要依法依规。同时，对于少数地方、少数企业、少数单位目前仍然发生的弄虚作假和统计造假行为、统计违法违规现象，不管是虚报、夸报，还是瞒报、拒报，都要依法依规处理。你说到的一些具体情况，我们正在核实当中。数据的最终修订和公布，要按照统计法律法规进行。你问到的地方债务问题涉及到财政，建议向有关部门了解。谢谢。

凤凰卫视记者：我想问一个关于 2018 年经济形势的问题。我们注意到有人认为今年可能是中国经济一个新周期的开始，还有一些人认为是中国经济结构调整的关键期，经济可能面临一定的下行压力。请问您对 2018 年整体经济形势怎么看？

宁吉喆：这个问题去年下半年在中国经济学界引起了热议。应该说中国经济稳中向好，经济发展有阶段性变化，有结构性变化，当然也有周期性因素。所以，无论是分析过去的经济形势，还是研究 2018 年的经济形势，都需要综合研判。从阶段性变化来看，中国经济已经从高速增长阶段转向高质量发展阶段。全国经济总量已经很大，各地区的经济总量也不小，有好几个省区的经济总量都赶上 G20 国家，比如广东、江苏省经济总量都超过 8 万亿元，中国经济迫切需要由大转强。中央明确把推动高质量发展作为根本要求，相应出台了一系列政策措施，也明确了今年的重点任务，我们要按照中央的部署向推动经济朝着高质量的方向去努力。

再来说结构性变化。过去几年经济结构发生了历史性变革，无论是产业结构、需求结构还是要素结构都呈现这个特征。供给侧结构性改革在助推这些变化。今年各地区各部门还要深入推进供给侧结构性改革，坚持“三去一降一补”五大重点任务的同时，要大力实施“破、立、降”，破除无效供给、增加有效供给、降低生产经营成本，这些结构性变化对经济发展会产生重大影响。

周期性变化因素也在一定程度上存在着。世界经济总体复苏向好，主要经济体同时正增长，虽然还存在很多不确定、不稳定的因素，只要我们能够抓住机遇、克服挑战，国内经济会在与世界经济的高度融合中继续稳健发展。同时，国内发展存在诸多有利机遇，所以周期性因素应该放在结构性变化、阶段性特征的大背景下去观察，这样更有利于我们对 2018 年经济形势作出判断。

中国经济的基本面是好的，结构调整、优化升级在加快进行，在新的阶段提质增效的特征会越来越明显。

中央人民广播电台记者：我们也看到了中央经济工作会议提出要加快形成推动高质量发展的指标体系和统计体系，请问宁局长，对此统计部门有哪些更加详细的计划？这样的统计体系成果是否会体现在开展第四次全国经济普查、发布城镇调查失业率上？

宁吉喆：你的问题正是上周国家统计局召开的全国统计工作会议最主要议题。国家统计局要以习近平新时代中国特色社会主义思想和中央经济工作会议精神为指导，特别是要以习近平新时代中国特色社会主义经济思想为指导加快形成推动高质量发展的指标体系和统计体系。推动高质量发展的“六个体系”，即指标体系、政策体系、标准体系、统计体系、绩效体系、政绩考核，无论是指标体系、统计体系、标准体系，还是政绩体系，都跟统计工作密切相关。今后几年，我们要围绕高质量发展的要求做好以下几项工作：

第一，建立健全反映新发展理念的指标体系。按照党中央、国务院的要求，从 2016 年开始国家统计局就配合国家发改委、环保部、中央组织部开展生态文明建设的评价考核体系建设，推出了绿色发展指标体系，经过调查和测算，去年 12 月已经公布了 2016 年的测算结果。绿色发展之外，还要研究制定与创新发展、协调发展、开放发展和共享发展有关的指标体系。我们已经请一些地区统计部门在这方面先行一步，在国家层面上也会拿出综合性指标体系的初步方案。我们要深入研究，并结合实际形成能够反映新发展理念要求的指标体系和工作方案。

第二，建立反映提质增效和转型升级的指标体系、调查方法和评价办法。前几年国家统计局做了一定的基础工作，今年会按照高质量发展要求，完善提质增效转型升级的指标体系。高质量发展是质量第一、效率优先的发展。中央经济工作会议还提出了全要素生产率，这都要放在提质增效和转型升级的指标体系和统计调查方法里去研究考虑。

第三，进一步完善反映供给侧结构性改革深化的统计监测体系。近几年提出供给侧结构性改革以后，我们及时在月度、季度、半年度、年度的时点，用相关指标反映“三去一降一补”的成效，将来还要进一步反映“破立降”的实施情况。特别是要健全和完善反映新动能发展的“三新”统计制度和方法。

第四，加快推进国民经济核算改革。十八届三中全会提出了“三大核算”改革要求，其中有一个是刚才提到的地区生产总值统一核算；还有国家和地方资产负债表的编制，这涉及到刚才彭博社记者提出的地方政府负债问题；再一个是自然资源资产负债表的编制。去年中央深改组、国务院常务会都对这三项改革提出了明确要求。地区生产总值统一核算，2019 年就要结合第四次经济普查正式实施，时间紧迫。这项改革有利于消除外界对于中国地区核算数据和全国核算数据不一致的疑虑。这是制度性的变革，有利于各地区可比，也有利于国际比较。关于国家和地方资产负债表的编制，国务院已经下了文件，明确要求开展 2015 年和 2016 年全国资产负债表的编制工作，所以今年要抓紧这项工作。自然资源资产负债表可以反映绿色发展的存量以及自然资源的损益情况。这项工作国家统计局已经在 8 个地市县做了试点，还有一些地方按照要求自行开展了试点。在这个基础上，今年还要深化试点，因为这也是国际性难题。去年这个时候，我在世界数据大会上介绍了中国的做法，世界上都很关心这方面的进展。全世界现在正在推进 2030 年可持续发展目标，跟这个都是有关系的。所以这三大改革任务都是高质量发展统计体系的重要内容。

第五，按照决胜全面小康社会的要求健全和完善全面建成小康监测指标体系，我们要按照经得起历史检验、得到人民认可的要求完善和健全这个指标体系。我们还在研究探索幸福产业发展统计监测，初步形成了监测制度。

此外，国家正在通过放管服改革改善营商环境。各国营商环境怎么评价，世界银行对此有过调查比较。按照国务院的要求，国家统计局今年要配合国家发改委、财政部在营商环境监测、调查、评价方面开展工作。这个指标体系将会具有国际可比性，同时会结合中国实际。统计部门今年的中心任务就是贯彻新发展理念、落实高质量发展的根本要求，坚持稳中求进的总基调，把这些改革做好。

中央电视台、中国国际电视台 CGTN 记者： 2017 年经济发展好于预期，很重要的原因是外贸对于经济增长的贡献比往年都大。我们注意到，2018 年不管是进口还是出口环境可能变得更加严峻，会不会对 2018 年经济带来更大压力？如果贸易影响变小，消费是不是可以变得更加强大并足以支撑经济发展？

宁吉喆： 去年，货物和服务净进出口对中国经济增长的贡献率，与上年相比由负转正，达到 9.1%。同时，应该看到中国经济增长还是内需拉动为主，91%靠内需，内需里面六成是消费，投资当然也发挥了重要作用。

关于今年世界经济，确实是机遇与挑战并存。十九大和中央经济工作会议明确要求推动建立全面开放的新格局，要求打造贸易强国，贸易强国不仅体现在数量上，更重要的是体现在质量、效益和结构上。去年，出口实现了两位数增长，更为可喜的是出口结构进一步改善，机电产品出口比重进一步提升，高技术产业对出口发挥的作用越来越大。所以，继续促进贸易发展，很重要的是继续改善贸易结构，这样就能与世界各国在互利共赢中发挥我们的比较优势。开放不仅包括货物贸易，还包括服务贸易、双向投资。刚才介绍的是货物贸易情况，服务贸易总的来说还是进口大于出口，但服务出口也在大踏步前进。对外投资和利用外资也是国际收支的一个重要组成部分，前两天商务部记者发布会进行了详细的介绍。全面开放的格局，商品贸易、服务贸易和双向投资共同发力，一定能够由开放促改革、促发展，使中国经济发展更加有力，不仅使中国人民受益，而且和外部形成互利共赢的格局。

美国国际市场新闻社：最近，我们注意到人民币升值幅度比较大。之前官方口径是说人民币升值对于经济是双刃剑，有没有新的说法？中国经济在转型，现在是内需为主。如果说以内需为主的经济格局，更强的人民币对于中国经济是有利还是有弊？

宁吉喆：国际收支的基本平衡，不仅是一个贸易问题，更是一个宏观经济平衡的大问题。去年经济稳中向好、好于预期，其中一个方面就是国际收支平衡。国际收支平衡状况好坏是观察评价一国宏观经济运行的重要方面。去年我们实现了国际收支的基本平衡，对宏观经济发展起到了保障和促进作用。人民币汇率在国际收支平衡下应当是稳定的。人民币币值稳定不仅有利于贸易稳定发展，也有利于宏观经济稳中向好。维护国际收支平衡是中国宏观部门的重要职责。统计部门作为一个综合性、基础性的政府部门，我们密切关注国际收支变化情况。实际上，国民经济核算五大表系，国内生产总值只是其中一个表，还有投入产出表、资金流量表、资产负债表、国际收支平衡表，当然国际收支平衡表主要是人民银行、外汇局牵头制定，统计部门也会密切关注这方面情况。相信在中央经济工作会议精神的指引下，在有关部门的努力下，2018 年中国国际收支状况也是稳中向好的。

路透社记者：2018 年可能继续推进去杠杆、防风险、治理污染，这些方面工作的推进对宏观经济会不会有影响？去年 GDP 的构成里，资本形成贡献率是 32.1%，净出口贡献率是 9.1%，对吗？

宁吉喆：从需求看，最终消费支出对经济增长的贡献率是 58.8%，资本形成总额贡献率是 32.1%，货物和服务净出口是 9.1%。

打好三大攻坚战，防范化解重大风险、精准脱贫、污染防治，统计部门要做好相应统计服务。你关心的去杠杆，从微观杠杆率看，按企业负债率衡量，去年是好转的。从宏观杠杆率看，一个很重要的指标，即 M2 与 GDP 比值，过去一年也是稳中有降的。GDP 实际增长 6.9%，如果考虑到缩减指数，名义增长 11%左右。2017 年末 M2 同比增长 8.2%，

M2和GDP比较，分母大了、分子小了，杠杆率平稳下降了。当然，宏观杠杆率可以用多个指标测量，这是我提供的一个指标。我们要继续监测杠杆率变化情况，无论是宏观杠杆率还是微观杠杆率都要加以监测。

脱贫攻坚工作，从统计局来说我们要同扶贫办一起把贫困人口监测工作做好，这是我们的重要职责。按照现行的2010年标准，2016年全国贫困人口减少了1240万人，2017年的数据通过抽样调查监测将会在本月内出来，预计比2016年完成的可能还要多一点。

污染防治工作，去年GDP实现6.9%的速度，是在加大污染防治的力度下实现的。我们现在追求的发展是绿色发展，是生态文明建设和经济社会建设协调的发展。关于治理污染，也是按照国家法律法规进行的，这样带来的结构变化对经济发展就是正面影响。我们说经济运行在合理区间，要看经济增长速度，同时也要看就业增加多少，看收入增加多少、看物价稳定情况如何、看生态环境改善多少，这才是经济持续健康发展的本意所在。

胡凯红：今天新闻发布会到此结束，谢谢宁局长，谢谢邢司长。

宁吉喆：感谢各位新闻媒体朋友过去一年对统计局工作的支持，新的一年希望大家和我们继续合作，谢谢大家！